F
36
G
38
H
40
J
42
Adana
Maraş
Gaziantep
Urfa
Diyarbakır
Mardin
Siirt
Cizre
İskenderun
Antakya
Kilis
Nizip
Birecik
Adıyaman
Siverek
Viranşehir
Ceylânpınar
Akçakale
Nusaybin
Al-Qāmishlīyah
Halab (Alep)
Manbij (Hieropolis)
Buḥayrat al - Assad
Ar-Raqqah (Nikēphorion)
Al-Ḥasakah
Dayr az-Zawr
Al-Lādhiqīyah (Latakia)
Ṭarṭūs
Ḥamāh (Epiphania)
Ḥimṣ (Emesa)
Palmyra
Tadmur
Al-Bū Kamāl
Ṭarābulus ash-Shām (Tripoli)
Lubnān
Bayrūt (Beyrouth)
Ṣaydā (Sidon)
Dimashq (Damas, Damaskus)
As-Suwaydā'
Irbid
Az-Zarqā'
'Ammān
Al-Quds
Baytlaḥm (Bethlehem)
Al-Khalīl (Hebron)
Al-Karak
Aṭ-Ṭafīlah
Ma'ān
Al-'Aqabah
Al-Jawf (Dūmat al-Jandal)
Sakākah
Ṣūrīyah
Al-Urdunn
Al-'Irāq
Bādiyat ash-Shām
Al-'Arabīyat as-Sa'ūdīya
An-Nafūd
Wādī as-Sirḥān
Jabal Bishrī
Fayḍāt
Al-Furāt
Ṣaḥrā' al-Ḥijārah
Neinev

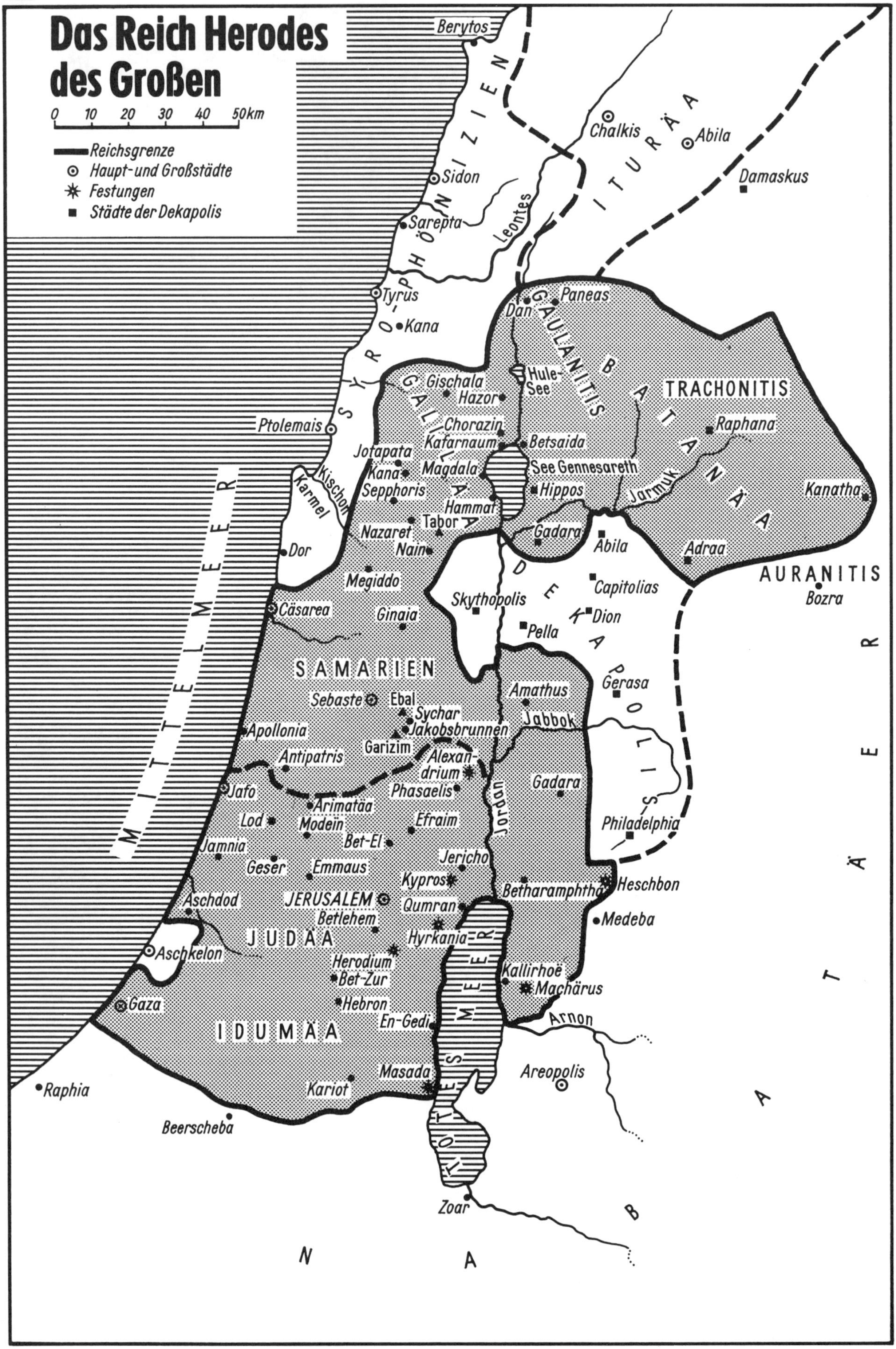

Das Reich Herodes des Großen
0 10 20 30 40 50km
Reichsgrenze
Haupt- und Großstädte
Festungen
Städte der Dekapolis
Berytos
SYRO-PHÖNIZIEN
Chalkis
Abila
ITURÄA
Sidon
Damaskus
Sarepta
Leontes
Tyrus
Kana
Dan
Paneas
GAULANITIS
BATANÄA
TRACHONITIS
Gischala
Hazor
Hule-See
Ptolemais
GALILÄA
Chorazin
Kafarnaum
Betsaida
Raphana
Jotapata
Kana
Magdala
See Gennesareth
Kischon
Karmel
Sepphoris
Hippos
Jarmuk
Kanatha
Hammat
Tabor
Nazaret
Gadara
Abila
Dor
Nain
Adraa
MITTELMEER
Megiddo
DEKAPOLIS
Capitolias
AURANITIS
Bozra
Skythopolis
Cäsarea
Ginaia
Dion
Pella
SAMARIEN
Amathus
Gerasa
Sebaste
Ebal
Sychar
Jabbok
Apollonia
Jakobsbrunnen
Garizim
Antipatris
Alexandrium
Jafo
Phasaelis
Gadara
Arimatäa
Jordan
Lod
Modein
Efraim
Philadelphia
Bet-El
Jamnia
Jericho
Geser
Emmaus
Kypros
Heschbon
Aschdod
JERUSALEM
Betharamphtha
Qumran
Betlehem
Medeba
JUDÄA
Hyrkania
Aschkelon
Herodium
Bet-Zur
Kallirhoë
Machärus
TOTES MEER
Gaza
Hebron
En-Gedi
Arnon
IDUMÄA
Areopolis
Masada
Raphia
Kariot
Beerscheba
Zoar
NABATÄER

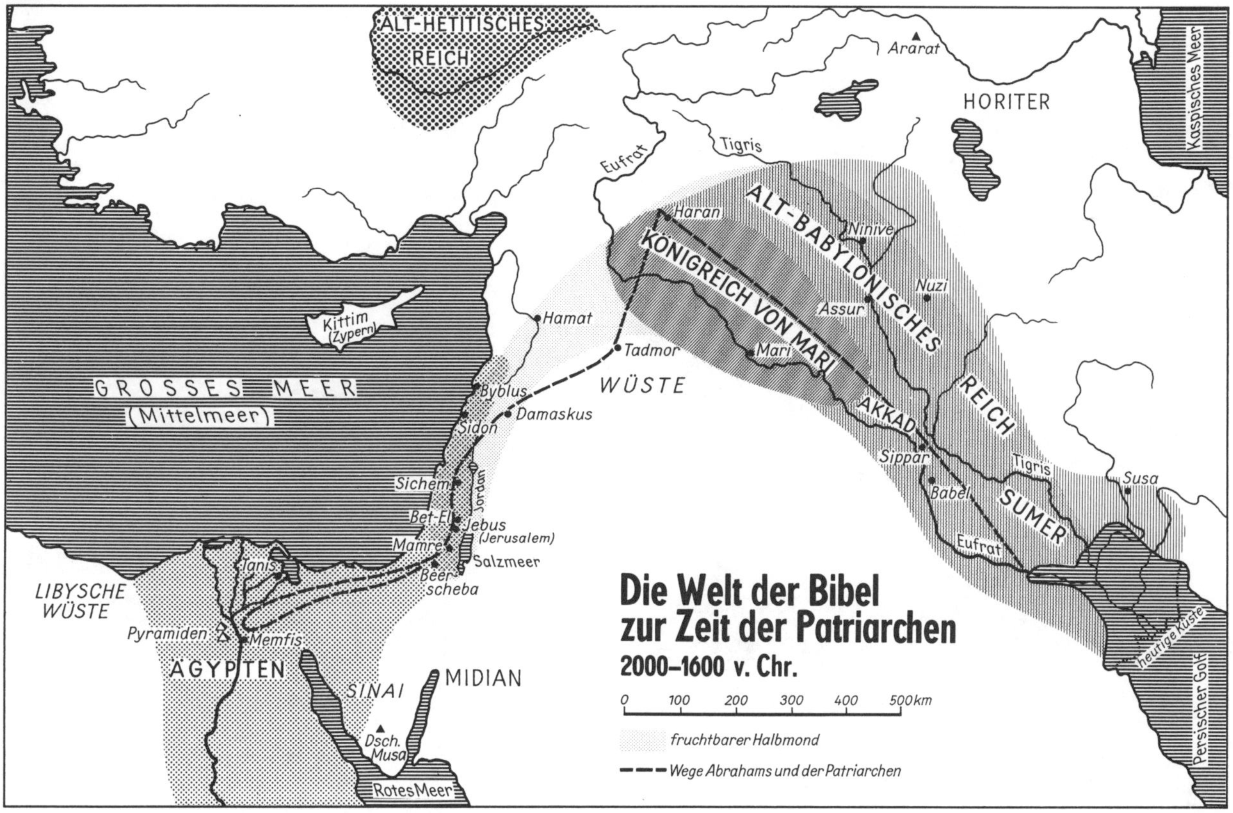

Die Welt der Bibel zur Zeit der Patriarchen
2000–1600 v. Chr.

Zu Karte 2:
Rote Linie: Weihrauchstraße
Grüne Linie durch Irak und Syrien: Wanderung Abrahams
Grüne Linie durch den Sinai: Wüstenwanderung der Israeliten

Ein Ortsregister für die Karten auf Vor- und Nachsatz finden Sie auf Seite 398.

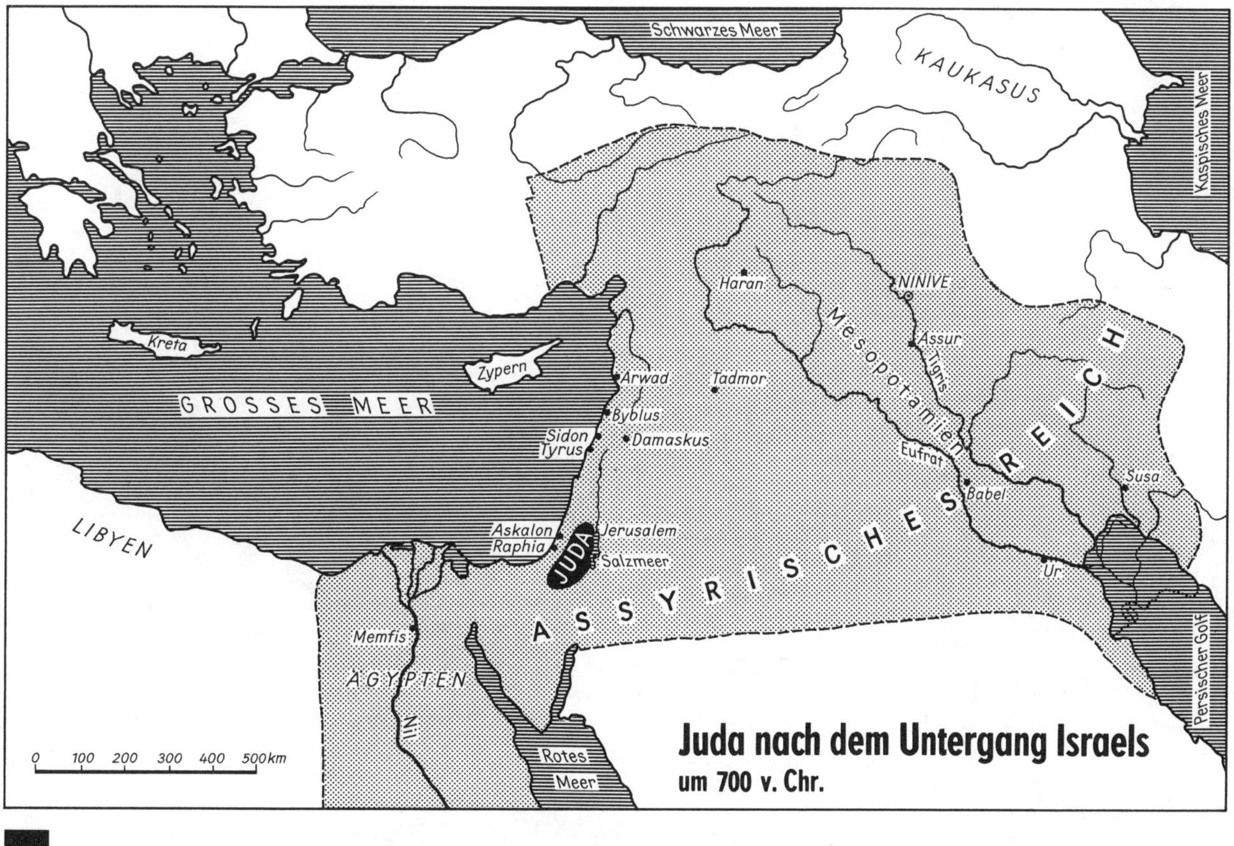

Juda nach dem Untergang Israels
um 700 v. Chr.

44
46
48
50
K
L
M
N
O
1
3
4
5
32
30
Daryācheh-ye
Orūmīyeh
(Urmia)
ORŪMĪYEH
RASHT
QAZVĪN
Zanjān
HAMADĀN
KERMĀNSHĀH
Sanandaj
(Sinneh)
Kordestān
Arāk
(Soltānābād)
Borūjerd
Khorramābād
Dezfūl
AHVĀZ
KHORRAMSHAHR
(MOHAMMERAH)
ĀBĀDĀN
AL-BASRAH
AL-KUWAYT
BAGHDĀD
KIRKUK
ARBIL
MUSIL
Karbalā'
AN-NAJAF
Ad-Dīwānīyah
Al-Qādisīyah
Wāsit
Misān
Bābil
Al-Muthanna
Dhī Qār
Salāhuddīn
Sulaymānīyah
Ilām
Lorestān
Khūzestān
IRAQ
AL-KUWAYT
AL KHALĪJ
AL-'ARABĪ
(PERSISCHER
GOLF)
Ostān-e Markazī
Tigris
Furāt
Shatt al-'Arab
An-Nāsirīyah
Al-'Amārah
Al-Kūt
Sāmarrā'
Tikrīt
Ar-Ramādī
Al-Fallūjah
Al-Hillah
Qazvīn
Mahābād
Saqqez
Bījār
Ilām
Eslāmābād
Qasr-e Shīrīn
Khānaqīn
Ba'qūbah
Kūh-e Alvand
Bandar-e Anzalī
Lāhījān
Manjīl
Takestān
Sāveh
Malāyer
Nahāvand
Shūshtar
Masjed Soleymān
Bandar-e Khomeynī
Bandar-e Māhshahr
Rāmhormoz
Az-Zubayr
Umm Qasr
Al-Fāw
Jazīrat Būbiyān
Jazīrat Faylakah
Mīnā' al-Ahmadī
Al-Jahrah
Wādī al-Bātin
Rafhah
Lawqah
Nisāb
Ash Sabakah
Wāqisah
Al-Luqah
As-Salmān
Jalībah
Hawr al-Hammār
Hawr al-Hawīzah
Buhayrat ath-Tharthār
Hawr Abū Dibis
Buhayrat ar-Razāzah
Zāgros
Kūh-e Zāgros
Kūhhā-ye Zāgros
Kabīr Kūh
Pish-e Kūh
Pusht-e Kūh
Jabal Hamrīn
Dicle
Kūh-e Sahand
Kūh-e Bozqūsh
Kūh-e Chehel Chashmeh

MITTELLÄNDISCHES MEER
Levantisches Becken
TÜRKEI
SYRIEN
IRAK
JORDANIEN
SAUDI-ARABIEN
ÄGYPTEN
SUDAN
ÄTHIOPIEN
JEMEN
SÜDJEMEN
DJIBOUTI
KUWAIT
BAHRAIN
KATAR
VEREIN. ARAB. EMIRATE
ZYPERN
Rotes Meer
Persischer Golf
Golf von Aden
An-Nafūd
Ar-Rubʿ al-Hālī
Indien
ANKARA
BAGHDAD
DIMASHQ (DAMASKUS)
BAYRŪT
AL-QĀHIRAH (KAIRO)
AR-RIYĀD (RIAD)
MAKKAH (MEKKA)
AL-MADĪNAH (MEDINA)
ṢANʿĀʾ
ADAN (ADEN)
AL-KUWAYT
TEHRĀN (TEHERAN)
ADĪS ABEBA
AL-KHARṬŪM (KHARTUM)
BAKU

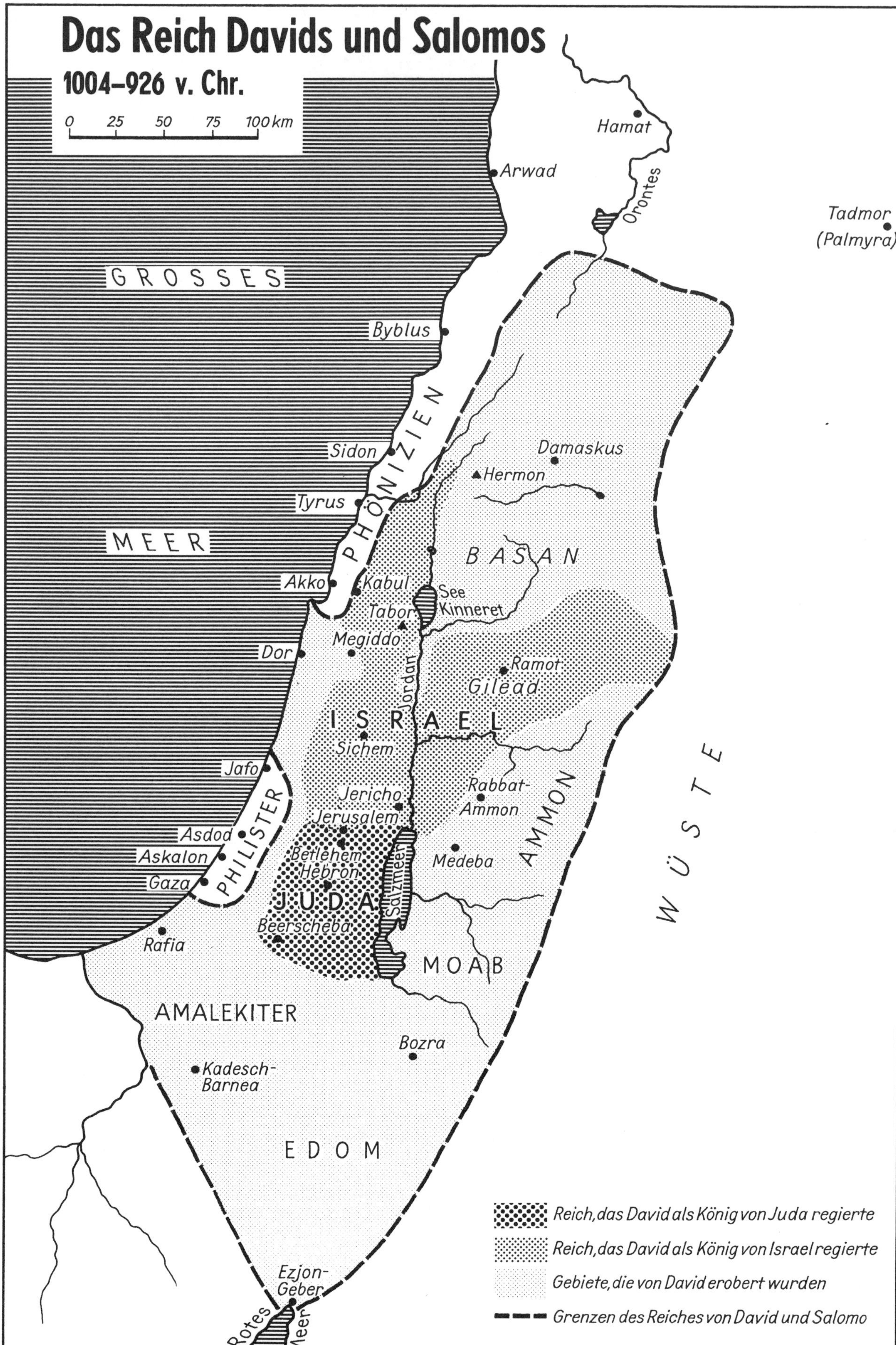
Das Reich Davids und Salomos
1004–926 v. Chr.
0 25 50 75 100 km
GROSSES
MEER
Hamat
Arwad
Orontes
Tadmor
(Palmyra)
Byblus
PHÖNIZIEN
Sidon
Tyrus
Damaskus
Hermon
BASAN
Akko
Kabul
See
Kinneret
Tabor
Megiddo
Dor
Ramot
Gilead
Jordan
ISRAEL
Sichem
Jafo
PHILISTER
Jericho
Jerusalem
Rabbat-
Ammon
AMMON
Asdod
Askalon
Gaza
Betlehem
Hebron
Salzmeer
Medeba
WÜSTE
JUDA
Beerscheba
Rafia
MOAB
AMALEKITER
Bozra
Kadesch-
Barnea
EDOM
Ezjon-
Geber
Rotes
Meer
Reich, das David als König von Juda regierte
Reich, das David als König von Israel regierte
Gebiete, die von David erobert wurden
Grenzen des Reiches von David und Salomo

Jörg Zink
Tief ist der Brunnen der Vergangenheit

Jörg Zink

Tief ist der Brunnen der Vergangenheit

Eine Reise durch die Ursprungsländer der Bibel

Kreuz Verlag

2. Auflage (11.–22. Tausend) 1988
Kreuz Verlag Stuttgart
Gestaltung: Hans Hug
Reproduktionen: W. Gölz, Ludwigsburg
Satz: Steffen Hahn, Kornwestheim
Druck und buchbinderische Verarbeitung: Mohndruck, Gütersloh
ISBN 3 7831 0937 X

Eine phönizische Prinzessin. Das Elfenbeinköpfchen entstand um 1200 v. Chr. In dieser Zeit, so erzählt die Sage, wurde das Mädchen Europa von einem Stier entführt.

Europa – Tochter des Ostens

Die griechische Sage erzählt von einer jungen Prinzessin mit Namen Europa. Sie war die Tochter des Königs von Tyrus, der alten Stadt an der Küste des Libanon. Der König hieß Phönix und galt der Sage nach als Ahnherr der Phönizier.

Als Europa eines Tages mit ihren Freundinnen am Meerufer spielte, erschien ein herrlicher weißer Stier. Das Mädchen begeisterte sich an ihm, und da es ihr an Mut nicht fehlte, schwang sie sich auf seinen Rücken. Aber da stürmte der Stier, in dem sich der Gott Baal verbarg, plötzlich ins Meer und schwamm, Europa auf dem Rücken, durch die Wellen nach Westen an die Küste von Kreta, setzte Europa dort ab und stieg, verwandelt in den Zeus von Kreta, ans Land.

Dieser Ritt auf dem Stier war den alten Völkern des östlichen Mittelmeers ein Symbol für die große Kulturbewegung, die an die 2000 Jahre lang von Syrien aus nach Cypern und Kreta gedrängt hatte, von Ägypten in die mykenische und jonische Inselwelt und von Anatolien über die kleinasiatische Westküste nach Griechenland. Denn durch das ganze zweite Jahrtausend vor Christus und bis tief ins erste waren östliche Kultur, östliche Weisheit und Frömmigkeit, aber auch östliche Technik, Kunst des Ackerbaus und der Seefahrt, in die westliche Welt des Mittelmeers eingeströmt. Europa, so wollten die alten Völker sagen, ist eine Tochter des Nahen Ostens.

Und wirklich: Europa ist nicht aus sich selbst zu dem geworden, was es heute ist. Auf den Karawanenpisten Arabiens und den Seewegen der Phönizier, auf den Straßen der Perser und der Römer und zuletzt den Wanderwegen christlicher Prediger kamen die Gedanken, die im Osten gedacht wurden, in das entstehende Europa. Unsere Kultur hat ihre Wurzeln tief im Land von Euphrat und Tigris, in den arabischen Steppengebieten und im Land der Pharaonen am Nil.

Das gilt selbstverständlich auch vom Christentum. Wenn wir heute vieles nicht mehr verstehen, was die Bibel uns sagen will, dann liegt einer der Gründe immer auch darin, daß sie in einer Welt entstand, die uns fremd geworden ist, und es kann nützlich sein, einmal eine Reise dorthin zu unternehmen, wo alle die Menschen gelebt haben, von denen die Bibel spricht: Abraham und Mose, Sara und Rebekka, David und Salomo, Elia und Jesaja und

So sitzt Europa, die phönizische Prinzessin, auf dem Stier. Das Mosaik stammt aus dem 2. Jahrhundert v. Chr. und ist in Beirut im archäologischen Museum zu sehen.

die Dichter der Psalmen, Jesus, der Mann aus Nazaret in Galiläa, und die Gründer der christlichen Kirche nach ihm.

Es ist nicht nötig, alles zu wissen, was damals geschehen ist, aber vieles kann eben doch klarer hervortreten, wenn wir ein wenig in diesen fernen Ländern wandern, auf der Suche nach den Wegen, die jene frühen Menschen gegangen sind, nach den Städten, in denen sie gewohnt, nach den Brunnen, aus denen sie getrunken haben. Ich selbst bin über zehn Jahre lang immer und immer wieder dort gewesen und habe dabei, so meine ich, erst wirklich verstanden, was die Geschichten der Bibel uns sagen wollen.

Unsere Reise führt uns weit zurück in die Anfänge der Geschichte der Menschheit. Jahrtausende hindurch sehen wir die Völker des südwestlichen Asien in unendlichen Wellen von Land zu Land, von Weideplatz zu Weideplatz ziehen. Sie denken ihre ersten großen Gedanken. Sie erfinden ihre Werkzeuge, bauen ihre ersten Siedlungen, säen das erste Getreide, graben Kanäle in die trockene Erde der großen Flußtäler des Euphrat oder des Nil, gründen die ersten Städte, errichten ihre Heiligtümer auf Terrassen oder Stufentürmen, bilden ihre ersten Erfahrungen mit Gott in den Gestalten ihrer Götter und Göttinnen ab, überliefern die Geschichte ihrer Helden und ihrer Ahnfrauen an ihre Kinder und gewinnen die Höhe erster großer Kulturen.

Wir aber, die wir in die Vergangenheit reisen, werden reicher dabei. Wir entdecken, daß wir nicht in den wenigen Jahrzehnten zu Hause sind, die unser Jahrhundert hat, sondern in einer langen

Geschichte der Menschen und einer ebenso langen Geschichte, die sich zwischen den Menschen und Gott abgespielt hat.

Gehen wir also auf die Reise und hören wir dabei die alten Worte, die zu uns herüberdringen. Persien, Mesopotamien, das heute Irak heißt, Syrien, die arabische Wüste, der Libanon und Israel, das Land der Palästinenser und Jordanien, Ägypten, der Jemen, die Türkei und Griechenland sind die Landschaften, durch die wir fahren oder gehen, um unserer eigenen Herkunft näherzukommen. Wir werden finden, daß der Brunnen der Vergangenheit tief ist und geheimnisvoll und daß er noch immer auch für uns Wasser hat.

Ein junger Kamelführer, wie sie in der syrischen Wüste und in den Weiten des Nahen Ostens noch immer ihre Tiere an uns vorübertreiben.

In einer wunderbaren Palmenlandschaft liegt heute das große Heiligtum von Memphis, fast versunken im Grundwasser des Nildeltas. Die heiligen Vögel der Ägypter, die Ibisse, leben wie eh und je in den Resten einer fernen Vergangenheit.

Inhalt:

Frei zwischen Land und Meer steht der Tempel des Seefahrergottes Poseidon auf Kap Sunion östlich von Athen.

In der Verbindung beider Welten entstand der Geist Europas.

I Schau mit mir in den Brunnen

Die Urkultur Mesopotamiens

Eine Wasserstelle, Quelle an einem Berghang. Die Brunnen und die Wasserstellen waren seit Urzeiten die Zentren, um die sich die Menschen, die Familien, die Völker sammelten. Sie waren Mittelpunkt auch für den geistigen Austausch und für die Rechtsprechung der alten Welt. Forschte man nach der „Quelle der Gerechtigkeit", so mußte man sie am Brunnen suchen. Hier entschied sich durch Jahrtausende, ob ein Mensch den anderen neben sich trinken und damit leben ließ. Am Brunnen entstand die Tugend der Gastfreundschaft. Und schließlich wurde der Brunnen zum Symbol für das Leben, das der Mensch aus Gott hat.

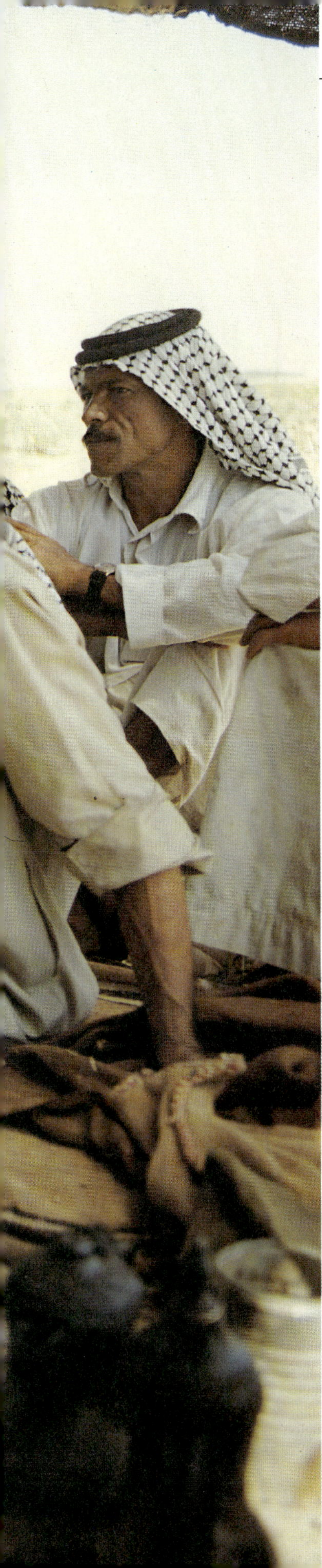

Auf dem Weg zum Fest

Der Tag war glühend heiß. Ich stellte den Jeep ab und ging auf das schwarze Zelt einen Steinwurf abseits der Sandpiste zu. Kamele weideten die spärlichen Grasbüschel ab. Mit zusammengebundenen Beinen hoppelten sie mühsam von einem zum anderen. Vor dem Zelt breitete sich ein Vordach über wohl zehn oder zwölf Männer, die da im Kreise saßen. Frauen und Kinder waren nicht zu sehen. Es war wenige Kilometer von Ur entfernt, jener alten Stadt, die wir als Heimat Abrahams kennen.

Ich ging mit den landesüblichen Gesten der Höflichkeit und der Begrüßung auf die Männer zu und ließ mich einladen. Sie tranken Kaffee aus ihren kleinen Tassen, einer brannte unterdessen grüne Kaffeebohnen in einem Tiegel und zerrieb sie in einem Mörser. An der Stirnseite gegen das Zelt hin saß unbeweglich und wohl auch unbeteiligt ein sehr alter Mann, offenbar nicht mehr fähig, dem Gespräch zu folgen. Aber immer, wenn einer der Männer das Wort ergriff, blickte er zuerst nach dem in sich versunkenen Patriarchen, wie um sich die Erlaubnis zu sprechen zu erbitten. Dann sprach er.

Und so ergab sich eine gute Stunde zuerst befangenen, dann zunehmend entspannten Gesprächs. „Ihr seid auf einer langen Reise", sagte ich. „Woher kommt ihr?" „Aus dem Jemen", sagten sie. Ich rechnete kurz nach. Das waren rund 2500 km Wegstrecke. „Und wohin geht die Reise?" „Erst nach Persien hinüber und dann nach Afghanistan." Das waren noch einmal 2000 Kilometer. „Ihr habt keine Last auf euren Kamelen. Warum geht ihr den weiten Weg? Was werdet ihr in Afghanistan tun?" Es war in den siebziger Jahren. Afghanistan lebte im Frieden.

Einer, der in der Mitte des Halbkreises saß, wohl der älteste der Brüder, erzählte: „In Afghanistan lebt ein Bruderstamm von uns, den haben wir seit mehr als zehn Jahren nicht gesehen. Inzwischen sind dort junge Männer und junge Mädchen herangewachsen. Auch wir haben junge Mädchen und junge Männer. Nun besuchen wir unseren Bruderstamm. Wir nehmen die jungen Mädchen von dort in unsere Familie auf und geben unserem Bruderstamm unsere Töchter. Dann feiern wir Hochzeit. Lange. Lange. Vielleicht drei Monate lang, vielleicht auch länger." Und sie lachten breit und laut und freuten sich auf das Fest.

„Habt ihr noch mehr Bruderstämme?" fragte ich. „Ja, einer wandert zur Zeit im Sudan und einer in Marokko." „Werdet ihr die auch besuchen?" Aber da kam keine Antwort. Statt dessen verwandelten sich die Gesichter. Finster schauten sie einander an, und finster fielen ihre Blicke auf mich. Hatte ich etwas Unpassendes, vielleicht etwas Beleidigendes gefragt? Ich mußte sie an einer Stelle berührt haben, an der sie verletzlich waren. „Wir können

nicht", stieß der Älteste schließlich heraus. „Warum nicht?" „Wir können nicht über den Sinai wandern. Am Golf von Akaba ist die Grenze geschlossen. Da sitzen sie und sperren die Straße." „Wer sitzt da?" „Die Juden." Und wieder finsteres Schweigen.

Nach einer langen Pause: „Unsere Väter haben, solange man zurückdenken kann, immer ihre Wegerechte gehabt. Ihre Weiderechte zwischen Marokko und Afghanistan und ihre Wege für ihre Karawanen." Und wieder nach einem Schweigen: „Heute sitzen da die Fremden und schließen die Grenzen. Bei uns hat es nie Grenzen gegeben." Und wieder nach einer Zeit verbissenen Brütens: „Es ist uns gleich, wer in Palästina wohnt, aber die Grenzen müssen offen sein."

Während des langen Schweigens, das folgte und das ich nicht unterbrechen wollte, empfand ich, wie fremd ein Staat wie Israel sich in jener Gegend der Erde ausnimmt. Nicht nur, weil die Menschen in Israel anders sind, sondern weil sie einen Geist mitbringen, der nach zwei Jahrtausenden des Aufenthalts im Westen nun zurückkommt in das Land seines Ursprungs, aber geprägt wurde in Europa und Amerika, einen Geist, den diese wandernden Menschen nicht verstehen und mit ihrer Tradition und dem Stil ihres Lebens nicht verbinden können. Es geht nicht um territoriale Fragen, es geht nicht um nationale oder religiöse Abneigungen. Es geht um die offenen Grenzen, um die freie Beweglichkeit des Nomaden und sein uraltes und seit Jahrtausenden eingespieltes Zusammenwirken mit dem seßhaften Bauern. Und das muß heute auch im Blick auf die arabischen Staaten gelten, die ihre Grenzen schließen.

Während wir so saßen und der Älteste die Kaffeetassen nachfüllte, zogen die Bilder des Landes um Ur, des Landes am unteren Euphrat, vor meinem Auge vorbei. Seit zehn Jahrtausenden saßen sie auf dieser trockenen Erde, die Bauernvölker, und führten das Wasser aus dem Strom auf ihre Felder. In Lehmhäusern wohnend, unter drei oder vier Palmen, ohne Zeitbewußtsein, dem ewig gleichen Rhythmus von Saat und Ernte in der staubigen Hitze hingegeben. Und seit noch längerer Zeit wanderten die Nomadenfamilien mit ihren Eseln und später ihren Kamelen hier vorbei auf der Suche nach Wasser und Gras, und ihre Tiere fraßen die abgeernteten Felder ab und düngten sie. Jahrtausendelang war das eingespielt. Die Nomaden brachten Nachrichten aus der großen Welt mit, erzählten von fremden Ländern und Kulturen, von neuen Ereignissen und neuen wandernden Völkern. Nichts hätte sich in Jahrtausenden bewegt durch die Bauernfamilien, die am ewig gleichen Wasserloch saßen, alles bewegte sich durch die wandernden Nomaden.

Der Ackerbau war immer das konservative Element gewesen. In seinem Umkreis gibt es keine Zeit, keine Geschichte, keine Entwicklung, sondern Saat und Ernte, Geburt und Tod und den immer gleichen Kreislauf des Jahres und des Menschenlebens. Bewegung kam in dieses Land aber immer wieder durch den Einbruch neuer Völker oder den Durchzug wandernder Sippen und durch den Austausch mit ihnen. Die Nomaden waren die Pendler zwischen Staaten und Kulturen, die Schmuggler und Spione, die Ideenträger und Berichterstatter. Sie übertrugen Erfindungen und neue Lebensweisen von Land zu Land.

Die Kultur in diesem mesopotamischen Raum entwickelte sich darum so ungewöhnlich dynamisch, weil dieses fruchtbare, wasserreiche Land zwischen Gebirgen und Wüsten von immer neuen land- und wassersuchenden Völkern durchzogen wurde. In geschichtlicher Zeit drängte rund alle hundert Jahre ein neues Volk in diesen Raum, brachte seine Lebensweise mit und verband sie mit der bodenständigen Kultur, und jedesmal kamen neue Impulse in die staatlichen und kulturellen Verhältnisse. Schon vom dritten Jahrtausend an aber verband sich das Leben der wandernden Stämme auf den Wüstenpisten mit den Häfen am Mittelmeer und am Persischen Golf, und mit Hilfe von Schilfbooten erreichten die seefahrenden Händler Indien und das halbe Afrika. Immer übernahmen die neuen Herren die Kultur der Vorgänger, und immer brachten sie ihre Kenntnis fremder Kulturen in die weitere Entwicklung ein. Und so wurde das Land der Sumerer und der Babylonier zur Keimzelle der ersten Hochkultur.

Nach einer Pause, in der die ganze Runde schweigend an den Kaffeetassen herumschlürfte, fing ich wieder an zu fragen: „Ihr habt keine Last auf euren Kamelen. Gibt es nichts zu transportieren zwischen dem Jemen und Afghanistan?" „Nein, es gibt nichts", fing einer an, „unsere Väter haben Seide transportiert und Weihrauch und Salz und Lebensmittel, immer auf den Kamelen. Wir haben nur noch unsere Kamele, aber es gibt nichts mehr zu transportieren. Wo früher die Karawanen waren, sind heute die Autostraßen. Die Autos sind schneller. Unsere Kamele können wir nur noch verkaufen, aber wer kauft heute Kamele?"

Ich wußte, wovon er redete. „Achtzigtausend Lastkraftwagen haben wir aus Deutschland bezogen", hatte mir ein Beamter in Bagdad erzählt. Der Irak gehört zu den Ländern, die der Hoffnung leben, sie schafften den Anschluß an die moderne Zeit mit Hilfe von Straßen und Autos. Der Irrtum wird sich rächen. Die schiitische Revolution im Iran ist nur ein Anfang des Kampfs gegen den Geist Europas. Aber wenn die arabischen Länder sich gegen die Überfremdung wehren werden, dann werden die nomadischen Sippen ausgestorben sein. Ihre Kinder werden nur in den Slums der Großstädte noch überleben.

Eine uralte Lebensform endet in unseren Tagen, die Lebensform, aus der unsere Kultur kommt. Was aber an die Stelle tritt, ist bis zur Stunde nur die unaufhaltsame Zerstörung.

Einer der jungen Männer, die in Afghanistan eine Frau bekommen sollten, saß seitlich im Hintergrund. Wenn er Glück hat, kann er Kraftfahrer werden und zwischen dem Jemen und Afghanistan irgendwo einsam mit seinem Schwertransporter verkehren, ohne die Gemeinschaft, die ihn bisher trug und umgab. Wenn er kein Glück hat, endet er in einer Slumhütte in Kairo oder Bagdad oder Basra. Eine millionenfache Tragödie spielt sich ab, und nur die wenigen Mächtigen der neuen Oberschicht werden ihren Gewinn einbringen. Die einzigen Völker, die am Elend verdienen, werden die alten Industrienationen sein. Die Zeit der Nomaden, die Zeit der großen Urfigur des wandernden Menschen, die Zeit Abrahams, ist vorüber.

Seit Jahrhunderten ist das Kamel Reichtum und Heimat der Nomaden, die von Nordafrika über den Nahen Osten bis nach China ziehen.

Die junge Generation von heute hat auf den Karawanenpisten keine Zukunft mehr; der Motor hat das Kamel überflüssig gemacht.

Angedeutete Herkunft

Es begann nicht weit von dem Weideplatz, an dem wir unter dem schwarzen Vordach von der Hochzeit in Afghanistan gesprochen hatten: in Ur am unteren Euphrat. Die Stadt lag damals noch am Meer. In den 4000 Jahren seither schwemmte der Euphrat mit seinem unendlichen Schlamm das Land an bis hinaus an den heutigen Persischen Golf bei Basra. Ur war zu Zeiten der Sumerer eine Hafenstadt, Handelsmetropole für die Verbindungen nach Indien hinüber.

Die Bibel erzählt kurz und nur andeutend: „Terach, der Vater Abrahams, Nahors und Harans, wohnte zu Ur. Als nun Haran vor seinem Vater Terach in Ur starb, verließ Terach seine Heimat Ur mit Abraham, seinem Sohn, und Lot, dem Sohn Harans, um ins Land Kanaan" – das heutige Palästina – „zu ziehen. Sie gelangten (aber nur) bis Haran und ließen sich dort nieder" (1. Mose 11, 27 bis 31).

Die Bibel sagt nicht, wann das geschah. Sie sagt nur, Abraham sei ein wandernder Aramäer gewesen. Von den Aramäern aber wissen wir, daß sie zwischen dem 19. und dem 14. Jahrhundert v. Chr. in mehreren Wellen aus der arabischen Wüste in den babylonischen und syrischen Raum eindrangen und sich dort seßhaft machten. Die Familie des Terach muß wohl schon einige Zeit in Ur gelebt haben, als sie weiterwanderte, um nach Syrien und Pa-

Das Wahrzeichen der Stadt Ur war der riesige Stufenturm, an dessen Fuß der Tempel des Stadtgottes, des Mondes, lag. Er war im Lauf der Jahrtausende zu einem Lehmhaufen zusammengesunken. Die irakischen Archäologen rekonstruierten in den letzten Jahren die Grundterrasse nach den noch erkennbaren Spuren. Über dieser erhoben sich noch drei weitere Stufen. Auf der obersten stand ein kleines Tempelchen. Die Treppe führte vom unteren Tempel geradlinig über alle vier Stufen bis zur Spitze.

Die Wanderung des Terach endete am mittleren Euphrat. Das nordöstliche Syrien ist Schwemmland, fruchtbare Erde, wenn Wasser da ist. Hier weitet sich der Euphrat zu einem mehrere Kilometer breiten Stausee, den die Syrer in den siebziger Jahren dieses Jahrhunderts anlegten, um die nordsyrische Steppe zum Ackerland zu machen. Heute lebt Syrien von seinen Weizenfeldern.

lästina zu gelangen. Das war nichts Ungewöhnliches. Soweit die Wüstensöhne nicht den Ackerbau wählten, zogen sie mit ihren Schaf- und Ziegenherden durch das Land. Das taten sie friedlich oder auch als bewaffneter Haufe. Es ist durchaus glaubhaft, wenn später von Abraham erzählt wird, er sei ein Krieger gewesen. Jeder Nomade bis zum heutigen Tag ist bewaffnet, und jeder ist bereit, den Kampf mit einer anderen Sippe aufzunehmen, wenn anders ein Grasplatz oder ein Brunnen nicht zu gewinnen ist.

Terach also, der Scheich einer Familie, zog den Euphrat aufwärts, an Babylon vorbei, bis dorthin, wo heute die Türkei den Strom entläßt, in das baumlose, trockene Ackerbaugebiet der Syrer, an den uralten Ort Haran, und ließ sich dort nieder.

Erzählungen dieser Art, die uns aus der alten Welt erreichen, spielen häufig auf zwei Ebenen. Sie erzählen einerseits von bestimmten Personen, die Abraham oder Terach hießen, andererseits von Völkerbewegungen, von Großfamilien oder Sippen, die sich nach einem Ahnherrn nannten. Sie sagen dann nicht, wie wir es tun würden: Ein Nomadenvolk, das sich nach Terach nannte, wanderte nach Haran. Sondern: Terach wanderte, der Urvater. Und dieser Terach konnte eine historische Gestalt gewesen sein, brauchte es aber durchaus nicht.

Der Nomade vor allem unterscheidet in seinen Geschichten nicht durchweg zwischen Einzelpersonen und einem Familienclan. Will er etwa sagen, der Gast aus Deutschland stamme aus Bayern, dann sagt er: Paul ist ein Sohn des Bay. Bay ist der Ahnherr der Bayern. Der Besucher heißt dann Paul ben Bay. Da aber die Völker jenes Raums in der Regel nach einem Ahnherrn heißen, kann „Bay“ durchaus in irgendeiner grauen Vorzeit gelebt haben.

In Haran begann danach des Wanderweges zweiter Teil: „Gott sprach zu Abraham: Geh aus deinem Land. Verlaß deine Sippe und deines Vaters Familie und zieh in ein Land, das ich dir zeigen will. Da zog Abraham aus mit seiner Frau Sara und seinem Neffen Lot, mit all seinem Besitz und all seinen Leuten und wanderte nach Kanaan" (1. Mose 12, 1–6).

Die Notiz klingt in der Tat so, als sei da unter dem Namen Terach ein größerer Stämmeverband von Ur nach Haran gezogen, und aus ihm habe sich nun Abraham gelöst.

Der Israelit späterer Jahrhunderte jedenfalls erinnerte sich, daß am Anfang der Geschichte seines Volkes und seiner Religion einer aus der Seßhaftigkeit aufbrach und auf Weisung eines geheimnisvollen Gottes in ein fremdes Land zog. In einer kriegerischen Zeit voll von der Unruhe des hin- und herwogenden Gedränges großer und kleiner Völker löste er sich aus der kaum gewonnenen Heimat und wanderte mehr als 1000 Kilometer von Haran in der südlichen Türkei in den Süden Kanaans und bis an die Grenze Ägyptens.

Abraham ist nicht nur deshalb die Urgestalt Israels, weil er der Stammvater ist, sondern vor allem deshalb, weil das Schicksal dieses Volks seitdem unablässig, von kurzen Zeiten der Seßhaftigkeit nur selten unterbrochen, das des Abraham war: der steten Wanderschaft. Und wenn die christlichen Kirchen sich heute noch als das „wandernde Gottesvolk" verstehen, nehmen sie das Bild des Urnomaden Abraham auf.

Was hat das mit uns zu tun?

„Tief ist der Brunnen der Vergangenheit", sagt Thomas Mann in seinem Roman über Joseph und seine Brüder. Wir leben aus ihm. Wir schöpfen unsere Kräfte aus ihm, auch wenn wir ihm nie wirklich auf den Grund sehen. Was da aus der fernen Vergangenheit der biblischen Urgeschichte zu uns heraufkam, das hat unsere europäische Gedankenwelt, unser Empfinden und unsere Weltsicht so nachhaltig bestimmt, daß ein gut Teil jener frühen Ereignisse am Beginn unserer Kultur unsere eigene Seelengeschichte ist.

Was aber im Laufe von Jahrtausenden geschah, was da geschaut und gedacht wurde, gelangt auf zwei Wegen zu uns, einem oberirdischen gleichsam und einem unterirdischen:

Der oberirdische trägt die Erfahrung der Menschheit in Form von Bauwerken, Kunstwerken, Dichtungen, Werkzeugen, Bildern, Dokumenten oder Ritualen aus der Vergangenheit in die Zukunft. Stein, Papyrus, Gold oder Bronze, Elfenbein, Keramik oder Marmor sind die Materialien, die uns in den Stand setzen, greifbar und sichtbar mit der Vergangenheit zu kommunizieren. Die breite Überlieferung, die aus den Anfängen der Menschheitsgeschichte zu uns her und über uns hinaus strömt, prägt und formt uns und ist das Element, in dem etwas wie Kultur, etwas wie Gemeinwesen, wie Recht und Sitte eines Volks oder eine Religion, Kunst und Sprache gedeihen.

Wanderungsbewegungen von einer Stadt aus in die Wüste und von der Wüste aus in eine Stadt sind im Zusammenhang beduinischer Lebensweise nichts Ungewöhnliches. Daß Terach die Hafenstadt Ur verließ und sich in die Steppe begab, kann auch bedeuten, daß er einen bestimmten Grund hatte, wegzugehen.

Wenn heute ein Städter in Syrien oder im Irak Schwierigkeiten mit seiner Regierung bekommt – und das geschieht leicht – und sei er ein Lehrer, ein Arzt oder ein Geschäftsmann, dann verkauft er sein Haus, schafft sich ein Zelt und eine Herde Schafe an und verschwindet mit ihnen in der Steppe. Man sagt: „Er geht nach links." „Links" ist die Seite der Gefahr, der Entbehrung, auch des Unheils, jedenfalls die Seite eines nicht kalkulierbaren Risikos. Im Steppengebiet zwischen Syrien und dem Irak traf ich an einem Brunnen einen Anwalt aus einer syrischen Stadt mit seinen Schafen. Er war in Sicherheit. Denn sobald er sich im Bereich beduinischer Lebensordnungen befand, am Rand des Kulturlands oder gar in der Wüste, war er für seine Regierung unerreichbar. Ging Terach aus der Großstadt Ur „nach links"?

Aber die Erfahrung, die die Menschheit in den Jahrtausenden ihrer Wege über diese Erde gewonnen hat, senkt sich auch in die Seelen von einzelnen oder Völkern ein. Die Bilder, in denen sie ihr Dasein gedeutet hat, und die Bilder, die ihr von außen entgegentraten und ihr zum Schicksal wurden, formten die Gestalten und Kräfte ihres gemeinsamen Unbewußten, jene Bilder, in denen sich Gott ihr von den ersten Anfängen menschlichen Verstehens

Er lebte einige Jahrhunderte vor Abraham, vor 4000 Jahren, dieser Priester aus einer sumerischen Stadt. Er kniet vor dem Bild seines Gottes, vor sich ein Gefäß, das wohl eine Opfergabe enthält.

Wir können, indem wir in die Geschichte zurückdenken, mit Hilfe solcher Kunstwerke der Menschen von damals mit unserer Vergangenheit Verbindung aufnehmen. Wir können sie uns vorstellen. Aber was jener unbekannte Priester geschaut hat, das lebt noch immer auch in uns selbst, den scheinbar so „modernen" Menschen am Ende des zweiten Jahrtausends n. Chr.

her zeigte: Schlange und Baum, Berg und Grotte, Brunnen und Wasser, Stier und Vogel, Sturm und Reiter, und die Tiefenpsychologie hat entdeckt, daß zwischen den Träumen heutiger Menschen und den Mythen und Märchen der alten Welt Ähnlichkeiten bestehen, oder besser: daß beide demselben Grund entstammen, den Erinnerungen, die seit uralter Vorzeit von der Menschenseele bewahrt worden sind.

Denn ein Mensch ist ja, was er ist, nicht nur durch die kulturelle Umwelt, die ihn prägt, sondern eher noch durch das unbewußte Erbe, das ihm aus Jahrtausenden menschheitlicher Erfahrung eingestiftet ist und aus dem seine eigene schöpferische Kraft rührt, seine Träume, seine Ängste, seine Hoffnungen. Wer die Bilder prüft, in denen wir träumen, begegnet selbst bei Zeitgenossen, die dem religiösen Denken gänzlich entfremdet sind, doch immer wieder auch den uralten Überlieferungen, die ihn leiten und bestimmen, ohne daß er davon zu wissen braucht.

In Jahrtausenden wurden die Bildmuster in uns eingewebt, die wir heute bewußt zu sehen gelernt haben, und ebenso lange formten sich die Überlieferungen zu den komplizierten Gedankenbildern, in denen wir zu beschreiben suchen, was wir meinen, wenn wir „Gott" sagen. Nach wie vor wirken aus unserem eigenen Unbewußten die mythischen Bilder vergangener Jahrtausende auf unsere Gedanken und Entscheidungen ein. Nach wie vor träumen wir Bilder, die aus den Erfahrungen von zehntausend Jahren Menschheitsgeschichte in uns erwachen, und finden auf diesen Wegen uns selbst.

Aus was für einem Land aber kamen die Menschen der Bibel? Das zu bedenken ist deshalb wichtig, weil schon die Menschen, die das Alte Testament schrieben, bewußt und unbewußt von dem Erbe geprägt waren, das sie aus Jahrtausenden empfangen hatten, aus dem Land, das Abraham verließ und das wir heute noch auf der Suche nach den Spuren der alten Völker durchwandern können. Was also haben sie von dort mitgenommen?

Die Welt der Schafe und der Wölfe

Auf der Suche nach dem Lebensumkreis der Nomaden fuhr ich mit dem Jeep quer durch die heiße Wüste um Uruk, die alte Sumererstadt, stundenlang über den harten, flachen Lehmboden. Wege oder Straßen gab es nicht. Einzig da und dort stand ein einsamer Hügel gegen den schnurgeraden, flimmernden Horizont, der Rest einer der vielen uralten Städte. Ab und zu lief ein Wolf vorbei, einmal ein ganzes Rudel. Schließlich tauchten zwei einsame schwarze Zelte auf. Ein paar Dutzend Lämmer um sie her.

Eine ältere Frau erschien im Eingang, dazu fünf Kinder. Ein paar Hunde. Nirgends ein Mann. „Das kann doch nicht wahr sein", wandte ich mich an meinen eingeborenen Führer. „Was tut die Frau hier mitten im Wolfsgebiet?" „Sie wartet", antwortete er gleichmütig. „Die Männer sind unterwegs. Die Frauen holen mit den Eseln Wasser. Die Schafe sind an der Tränke." „Und wann kommen die Männer wieder?" „In drei Tagen, vielleicht auch in fünf." „Und was ist mit den Wölfen?" „Mit einem wird die Frau fertig. Mit dem Knüppel. Mit sechs oder acht die Hunde." „Und wenn es zehn sind?" „Dann werden die Lämmer gefressen und danach die Kinder. Vielleicht am Ende auch die Frau. Aber das ist immer so gewesen." Mir graute. Das also war die große Freiheit der Schafnomaden.

An einem der flachen Wasserlöcher traf ich die jüngeren Frauen, Wasser schöpfend. Im Katharinenkloster im Sinai hatte ich einmal einen der Mönche gefragt, auf welche Weise sie sich denn ihre Lebensmittel und ihren übrigen Bedarf beschafften. Da hatte er mit einer lässigen Handbewegung geantwortet: „Mit Kamelen, Eseln und Frauen." Die Reihenfolge gab den Rang an. Die billigsten Transportmittel, aber auch die schlechtesten, sind die Frauen. Hier, bei Uruk, sah ich sie Wassersäcke schleppen, unter denen ein gut trainierter Mann aus Europa nach hundert Metern zusammenbrechen würde.

Sind aber die Wasserlöcher leer, ausgetrocknet in der sengenden Sonne, dann wandern sie durch den unendlichen, feinen Staub irgendwohin, wo noch eine Pfütze ist, und die Esel, diese ältesten Verkehrs- und Transportmittel der Menschheit, diese geduldigsten aller Lastträger, schleppen bis zum Umfallen die Zelte und das Gepäck.

Die Bibel erzählt von dem Gegensatz zwischen den Nomaden und den Bauern: Adam und Eva hatten zwei Söhne: Kain und Abel. Abel war ein Schafhirte, Kain ein Ackerbauer. Eines Tages opferte Kain dem Herrn von den Früchten seines Ackers. Auch Abel opferte, und zwar von den Lämmern seiner Herde. Gott aber sah Abel und sein Opfer gnädig an, Kain und sein Opfer nicht. Da ergrimmte Kain und senkte finster seinen Blick ... Und er sprach zu seinem Bruder Abel: Laß uns aufs Feld gehen! Und als sie auf dem Felde waren, stritt Kain mit seinem Bruder Abel und schlug ihn tot (1. Mose 4).

Wenn der Nomade mit einer ausgehungerten Herde ins Kulturland kommt, fürchtet der Bauer um seine Felder. Und da die Bevölkerung der Dörfer und Städte stärker ist als eine Nomadensippe, gehen Kämpfe zwischen Nomaden und Bauern in der Regel zuungunsten der Nomaden aus. Der uralte Streit zwischen den beiden Gruppen, aber auch die Tatsache, daß sie beide aufeinander angewiesen sind, der Nomade auf das, was auf den

Diese vergoldete Figur eines thronenden Gottes ist ein Bild des syrischen Himmelsgottes El, wie er in der ersten Hälfte des zweiten Jahrtausends, also in der Zeit Abrahams, vorgestellt wurde. Dieses Bild war den Zeitgenossen Abrahams vertraut und auch den Menschen im Raum um Haran selbstverständlich. Wenn wir uns fragen, was denn Abraham sich unter „Gott" vorgestellt habe, dann werden wir es am ehesten im Vergleich mit dieser Figur finden. Und noch heute ist der Gott, den sich viele unter den Christen vorstellen, von diesem im Himmel thronenden El nicht grundlegend verschieden.

Wie sehr dieses Bild noch in viel späteren Zeiten in Israel gewirkt hat, zeigt sich daran, daß man sagte, Mose habe „Hörner" getragen. Das heißt, er habe die alte

Sitte der vorisraelitischen Zeit fortgesetzt, daß der Priester dieses Gottes, sozusagen um Gott abzuspiegeln, eine Maske mit Hörnern trug.

abgeernteten Äckern des Bauern noch übrig ist, der Bauer auf den Dung der Herden, spiegelt sich darin, daß Kain und Abel Brüder sind und dennoch der Stärkere den Schwächeren totschlägt, während sie „miteinander auf dem Feld sind".

Die Erzähler der Bibel standen auf der Seite Abels. Die Freiheit des Nomaden, das war die Lebensform, die Gott wollte, nicht die dumpfe Gebundenheit des Bauern.

Ackerbau und Lehmhütte

Die zweite Urlebensform, die die Menschen dieses Landes prägt, ist das seßhafte Wohnen an Kanälen und Wasserläufen, das Bewässern des Landes und der Ackerbau.

In einem der Dörfer stand sie so vor mir, eine Bäuerin mit ihrem Kind. Sie war keine Araberin, sondern offenbar Nachfahrin der sumerischen Urbevölkerung, des „schwarzköpfigen Volks", wie es sich selbst nannte, das an seinem kleinen Wuchs zu erkennen ist, seiner Stämmigkeit und seinen breitgebauten Köpfen. Seit vier- oder fünftausend Jahren mögen ihre Vorfahren schon auf diesem Stück Erde sitzen.

Eine andere beugte sich über ihren Backofen, eine tonnengroße Röhre aus Lehm, und schaute nach dem Feuer. Wenn die Wand heiß ist und nur noch Glut auf dem Grund, klebt sie ihre Teigfladen an die Innenseite der Röhre. Sind sie fertig gebacken, lassen sie sich herausnehmen. Als ich wieder ging, standen die beiden Frauen am Ausgang des Dorfes und grüßten freundlich zum Abschied. Hinter ihnen eines der Häuser, gedeckt mit einem gewölbten Lehmdach, über das eine Matte feingeflochtenen Schilfs gezogen war. Davor ihre Küche, die aus einer tischartigen Lehmstufe und einer offenen Backröhre bestand. Dann versank die Szene rasch in der Dunkelheit.

An einem anderen Abend, als die Sonne schon tief stand, kam ich nahe Lagasch, einer alten Sumererstadt, auf dem Weg über Lehmhaufen und leere Wassergräben in ein Dorf aus sechs oder acht Lehmhütten. Vier junge Frauen und ein junger Mann waren eben dabei, ein Haus zu bauen.

In eine Grube schütteten sie Wasser und stampften mit den bloßen Füßen so lange darin hin und her, bis sich der geeignete Lehmbrei bildete. Mit Händen und Füßen kneteten sie die Masse und hatten ihr Vergnügen damit. Sie holten unförmige Lehmklöße aus dem Loch, so groß sie eben zusammenhalten konnten, und bauten eine Mauer daraus. Sie formten keine Ziegel, sondern setzten die Batzen einfach aufeinander und strichen sie am Ende zu einer glatten, geraden Wand. Damit die Wand hielt, stampften sie kleingehacktes Stroh in den Lehmbrei.

Diese Hütte konnte halten, solange die Sonne schien. Beim nächsten Regen würde sie zusammensinken und das Haus als ein lehmiger Haufen im Schlamm ihres Dorfs liegen. Wenn der Regen endete, konnten sie ihr Haus neu errichten. Es ist wohl die primitivste Form einer Siedlung von Menschen, die vom Acker leben, und sie ist in diesem Land gewiß viele Jahrtausende alt.

Es ist erstaunlich, wie gut nach mehr als 3000 Jahren die Ziegel erhalten sind. Man kann sie heute noch herausnehmen. Und vor allem: Die Schilfmatten, die alle zehn oder zwanzig Lagen eingesetzt wurden, sind frisch und unzerstört. Die meisten sind aus gewundenen Seilen von Schilf. Sie wurden mit Erdöl getränkt und blieben dadurch unanfällig für Fäulnis. Sie sind heute noch so elastisch und zäh wie damals.

Spricht man mit einem Bauern über diese Lebensweise, dann sagt er etwa so: Der Lehm ist unser Vater. Wir sind aus Lehm gemacht und werden wieder zu Lehm. Der gibt uns unsere Nahrung. Aus ihm bauen wir unsere Häuser. Schon unsere Vorväter hatten ihn in der Hand. Der Lehm ist das Leben unserer Ahnen. Sie sind zu Lehm geworden, und wir bauen unsere Häuser aus ihnen. Wir lieben den Lehm. „Erde bist du, und zu Erde wirst du werden", sagt die Bibel (1. Mose 3,19).

Redet man umgekehrt mit einem Beduinen über die Bauern, so sagt er mit Verachtung in der Stimme: Sie sprechen von den Lehmbraunen?

Ziegelofen und Monumentalbau

Aus dem Lehm aber entstanden auch die erstaunlichen Bauwerke, die seit Jahrtausenden stehen. In Aqar Quf, 30 km westlich Bagdads, liegt die alte Hauptstadt des Königs Kurigalzu, der in der Zeit Abrahams oder kurz danach regierte. Der Kern seines früheren Stufenturms steht heute noch 57 Meter hoch über dem flachen Land. Irakische Archäologen rekonstruierten inzwischen die unterste Plattform.

600 km weiter im Norden, im Mossulbecken, liegen die alten Städte Ninive und Assur. In einer der assyrischen Königsstädte, Nimrud, baut zur Zeit ein Heer von Arbeitern den Palast wieder auf. Der leitende Archäologe war der Mann der Krimiautorin Agatha Christie. Einer meinte, als ich ihn daraufansprach, es habe doch Ziel und Sinn, wenn mit Hilfe moderner Kriminalgeschichten die Ausgrabung antiker Kriminalgeschichten finanziert werde.

Im Hintergrund auf dem Foto links sieht man den Rest des alten Stufenturmes. Im Vordergrund entstehen die Mauern des Palastes neu. Dahinter stampft einer den Lehm für die Ziegel, in der Mauerecke werden sie geformt und liegen zum Trocknen aus.

Das Minarett von Samarra, vor etwa 1200 Jahren gebaut, also in islamischer Zeit, zieht sich wie eine Turmschnecke in die Höhe. Auf einer zwei Meter breiten Straße wandert der Besucher bis zur Spitze. Im Mittelalter wurde der Turm zu Babel nicht selten als ein solches schneckenförmiges Bauwerk gemalt. In der Zeit, als der Turm von Samarra gebaut wurde, bestanden freundschaftliche Verbindungen zwischen dem Kalifen Harun al Raschid in Bagdad und Karl den Großen in Aachen. Gesandte reisten hin und her. Es könnte wohl sein, daß sie die Idee eines in sich gewundenen Turmbaus zu Babel nach Europa gebracht hätten.

Er hat zu Hause ein paar Schafe, aber davon kann die Familie nicht leben. So hockt er vor seinem Holzrahmen wie seine Urahnen vor 5000 Jahren. Wenn der Holzrahmen voll ist, zieht er ihn heraus und läßt den Ziegel liegen, wo er liegt, bis er trocken ist. Aus diesen ungebrannten Ziegeln ist der Kern auch des Turms von Aqar Quf gemacht.

Die volle Härte der Arbeit im Lehm begegnete mir in einer der vielen großen Ziegeleien. Hunderte von Arbeitern schaufelten Lehm aus einer Halde und schoben ihn mit Loren in eine mechanische Presserei. Ein paar sehr alte Männer fielen mir auf. „Wie ist das bei euch?" fragte ich. „Wie lange müßt ihr arbeiten?" „Man fängt mit acht Jahren an", gab einer zur Antwort, „und arbeitet, solange man einen Ziegel halten kann." „Und wenn man das nicht mehr kann?" „Dann liegt man auf der Straße. Renten gibt es nicht." „Habt ihr keine Gewerkschaften?" „Doch, wir haben Gewerkschaften, aber die nützen nichts. Sie werden vom Staat gegen die Arbeiter eingesetzt." Im Grunde, so schien mir, unterscheidet sich das Leben solcher Arbeiter nicht von dem ihrer Vorfahren in den Ziegeleien der Babylonier oder Assyrer. Sieben bis acht Jahre sind die Jüngsten. Sie bekommen keine Ausbildung. So haben sie keine Chance als die, ihr Leben lang Ziegel zu machen, bis ihnen der letzte aus der Hand fällt.

Die Bibel spottet einmal über diese Versuche der Menschen, mit Hilfe von Millionen solcher Lehmsteine den Himmel zu erreichen. Sie erzählt von dem berühmten „Turmbau zu Babel“: „Wohlan! sprachen die Menschen. Laßt uns Ziegel formen und brennen! Laßt uns eine Stadt bauen und einen Turm, dessen Spitze bis an den Himmel reicht. Denn wir wollen berühmt werden und nicht in alle Länder zerstreut werden“ (1. Mose 11, 3f.). Aber weil der Turm so winzig ausfiel gegenüber der Höhe des Himmels, mußte Gott „herabkommen vom Himmel, sich die Stadt zu besehen und den Turm, den die Menschen gebaut“. Und Gott verwirrte ihre Sprache, so daß keiner den anderen mehr verstand. Er verstreute sie über das ganze Land, und sie mußten aufhören mit dem Bau ihrer Stadt.

Solche Türme zu bauen – das geht nicht ab, ohne daß Millionen Menschen zu Sklaven gemacht werden und die Gemeinschaft der Menschen zugrunde geht. Es ist der Spott des freien Nomaden, der dem entstehenden Herrschaftssystem der Städte mit solcherlei Geschichten begegnet.

Rund 150 Meter lang war der Brennofen. Sechs Meter hoch. Oben sah ich schwarze Gestalten arbeiten und stieg hinauf. Häcksel lag auf Haufen. Rohes, schwarzes Erdöl kam aus den Rohrleitungen und wurde in Kanister abgefüllt. Der Tag war heiß. Zwischen 40 und 45 Grad wohl. Das Dach des Brennofens war so glutwarm, daß ich es nach zehn Minuten wieder verließ, um mir nicht die Schuhe zu ruinieren. Ein Weilchen sah ich zu. Die Arbeiter standen, von oben und von unten in der kaum erträglichen Hitze, und schoben die Masse durch offene Luken in das Höllenfeuer hinab. Die Bibel erzählt von der Sklaverei deportierter Völker in Babylon oder Assur. Wie man mit ihnen umging, war hier abzulesen.

Irgendwo im unendlichen Einerlei standen am Wegrand ein paar stumpfe Würfel; aus einem davon quoll eine schwarze Rauchwolke. Als ich näher trat, kam ich auf eine Terrasse, auf der lange Reihen von großen Wasserkrügen standen, trocknend, unten spitz zulaufend, damit sie in einem Loch in der Erde sicher standen. So dienen sie einer Familie oder den Straßenarbeitern als Trinkwasserbehälter. Denn die Temperatur steigt leicht auf 50 Grad an, und wer hier arbeitet, braucht alle Stunde einen halben Liter Wasser.

Ein schwarzgerußter Töpfer saß in einer Erdhütte an der Töpferscheibe und formte seine Krüge. Den Ton holte er aus der Grube vor seiner Tür. Und wenn die Krüge trocken waren, füllte er seinen Brennofen damit.

Drei Männer waren neben dem Stapelplatz der Krüge damit beschäftigt, Lehm auszuheben. Und immer, wenn der Rauch im großen Ofen nachließ, schütteten sie aus einem Eimer rohes, schwarzes Erdöl, wie es hier aus der Erde dringt, ins Feuer.

Sie sahen aus wie Teufel, die geradewegs aus der Hölle kommen, aber kaum hatten sie mich gesehen, luden sie mich auch schon zum Tee ein. Wir saßen danach eine halbe Stunde in einem Schlammloch, umgeben von Ölfässern und zugedeckt von Rauchschwaden, und tranken Tee. Und dieser Tee war, wie immer hierzulande, etwas Besonderes. Ich weiß nicht, woran es liegen mag, aber immer wenn ich in einem deutschen Café Tee trinke, wünsche ich mir, der Koch ginge einmal bei den Schafhirten oder den Lehmarbeitern in Mesopotamien in die Schule.

Wir hatten keine gemeinsame Sprache, aber sie strahlten über die ganzen schwarzen Gesichter, weil sie einen Gast hatten. Es war das Schönste, das es für sie zu erleben gab.

In Booten fährt man zum Fischfang aus oder zum Besuch ins nächste Dorf. Das Vieh lebt von Wasserpflanzen, die Fische fängt man mit Wurfnetzen. Und das dörfliche Leben, das gelassene Ruhen und Palavern findet während der heißen Stunden unter den Palmen statt.

Die Lagunenlandschaft des Hor al Hammar

Ur, die Stadt Abrahams, lag zu seiner Zeit am Persischen Golf. Eine Hafenstadt. Aber der Euphrat schob mit den unendlichen Massen Lehm, die er mit sich führte, das Ufer immer weiter hinaus, bis es heute bei Basra liegt, am Schatt el Arab, 260 km im Osten von Ur. Wo aber früher das Meer war, dehnt sich heute eine paradiesische Landschaft aus Seen und Dattelpalmen: das Hor al Hammar.

Man lebt in Schilfhäusern. Fünf Meter breit, vier Meter hoch sind sie, bis zu fünfundzwanzig Meter lang stehen sie an den Ufern. Schilfbündel spielen die Rolle von Balken, kunstvoll geflochtene Matten dienen als Wände und Dach.

Noch heute sind diese Häuser die schönsten Behausungen in diesen Ländern: reinlich, kühl, ständig von einem leichten Wind durchweht, nach allen Seiten offen für die Frauen, die innen sitzen und sehen wollen, was draußen geschieht.

Ausgrabungen aus dem vierten Jahrtausend v. Chr. haben Schilfmatten von solchen Häusern zutage gefördert. Im trockenen Sand lagen sie unzerstört. Die Flechtmuster haben sich bis heute nicht geändert.

So zeigt ein Rollsiegel aus der Zeit um 3000 v. Chr. eine Rinderherde und ein solches Schilfhaus. Und in der sumerischen Sintflutsage spricht die Göttin zu Utnapischtim „durch die Schilfwand".

Es könnte ein „Garten" sein wie der, der nach der Schöpfungsgeschichte der Bibel „östlich von Eden" liegt. „Eden" ist ein sumerisches Wort und bedeutet so viel wie Wüste. „Östlich der Wüste" von Uruk und Ur oder östlich der Wüste gegen Arabien hin könnte gemeint sein. Aber der idyllische Eindruck täuscht sehr: Das Wasser ist verseucht, und wer an ihm und in ihm lebt, lebt auch mit der schrecklichen Augenkrankheit, die von den Bilharzien verursacht wird. Die Lebenserwartung liegt bei vierzig Jahren. Die Säuglingssterblichkeit ist hoch, und trotz der Fülle an Palmen herrscht bittere Armut. Die Familien ernten zwar die Datteln, aber sie müssen sie verkaufen. Sie leben selbst von denen, die vom Baum fallen, weil sie angefault sind. Und wenn eines Tages hier die geplante Autobahn von Nasirya nach Basra durchführt, wird die Heimat dieser Menschen zugrunde gehen und den Jungen nichts bleiben als die Hoffnung auf die Slums in Bagdad.

Aus dem Anfang des dritten Jahrtausends v. Chr. stammen die seltam starken Figuren von schauenden Menschen, die man in Tell Asmar, nahe Bagdad, im Tempel des Gottes Abu, gefunden hat. Sie wurden vielleicht als Stellvertreter für Menschen im Heiligtum aufgestellt, damit der Mensch immer vor seinem Gott anwesend sei, und schauten mit ihren übergroßen Augen anbetend zu dem Ort im Tempel, an dem der Gott erschien. In den Händen hielt diese Figur wohl ein kelchartiges Gefäß, das ihr Opfer enthielt.

Die weitgeöffneten Augen drücken die Faszination aus, die den Menschen erfaßt, wenn er Gott erblickt, aber auch das Entsetzen. Der Prophet Jesaja ruft in einem solchen Augenblick der plötzlichen Schau Gottes aus: „Weh mir, ich vergehe! Meine Lippen sind unrein, und ich wohne unter einem Volk von unreinen Lippen! Ich habe Gott, den Herrn über allen Göttern, mit meinen Augen gesehen!" (Jesaja 6, 5).

Die mesopotamische Urkultur

Der älteste Hintergrund für die Geschichten der Bibel ist der heutige Irak mit seiner uralten Religion und Kultur. 1600 v. Chr. vielleicht lebte Abraham. Aber der Brunnen der Geschichte ist tiefer.

Denken wir zurück bis etwa 10 000 Jahre v. Chr. Es ist im Orient „mittlere Steinzeit". Irgendwann in jener Zeit – oder noch früher – müssen die Frauen in den Völkern der Jäger und Sammler entdeckt haben, daß sie von bestimmten Gräsern, die kleine Körner hervorbrachten, essen konnten. Sie züchteten das, was wir Getreide nennen, und fingen an, mit Hacken die Erde aufzureißen. Neben dem besäten Feld, auf dessen Frucht sie warten mußten, wurden sie seßhaft.

Später gründeten sie inmitten ihrer Felder die ersten großen Ansiedlungen. Weder der Jäger noch der wandernde Schafhirt brauchte eine Stadt, mit dem Ackerbau aber suchten die Menschen den Schutz der seßhaften Gemeinschaft. Um 8000 gründeten sie in der fruchtbaren Oase am unteren Jordan die Stadt Jericho, um 7000 auf der anatolischen Hochebene Catal Hüyük, kurz danach die ersten Städte in Mesopotamien.

Von da an hat jedes Jahrtausend einen Namen. Das siebte Jahrtausend v. Chr. nennen wir das prä-keramische Neolithikum, also die Jungsteinzeit vor der Erfindung der Keramik.

Um 6000 wird das erste Tongefäß gebrannt, und so heißen das sechste und fünfte Jahrtausend „Keramisches Neolithikum". Schon in der Mitte des sechsten Jahrtausends, als hätte sich der Geist des Menschen mit allen seinen Kräften auf diese neuentdeckte Kunst geworfen, entstehen die zauberhaften Tongefäße von Tell Halaf im westlichen Mesopotamien.

Um 4000 erfinden die Menschen jenes Raums den Holzpflug und die Töpferscheibe, auch das Rad für ihren ersten Wagen. Um 4000 finden sie vor allem das schmelzbare Metall, das Kupfer zunächst. So sprechen wir vom vierten Jahrtausend auch als der Kupfersteinzeit.

Um 3000 wird das Kupfer zum ersten Mal in Formen gegossen, so daß Werkzeuge, die bisher immer noch aus Stein gefertigt worden waren, nun in Kupfer hergestellt werden konnten. Wir sprechen vom dritten Jahrtausend als von der „Kupferzeit".

Um 2500 beginnen die Menschen, Kupfer und Zink zu verbinden, und gewinnen so die härtere Bronze. Das zweite Jahrtausend nennen wir darum die „Bronzezeit", die um 1200 v. Chr. durch die „Eisenzeit" abgelöst wird.

Um 3500 geschieht das, was dem ganzen Raum für mehr als 3000 Jahre das Gepräge gibt: Das rätselhafte Volk der Sumerer wandert, aus irgendeinem Gebirge kommend, in Mesopotamien ein, und es entsteht in wenigen Jahrhunderten die sumerische Hochkultur, die älteste der Menschheit. Es ist ein unbegreiflich begabtes Volk, von einem Schönheitssinn, einer Gedankentiefe und einem Erfindungsreichtum, wie es sie in der Geschichte der Menschheit selten gab.

Plötzlich entstehen, als seien die gesamten Kräfte von Jahrzehntausenden mit einem Schlage frei geworden, Paläste, Tempel, Stufentürme, Plastiken aus Basalt oder Diorit. Eine Bilderschrift – die älteste, die wir kennen – mit 2000 Symbolzeichen, die Keilschrift, entsteht. Eine Mathematik, so kompliziert immerhin, daß sie die erste echte Astronomie ermöglicht, aufgebaut auf der Zahl Sechs wie unsere Mathematik auf der Zahl Zehn. Von den Sumerern haben wir noch heute die Einteilung des Tages in 24 Stunden, je 6 Stunden für ein Viertel des Sonnenumlaufs, der Stunde in 60 Minuten, der Minute in 60 Sekunden, des Kreises in 360 Grad und vieles andere. Ihr Schulsystem führte den Staatsdiener durch achtzehn Jahre einer gründlichen und vielseitigen Ausbildung in Künsten und Wissensgebieten und einer großen Anzahl an Fremdsprachen in seinen Beruf.

Die ersten Könige treten auf, Diener der Götter und selbst mit göttlicher Würde ausgestattet. Ihre Aufgabe ist nun, Tempel zu bauen, großangelegte Rituale zu feiern, Bewässerungskanäle zu graben, auf die Abgrenzungen der Felder zu achten, Baumaterial zu beschaffen und Lebensmittelreserven anzulegen. Eine exakte Verwaltung ordnete das Leben in der weiten Ackerbauzone rings um die Städte.

Diese erste große Kultur der Sumerer dauerte rund 1000 Jahre. Dann begann die unruhige Geschichte immer neuer Einbrüche fremder Völker ins Land von Euphrat und Tigris. Um 2500 v. Chr. drangen die ersten semitischen Eroberer von der arabischen Wüste her ins Land ein, und ihr König Sargon gründete das erste Großreich, schuf das erste stehende Heer, erfand den Eroberungskrieg und drang nach Unterwerfung der Sumerer bis nach Anatolien und bis ans Mittelmeer vor.

Nach 2000 dringen die Amoriter ein und gründen das altbabylonische Reich, das unter dem großen König und Gesetzgeber Hammurabi (1728–1686) seinen Höhepunkt erreicht. Auch dieses Reich ist ein auf Eroberungen und Unterwerfungen gebauter Macht- und Militärstaat.

Aber auch dieses Reich besteht nicht lange. Um 1580 zerstören die Hethiter Babylon, und kurz danach wandert wieder ein neues Volk ein, das sofort die Herrschaft ergreift: die Kassiten. In ihre Zeit spätestens fällt die Wanderung Abrahams.

Die „Löwenjagd-Stele" aus Uruk stammt aus dem Anfang des dritten Jahrtausends. Auf einem rohen Basaltblock schildert der Künstler einen Kampf zweier Männer mit drei Löwen. Der Kampf gegen wilde Tiere war eine der königlichen Aufgaben; so nehmen wir an, daß hier ein König mit einem Begleiter dargestellt ist.

Die beiden Streitwagenfahrer auf ihrem zweirädrigen Fahrzeug mit Scheibenrädern erinnern an den Schrecken, der die Völker Mesopotamiens erfaßte, als zum ersten Mal Anfang des zweiten Jahrtausends v. Chr. ein Reitervolk mit solchen Wagen aus den Bergen herabkam und alles umstürzte, was es an bestehender Ordnung und Herrschaft gab, ob sie nun später Hurriter hießen, Mitanni, Hethiter oder Hyksos. Sie brausten daher, errichteten mehr oder weniger beständige Reiche und unterlagen irgendwann dem nächsten Sturm aus den Bergen oder aus der Wüste.

König Sargon (2330–2274 v. Chr.). Dies ist sein Porträt in Bronze. Kaum also ist die Kunst des Bronzegusses entdeckt, da entsteht schon eines der ganz großen Kunstwerke in dieser Technik. Der Kopf wurde später mit Gewalt beschädigt. Mit einem harten Werkzeug wurden die eingesetzten Augen ausgestoßen und die Augenhöhlen rundum aufgeschlagen. Aber noch immer strahlt dieser Kopf seine souveräne Kraft und Gelassenheit aus. Das Haupthaar ist in Zöpfe gefaßt, der Bart nach Art und Tradition der sumerischen Könige, deren kulturelles Erbe er bewußt übernahm und pflegte, gekräuselt.

Im Westen geschieht Ähnliches. Andere Wüstenbewohner dringen um 2500 ins südliche Syrien ein, ins heutige Palästina. Wir nennen sie die „Kanaanäer", jenes Volk, mit dem um 1000 v. Chr. die Israeliten sich in das Land „Kanaan" teilen müssen und die im Alten Testament eine so wichtige Rolle spielen.

Alle diese Einwanderer kommen nicht so, wie ein Eroberer ein Land besetzt, sondern sickern, in jeder Generation wieder neu, in größeren oder kleineren Wellen in das Gebiet des „fruchtbaren Halbmonds" ein, jenes große Kulturgebiet vom Persischen Golf bis zur syrischen Mittelmeerküste und von da südwärts bis zur ägyptischen Grenze. Irgendwann in dieser Zeit, wir schätzen zwischen dem 17. und dem 15. Jahrhundert v. Chr., muß die Wanderung Abrahams stattgefunden haben.

Überblickt man die 2000 Jahre geschichtlicher Zeit bis 1500 v. Chr., so sieht man ein ständiges Hin und Her von Wanderbewegungen indogermanischer oder semitischer Völker, die teils aus dem iranischen Hochland und dem südlichen Zentralasien kommen, teils aus den Wüsten- und Steppengebieten südlich von Mesopotamien und Syrien. Aus dieser ständigen Fluktuation aber gewinnt – anders als das stabile Ägypten – Mesopotamien seine lebendige, immer wieder Neues hervorbringende Kraft.

Die Epoche der Mütter

Wir kehren noch einmal in die Zeit zwischen dem zehnten und dem vierten Jahrtausend v. Chr. zurück. Denn in ihr suchen wir die so überaus wichtige Epoche des Mutterrechts und der Mutterkultur, die wir das „Matriarchat" nennen.

Es sind 12 000 Jahre – mit aller Vorsicht soll diese Abgrenzung gelten, es können auch 15 000 sein –, seit im Nahen Osten die schweifenden Familien und Völkergruppen den Erdboden als Ort des Wohnens, des Säens und Pflanzens und Erntens entdeckten. An anderen Stellen der Welt geschah dies erst viel später. Wir nehmen, wie gesagt, an, daß es Frauen waren, die anfingen, die winzigen Körner, die damals aus den Vorläufern unseres Getreides wuchsen, der Erde anzuvertrauen in der Erwartung, es werde etwas Eßbares daraus hervorwachsen. Früh schon muß den Menschen aufgefallen sein, daß die Erde etwas tat, was unter den Menschen die Mütter taten, nämlich Leben schaffen, neues, junges Leben, und früh schon muß ihnen die Erde wie eine große Mutter erschienen sein, die ihre Kinder, die Pflanzen, die Tiere und die Menschen, hervorbrachte und ernährte. Und es muß ihnen aufgefallen sein, daß der Umlauf des Mondes im selben Rhythmus geschah wie der Zyklus der Frauen, daß also auch der Himmel mit der Fruchtbarkeit der Erde zu tun hatte.

Mit der neuen Kunst des Säens und Pflanzens, mit der Technik des Ackerbaus kam die feste Wohnsiedlung, und mit beidem begann die Kultur der Mütter, auf die die Frauen von heute mit Recht immer wieder zurückverweisen, um besser zu verstehen, was in den Jahrtausenden seither sich zwischen Männern und Frauen abgespielt hat.

Um 7000 v. Chr. wuchsen die Siedlungen zu Städten. Haustiere wurden gezähmt, Rinder, Schafe, Ziegen. Erstaunlich solide und schöne Möbel aus Holz entstanden. Die rauhe Zivilisation der Nomaden wurde feiner, differenzierter, sensibler. Es entstand recht eigentlich das, was wir „Kultur" nennen, denn dieses Wort bedeutete ursprünglich nichts anderes als eben „Ackerbau".

Die beiden Bildwerke stammen aus dem dritten Jahrtausend v. Chr. Aber sie spiegeln Auffassungen einer viel früheren Epoche.

Eine Göttin, kenntlich an der Schlangenkrone, die sie trägt, umgeben vom Heer der Sterne und, vor allem, vom Vollmond links, dem Sichelmond rechts, also den Umlauf des Mondes repräsentierend. Sie hält ein vasenähnliches Gefäß, aus dem wie aus einer Quelle Wasser strömt, Element des Segens und der lebendigen, immer wiederkehrenden Lebenskraft.

Unten ein Frauenkopf, der wohl nicht eine Göttin, sondern eine Priesterin darstellt, eine Urmuttergestalt von numinoser Dichte. Die Bohrungen in den Augenbrauenrinnen hielten wohl aus blauem Lapislazuli gefertigte Augenbrauen fest, und in die Augenhöhlen waren aus wertvollem Stein gefertigte Augen eingelegt.

In derselben Zeit entstand die Urmutter aus Cypern, die da sitzt und eine Schüssel auf den Knien hält, in die sie ihre Milch, die Nahrung für ihre Kinder, fließen läßt.

Neben ihrem Haus, unter einem Zeltdach, weben Frauen miteinander an einem ihrer schönen Teppiche.

Spinnen und Weben sind für jene älteste Zeit Symbole für jene Göttinnen, die in der Tiefe der Erde das Schicksal der Menschen gestalten.

Mit der Zeit der Mütter änderte sich auch das religiöse Bewußtsein. Nomaden verbinden ihre religiöse Aufmerksamkeit mit den Bewegungen der Gestirne oder den magischen Kräften der Tiere. Die Religion der Epoche der Mütter war der Erde zugewandt, dem Wachstum, dem Rhythmus von Tod und Leben, und erst von hier aus auch dem Mond und der Sonne.

Im Gegensatz zu späteren Zeiten aber war dieser Epoche nicht ein Kult heilig, nicht ein Tempel, nicht das Bild eines Gottes allein, sondern das Dasein überhaupt, alles, was dem Leben seine Kraft, seine Schönheit, sein Leid und seine Angst, seine Schrecken, sein Ende und seine Wiederkehr gab.

Die Urgöttinnen jener ersten Jahrtausende waren wohl anfangs nicht als Einzelgestalten mit Gesicht und Namen vorgestellt, sondern als Mächte, die allgegenwärtig waren, Repräsentantinnen der Weisheit und der Gerechtigkeit, Repräsentantinnen auch des Gemeinsamen im Leben der Menschen, das allem eigenen Willen einzelner überlegen und entgegengesetzt war. Das „Ich", das die Menschen empfanden, wird wohl weniger ihr Bewußtsein von ihrem persönlichen Wert und ihrer eigenen Unverwechselbarkeit gewesen sein als vielmehr das gemeinsame Bewußtsein einer Familie, eines Clans, eines Dorfs. Leben und Tod waren so nicht Leben und Tod von einzelnen, sondern von Gruppen, und der Tod, die Rückkehr zur Mutter, war nichts, das Grauen oder Widerstand hervorrief. In der Religion der Mütter schied der Tote aus der Gemeinschaft der Lebendigen nicht aus. Er wurde eher mächtiger und ehrwürdiger, er wurde zum Spender des Segens. Wenn die Erde sich öffnete und die Frucht aufwuchs, kehrten die Toten wieder und spendeten den lebendigen Menschen das Leben. Man empfing sie festlich, bis die Erde nach der Ernte sich wieder schloß.

Dachten sich die Menschen jener Zeit einen Gott oder eine Göttin in leibhafter Gestalt, so nicht so sehr in einer menschlichen, sondern viel elementarer als Pflanze, als Busch oder Baum

Eine Muttergottheit aus dem Anfang des dritten Jahrtausends, in Terrakotta. Daß eine Göttin nackt dargestellt wird, ist eine Erinnerung an die Zeit der Mütter, für die es eine Pflicht, sich zu verhüllen, nicht gab.

Ninchursanga, die Urgöttin der Sumerer, segnet stehend, schmal wie der Stamm eines Baums, neben ihr ein Elementarwesen, halb Tier, halb Mensch – ähnlich dem Enkidu des Gilgamesch-Epos –, das eine Dattelpalme schützend berührt. Die Dattelpalme war noch für die Sumerer ein Zeichen weiblicher Fruchtbarkeit und der Fruchtbarkeit der Erde.

Die große Mutter war zugleich die Repräsentantin der Stadt und der Erde, auf der die Stadt ruhte. Der hier abgebildete Stein lag als Grundstein unter dem Fundament eines Hauses, denn das Fundament mußte an der Erde, der Urmutter, festgemacht werden. Man legte eine Platte, die in der Mitte ein viereckiges Loch hatte, in den Baugrund. Durch das Loch schlug man einen Nagel von bis zu 80 cm Länge, der die Platte an der Erde festmachte.

Eine Frauengestalt legt zwei Löwinnen die Hände auf den Kopf. Denn die große Mutter gibt nicht nur die Frucht der Erde, sie stiftet auch Ordnung und Gesittung, Gerechtigkeit und Recht. Sie „bändigt" die Tiere im Menschen, seine Triebe, seine Gewalttätigkeit, die Gefahr für das Gemeinwesen, die in ihm lauert, aber sie segnet sie auch, gibt ihnen Platz und Raum im Ganzen der Gemeinschaft.

Und so können im unteren Teil der Platte die „Rinder", das heißt die gezähmten Tiere, bei der Mutter ihre Nahrung finden, vor dem heiligen Baum, der das Symbol der Mutter ist. Der Stein spiegelt die Vorstellung der frühen Ackerbauvölker vom weiblichen Wesen der Stadt, der Macht und des Rechts.

oder, noch geheimnisvoller, als Tier oder auch als Verbindung mehrerer Tiere, als Stier etwa mit dem Kopf einer Schlange und den Flügeln eines Vogels, eines Löwen mit den Hufen eines Rinds und dem Kopf eines Menschen, als Inbegriff also der Welt der Tiere insgesamt, die der Welt der Menschen nicht etwa untergeordnet, sondern eher an Mächtigkeit und Heiligkeit überlegen gedacht war.

Für die eigentliche, viel frühere Zeit der Mütter waren die göttlichen Mächte aber nicht an eine bestimmte Gestalt gebunden. Sie erschienen einmal als Baum, einmal als Quelle, einmal als Löwe oder Rind, einmal auch als Mensch. Und gerade in dieser Wandlungsfähigkeit kommt die Universalität und Geistigkeit jener frühen Gottesvorstellungen und ihre Seinsfülle zum Ausdruck.

Von den Müttern zu den Vätern

Aber dann kommt in der Urgeschichte der Menschheit eine Wendung, die den Menschen der alten Welt ungeheuerlich erschienen sein muß.

Zweierlei muß zusammengewirkt haben: Im fünften Jahrtausend v. Chr. wuchsen die Städte als Zentren immer größerer Ackerbaugebiete. Neue Organisationsformen mußten entwikkelt werden. Die Aufgaben, die den einzelnen zufielen, mußten spezialisiert werden, und im Zuge einer zunehmend arbeitsteiligen Gesellschaft kam dem technisch-organisatorischen Denkvermögen immer größere Bedeutung zu. Die Städte brauchten Mauern, und die Männer als Verteidiger der ersten staatsähnlichen Gebilde wurden wichtiger und selbständiger.

Das Zweite, das die Wende vom Matriarchat zur Herrschaft der Männer bewirkt haben muß, wird die Erkenntnis gewesen sein, daß die Mütter ihre Kinder keineswegs allein aus sich selbst hervorbringen, sondern dazu der Mitwirkung eines Mannes bedürfen. Die Männer entdeckten ihre Macht. Und der Phallus ist von da an bis hin zum Zepter neuzeitlicher Könige das Symbol der Herrschaft geworden.

Die ältesten Tempel waren Höhlen oder auch verschlungene Gänge unter der Erde. Um 3000 v. Chr. entstand das Labyrinth, das in Uruk ausgegraben wurde. Es besteht aus vier Mauerringen, die je an einer anderen Seite einen Durchgang öffnen. Wer ins Innerste, ins Heiligtum gelangen wollte, mußte nach dem Durchschreiten des äußersten Mauerrings, auf unserem Bild hinten, um den zweiten Mauerring herum zu dessen Tor weitergehen, auf unserem Bild rechts, danach um den dritten Ring herum zu dessen Durchgang, auf unserem Bild links. Vielleicht ging der Zug der Feiernden auch mehrfach um die einzelnen Mauerringe.

Im innersten Bezirk, der von einem Dach bedeckt war, fand man einen Sockel. Offenbar stand hier das Bild der Göttin.

Das Grundmodell eines Muttertempels unterscheidet sich grundlegend von den Tempeln männlicher Gottheiten, die im Prinzip alle eine Mittelachse besitzen, an der Eingang, Heiligtum und Kultnische aufgereiht sind.

Der Weg zur großen Mutter ist ein Weg durch ein geheimnisvoll verschlungenes Labyrinth, der Weg zu den späteren Göttern ein Weg geradliniger Begegnung.

Aus einem der frühen Jahrtausende der Mütter ist in Jericho ein Grab erhalten, in dem ein Toter so bestattet wurde, wie es dem Sinn der alten Mutterreligionen entsprach: in der Körperhaltung, in der das Kind im Mutterleib liegt, in „Embryonalhaltung". So kehrt der Mensch in die Erde, in den Schoß der großen Mutter zurück, und da er in der Gestalt eines werdenden Kindes, das das Leben vor sich hat, daliegt, ist der Tote aus dem Kreislauf des Lebens nicht entlassen, er hat vielmehr teil an allem Neuen und Kommenden, am Leben überhaupt.

In späterer Zeit übernahmen die männlichen Götter, als sie die Herrschaft über die Göttinnen ergriffen, auch die grundlegenden weiblichen Funktionen. So kehrt der Tote in Israel nicht in den Schoß der großen Mutter, sondern in „Abrahams Schoß" ein, ungeachtet der Tatsache, daß Abraham ganz gewiß etwas wie einen Mutterschoß nicht besaß.

In der Zeit der ausgehenden Mutterkultur, nämlich um 3100 vor Christus, wurde in Uruk der Marmorkopf geschaffen, der vermutlich eine Göttin darstellt, vielleicht jene Muttergottheit, der der Labyrinthtempel in Uruk, der aus derselben Zeit stammt, geweiht war.

Die Haarflechten dürften ursprünglich mit Gold überzogen gewesen sein. Darauf deutet jedenfalls die Rinne hin, die durch die Mitte des Oberkopfs gezogen ist. In ihr wurde das Goldblech befestigt. Die Augenhöhlen und Augenbrauen waren bei Skulpturen dieser Art in Sumer in der Regel mit Lapislazuli ausgelegt, einem blauen Stein, der einem solchen Gesicht nicht nur die Schönheit eines Halbedelsteins, sondern auch etwas ungemein Fremdes, etwas Numinoses verlieh. Er wurde vermutlich schon früh ausgebrochen.

Der Kopf ist insofern bemerkenswert, als bisher kein Stück gefunden wurde, an dem wir eine Entwicklung auf diese Höhe der Bildhauerei hin erkennen könnten.

Er steht in seiner staunenswerten Vollkommenheit plötzlich da, ohne daß ein Vorläufer dieser Kunst in den Zeiten davor bekannt wäre.

Es war ja den Menschen in der Phase des Mutterrechts noch nicht deutlich, in welcher Weise ein Mann an der Entstehung eines Kindes beteiligt war. Als aber, wohl im sechsten oder fünften Jahrtausend, entdeckt wurde, daß der Mann unentbehrlich sei, wo es um die Mutterschaft einer Frau geht, fingen die Männer ganz allgemein an, eine stärkere Rolle zu spielen.

So lösten sich im fünften Jahrtausend v. Chr. die mutterrechtlichen Dorf- und Stadtorganisationen allmählich auf. Das Geld wurde erfunden. Für Geld kaufte man Grund und Boden. Privatbesitz wurde möglich. Metall wurde gefunden, gegossen, geschmiedet und zu Werkzeugen und Waffen geformt. Heere wurden aufgestellt und zogen zur Eroberung fremder Orte, Städte oder Länder aus. Persönliche Macht wurde zum Ziel von zunehmend starken Einzelpersonen. Besitz von Grund und Boden und immer größerer und ausgedehnterer Besitz wurde zum Ziel des Streits und der Konkurrenz zwischen einzelnen und Gemeinschaften. Der Krieg wurde, was er während der Herrschaft der Mütter nicht sein konnte, zur heiligen Sache, und die Götter wurden zu Gehilfen und Mitstreitern von Königen oder Heerführern.

Schließlich wurden die Könige, die ursprünglich als Söhne der großen Mutter galten, selbst zu Göttern, und die Götterwelt wurde abgestuft nach Art eines feudalen Staatswesens.

Eine Religion entstand, die die Erschaffung der Welt als Kampf zwischen Himmel und Chaosmacht verstand und als Sieg des Himmelsgottes über die ins Drachenhafte hinabgestufte Urmutter.

Es begann der Austausch von Handelsgütern auf den unendlichen Wegen zwischen Indien, China, Mesopotamien, Ägypten und Europa. Die Zeit der Männer begann, vor allem aber der Kampf zwischen Mann und Frau um ihre Rollen in der Gesellschaft, der bis zum heutigen Tag noch nicht beendet ist. Das Patriarchat hielt seinen Einzug.

Adam, Eva und das Paradies

In der Zeit Abrahams war die Epoche der Mütter vergangen. Aber es scheint nicht zufällig, daß in allen alten Mythen der Völker unseres Kulturkreises von einer frühen Zeit die Rede ist, in der auf der Erde kein Krieg war und keine Unterdrückung, sondern Leben und Gerechtigkeit. Sie sprechen vom „Garten", der im Anfang gewesen sei, vom „Paradies", vom „goldenen Zeitalter". Und da solche Vorstellungen nicht aus freier Phantasie zu entstehen pflegen, sondern aus der Erfahrung von Wandlungen in den Lebensbedingungen der Menschen, da sie nicht erdacht, sondern als Realitäten erlitten und in der Erinnerung bewahrt werden, ehe sie mythische Gestalt annehmen, möchte ich vermuten, daß ihr geschichtliches Urmodell jene Zeit war, in der es in der Tat keinen Krieg gab, keine Tyrannis einzelner Menschen, keine Ausbeutung zwischen arm und reich: die frühen Jahrtausende, in denen die Mütter das Dasein der Menschen prägten.

In den Bildern und Gedanken jener ältesten Zeit wurzeln auch die Erzählungen am Anfang der Bibel: die Geschichten vom Paradies, vom Brudermord des Kain, von der großen Flut oder vom Turmbau zu Babel. Die Bibel erzählt:

„Es war in der Zeit, als Gott der Herr die Erde schuf.
Noch stand kein Steppenbusch auf dem Felde,
noch wuchs kein Kraut auf der Erde,
noch hatte Gott der Herr
nicht regnen lassen über dem Land,
kein Mensch war, der den Acker bebaute.
Nur Feuchte stieg auf von der Erde
und durchwässerte den Grund.
Da formte Gott der Herr den Menschen
aus Erde, aus Ackererde,
und hauchte ihm den Atem des Lebens ein.
So ward der Mensch ein lebendiges Wesen.

Und Gott der Herr schuf einen Garten,
pflanzte ihn in Eden nach Osten hin
und setzte den Menschen, den er gebildet, hinein.
Und der Herr ließ aufwachsen vom Grunde
allerlei Bäume, lieblich zu schauen
und herrlich zu essen,
in der Mitte aber des Gartens den Baum des Lebens
und den Baum der Erkenntnis des Guten und Bösen.

Und Gott der Herr nahm den Menschen
und setzte ihn in den Garten Eden,
damit er ihn baue und hüte.
Er gab dem Menschen die Weisung:

‚Von allen Bäumen im Garten iß!
Nur von dem Baum der Erkenntnis des Guten und Bösen
iß nicht! Denn an dem Tage,
da du von ihm issest, bist du des Todes.‘

Und Gott der Herr sprach:
‚Es ist nicht gut, daß der Mensch allein ist,
eine Hilfe will ich ihm schaffen,
ihm gegenüber, ihm gleich.‘

Eine Göttin aus dem Anfang des zweiten Jahrtausends v. Chr. Ihr Name ist uns unbekannt. In ihr hat eine sehr viel ältere Gottheit aus der Zeit der Mutterkultur Gestalt gefunden: die der Quell- oder Flußgöttin. Sie trägt einen Krug als Quelle des Lebens vor sich. An ihrem Gewand tummeln sich zart eingravierte Fische. Sie repräsentiert die Fruchtbarkeit der Felder, die in dem staubtrockenen Land aus dem Wasser von Euphrat und Tigris bewässert werden mußten.

So machte der Herr aus Erde alles Getier des Feldes
und alle Vögel des Himmels
und brachte sie zu dem Menschen,
um zu sehen, wie der Mensch sie nenne.
Die Namen aber, die der Mensch ihnen gab,
sollten sie tragen.
Und der Mensch gab allem Getier, den Vögeln des Himmels
und allen lebendigen Wesen des Feldes, Namen,
nur für ihn selbst war kein Helfer da,
niemand, der ihm entsprach.
Da breitete Gott der Herr einen tiefen Schlaf
über den Menschen. Der schlief ein,
und Gott nahm eine der Rippen
und verschloß die Stelle mit Fleisch.

Ein weibliches Wesen formte der Herr
aus der Rippe des Mannes und führte es ihm zu.
Da sprach der Mann: Das ist doch endlich
Bein von meinem Gebein, Fleisch von meinem Leibe.
Man wird sie ‚Männin' nennen
denn vom Manne ist sie genommen!
Darum wird ein Mann Vater und Mutter verlassen
und seiner Frau sich verbinden,
und sie werden ein Leib sein, ein Fleisch.
Nackt waren die beiden, der Mann und die Frau,
und schämten sich nicht" (1. Mose 2–3).

Die Gestalt des Königs Gudea von Lagasch, um 2150 v. Chr., zeigt, wie das weibliche Symbol des Krugs mit der segnenden Quelle in patriarchaler Zeit von den Männern usurpiert wurde. Sie wollten selbst sein, was früher die Mütter waren: Geber des Lebens.

Wie sehr diese Geschichte an die Zeit erinnert, in der die Vorfahren Israels im Zweistromland gelebt hatten, zeigt schon das Wort vom Garten in „Eden". Eden heißt, wie gesagt, soviel wie „Steppe" oder „Wüste". Östlich der Wüste also pflanzt Gott einen Garten. Erst später, als man in Israel die Bedeutung des sumerischen Wortes nicht mehr kannte, nannte man den Garten selbst „Eden".

Von einer niederen sumerischen Göttin namens Aruru wird erzählt, sie habe Lehm genommen und den ersten Menschen daraus geformt. Die Bibel erzählt von Gott, dem Schöpfer, selbst, er habe den Menschen aus Erde geformt. Und sie sagt damit: Nicht irgendeine niedere Gottheit hat den Menschen geschaffen, sondern Gott, der Schöpfer, selbst.

Und immer wieder stellen wir fest, daß es zu den Erzählungen der Urgeschichte in 1. Mose 1–11 verwandte Gedanken gibt in den frühen Epen des Zweistromlandes. Aber das bedeutet gerade nicht, daß die Verfasser der Bibel dort „abgeschrieben" hätten, sondern ganz im Gegenteil, daß sie den Geschichten mit voller Absicht eine andere Deutung gaben, wie sie dem Glauben Israels entsprach, daß sie das Alte durch das Neue bewußt ablösten.

„Aber die Schlange war listenreicher
als alle Tiere des Feldes, die Gott erschaffen,
und sprach zu der Frau: ‚Ist das wahr?
Ist das wirklich wahr, daß Gott sagte:
Es ist kein Baum im Garten,
von dem euch zu essen erlaubt ist?'
‚Von den Früchten der Bäume im Garten',
gab die Frau zur Antwort, ‚dürfen wir essen,
nur von den Früchten des Baumes,
der in der Mitte des Gartens steht,
sprach Gott: Nicht essen! Nicht anrühren!
Ihr werdet sonst sterben!'
Da sprach die Schlange zur Frau:
‚Mitnichten! Ihr werdet nicht sterben!
Gott hat es verboten, weil er weiß,
daß euch die Augen geöffnet werden, sobald ihr davon eßt,
daß ihr sein werdet wie Gott
und gut und böse unterscheiden könnt.'
Und die Frau schaute und sah,
daß von dem Baum zu essen gut wäre,
sah ihn, eine Lust für die Augen
und verlockend, weil er Klugheit verlieh.
Da nahm sie von seiner Frucht und aß
und gab auch dem Manne, und er aß.
Da gingen den beiden die Augen auf,
und sie wurden gewahr, daß sie nackt waren.
Sie flochten Blätter von Feigen zusammen
und machten sich Schürzen.

Als der Abendwind wehte,
hörten sie Gott den Herrn im Garten gehen.
Da verbargen der Mann und die Frau sich
vor dem Angesicht Gottes des Herrn
unter den Bäumen im Garten.
Aber der Herr rief Adam und fragte: ‚Wo bist du?'
Der sprach: ‚Ich hörte dich im Garten gehen
und fürchtete mich, weil ich nackt bin,
darum versteckte ich mich!'
Da fragte Gott: ‚Wer sagte dir, daß du nackt bist?
Hast du von dem Baum gegessen,
von dem zu essen ich dir verboten habe?'
Der Mann gab zur Antwort: ‚Das Weib!
Das Weib, das du mir zugesellt hast,
das gab mir von dem Baum, und ich aß.'
Da sprach der Herr zu der Frau:
‚Was hast du getan?' Sie gab zur Antwort:
‚Die Schlange hat mich verführt, und ich aß.'...

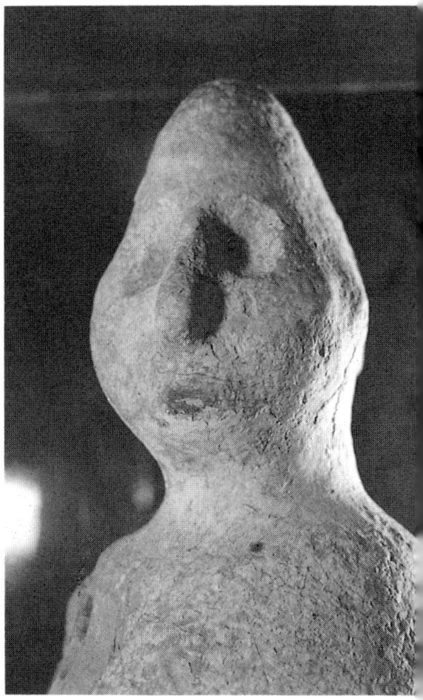

Die erste vollplastische Darstellung eines Menschen stammt aus der Zeit um 4000 v. Chr. Ein Menschengesicht, noch ohne Augen, mit einem roh angedeuteten Mund, noch ganz in sich versunken und verschlossen scheinend, einer großen und gefährlichen Welt fast hilflos ausgeliefert und doch schon, in der spitz zulaufenden Kopfbedeckung, der Welt mit der Anstrengung des Denkens zugewandt.

Auf einer Tonscherbe aus dem dritten Jahrtausend v. Chr. ist eine Szene abgebildet, die noch die alte Mutterreligion spiegelt: Eine Frau kniet vor dem Stamm einer Dattelpalme. Sie ist damit beschäftigt, einen kleinen Baum am Fuß des großen zu pflanzen, während eine Schlange sich in ihren Schoß schmiegt. Der Baum ist die Göttin, zugleich das Symbol der Weisheit, und wenn die Frau einen kleinen Baum pflanzt, so deutet sie an, es möge Leben und Weisheit auch in ihr gedeihen. Die Schlange, die alte Symbolgestalt der Erdmutter aber, ist gegenwärtig und gibt ihr, was sie erbittet.

Die Bibel setzt die sogenannte „Sündenfallgeschichte" dagegen: Die Schlange redet der Frau zu, sie solle doch, entgegen dem Verbot, von den Früchten des Baums der Erkenntnis nehmen. Sie werde dadurch Weisheit erlangen, sie werde sein wie Gott und wissen, was gut und böse ist.

„Und die Frau sah, daß von dem Baum gut zu essen wäre, daß er eine Lust für die Augen wäre und verlockend, weil er klug machte. Und sie nahm von der Frucht und aß und gab ihrem Mann auch davon.

Da wurden ihnen beiden die Augen aufgetan, und sie wurden gewahr, daß sie nackt waren" (1. Mose 3).

Am Ende wird die Schlange dazu verurteilt, auf der Erde zu kriechen und der Feind des Menschen zu sein. Die Menschen aber werden aus dem Garten vertrieben, sie werden dazu bestimmt, mit Mühsal sich von einem von Dornen und Disteln überwucherten Acker zu nähren und am Ende wieder zu Erde zu werden.

Da schickte Gott der Herr den Menschen
aus dem Garten Eden,
damit er den Erdboden bebaue, von dem er genommen war.
Er trieb den Menschen hinaus,
und gab den Cheruben Befehl, sich zu lagern
östlich dem Garten Eden
mit dem flammenden, blitzenden Schwert,
den Weg zu bewachen zum Baum des Lebens" (1. Mose 3).

Zwei Mischwesen in Elfenbein bewachen miteinander einen Baum: geflügelte Löwen mit dem Kopf eines Widders. Solche Repräsentanten der elementaren Kraft der Natur meint noch die Bibel, wenn sie von den Cheruben spricht oder den Cherubim. Solche Tiergestalten standen im Tempel Salomos rechts und links der Bundeslade und schützten das innerste Heiligtum.

Gilgamesch und die Erfahrung des Todes

Älter als die Erzählungen der biblischen Urgeschichte ist eine Dichtung, die zum Verstehen der Bibel ungemein hilfreich ist: das in den Jahrhunderten vor Abraham geschriebene „Gilgamesch-Epos". Dieses große Werk der frühen Dichtkunst greift auf den sumerischen König Gilgamesch zurück, der wohl um etwa 2750 v. Chr. in Uruk geherrscht hat. Es erzählt von der glanzvollen Herrschaft dieses Königs und von seinen Abenteuern, die er mit seinem Freund Enkidu zusammen bestand. Dabei ist von den Ur- und Grundfragen der Menschheit die Rede, von der Erfahrung des Todes und der Suche nach dem ewigen Leben, von Diesseits und Jenseits, von der Sintflut und anderen in der Bibel wiederkehrenden Motiven.

Das Eingangskapitel erzählt von der Menschwerdung des Menschen aus der Welt der Tiere, und der Gedanke, daß die Verführung durch die Frau sowohl Erkenntnis als auch den Verlust des Paradieses mit sich brachte, steht dem biblischen Paradiesesbericht nicht fern.

„Cheruben", das sind in der Sprache der alten Symbole die Wächter am Thron der Götter in Gestalt von Tieren, die gemischt erscheinen aus Löwen, Stieren, Adlern und Menschengesichtern. Noch die vier Evangelistensymbole bilden die alte Vorstellung ab.

Wenn nun der frühe Leser des Alten Testaments hörte, der „Baum in der Mitte des Gartens" (das heißt der Kultort der großen Mutter) sei eine verbotene Zone, so wird ihm nicht verboten, irgendeine Frucht zu essen, sondern vielmehr, an einem ganz bestimmten Kult teilzunehmen.
Die Propheten geißeln unaufhörlich, noch im siebten und sechsten Jahrhundert v. Chr., daß die Frauen Israels den großen Müttern „unter jedem grünen Baum" opfern.
Die Schlange aber, die Muttergottheit, wird zum Symbol des Bösen.
Die Geschichte kennzeichnet den Überschritt von der Zeit der Mutterkultur in die Zeit der Väter, der Patriarchen.

Chuwawa, der Naturgeist, der Wächter des Waldes. Gegen ihn ziehen Gilgamesch und Enkidu aus. Sie wollen ihren Heldenmut beweisen und brechen mit roher Gewalt in das Heiligtum des Waldes ein. Sie schlagen nicht nur die heiligen Zedern nieder, sondern erschlagen auch ihren schützenden Geist, den Riesen Chuwawa. Dessen Gesicht ist wie mit Schnurornamenten überzogen, wie eingebunden in die Ordnungen und Notwendigkeiten der Erde. Aber gerade diese vorbewußte Naturkraft ist, so meint das Epos, zu verehren und zu schützen. Gott setzte den Menschen, sagt die Bibel, in den Garten, „daß er ihn baue und bewahre". Für das Epos ist die Natur Werk und Wohnstadt von

numinosen Wesen, an denen der Mensch sich nicht vergreifen darf. Für die Bibel ist sie Werk Gottes, dem Menschen zu sorgsamer Pflege anvertraut.
Auf der Stirn des Waldgottes ist ein kleiner Fleck ausgespart, als deute sich auch bei diesem Naturwesen der Anfang eines freien Bewußtseins an.

Von den Heldentaten des Gilgamesch und seiner übermenschlichen Kraft – das Epos sagt, er sei zu zwei Dritteln Gott und nur zu einem Drittel Mensch gewesen – erzählt die Platte aus Kalkstein. Er faßt mit jeder Hand ein stierähnliches Urwesen, das aber mehr ist als nur ein Stier. Beide stehen immerhin auf ihren Hinterbeinen und tragen menschenähnliche Bärte.

Die Mauer des Gilgamesch. Das Gilgamesch-Epos beginnt mit einem hymnischen Lied über die Mauer von Uruk, die das Weltwunder der Zeit um 2700 gewesen sein muß. Sie umschloß die Stadt auf eine Länge von 9 Kilometern und hatte 800 turmähnliche Verstärkungen. Dieses Stück steht heute frei auf dem Ausgrabungsfeld von Uruk.

Da ist Enkidu, ein Mischwesen aus Gott, Tier und Mensch, das in voller Einheit mit dem Wild der Steppe lebt. Gilgamesch hört von ihm und sucht seine Freundschaft, will ihn zum Menschen machen und schickt ihm zu diesem Zweck eine Dirne, die ihn verführt. Als Enkidu mit der Menschenfrau Umgang gehabt hatte, da

„wandte er den Blick nach seinen Tieren.
Doch nun, als die Gazellen Enkidu
erblickten, flohen sie vor ihm davon.
Das Wild der Steppe wich vor ihm zurück.
Und Enkidu erschrak, sein Leib war starr,
die Knie wankten, da sein Wild ihn floh.
Schwach ward er, und es war nicht wie zuvor.
Doch hatte er nun Einsicht. Er verstand.
Umkehrend sank er zu der Dirne Füßen,
erhob die Augen
und hörte auf die Worte, die sie sprach:
Klug bist du, Enkidu, nun wie ein Gott!"

Er wird aus dem „Paradies seiner bisherigen Einheit mit der Natur vertrieben, lernt „draußen" Gilgamesch, den König und Helden, kennen. Und die beiden ziehen nun aus, ihre menschliche Kraft und ihren Mut den Mächten der Natur entgegenzusetzen, damit aber auch den Göttern. Noch aber haben sie nicht begriffen, daß ihre Eigenständigkeit den Göttern gegenüber zugleich ihre Sterblichkeit bedeutet. Eines Tages erlebt Gilgamesch den Tod des Freundes und klagt:

„Hört mich, ihr Ältesten von Uruk, hört:
Es ist Enkidu, mein Freund, um den ich weine

mit Jammerlaut gleich einer Klagefrau.
Er war mir wie die Axt an meiner Seite,
der Waffe gleich, verläßlich meiner Hand!...
Da hüllte er ihn ein wie eine Braut,
erhob die Stimme, einem Löwen gleich,
der Löwin auch, der man die Jungen nahm,
fort stürzte er und kehrt' alsbald zurück,
rauft' sich die Haare, schleudert' sie zu Boden
und riß sein Prachtkleid ab, es von sich werfend."

Gilgamesch macht sich nach der Erkenntnis des Todes auf eine Reise in die Welt der Götter, sucht nach dem Kraut, das ewiges Leben geben soll, und findet es. Als er es aber an einem Brunnen niederlegt, um zu trinken, kommt eine Schlange, erfaßt das Kraut und verschwindet mit ihm. Gilgamesch sieht ein, daß er sterblich ist, kehrt nach Hause zurück und tröstet sich an seinem irdischen Werk, der Mauer von Uruk.

Die biblische Urgeschichte spricht vor dem Hintergrund solcher alten Einsichten und Weisheiten. Sie setzt ihre neue Erkenntnis dagegen und formt in der Auseinandersetzung mit den Jahrtausenden vor ihr ein neues Bekenntnis zu dem einen Gott und dem Menschen, der ihm wie ein Partner gegenübersteht und der so, im Gegenüber zu Gott, das Leben finden soll.

Eine Göttin oder Priesterin aus der Zeit, in der das Gilgamesch-Epos entstand. Was das Epos eine „Dirne" nennt, das ist wahrscheinlich mehr eine Priesterin an einem Tempel, an dem die Männer mit den dort wohnenden geweihten Frauen die „heilige Hochzeit" zu feiern pflegten.

Die große Flut und ihre Deutung

Die Bibel berichtet 1. Mose 6–8 von der Sintflut, das heißt einer Flutkatastrophe, die irgendwann in den Jahrtausenden vor Abraham das Zweistromland heimgesucht haben muß.

„Als aber der Herr sah,
daß die Bosheit der Menschen groß war auf Erden
und alles Dichten und Trachten ihres Herzens böse war allezeit,
reute es ihn, daß er den Menschen auf Erden gemacht,
und er bekümmerte sich in seinem Herzen.
Und der Herr sprach:
‚Ich will den Menschen, den ich geschaffen,
von der Erde vertilgen,
ja vom Menschen bis zum Vieh,
vom Gewürm bis zu den Vögeln des Himmels,
denn es reut mich, daß ich sie schuf.'

Noah aber fand Gnade in Gottes Augen,
und Gott sprach zu ihm:
‚Baue dir eine Arche und gehe hinein:
deine Familie nimm mit, denn du bist gerecht
in meinen Augen unter den Menschen.
Denn noch sieben Tage, dann will ich regnen lassen vierzig Tage

Enkidu. Seine Geschichte ist eine großartige Deutung der Menschwerdung des Menschen. Ein Wesen, das die Ganzheit des Daseins vom Element bis zum göttlichen Geist verkörpert. Er trägt die Krone eines Gottes, das Gesicht eines Menschen und den Leib eines Stiers.

Enkidu ist der Mensch, der noch ganz im Reich des Lebendigen, von Tier und Pflanze, lebt und dem es, so das Gilgamesch-Epos, eines Tages widerfährt, daß ihn eine Dirne, das heißt eine Priesterin, aus der Stadt Uruk verführt, daß er so die Frau und damit auch sich selbst entdeckt, sich den Tieren entfremdet und den Menschen und König Gilgamesch zum Freund gewinnt.

Durch die Frau wurde der Mensch ein Mensch, sagt das Epos. Die Verführung machte ihn zum reifen, erwachsenen Partner, zum Ich, das fähig ist, einem Du zu begegnen. In der Auseinandersetzung mit diesem alten Mythus wird die Frau in der Bibel, die Verführerin, zum Anlaß für Verstoßung und Entfremdung aus dem Paradies, zur Schuldigen an Leid und Todesschicksal des Menschen. Es ist nur eine Nuance Unterschied, aber der Unterschied trennt den Bericht der Schöpfungsgeschichte doch um Welten von der alten matriarchalen Überlieferung.

und vierzig Nächte auf der Erde
und alles Lebendige, das ich gemacht, vertilgen.'

Nach sieben Tagen kamen die Wasser der Flut über die Erde.
Regen strömte vierzig Tage und vierzig Nächte,
das Wasser stieg und hob die Arche empor,
und sie schwamm über der Erde dahin.
Alles, was lebendigen Atem hatte
und auf dem trockenen Lande lebte, ging zugrunde.
Nur Noah blieb übrig und was bei ihm in der Arche war"
(1. Mose 6 und 7).

Im Gilgamesch-Epos lesen wir:

„Surippak, die Stadt am Ufer des Euphrat –,
die Stadt war alt und die Götter standen ihr nahe.
Eine Sintflut zu senden trieb die großen Götter ihr Herz.

Mann aus Surippak!
Reiß nieder das Haus, baue ein Schiff!
Laß fahren den Reichtum, suche Leben!
Führe vielerlei Leben ins Schiff...

Ich trat ins Schiff und verschloß meine Tür...

Als nun ein Schimmer des Morgens erglänzte,
stieg vom Fundament des Himmelsgewölbes
schwarzes Gewölk auf...

Und das Wasser stieg ins Gebirge,
wie eine Schlacht über die Menschen sich wälzt.
Und die Götter fürchteten die Flut..."

Das Gilgamesch-Lied sagt also: Hinter den Katastrophen, die in der Welt geschehen, stehen Götter und dämonische Fabelwesen aus den Gestirnen oder Urmächte aus der Tiefe des Meeres, die in Schlachtreihen antreten, während der Mensch, um den die Götter sich nicht kümmern, das Opfer von rätselhaften Ereignissen ist. Da führt dieser Mensch, mit seiner Erdscheibe auf dem Urmeer schwimmend, wie unter einer Taucherglocke inmitten ungeheurer Wassermassen sein bedrohtes Leben. Irgendwelche Götter können ihn ersäufen, indem sie das Wasser aus der Tiefe emporsteigen oder den Himmelsozean von oben hereinbrechen lassen. Warum? Für Götter, für Mächte aus der Tiefe gibt es kein Motiv. Sie tun es, wenn „ihr Herz sie treibt".

In der Noahgeschichte entwerfen die Israeliten ihre Gegenvorstellung: Der Mensch ist bedroht, gewiß. Aber sein Geschick entscheidet sich nicht an der Laune unberechenbarer Götter, sondern am Urteil eines klaren göttlichen Willens und an seinem

Der König von Lagasch, Gudea. In ihm erhebt sich das Sumerertum nach der Zwischenzeit der Akkader noch einmal zu einer letzten hohen Blüte. Er galt den Sumerern als ein Friedenskönig.

In der alten Stadtanlage von Babylon finden wir ein kleines Sumpfgebiet. Es besteht in dem Grundwasser, das aus dem Euphrat kommt, der wenige hundert Meter daneben vorbeifließt. Ein Rest von Ziegelmauern steht noch darin. Es ist der sagenhafte „Turm zu Babel", der sich einst auf einer Grundfläche von 91 x 91 m bis 91 m Höhe erhob, der „Etemenanki", was auf deutsch heißt: „Das Fundament von Himmel und Erde". Nebukadnezar hatte ihn zuletzt erneuert und vergrößert, nachdem er über 1000 Jahre dagestanden hatte. Danach aber zerstörte ihn der Perserkönig Xerxes I. Der Rest versank schließlich durch sein ungeheures Gewicht immer tiefer im weichen Untergrund.

eigenen Glauben. Das gilt, solange auf dieser Erde Tag und Nacht, Sommer und Winter gehen. Denn nun sichert Gott diese ausgesparte Zelle, in der das Leben der Menschen sich abspielt. Er stellt den Regenbogen als Zeichen für seine bewahrende Treue in die Wolken: Wenn es regnet und der Mensch fürchtet, das Gewölbe breche ein, erscheint der Bogen am Himmel, so, als spiegle sich die Sonne in der großen, glänzenden Himmelsschale und zeige an, daß das Gewölbe steht.

Die Geschichte vom Turm zu Babel

Und noch eine Geschichte vor dem Hintergrund jener alten Zeit:

Die Vorfahren Israels hatten in ihrem Ursprungsland die großen „Götterberge" gesehen, pyramidenartige Tempeltürme. Umgeben von Priesterpalästen, Vorratshäusern, von Versammlungsplätzen und Prozessionsstraßen standen sie da als Zeichen dafür, daß die Götter auf der Erde gegenwärtig waren. Insgesamt etwa dreißig solcher Türme hat man ausgegraben.

Auf der Spitze war die Wohnung des Gottes, wenn er vom Himmel herabkam, und über eine ungeheure Treppe, die vom Fundament bis zur Spitze geradlinig hinaufführte, begegneten die Götter den Menschen.

Zugleich waren diese Türme für die Erbauer, die Könige, das Zeichen für ihre Macht nicht nur über Menschen, sondern auch über den Himmel. Der sumerische Fürst Gudea, der um 2200 v. Chr. gelebt hat, hinterließ eine Inschrift:

„Meinen Tempel hat Enimu bis zum Himmel erbaut.
Von meinem Tempel blickt der König
mit weittragendem Auge.
Mein Tempel strahlt wie der Sturmvogel der Götter.
Vor meinem Tempel wird der Himmel wanken.
Sein schrecklicher Glanz wird an den Himmel reichen."

Die Geschichte vom Turmbau zu Babel – siehe S. 34 – bringt die schon oben erwähnte Korrektur. Das Königtum, so meint die Bibel, empfing seine Macht nicht von den Göttern, wie es vorgibt, sondern hat sie aus Angst an sich gerissen. „Damit wir nicht zerstreut werden", sagen die Leute von Babylon. Und nicht die Nähe der Götter ist mit diesen Türmen bewiesen, sondern gerade ihre Ferne, aus der man sie herholen muß.

Freilich, der ursprüngliche Sinn dieser Göttertürme war ein ganz anderer gewesen. Um 3700 v. Chr. entstanden in Mesopotamien die ältesten Stufenterrassen als Fluchtberge vor Überschwemmungen, und zwar nach der offenbar verheerenden Flutkatastrophe, von der noch die Bibel berichtet.

Später kommen die Sumerer und geben den Terrassen einen neuen Sinn. Sie bauen darauf Tempel und nennen sie „Bergtem-

Die Himmelstreppe von Ur, der Heimatstadt Abrahams, ist heute bis zur ersten Plattform wiederhergestellt.

Aus Chafadschi bei Bagdad kommt diese Terrakotta, die einen Gott zeigt – als Gott kenntlich an der vierfachen Hörnerkrone –, der sein Schwert eben einem zyklopischen Urwesen in den Leib bohrt (Anfang des zweiten Jahrtausends v. Chr.). Ähnlich dem Polyphem der griechischen Sage nur mit einem Auge versehen, dennoch Lichtgott mit der flammenden Ausstrahlung einer Sonne, ist er überwunden durch eine spätere Gottheit. Der jüngere Gott links trägt ein gewebtes Gewand, das Urwesen rechts noch den Zottenrock der frühen sumerischen Zeit. Der Mythus spricht hier vor der Ablösung einer Generation von Gottesbildern durch eine jüngere, geistigere.

Dieser Wandel des Gottesbildes setzt sich fort durch das ganze Alte Testament und bis zu Jesus hin, und viele schwer verständliche Geschichten sprechen von diesem immer weitergehenden Prozeß, der zu einer immer reiferen Vorstellung von Gott führt.

pel". Man vermutet, daß die Sumerer aus einem Gebirgsland kamen und daß dort die Göttinnen auf Bergen verehrt wurden. So sprechen sie als Bewohner einer Tiefebene von ihrer Hauptgöttin Ninchursanga als von der „Herrin der Berge". Sie stellen sich offenbar vor, eine Gottheit, die auf Bergen wohne, könne die Menschen in der Ebene nur besuchen, wenn man ihr einen Berg wie eine Treppe zum Herabsteigen zur Verfügung stelle.

Eine Zikkurat ist also, ganz anders als die Pyramiden Ägyptens, die Grabmale von Königen waren, ein Berg mit einer Treppe. Auf der Spitze war ein kleiner Tempel, den man die „Pforte des Himmels" nannte. Unten am Fuß der Treppe war das „Haus Gottes", in dem die Priester die Botschaften der Götter empfingen. Auf der Treppe aber stiegen die Boten des Himmels auf und ab.

Der Traum von der Himmelstreppe

Eine bekannte Geschichte der Bibel erzählt von Jakob, dem Enkel Abrahams, der auf einer Reise von Kanaan, dem heutigen Palästina, nach Syrien war:

„Auf dem Weg nach Haran kam er an einen bestimmten Ort, dort blieb er über Nacht, denn die Sonne war untergegangen. Und er nahm einen Stein, legte ihn zu seinen Häupten und legte sich schlafen. Und ihm träumte, eine Treppe stand auf der Erde, die rührte mit der Spitze an den Himmel, und Engel Gottes stiegen daran auf und nieder. Und Gott stand oben darauf und sprach: ‚Ich bin der Gott deines Vaters Abraham und der Gott Isaaks. Das Land, auf dem du liegst, will ich dir und deinen Nachkommen geben …' Und als Jakob aufwachte, sagte er: ‚Wie heilig ist diese Stätte! Hier ist nichts anderes als ‚Bet El', Gottes Haus! Hier ist die Pforte des Himmels' " (1. Mose 28).

Der Traum von der Treppe, die fälschlicherweise immer wieder als „Leiter" verstanden wurde, ist eine Erinnerung an die Stufentürme der Heimat seiner Vorfahren. Auf den langen Treppen, die vom Grund bis an die Spitze führten, gingen nach dem Glauben der Sumerer die Boten der Götter auf und ab, um die Gebete der Menschen zu den Göttern zu bringen und die Worte der Götter zu den Menschen. Oben auf der Spitze war die „Pforte des Himmels", unten, am Fuß der Zikkurat, standen die Tempelanlagen, die sie das „Haus Gottes" nannten.

Jakob träumt also eine uralte Vorstellung, und der Traum gibt ihr einen neuen Sinn: Nicht mehr die heilige Hochzeit findet dort oben statt, sondern Gott steht da und richtet seine Botschaft an den Menschen. Und der Sinn dieser Botschaft ist: Ich bin der, der die Erde gibt, der das Leben gibt und den Raum. Ein matriarchales Ursymbol wird umgedacht in die neue Bewußtheit der allmählich heraufkommenden Zeit des einen Gottes.

II Wanderer Abraham

Nomadenwege in Syrien

Die syrische Urkultur

Die Großfamilie des Terach muß wohl schon längere Zeit in Haran gelebt haben. Da erging ein „Wort von Gott" an Abraham, die berühmte Aufforderung:

„Verlaß das Land und deine Verwandtschaft und deines Vaters Familie und geh in ein Land, das ich dir zeigen will. Ich will dich zum großen Volk machen und will dich segnen ... und in dir sollen gesegnet werden alle Geschlechter auf Erden" (1. Mose 12,1 bis 3).

Mugdir, ein Dorf im nordsyrischen Ackerbaugebiet (unten).
Eine Wohnhöhle im Bergland um Petra (rechts).

Zu Zeiten Abrahams gab es noch keine Kamele im Dienst des Menschen. Er zog mit Eseln, diesen ältesten Zug- und Lasttieren der Menschheit, über die unendlichen Sandpisten.

Haran lag damals im syrischen Kulturraum – heute liegt es knapp jenseits der Grenze zur Türkei. Und das Land, in das Abraham geführt werden sollte, Kanaan, war ebenfalls ein Teil des damaligen Syrien. Was war Syrien damals? Was geschah dort in jener Zeit?

Wir sind gewöhnt, zwischen Asien und Afrika zwei für Europa prägende Urkulturen zu unterscheiden: die mesopotamische und die ägyptische. Dazwischen, so sehen es viele heute noch, lag ein Überschneidungsgebiet mit allerlei Mischformen zwischen beiden Kulturzentren: Syrien. So sah man zu Zeiten unserer Großväter die Bibel als ein Buch der Auseinandersetzung mit Babel an, während wir heute wissen, daß Syrien ungleich stärker auf die Gedankenwelt und Geschichte der Bibel eingewirkt hat. Und man hat in den letzten dreißig Jahren erkannt, daß Syrien eine eigene Urkultur besaß, größtenteils noch versteckt in Tausenden von nicht ausgegrabenen Orten und Städten, die überall unter dem Sand liegen.

Als nun Abraham von Ur nach Haran, von Haran nach Kanaan, von da nach Ägypten zog, zog er durch eine Reihe von ver-

Den Euphrat aufwärts ging die Reise Terachs und Abrahams. Dieser Fluß wird heute von Syrien aufgestaut, damit das große Ackerbaugebiet zwischen Aleppo und dem Euphrat bewässert werden kann. Syrien und Irak standen darum vor wenigen Jahren am Rand eines Kriegs um das Euphratwasser, heute haben sie sich über die Wassermengen, die Syrien dem Irak überläßt, geeinigt.

Bei Haran kommt die wandernde Familie in ein trockenes Ackerbaugebiet, eines der ältesten der Menschheit. Der Bauer sitzt mit seinen Kindern auf einem Dreschschlitten und fährt mit den gezackten Rädern immer im Kreis um einen Getreidehaufen, bis die Körner ausgedrückt sind und das Stroh abgeräumt werden kann.

Eine Besonderheit der Gegend um Haran und östlich von Aleppo sind die bienenkorbförmigen Häuser aus Lehm, aus denen ganze Dörfer bestehen. Diese Häuser sind seit vielen tausend Jahren nachgewiesen. Sie sind heute noch ideal zum Wohnen: kühl, schattig, ein runder Raum zum Sitzen im Kreis, mit Teppichen ausgelegt. Kein modernes Haus ist dem Klima so angepaßt.

schiedenen Staaten, aber vor allem durch alle diese drei Urkulturen, und die ganze Geschichte Israels ist geprägt von der Auseinandersetzung mit ihnen.

Das frühe Syrien ist für die Geschichte des biblischen Volkes der wichtigste politisch-kulturelle Raum. Er ist für uns Abendländer freilich auch der unübersichtlichste und der am wenigsten bekannte. Denn zu Syrien im geschichtlichen Sinn zählen wir

nicht nur das heutige Syrien. Auch der Libanon gehört dazu, Jordanien, das heutige Israel und das Palästinensergebiet westlich des Jordan und der Negeb bis zum Sinai. Die Bibel aber entstand in der Auseinandersetzung mit all diesen Zonen der syrischen Kultur und Religiosität.

Syrien ist ein Land mit vielen Gesichtern, ein Land ohne Mitte oder Schwerpunkt. Gebirge und Flußtäler durchschneiden es, und nach allen Seiten ist es offen. So hat es auch immer nur für kurze Zeit so etwas wie ein syrisches Großreich gegeben, und fast immer bestimmten einzelne Städte oder Regionen das Schicksal des Landes.

Nach Osten hin grenzte es in einer weiten, steppenhaften Ebene an die Reiche der Assyrer und Babylonier. Vom Norden her, vom anatolischen Bergland, stürmten immer wieder neue Wandervölker herab, die das weite Ackerland suchten: die Hurriter, die Mitanni, die Hyksos, die Hethiter, und richteten ihre kurzlebigen Reiche auf. Von Südosten her drängten ständig landsuchende Beduinenvölker herein, unter anderem auch Israel, und im Westen war das offene Meer mit seinen uralten Hafenstädten, von denen aus die Schiffe der Phönizier schon früh im zweiten Jahrtausend v. Chr., während Abraham auf den einsamen Sandpi-

sten im Landesinneren unterwegs war, das ganze Mittelmeer befuhren.

Für uns, für die der Wanderer Abraham zur Urfigur des wandernden Menschen überhaupt geworden ist, ist der Weg am wichtigsten, den er durch Syrien zog: von der weiten Steppe im Norden, wie vermutet werden kann, an Damaskus vorbei ins heutige Israel und von dort in den wüstenhaften Negeb und an die Grenze Ägyptens.

Die Wanderung einer solchen Familie hat etwas seltsam Bewegendes. So unterwegs sein, ohne zu wissen, wo der nächste Zeltplatz sein wird, so ohne irgendeine Heimat hinter sich zu haben, so angewiesen auf Erfahrung und Orientierungsvermögen der Älteren, so gebunden an den Wanderschritt einer Ziegen- oder Schafherde, die den Kamelen folgt, so völlig auf sich selbst gestellt – es ist nicht nur die Bibel, die in solchem Wandern ein Gleichnis für das Menschenleben überhaupt sieht.

Von Abraham freilich ist darüber hinaus gefordert, auf die leise Stimme zu achten, die ihm sagt, wohin die Reise gehen soll. Denn er soll ja in ein Land ziehen, das „Gott ihm zeigen will". Es ist die Tiefendimension, die dem achtsamen Wandern eines Menschen durch sein Dasein auf dieser Erde sich erschließen soll.

Die Reise Abrahams ging nach dem Süden, nach „Kanaan", in das Land südlich des Hermon, und weiter in das samarische Bergland und nach Jerusalem und Hebron. In ein Land, das, wie Mesopotamien aus Lehm, aus Steinen besteht, aus verkarstetem Kalkstein, der überall hervorschaut unter der dünnen Erdkrume.

Von Sichem berichten die Ägypter um 2000 v. Chr. Es war aber schon im vierten Jahrtausend eine Festung gewesen. Heute liegt die Stadt ausgegraben vor uns (links im Vordergrund). Winzig klein im Vergleich mit den Häusern der jetzigen Nachbarschaft. Aber dies war wohl nur die Zitadelle, ein Bauwerk aus zyklopischen Steinen, in das die Bewohner der Stadt, die um die Zitadelle her lag, sich in der Gefahr zurückzogen.

So wie auf dem Foto rechts oben stelle ich mir das Jerusalem des zweiten Jahrtausends v. Chr. vor: feste Häuser auf einem Felsrücken, der kaum mehr als einen Hektar groß ist. Im Jemen kann man solche Felsnester, wie sie in alter Zeit überall den Menschen als feste Zuflucht dienten, noch heute sehen.

In Jerusalem aber war ein uraltes Heiligtum: ein breit hingelagerter Fels, unter dem eine Höhle war. Er lag damals wohl unter freiem Himmel, heute wölbt sich die Riesenkuppel des Felsendoms über ihm. Eine runde Öffnung ist von oben her zur Höhle hinab ausgehauen.

Niemand weiß, welche Art Kult in alter Zeit hier gefeiert wurde. Vielleicht aber gibt uns Abrahams Geschichte einen Hinweis. Denn der Platz auf dem späteren Tempelberg von Jerusalem hieß der „Morija", damals noch auf der Höhe außerhalb der Stadtmauern.

Sichem

„Und sie gelangten in das Land Kanaan, und Abraham durchzog das Land bis an eine heilige Stätte bei Sichem, wo eine Eiche stand, an der die Menschen im Orakel Weisung suchten. Dort erschien Gott dem Abraham und sprach zu ihm: ‚Deinen Nachkommen will ich dieses Land geben!'" (1. Mose 12, 6–7).

In der Mitte des Landes Kanaan geschieht das, was das Ziel und der Sinn aller bisherigen Wege war: nämlich die Übereignung dieses Landes an den Stammvater Israels. Sichem liegt heute in rein arabisch besiedeltem Land westlich des Jordan, und es wird dort zwischen Israel und seinen Nachbarn kein Friede entstehen, solange der heutige Staat Israel sich auf die Verheißung Gottes an Abraham vor 3500 Jahren beruft.

Hier beginnt die Geschichte eines Streits, der sich über Jahrtausende hinzieht. Denn immer wohnten Menschen in diesem Land, und nie wird dieses Land einem Volk allein gehören können. Kanaan, Palästina, Israel – immer wieder strömten andere Völker ein, und immer war gefordert, daß alte und neue Bewohner einander respektierten. Die Verheißung erging an einen Schafhirten, der nicht als Eroberer kam, sondern dem das Land offenstand, weil er bereit war, mit den Bewohnern in vertraglich geregeltem Einvernehmen zusammenzuleben.

Ein Stadtkönig und ein Vertrag

„Abraham zog weiter von Weideplatz zu Weideplatz und gelangte nach Jerusalem. Und Melchisedek, der König von Salem, das ist Jerusalem, trug Brot und Wein heraus ihm entgegen. Er war ein Priester des höchsten Gottes. Er segnete Abraham und sprach: ‚Gesegnet seist du, Abraham, vom höchsten Gott, der Himmel und Erde geschaffen hat!' Und Abraham gab ihm den Zehnten von all seinem Besitz" (1. Mose 14).

Südlich von Jerusalem liegt der wichtigste Ort der Abrahamgeschichte: Hebron. Er liegt heute im Gebiet der Palästinenser und gehört zu den Stellen in Palästina, an denen der Anspruch Israels und der Palästinenser auf das Land am härtesten aufeinanderprallen.

Nahe Hebron geriet ich in die friedliche Runde von Soldaten der israelischen Armee, die in ihrer Stellung aus runden Kuppelhäusern eingesetzt sind, den Aufbau einer neuen Ansiedlung israelischer Bauern zu schützen. Denn heute liegen die Äcker und Weinberge der Israeli dicht neben denen der Araber, und der Haß trennt die beiden Söhne Abrahams. Die Leichtigkeit, mit der diese jungen Leute ihren Dienst tun, täuscht. Es gibt, da beide Seiten Abrahams Land beanspruchen, keinen Ausweg aus der Sackgasse des täglichen und nächtlichen Krieges.

Mitten in Hebron steht der Haram, das islamische Heiligtum für die Patriarchen Abraham, Isaak und Jakob und die Frauen

Melchisedek schloß mit Abraham eine Art Lehensvertrag. Abraham entrichtete ihm ein Zehntel seines Besitzes als Pacht für das Recht, auf den Äckern der Stadt nach der Kornernte zu weiden. Das war eingespieltes Recht zwischen den Städten und den wandernden Sippen. Den Abschluß des Vertrags feierte man mit Brot und Wein, die der Stadtfürst dem Nomaden reichte. Damit war der Landfremde ein Gast und genoß den Schutz des Stadtkönigs.

Hier bewährt sich das uralte System des Weidewechsels. Im Winter wächst an den Rändern der Wüste Gras. Der Nomade weidet also seine Herden in der Zeit, in der das Getreide wächst, draußen. Wenn die Wüste dürr wird und die Äcker im Kulturland abgeerntet sind, wechselt er auf die Äcker. Seine Schafe fressen ab, was übrigblieb, und düngen die Erde. Bei beginnender Regenzeit wechselt er wieder in die Wüste. So war Abraham also alljährlich zwischen Mai und September auf dem zu Jerusalem gehörenden Grund und Boden mit seinen Herden willkommen.

Die Opferung des Isaak

„Gott sprach: ‚Abraham!' Der antwortete: ‚Hier bin ich!' Und Gott fuhr fort: ‚Nimm Isaak, deinen einzigen Sohn, den du lieb hast, geh nach Morija und opfere ihn dort zum Brandopfer auf einem Berge, den ich dir nennen werde'" (1. Mose 22).

Sara, Rebekka und Lea. Der Bau wurde zuerst in der Zeit Jesu von König Herodes errichtet, im 7. Jahrhundert n. Chr. nahmen Moslems ihn in Besitz. Im 13. Jahrhundert bauten die Kreuzfahrer eine Kirche darüber. Am Ende fügten die Araber einen Zinnenkranz und ein Minarett an.

Hebron ist rund acht Jahrtausende alt. Wer durch die engen Gassen mit ihrem bunten Markt geht, geht auf dem Grund einer uralten Geschichte. Das Land um die Stadt her ist karg. Der Kalkfels liegt wenige Zentimeter unter der Krume. Und doch ist es lieblich, in Jahrtausenden liebevoll kultiviert in Gärten und Weinbergen. Feigen und Weintrauben wachsen in den Ritzen des Karstgebirges. Und dieses Hebron ist der Ort, an dem Abraham zum erstenmal Grund und Boden kaufte, als gäbe er damit seine Antwort auf die Zusage Gottes, ihm und seinen Nachkommen solle das Land gehören.

Morija ist der alte Name des Opferfelsens, der heute in der Mitte des Felsendoms in Jerusalem liegt. Und wirklich dürften hier in uralter Zeit Opfer gebracht worden sein, vielleicht gar Menschenopfer. Die Höhle unter dem Felsen war der Kultort der Gottheit.

Aber die Geschichte hat eine andere Pointe: Sie endet damit, daß Abraham ansetzt, den Sohn zu schlachten, daß aber im letzten Augenblick die Stimme Gottes Einhalt gebietet: Töte den Sohn

Im Haram el Chalil, das heißt im heiligen Bezirk in Hebron, in der großen Moschee, werden die Gräber der Patriarchen gezeigt. In großen, hausähnlichen Kenotaphen gedenkt man ihrer, und die Gewaltakte, die an dieser Stätte geschehen sind, zeigen wie nichts anderes das Gemeinsame zwischen Juden, Christen und Moslems, die alle ihre Ahnen hier suchen. Die Christen haben die Stätte den Juden entrissen, die Moslems den Christen, dann wieder die christlichen Kreuzfahrer den Moslems und wieder die Moslems den Christen, und schließlich nahmen in diesen Tagen die Juden diesen Ort wiederum den Moslems ab und machten die Moschee zu einer Synagoge.
Alle haben ihre geistigen Wurzeln hier, und noch der Streit zeigt das untrennbar Gemeinsame an.

nicht! Laß ihn leben! Die Geschichte will den Menschen jener alten Zeit sagen, der Gott, dem Abraham dient, wolle keine Menschenopfer. Dieses schreckliche Ritual sei an allen Heiligtümern zu beenden. Abraham findet im Gebüsch einen Widder und opfert ihn anstelle seines Sohnes. Das Menschenopfer weicht dem Opfer von Tieren.

Die Brautreise des Elieser

„Abraham war alt und hochbetagt, und Gott hatte ihn in allem reich gesegnet. Da sprach er zu Elieser, dem ältesten Knecht seines Hauses, der all seinen Besitz verwaltete: ‚Schwöre mir bei Gott, dem Herrn des Himmels und der Erde, daß du für meinen Sohn Isaak keine Frau bestimmst, die von den Einwohnern dieses Landes abstammt, in deren Mitte ich jetzt wohne. In meine Heimat, zu meiner Verwandtschaft sollst du ziehen und dort eine Frau wählen für meinen Sohn Isaak.' Da antwortete der Knecht: ‚Aber vielleicht will die Frau mir nicht in dieses Land folgen? Soll ich dann deinen Sohn in das Land zurückbringen, aus dem du weggezogen bist?' ‚Hüte dich wohl', erwiderte Abraham, ‚meinen Sohn dorthin zurückzubringen. Der Herr, der Gott des Himmels und der Erde, der mich aus dem Haus meines Vaters und aus dem Land meiner Verwandtschaft geführt hat, der zu mir geredet und mir geschworen hat: Ich will deinen Nachkommen dieses Land geben, der wird seinen Engel vor dir hersenden und dir Gelingen schenken, so daß du meinem Sohn eine Frau nehmen kannst. Wenn die Frau dir aber nicht folgen will, dann bist du von deinem Eid frei. Aber meinen Sohn darfst du nicht dorthin zurückführen.'

Elieser schwur seinen Eid, dann nahm er zehn von den Kamelen seines Herrn und trat die Reise an. Allerlei Kostbarkeiten seines Herrn führte er mit sich und zog so nach Haran. Dort ließ er die Kamele niederknien, draußen vor der Stadt am Brunnen, um die Abendzeit, zu der Stunde, in der die Frauen zum Wasserschöpfen herauszukommen pflegten, und sprach: ‚Herr, du Gott meines Herrn Abraham, laß mein Vorhaben heute gelingen und erweise deine Huld meinem Herrn Abraham. Hier, am Wasserbrunnen, stehe ich, und die Töchter der Bewohner dieser Stadt werden herauskommen, um Wasser zu schöpfen. Das Mädchen nun, zu dem ich sage: Neige doch deinen Krug, daß ich trinke, und die antwortet: Ja, trinke! Auch deine Kamele will ich tränken!, die hast du für deinen Knecht Isaak bestimmt – und daran will ich erkennen, daß du meinem Herrn deine Huld erwiesen hast.' Kaum hatte er diese Worte zu Ende gesprochen, da kam Rebekka, die Enkelin des Nahor, des Bruders Abrahams, und trug einen Krug auf der Schulter. Das Mädchen war sehr schön von Gestalt und Aussehen, ein Mädchen noch und unberührt. Sie stieg zur Quelle hinab, füllte ihren Krug und kam herauf. Da lief der Knecht ihr entgegen und bat: ‚Laß mich doch ein wenig Wasser aus deinem Krug trinken!' Sie erwiderte: ‚Trinke, Herr!', ließ den Krug auf ihre Hand herab und gab ihm zu trinken. Und als sie ihn hatte trinken lassen, soviel er wollte, sprach sie: ‚Auch deinen Kamelen will ich schöpfen, bis sie sich satt getrunken haben.' Mit einer raschen Bewegung leerte sie ihren Krug in die Tränkrinne, lief noch einmal zur Quelle, um zu schöpfen, und brachte Wasser für alle seine

Kamele. Der Mann schaute ihr schweigend zu, um zu sehen, ob Gott seine Reise würde gelingen lassen oder nicht. Als auch die Kamele sich satt getrunken hatten, nahm der Mann einen goldenen Stirnreif, sechs Gramm schwer, und zwei goldene Armreifen für die Hände, hundertzwanzig Gramm schwer, und sprach: ,Wessen Tochter bist du? Sage mir: ist im Hause deines Vaters Raum, daß wir herbergen ?' Sie antwortete: ,Ich bin die Tochter Bethuels, des Sohnes der Milka, den sie dem Nahor geboren hat! Stroh und Futter haben wir reichlich, und es ist genug Platz zum Übernachten.' Da beugte sich der Mann nieder zur Erde, betete den Herrn an und sprach: ,Gepriesen sei der Herr, der Gott meines Herrn Abraham, daß er seine Freundlichkeit und Treue nicht von ihm gewendet hat. Zum Hause der Brüder meines Herrn hat Gott mich geführt!'

Mittlerweile lief das Mädchen und erzählte alles im Hause ihrer Mutter. Nun hatte Rebekka einen Bruder namens Laban, und als Laban den Ring und die Armspangen an den Händen der Schwester sah und ihre Worte hörte: ,So hat der Mann zu mir gesagt!' – da lief er zu ihm hinaus an die Quelle, fand ihn bei seinen Kamelen am Brunnen stehen und sprach: ,Komm herein, du Gesegneter des Herrn! Warum stehst du draußen? Ich habe das Haus vorbereitet, und es ist Raum für deine Kamele!' Er führte ihn in sein Haus, zäumte die Kamele ab, gab ihnen Stroh und Futter und gab ihm Wasser, die Füße zu waschen und die Füße der Männer, die ihn begleiteten. Und man bereitete ihm das Mahl.

Er aber sprach: ,Ich will nicht essen, ehe ich meine Sache vorgetragen habe.' Sie antworteten: ,So sprich!' Da berichtete er: ,Ich bin der Knecht Abrahams. Gott hat meinen Herrn reich gesegnet, so daß er mächtig geworden ist; er hat ihm Schafe und Rinder, Silber und Gold, Knechte und Mägde, Kamele und Esel gegeben. Sara, die Frau meines Herrn, hat noch in hohem Alter meinem Herrn einen Sohn geboren, und Abraham hat diesem seinem Sohn all sein Erbe übergeben. Nun hat mein Herr mich schwören lassen: Du sollst für meinen Sohn keine Frau wählen von den Töchtern der Kanaaniter, in deren Land ich wohne. In meines Vaters Haus sollst du gehen und zu meiner Sippe und meinem Sohn eine Frau erwählen. Als ich nun heute zu dem Wasserbrunnen kam, sprach ich: Herr! Du Gott meines Herrn Abraham, wenn du mir Glück geben willst zu meiner Reise, auf der ich mich befinde: Hier stehe ich am Quell; wenn nun ein Mädchen herauskommt, zu schöpfen, und ich sage ihr: Gib mir doch ein wenig Wasser aus deinem Krug zu trinken, und sie antwortet mir: Trinke! Und auch deinen Kamelen will ich schöpfen, dann sei sie die Frau, die du für den Sohn meines Herrn bestimmt hast. Kaum hatte ich in meinem Herzen diese Worte geredet, da kam Rebekka heraus, den Krug auf der Schulter, stieg zur Quelle hinunter und schöpfte. Ich bat sie: Gib mir doch zu trinken! Da nahm sie rasch

Der Beduine mit seinem Kamel war einer wie jener reiche Familienvater, der mir in der Nähe von Haran entgegentrat. Mit einer kleinen Reisegruppe ging ich auf sein Zelt zu. Vor dem Eingang stand der Cadillac. Wir durften seinen Besitz anschauen, auch seine Familie und seine Tiere. Da faßte er mich am Ärmel und deutete auf eine junge Frau, die unserer Gruppe angehörte. „Die dort! Die will ich als Frau haben. Ich gebe drei Kamele." Er blinzelte mich so vergnügt an, daß ich merkte, es liege wohl zwischen halbem Ernst und ganzem Scherz, und ließ mich auf das Spiel ein. „Du mußt bedenken", sagte ich, „daß sie lesen und schreiben kann." „Oh", sagte er, „dann gebe ich sechs Kamele." Und der Handel ging weiter. „Sie ist eine sehr schöne Frau." „Ich sehe es", antwortete er. „Sind zehn Kamele genug?" „O nein, du mußt wissen, sie hat studiert und ist eine Ärztin." Die Augen des Mannes wurden kugelrund. „Eine Ärztin? Dann gebe ich dreißig Kamele."
Ich ging in Gedanken die Geschichte von Eliesers Brautwerbung entlang und kam zu Vers 58: „Wir wollen die Frau selbst fragen!" Aber als sie erfuhr, was mit ihr geschehen sollte, bat sie mich sehr behutsam, dem Mann zu erklären, sie bliebe ja gerne hier, es sei wohl sehr schön in seinem Zelt, aber sie sei schon die Frau eines Mannes, und der stehe drüben bei den Kamelen. Wir holten ihn, und der Handel ging im allgemeinen Gelächter zu Ende, mit landesüblichem Handschlag und allerseits freundschaftlichem Abschied.

den Krug von der Schulter und sprach: Trinke! Auch deine Kamele will ich tränken. Da trank ich, und sie tränkte auch die Kamele. Ich fragte sie: Wessen Tochter bist du?, und sie antwortete: Ich bin die Tochter Bethuels, des Sohnes des Nahor, den ihm die Milka geboren hat. Darauf legte ich ihr einen Ring an die Stirn und Armreifen an ihre Hände, beugte mich nieder, betete den Herrn an und pries ihn, den Gott meines Herrn Abraham, der mich den rechten Weg geführt hat, damit ich die Tochter des Bruders meines Herrn für seinen Sohn wähle. Und nun: Wenn ihr Liebe und Treue an meinem Herrn erweisen wollt, so sagt es mir! Wenn nicht, so sagt es mir auch, dann will ich mich zur Rechten oder zur Linken wenden.' Da antworteten Laban und Bethuel und sprachen: ,Das kommt von Gott! Darum können wir nichts dazu sagen, weder Böses noch Gutes. Da ist Rebekka! Sie steht vor dir!

Nimm sie und zieh hin, daß sie die Frau des Sohnes deines Herrn sei, wie Gott es bestimmt hat.' Abrahams Knecht hörte diese Worte und neigte sich vor Gott nieder auf die Erde. Danach holte er silberne und goldene Schmuckstücke und Gewänder hervor und gab sie Rebekka; auch ihrem Bruder und ihrer Mutter übergab er kostbare Geschenke. Sie aßen und tranken, er und die Männer, die ihn begleiteten, und sie blieben zur Nacht. Am Morgen standen sie auf, und er sprach: ,Laßt mich zu meinem Herrn ziehen!' Aber Rebekkas Bruder und ihre Mutter sprachen: ,Laß doch das Mädchen noch einen oder zehn Tage bei uns bleiben, dann mag sie gehen!' Er antwortete: ,Haltet mich nicht auf, denn Glück hat der Herr zu meiner Reise gegeben! Laßt mich ziehen! Ich will zu meinem Herrn heimkehren!' Da sprachen sie: ,Wir wollen das

Nicht weit von Haran begegnete mir, in einer weiten, baumlosen Steppe, plötzlich ein wunderbar in Rot gekleidetes Mädchen. Das rote Gewand bedeutet: Ich bin noch nicht vergeben. Ich warte auf den Mann, der mich liebt. Selbstbewußt und bereit, ihre Rechte und ihre Sicherheit zu verteidigen, kam sie mir mit ihren Schafen entgegen, achtzehnjährig höchstens.

Mädchen rufen und es selbst fragen.' Und sie riefen Rebekka und fragten sie: ,Willst du mit diesem Mann ziehen?' Sie sprach: ,Ja, ich will!' Da entließen sie ihre Schwester Rebekka und ihre Amme, den Knecht Abrahams und seine Leute und segneten Rebekka mit dem Spruch:

Unsere Schwester! Wachse du!
Werde zu vieltausendmal Tausend,
und dein Geschlecht bezwinge
die Tore seiner Feinde!

So brach Rebekka auf mit ihren Mägden. Man setzte sie auf die Kamele, und sie zog hinter dem Mann her. Isaak aber hatte

beim ‚Brunnen des Lebendigen' gezeltet, er wanderte nämlich zu der Zeit im Negeb. Als nun Isaak um die Abendzeit auf das Feld hinausging und in die Ferne blickte, sah er Kamele sich nähern. Auch Rebekka sah Isaak kommen, glitt vom Kamel und fragte den Knecht: ‚Wer ist der Mann, der uns auf dem Feld entgegenkommt?' Der antwortete: ‚Es ist mein Herr!' Da nahm sie den Schleier und verhüllte sich. Und der Knecht erzählte Isaak alles, was er ausgerichtet hatte. Isaak brachte Rebekka in das Zelt seiner Mutter Sara, sie wurde seine Frau, und er gewann sie lieb" (1. Mose 24).

Wie kann eine junge Frau wissen, ob sie bei ihrem Weg in ein fremdes Land einem Betrüger in die Hände fällt und ob der Mann, den sie heiraten soll, zu ihr stehen wird? Sie kann es nur wagen, einsam auf ihrem Kamel ihren Weg zu reiten und ihr Schicksal in feste Hände zu nehmen.

Jakob, der Betrüger und sein Glück

„Vierzig Jahre war Isaak alt, als er Rebekka, die Tochter des Aramäers Bethuel, zur Frau nahm, und er bat den Herrn für seine Frau, denn sie war (zwanzig Jahre lang) ohne Kind. Da ließ der Herr sich erbitten, und Rebekka wurde schwanger. Aber die Kinder in ihrem Leibe stießen sich, so daß sie fragte: ‚Wenn es mir so ergehen soll, wozu bin ich schwanger geworden?' Und sie ging hin (zu einer Kultstätte), um einen Gottesspruch zu erlangen. Und der Spruch Gottes lautete:

Zwei Völker sind in deinem Leibe.
Zwei Völker werden von dir ausgehen.
Das eine wird das andere unterjochen,
das ältere wird dem jüngeren dienen.

Als nun die Zeit kam, daß sie gebären sollte, waren Zwillinge in ihrem Schoß. Der erste, der herauskam, war rötlich, rauh wie ein Fell, und sie nannte ihn Esau. Nach ihm kam sein Bruder, den nannte man Jakob. Und die Hand Jakobs hielt die Ferse des Esau.

Die Kinder wuchsen heran, und Esau wurde ein Jäger, ein Mann, der auf dem Felde streifte, Jakob dagegen ein stiller Mann, der bei den Zelten blieb. Isaak liebte den Esau, weil er gerne Wildbret aß, Rebekka hingegen liebte Jakob. Als Jakob einmal ein Gericht kochte, kehrte Esau erschöpft vom Felde zurück und rief Jakob zu: ‚Gib mir doch von dem Roten da zu essen! Ich kann nicht mehr!' Jakob aber entgegnete: ‚Erst verkaufe mir dein Erstgeburtsrecht!' Und Esau gab zurück: ‚Ach was! Ich sterbe ja vor Hunger! Was soll mir das Erstgeburtsrecht helfen!' Da forderte Jakob: ‚Schwöre erst!' Esau schwur und verkaufte sein Erstgeburtsrecht, und Jakob gab dem Esau Brot und gekochte Linsen. Der aß und trank, stand auf und ging davon" (1. Mose 25).

Die berühmte Geschichte vom „Linsengericht", in der Esau auf seinen Führungsanspruch im Clan verzichtete, begründet die Tatsache, daß ein mit Israel nah verwandter Volksstamm, der sich auf seinen Stammvater Esau zurückführte, in späteren Zeiten außerhalb des Kulturlandes, in einem kargen, menschenfeindlichen Wüstengebirge südöstlich des Toten Meeres lebte, während Israel das Land gewann, in dem „Milch und Honig fließt".

Es wird auch erzählt, daß Jakob mit Hilfe einer von Rebekka inszenierten Verkleidungsgeschichte dem älteren Bruder auch noch den „Segen" stahl, das heißt die Lebenskraft, die der alte Vater Isaak dem Ältesten übertrug. Esau also wurde abgedrängt, so ist die Geschichte zu verstehen, in ein Land, in dem die Erde ihren Segen nicht gab, eine unfruchtbare Gegend der Entbehrung und des Hungers. Er wird danach zum Ahnherrn eines eigenen Volkes, der Edomiter.

In diesem Land der Edomiter stand ich vor der Wohnung einer Familie. Es war im Wadi Aleiqa unweit des großen Talkessels von Petra, und die Wohnung war eine geräumige Höhle mit kreisrundem Zugang. Eines der „Kinder des Esau" trug eben eines seiner kleinen Geschwister heraus ins Freie. Ihm ist alles fremd, was da so neu in sein einsames Tal kommt. Es kennt Zelte und Kamele, es riecht das Wasser, das sich irgendwo unter dem Sand staut, es findet wie eine Ziege den letzten Grashalm, aber im übrigen lebt es mit dem einzigen Bedürfnis, zu überleben in einer Gegend, in der es nach unseren Maßstäben eigentlich kein Überleben gibt.

Aber der Betrüger Jakob hatte einen langen Weg vor sich, bis er sich des Segens seines Vaters erfreuen konnte.

„Esau aber haßte Jakob wegen des Segens, den sein Vater ihm geschenkt hatte, und sprach bei sich selbst: ‚Die Tage der Trauer um meinen Vater sind nahe, dann will ich meinen Bruder Jakob erschlagen!' Als nun Rebekka von den Worten ihres älteren Sohnes erfuhr, ließ sie ihren jüngeren Sohn Jakob zu sich kommen und sprach zu ihm: ‚Dein Bruder Esau brütet Rache gegen dich und will dich umbringen. Höre auf mich, mein Sohn! Brich auf, flieh zu meinem Bruder Laban nach Haran und bleibe eine Weile bei ihm, bis sich der Zorn deines Bruders gelegt hat, bis sein Groll von dir abläßt und er vergibt, was du ihm angetan hast. Dann will ich dir eine Botschaft senden und dich von dort holen lassen'" (1. Mose 27).

„So brach Jakob auf und wanderte vom Süden Israels durch ganz Syrien nach Haran. Nach vielen Tagen erblickte er auf einem Feld einen Brunnen, an dem drei Herden Schafe lagerten. An jenem Brunnen pflegte man die Herden zu tränken, noch aber lag der große Stein auf der Öffnung des Brunnens. Da begrüßte Jakob die Hirten: ‚Brüder, woher seid ihr?' Sie sprachen: ‚Wir sind von Haran!' Da fuhr er fort: ‚Kennt ihr den Laban, den Sohn Nahors?' Sie sprachen: ‚Wir kennen ihn!' ‚Geht es ihm wohl?' fragte er weiter, und sie antworteten: ‚Es geht ihm wohl, und da drüben kommt eben seine Tochter Rahel mit den Schafen.'

Während er noch mit ihnen redete, kam Rahel mit den Schafen ihres Vaters, denn ihr waren sie anvertraut. Als Jakob Rahel sah, die Tochter Labans, des Bruders seiner Mutter, und seine Schafe, trat er hinzu, wälzte den Stein vom Loch des Brunnens und tränkte die Schafe Labans, des Bruders seiner Mutter. Er küßte Rahel, weinte mit lauter Stimme und tat ihr kund, er sei ihres Vaters Verwandter und Rebekkas Sohn. Da lief sie nach Hause und sagte es ihrem Vater. Als nun Laban von Jakob hörte, seiner Schwester Sohn, lief er ihm entgegen, umarmte und küßte ihn und führte ihn in sein Haus, wo ihm Jakob alles erzählte, was sich (in den langen Jahren) ereignet hatte. Da sprach Laban: ‚Ja, du bist wirklich mein Fleisch und Blut!' Einen Monat lang lebte und

Brunnen in der syrischen Wüste (unten).

Bei der Arbeit mit dem Dreschschlitten fährt der Bauer mit seinem Gespann rund um den Ring des zum Dreschen ausgelegten Getreides (rechts).

arbeitete Jakob bei Laban, da fragte Laban: ‚Du bist zwar mein Verwandter, aber du sollst mir darum doch nicht umsonst dienen. Sage mir: Was soll dein Lohn sein?' Nun hatte Laban zwei Töchter: die ältere hieß Lea, die jüngere Rahel. Leas Augen waren ohne Glanz, Rahel hingegen war lieblich von Gestalt und schön von Angesicht. Jakob gewann Rahel lieb und sprach: ‚Ich will dir sieben Jahre um Rahel, deine jüngere Tochter, dienen.' Laban antwortete: ‚Es ist besser, ich gebe sie dir als einem anderen. Bleibe bei mir.' So arbeitete Jakob sieben Jahre um Rahel, und es kam ihm vor, als seien es nur Tage gewesen, so liebte er sie. Danach sprach er zu Laban: ‚Gib mir nun meine Braut! Die Zeit ist um, und ich will zu ihr eingehen!' Da lud Laban alle Bewohner des Orts ein und gab ein Hochzeitsmahl, am Abend nahm er seine Tochter Lea und führte sie zu Jakob ins Zelt, und Jakob ging zu ihr ein. Erst am Morgen sah er, daß es Lea war! ‚Was hast du mir da getan!' sprach Jakob zu Laban. ‚Habe ich nicht um Rahel bei dir gearbeitet? Warum hast du mich betrogen?' Da antwortete Laban: ‚Es ist hierzulande nicht Sitte, die Jüngere vor der Älteren wegzugeben. Feiere mit dieser die Hochzeitswoche, dann will ich dir die andere um den Dienst, den du mir noch weitere sieben Jahre leisten sollst, auch geben.' So feierte Jakob die Brautwoche mit Lea zu Ende, danach gab ihm Laban seine Tochter Rahel zur Frau. Da ging Jakob auch zu Rahel ein und liebte sie mehr als Lea, und er diente weitere sieben Jahre bei Laban" (1. Mose 29).

Die beiden Frauen werden zu den Stammüttern der zwölf Stämme Israels. Die ungeliebte Lea bringt zunächst sechs Söhne

zur Welt. Rahel, die unfruchtbar schien, gab Jakob ihre Magd zur Nebenfrau in der Hoffnung, daß sie auf diese Weise zu Kindern käme, und die Magd gebar zwei Söhne. Als Lea dies sah, gab sie Jakob ebenfalls eine Magd bei, die auch zwei Söhne gebar. Am Ende „gedachte Gott an Rahel, erhörte sie und machte sie fruchtbar". Und Rahel gebar noch zwei Söhne, Joseph und Benjamin. Als aber Jakob nach zwanzig Jahren nach Hause zog mit Frauen und Kindern und einer riesigen Herde, da war seine Mutter Rebekka gestorben (1. Mose 29ff.).

Die beiden Geschichten um Rebekka und danach um Rahel und Lea tragen beide dasselbe Gepräge. Abraham war der Wanderer gewesen, der, nur dem Ruf seines Gottes folgend, seine weiten Wege gegangen war. In Rebekka und später in Rahel wiederholt sich diese einsame Entscheidung, als müßten neben den Erzvater die Urmütter treten, wie er selbständige, starke Erscheinungen und keineswegs die Anhängsel ihrer Männer allein.

Jakob aber wurde der eigentliche Stammvater Israels. Er war eine faszinierende Gestalt, des Betrugs und der Hinterlist ebenso fähig wie der durchhaltenden Treue und des leidenschaftlichen Dialogs mit Gott. Er ist zunächst der zweite Sohn und hat keine Chance, der Anführer zu werden. Aber er zwingt sein Schicksal und wird der Herr des Clans. Als Isaak die Herrschaft abgibt, alt und blind, da riskiert Jakob auf Tod und Leben den Putsch. Hätte Isaak den Betrug durchschaut, wäre Jakob verloren gewesen.

In Haran fällt er Laban in die Hände, und Laban ist ihm an Gerissenheit gewachsen. Aber auch als Lea ihm unterschoben wird, gibt er nicht auf, sondern zwingt das Glück, und das Glück heißt für ihn Rahel. Als er nach zwanzig Jahren der Fremde in seine Heimat zurückkehrt, da trifft er am Grenzfluß einen Flußdämon, der ihm widersteht und in dem er den Gott erkennt, den er im Traum auf der Himmelstreppe hatte stehen sehen und der ihn gesegnet hat. Er kämpft mit dem Dämon und zwingt ihn, seinen Segen zu erneuern. Und so nimmt er das Land, das er braucht, in Besitz, mit dem neuen Namen „Israel", Gottesstreiter (1. Mose 32).

Abraham war erwählt gewesen. Jakob zwingt Gott, diese Erwählung an ihn weiterzugeben, und wird dadurch zum Vater des Zwölfstämmevolkes, das seinen Namen „Israel" trägt.

Eine Frau lädt das Familiengepäck auf die Kamele, um weiterzuziehen. Die Männer reiten, die Frauen gehen zu Fuß und treiben die Ziegenherde hinterher (links).

Mit besonderer Würde ist jeweils der älteste Sohn ausgestattet (unten).

Noch heute ist es der Stolz jeder Beduinenfrau, sich mit ihrem Sohn zu zeigen (rechts).

III Ein Ausbruch in die Freiheit

Ägypten und die Wüste Sinai

Josef und seine Brüder (1. Mose 37–50)

Jakob machte sich in dem Lande, in dem sein Vater ein Nomade gewesen war, seßhaft. Und Josef, sein Sohn, wurde mit 17 Jahren ein Viehhirte mit seinen Brüdern. Aber Jakob hatte Josef lieber als alle seine übrigen Kinder und machte ihm einen vornehmen, mit Ärmeln versehenen Rock. Als seine Brüder sahen, daß der Vater ihn mehr liebte als sie, begannen sie, ihn zu hassen.

Einmal hatte Josef einen Traum, den erzählte er seinen Brüdern: „Wir banden Garben auf dem Feld. Da richtete sich meine Garbe auf und stand, hoch und gerade. Eure Garben traten im Kreis um sie her und verneigten sich vor meiner Garbe." Da fuhren ihn seine Brüder an: „Du willst wohl gar ein Fürst werden und über uns herrschen?"

Und er erzählte noch einen Traum: „Schaut her! Die Sonne, der Mond und elf Sterne verneigten sich vor mir." Da schalt ihn sein Vater: „Sollen ich, deine Mutter und deine Brüder kommen und uns vor dir zur Erde beugen?" Und der Haß wuchs bei den Brüdern, aber der Vater behielt das Wort im Gedächtnis.

Eines Tages weideten seine Brüder im Norden Israels, und der Vater sandte Josef, nach den Brüdern zu sehen und zu berichten, wie es ihnen ergehe. Als Josef sie fand und sie ihn von ferne erblickten, sprachen sie zueinander: „Seht, da kommt der Träu-

Würde und gelassene Freundlichkeit sprechen aus dem Gesicht des alten Beduinen, der uns bei unserem Weg durch sein Dorf zum Tee einlud; aufrechter Stolz aus der Haltung des Jungen im selben Dorf.

mer! Wir wollen ihn totschlagen und in eine Zisterne werfen und sagen: Ein böses Tier hat ihn gefressen!" So rissen sie ihm den Rock vom Leibe, packten ihn und warfen ihn in eine Zisterne. Kurz danach kam eine Karawane, die nach Ägypten unterwegs war, und sie verkauften Josef für zwanzig Silberstücke. In Ägypten verkauften die Leute der Karawane ihn an Potiphar, den Befehlshaber der Leibwache des Pharao.

Und der Herr war mit Josef, so daß er ein Mensch wurde, dem alles gelang, was er tat, und Josef blieb im Hause seines ägyptischen Herrn. Als nun sein Herr sah, daß Gott mit ihm war, so daß ihm alles glückte, gewann Josef seines Herrn besondere Gunst und wurde sein persönlicher Diener. Ja sein Herr setzte ihn zum Verwalter seines Hauses ein und übergab ihm alles, was er hatte.

Und Josef war schön von Gestalt und von Angesicht. Da geschah es, daß Potiphars Frau anfing, Josef mit begehrlichen Augen anzusehen, und zu ihm sprach: „Schlafe mir bei!" Er weigerte sich aber und wehrte ab: „Mein Herr hat mir alles anvertraut.

Ich weiß nicht mehr, was es war, über das die rauhen Gesellen, die ich zwischen Israel und Ägypten traf, so kräftig lachten. Aber mir fielen die Brüder Josefs ein und ihr Triumph, als die Karawane den verhaßten Bruder auf die sandige Piste nach Ägypten mitnahm. Die Männer auf dem Bild schauten auf die Eselkarawane hinab, die eine Bö aus der Wüste in einen Wirbel aus Sand und Staub einhüllte.

Das dritte Ursprungsland des biblischen Geistes: das Land am Nil.
Jünger als Sumer, gewiß von ihm beeinflußt in den ersten Jahrhunderten des Erwachens, aber dann aufsteigend auf die höchste Höhe, die auf dieser Erde je eine Kultur erreicht hat. Ägypten ist den Europäern seltsam fremd geworden. Dabei nehmen wir kaum einen Gegenstand in die Hand, der nicht am Nil zuerst erdacht und gestaltet worden wäre. Ob es Wagen oder Schiffe sind, Kalender, Uhren, Schmuck, Stühle, Tische und Betten, Sarkophage oder Plastiken, Säulen oder Tempel, die Post, die Verwaltung eines Staats, Sänften und Baldachine, Bücher und Schriften, Bilder in Farbe oder in Stein, die Mathematik oder die Medizin, die Ackerbautechnik und der Schwertransport – und dies alles in einer Vollkommenheit, daß auf Jahrtausende hinaus vieles, was danach folgte, stümperhaft erscheint.

Er bestimmt in diesem Hause nicht mehr als ich und hat mir nichts vorenthalten außer dir, weil du seine Frau bist. Wie sollte ich da dieses große Unrecht tun und mich an Gott versündigen?" Und obwohl sie täglich auf ihn einredete, hörte er nicht auf sie und legte sich nicht zu ihr. Eines Tages ging Josef wieder, wie sein Dienst es vorschrieb, in das Haus, und niemand vom Gesinde war dabei. Da ergriff sie ihn bei seinem Gewand und bedrängte ihn: „Lege dich zu mir!" Er aber ließ sein Kleid in ihrer Hand, floh und lief ins Freie hinaus.

Und sie ließ das Kleid neben sich liegen, bis Potiphar nach Hause kam. Dann sprach sie zu ihm: „Da kommt der hebräische Sklave, den du uns gebracht hast, zu mir herein und will mich vergewaltigen. Als ich aber laut anfing zu schreien, ließ er sein Kleid liegen und floh hinaus ins Freie." Als nun sein Herr hörte, was die Frau ihm über seinen Sklaven sagte, wurde er sehr zornig. Er ließ ihn festnehmen und warf ihn ins Gefängnis zu den übrigen Gefangenen des Königs.

Während seiner Zeit im Gefängnis geschah es, daß zwei hohe Beamte des Pharao gefangengesetzt wurden, weil sie verdächtigt wurden, sich an ihrem König vergangen zu haben. Und als beide einen Wahrtraum hatten, deutete Josef ihnen ihre Träume. Dem Mundschenk des Königs sagte er seine Begnadigung, dem Bäcker des Königs seine Hinrichtung voraus. Und so kam es.

Wir verehren die griechische Kultur. Wer die ägyptische gesehen hat, weiß, wieviel reifer und umfassender sie gewesen ist, 2000 Jahre vor den ersten Griechen. Europa kommt auch aus Ägypten, auch wenn uns das fast gänzlich unbekannt ist.

Wenn wir die Bibel lesen – was kam darin aus Ägypten? Wir wissen wenig darüber und können doch überzeugt sein, daß es mehr ist, als unsere Wissenschaf uns bisher gelehrt hat.

Da ist die Josefsgeschichte, das schönste Erziehungsbuch des Alten Testaments, dessen Zauber aus der Verbindung der israelitischen Patriarchenszene mit der Kultur am Nil rührt. Da sind die Sprüche Salomos mit ihrer gewiß der ägyptischen Weisheit nachgebildeten Lebenskunst. Da ist die Offenbarung Gottes an Mose und sein Volk in der Wüste, geformt vor dem Hintergrund ägyptischer Religion und Kultur, und noch heute spüren wir, wie das eine aus Ägypten mitgebracht, das andere bewußt im Gegensatz gegen Ägypten entworfen und gestaltet wurde.

Und zuletzt ist da eine christliche Kirche, in Ägypten entstanden und geprägt, von Alexandri und der nitrischen Wüste aus, maßgebend durch Jahrhunderte für Dogma, Kult und Organisation der christlichen Kirche und des Mönchtums, und noch heut sind in der liturgischen Traditio der Kirche Elemente ägyptische Rituale erkennbar. Es ist hier nicht der Raum, dies alles zu zeigen. Aber was in der Bibel spürbar ist, soll uns beschäftige

Der Traum des Pharao

Zwei Jahre später hatte der Pharao einen Traum, den ihm niemand deuten konnte. Er stand am Nil und sah sieben schöne und fette Kühe aus dem Nil steigen, die weideten im Riedgras. Nach ihnen stiegen sieben häßliche und magere Kühe aus dem Strom und traten neben die anderen Kühe am Ufer des Nil. Dann fraßen die häßlichen, mageren Kühe die sieben schönen und fetten Kühe. Und der Pharao erwachte.

Danach schlief er wieder ein und träumte zum zweitenmal: Sieben Ähren wuchsen aus einem einzigen Halm, schön und prall. Aber sieben dürre, vom Ostwind versengte Ähren wuchsen

gleich darauf aus der Erde, und die dürren Ähren verschlangen die sieben schönen und vollen Ähren. Darauf erwachte der Pharao und erkannte: Es war ein Traum.

Als es Morgen wurde, war er voll Unruhe. Er sandte nach allen Wahrsagern und Weisen in Ägypten und ließ sie rufen, und erzählte ihnen seinen Traum, aber keiner konnte ihn deuten. Da begann der Oberste der Mundschenken zum Pharao zu sprechen: „Ich muß heute an meine Verfehlung erinnern: Der Pharao zürnte seinen Dienern und legte sie gefangen im Haus des Befehlshabers der Leibwache, mich und den Obersten der Bäcker. In einer Nacht hatten wir beide, er und ich, einen bedeutungsschweren Traum. Dort war ein junger Hebräer bei uns, ein Sklave des Befehlshabers der Leibwache, dem erzählten wir, und er deutete unsere Träume, jedem den seinen. Und so, wie er es voraussagte, so ist es geschehen: Ich empfing mein Amt neu, ihn hat man gehenkt." Da sandte der Pharao hin und ließ Josef rufen, und sie holten ihn eilends aus dem Kerker; er ließ sich das Haar scheren, kleidete sich neu und ging zum Pharao hinein. Da sprach der Pharao zu ihm: „Ich hatte einen Traum, und es ist niemand da, der ihn deuten kann. Ich höre aber von dir, du könnest, wenn du einen Traum hörst, seine Bedeutung erklären." Josef antwortete: „Das steht nicht in meiner Macht. Aber gewiß wird Gott dem Pharao Gutes verkünden."

Ägypten lebt und stirbt mit dem Ackerbau auf den schmalen Fruchtlandstreifen rechts und links des Nils und zwischen den Lagunen des Deltas. Wasserschöpfräder zeugen von der uralten Kunst der Bewässerung. Die Wasserbüffel, von denen der Pharao träumt, verbringen heute noch die heißen Tage im warmen Wasser des Flusses.

Und der Pharao erzählte seinen Traum von den Wasserbüffeln und den Ähren.

Ein Dreschschlitten, wie er im ganzen Orient über das geerntete Getreide gezogen wird, mit seinen scharfkantigen Rädern, die das Korn aus den Ähren drücken.

Da sprach Josef zum Pharao: „Beide Träume, die der Pharao geträumt hat, bedeuten ein und dasselbe. Gott hat dem Pharao gezeigt, was er vorhat. Sieben schöne Kühe sind sieben Jahre. Sieben Ähren sind sieben Jahre. Es ist ein und derselbe Traum. Die sieben mageren und häßlichen Kühe, die nach ihnen aufstiegen, sind sieben Jahre. Die sieben leeren und vom Ostwind verbrannten Ähren sind sieben Jahre des Hungers. Das meinte ich, als ich zum Pharao sagte, Gott habe dem Pharao gezeigt, was er vorhat. Es werden sieben Jahre kommen, die reiche Fülle bringen für ganz Ägypten. Aber nach ihnen werden sieben Hungerjahre kommen, da wird man die reiche Fülle vergessen, und der Hunger wird das Land aufzehren. Man wird von der Fülle nichts mehr wissen im Hunger, der nach ihr folgt, denn er wird sehr schwer sein. Daß aber dem Pharao zweimal geträumt hat, bedeutet, daß Gott es fest beschlossen hat und es unverzüglich tun wird. Und nun sehe der Pharao sich nach einem tüchtigen und verständigen Mann um und setze ihn über das Land Ägypten. Die Amtleute sollen Nahrung der guten Jahre, die nun kommen, sammeln und im Namen des Pharao Korn speichern, den Ertrag der Felder in die Städte legen und verwahren, damit Nahrung vorhanden sei für das Land in den sieben Jahren des Hungers, die über Ägypten kommen werden, und das Land nicht im Hunger zugrunde gehe."

Am Ufer des Nils Ackerland, Feld an Feld. Dahinter wie eine Terrasse der gelbe Hügelzug: die Wüste. Darauf die Stufenpyramide von Sakkara, der erste große Steinbau in der Geschichte der Menschen. Zeichen für die Ewigkeit, die das Denken und das Kulturschaffen der Ägypter so grundlegend geprägt hat.

So breit ist das Land, wie wir es hier sehen: ein Fluß, eine Insel, ein schmaler Uferstreifen und dahinter die Wüste, nichts als Wüste bis Marokko. Tausend Kilometer lang ist das Land, und außer im Delta nur zwei bis drei Kilometer breit.

Der Nil ist das Leben Ägyptens. Auf den Uferrändern stehen die Lehmhütten, in ihrem Schatten die Menschen, wenn die Hitze des Mittags die Arbeit unterbricht.

Diese Rede gefiel dem Pharao und allen seinen Höflingen, und der Pharao sprach: „Wo sollten wir einen Mann finden, in dem göttlicher Geist ist wie in diesem?" Und zu Josef fuhr er fort: „Nachdem Gott dir all das kundgetan hat, ist keiner so verständig und weise wie du. Du sollst Verwalter meines Palastes sein, und auf dein Wort soll das ganze Volk hören, nur um den königlichen Thron will ich höher sein als du. Von nun an sollst du Herrscher sein über ganz Ägypten." Und der Pharao zog seinen Siegelring von seiner Hand und steckte ihn an Josefs Hand, kleidete ihn in kostbare Gewänder und legte ihm eine goldene Kette um den Hals. Er ließ ihn auf seinem zweiten Wagen fahren, und man rief vor ihm aus: „Der ist des Landes Vater!" Er verlieh ihm den Namen Zaphenath-Paneach und gab ihm Asenath, die Tochter des Potiphera, des Priesters von On, zur Frau. Josef aber war dreißig Jahre alt, als der Pharao, der König von Ägypten, ihn einsetzte.

Und Josef brach auf und reiste durch ganz Ägypten. Im Überfluß trug das Land Frucht in den sieben Jahren der Fülle, und man sammelte die Nahrung der sieben Jahre und speicherte sie in den Städten, in jeder Stadt die Frucht des umliegenden Landes. So viel Korn wie Sand am Meer speicherte Josef, so daß er aufhören mußte, es zu messen, denn es war unermeßlich.

Josef, der Großwesir

Als nun die sieben reichen Jahre im Lande Ägypten zu Ende gingen, da begannen die sieben Hungerjahre, wie Josef es angekündigt hatte. In allen Ländern war der Hunger, nur in Ägypten war Brot.

Da erfuhr auch Jakob, in Ägypten sei Getreide zu haben, und er sprach zu seinen Söhnen: „Was seht ihr euch lange an! Ich höre, in Ägypten sei Getreide zu haben. Zieht hinab und kauft Getreide, daß wir leben und nicht sterben." So wanderten die zehn älteren Söhne Israels, um Korn zu kaufen.

In Ägypten aber war Josef Regent, und er war es, der dem Volk Korn verkaufte. Als nun die Brüder Josefs kamen, warfen sie sich vor ihm mit dem Angesicht zur Erde. Josef sah seine Brüder und erkannte sie, aber er stellte sich fremd und redete sie hart an. Er fragte: „Woher kommt ihr?" „Von Kanaan, um Nahrung zu kaufen", war die Antwort. Während aber Josef seine Brüder erkannte, erkannten sie ihn nicht, und Josef dachte an die Träume, die er gehabt hatte, und fuhr fort: „Ihr seid Kundschafter, die gekommen sind, auszuspähen, wo das Land offen ist." Sie aber antworteten: „Nein, Herr! Deine Knechte sind gekommen, Nahrung zu kaufen. Wir waren unser zwölf. Brüder sind wir, Söhne eines Mannes im Lande Kanaan. Der Jüngste ist jetzt noch bei unserem Vater, und

Daß die Söhne Israels einige Generationen lang in Ägypten gelebt haben, ist gesichert. Nicht gewiß ist, in welcher Zeit dies war. War der Pharao des Josef Echnaton (oben), dessen Gemahlin Nofretete (rechts) uns bekannt ist? War es Tutanchamon, der rechts oben mit seiner Gemahlin Anchesamun dargestellt ist? Wir wissen es nicht. Aber es muß im 14. Jahrhundert v. Chr. gewesen sein.

In dieser Zeit standen die Monumente der Pyramiden schon 1000 Jahre. Überall am Nil aber wuchsen die wunderbaren Tempel wie der von Kom Ombo aus dem Ufer.

Josef, der Großwesir

Der Steppensohn Josef, kaum 30 Jahre alt, lebt sich, offenbar mit Erfolg, in die sensible Palast- und Tempelkultur ein. Man muß sich ihn vorstellen, ähnlich prächtig angetan wie der junge Pharao Tutanchamun rechts und mit einer ähnlich vornehmen Frau verbunden, mit der Priestertochter aus dem Tempel von On, als er Großwesir des Pharao war. Will man die wirkliche Geschichte verstehen, kommt man ohne solche Spiele der Phantasie nicht aus.

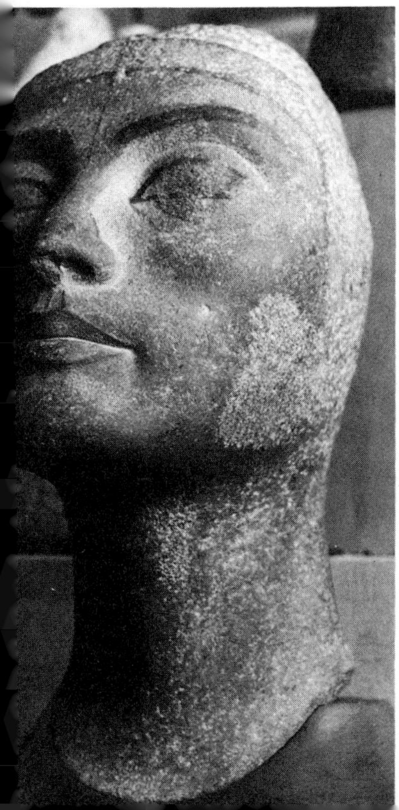

einer ist nicht mehr." Da sprach Josef: „Es ist, wie ich gesagt habe: Ihr seid Späher! Aber ich will prüfen, was wahr ist. Ihr werdet von hier nicht herauskommen, es sei denn, euer jüngster Bruder komme hierher. Einer von euch Brüdern soll im Kerker gebunden bleiben, bis sich herausstellt, daß ihr ehrlich seid, ihr aber zieht hin und bringt das Getreide nach Hause für den Hunger eurer Familie. Dann bringt mir euren kleinen Bruder, so will ich glauben, daß eure Worte wahr sind, und ihr müßt nicht sterben." Und sie gingen darauf ein. Untereinander aber sprachen sie: „Das haben wir an unserem Bruder verschuldet. Wir sahen seine Herzensangst, als er uns anflehte, und wir hörten nicht auf ihn. Darum kommt nun diese Angst über uns!"

Sie wußten nicht, daß Josef sie verstand, denn er redete durch einen Dolmetscher mit ihnen. Und Josef wandte sich von ihnen ab und weinte, dann kehrte er zurück, redete wieder mit ihnen, nahm den Simeon aus ihrer Mitte und ließ ihn vor ihren Augen fesseln.

Zuletzt befahl er, man solle ihnen ihre Säcke mit Korn füllen und jedem das Geld, das er bezahlt hatte, wieder in den Sack legen, auch solle man ihnen Zehrung auf den Weg mitgeben. Und man tat so.

Und sie luden ihr Korn auf ihre Esel und zogen davon. In der Herberge öffnete einer seinen Sack und wollte seinem Esel Futter geben, da sah er das Geld, das oben im Sack lag, und sprach zu seinen Brüdern: „Mein Geld ist wieder da! Hier! In meinem Sack ist es!" Da graute ihnen, sie sahen sich entsetzt an und sprachen: „Was hat Gott uns da angetan?" Nach ihrer Heimkehr, als sie zu ihrem Vater Jakob ins Land Kanaan gekommen waren, erzählten sie ihm alles, was ihnen begegnet war: „Der Herr des Landes redete hart mit uns und erklärte, wir seien Kundschafter. Wir sagten ihm zwar, wir seien ehrliche Leute, nicht Kundschafter. Wir seien zwölf Brüder, Söhne eines Vaters. Einer lebe nicht mehr, und der Kleine sei bei unserem Vater im Lande Kanaan. Er aber, der Herr des Landes, sprach zu uns: ‚Daran will ich prüfen, ob ihr ehrliche Leute seid: Laßt einen eurer Brüder bei mir und nehmt Korn mit für den Hunger eurer Familien, geht und bringt mir euren kleinen Bruder. So will ich sehen, daß ihr keine Späher, sondern ehrliche Leute seid.'" Und als sie danach ihre Säcke leerten, fand jeder seinen Geldbeutel in seinem Sack, und sie erschraken beim Anblick des Geldes, denn sie sahen, daß es ihr Geld war. Ihr Vater Jakob aber klagte: „Ihr nehmt mir alle meine Kinder! Josef ist nicht mehr da, Simeon ist nicht mehr da, Benjamin wollt ihr auch wegnehmen! Es kommt alles über mich!" Jakob weigerte sich: „Nein, mein Sohn soll nicht mit euch ziehen."

Die Hungersnot lastete indessen schwer auf dem Land. Als nun das Getreide, das sie aus Ägypten gebracht hatten, ganz aufgebraucht war, sprach der Vater zu ihnen: „Zieht wieder hinab und kauft uns ein wenig Korn!" Da antwortete ihm Juda: „Der Mann schärfte uns hart ein: ‚Ihr sollt nicht noch einmal vor mich kommen, es sei denn, ihr brächtet euren Bruder mit!'"

Da gab Israel, ihr Vater, nach: „Wenn es so steht, dann tut dies: Nehmt von den kostbarsten Früchten des Landes etwas in eure Säcke und bringt es dem Mann als Geschenk: ein wenig Balsam und Honig, Harz und Myrrhe, Nüsse und Mandeln. Und nehmt noch Geld mit euch. Und das Geld, das oben in euren Säcken lag, nehmt auch wieder mit, vielleicht war es ein Irrtum. Dazu nehmt euren Bruder, macht euch auf den Weg und geht zu dem Mann hin. Der allmächtige Gott schaffe, daß der Mann euch gewogen ist, daß er euch euren anderen Bruder mitgibt und Benjamin. Ich habe meine Kinder nun einmal verloren und werde ohne sie bleiben."

Die Probe

Die Männer nahmen also das Geschenk und auch einen zweiten Geldbetrag, dazu Benjamin, brachen auf, reisten nach Ägypten und traten vor Josef. Als Josef Benjamin bei ihnen sah, gab er dem Verwalter seines Palastes die Anweisung: „Führe die Leute herein, schlachte und bereite zu, denn die Männer sollen zu Mittag mit

Mit Eseln kamen die Brüder Josefs von Kanaan nach Ägypten.

Auf den Feldern über dem Nilufer tragen die Bauern das Getreide auf Haufen zusammen. Um den Haufen herum fährt der Dreschschlitten seine Kreise.

mir speisen." Der Verwalter tat, was ihm Josef geboten hatte, und führte die Leute in den Palast Josefs. Die Männer aber erschraken, weil sie in Josefs Haus gebracht wurden, und dachten: „Das ist wegen des Geldes, das jenes erste Mal wieder in unseren Säcken war! Man will sich auf uns stürzen, über uns herfallen, unsere Esel wegnehmen und uns zu Sklaven machen!" Und sie wandten sich an den Mann, der dem Hause Josefs vorstand, und redeten mit ihm am Eingang des Hauses: „Bitte, Herr! Wir sind schon einmal hierhergekommen, um Korn zu kaufen! Als wir nun in die Herberge kamen und unsere Säcke öffneten, da war das Geld eines jeden wieder in seinem Sack, unser Geld in seinem vollen Gewicht. Wir haben es wieder mitgebracht! Wir haben aber außerdem noch anderes Geld bei uns, um Korn zu kaufen. Wir wissen nicht, wer uns das Geld in unsere Säcke gelegt hat." Er antwortete: „Das laßt gut sein! Fürchtet euch nicht! Euer Gott und der Gott eures Vaters hat euch einen Schatz in eure Säcke gelegt. Euer Geld habe ich damals erhalten." Danach führte er Simeon zu ihnen hinaus, geleitete sie in den Palast Josefs, gab ihnen Wasser, ihre Füße zu waschen, und Futter für ihre Esel. Und sie bereiteten das Geschenk zu bis zur Ankunft Josefs in der Mittagszeit, denn sie hatten gehört, daß sie mit ihm essen sollten.

Als Josef eintrat, trugen sie das Geschenk vor ihn und verneigten sich bis zur Erde. Er fragte nach ihrem Wohlergehen und sprach: „Geht es eurem alten Vater wohl, von dem ihr erzählt habt?" „Es geht deinem Diener, unserem Vater, wohl", antworteten

Der Verkehr, der sich das Niltal entlang bewegt, findet fast nur auf dem Wasser statt.

sie, „er ist noch am Leben." Und sie verneigten sich aufs neue und warfen sich auf die Erde. Als er aufschaute, gewahrte er seinen Bruder Benjamin, den Sohn seiner Mutter, und sprach: „Ist das euer kleiner Bruder, von dem ihr erzählt habt?" und fuhr fort: „Gott sei dir freundlich, mein Sohn!" Dann aber eilte Josef davon, denn sein Herz war erschüttert durch die Begegnung mit seinem Bruder, und das Weinen kam ihn an. Er ging in seine Kammer und weinte sich aus. Als er sein Gesicht gewaschen hatte, kam er wieder, bezwang sich und befahl: „Tragt das Essen auf!" Ihm gegenüber im Saal wies man dem Erstgeborenen seinen Platz an, dann ihnen allen nach ihrem Alter und bis zum Jüngsten hin, jedem seinen genauen Platz. Und die Männer sahen sich staunend an. Dann ließ er die Gerichte auftragen, und das Mahl, das man Benjamin vorlegte, war fünfmal größer als die Mahlzeiten der übrigen. Und sie tranken mit ihm und waren fröhlich.

Danach gebot Josef dem Verwalter seines Palastes: „Fülle die Säcke der Männer mit Korn, soviel sie tragen können, und lege jedem sein Geld oben in den Sack. Und meinen Kelch, den silbernen, lege oben in den Sack des Jüngsten mit dem Geld für das Getreide."

Die Erzählung spitzt sich zu. Josef will sehen, ob die Brüder gelernt haben, füreinander einzustehen, und läßt sie, als sie mit

Der Nil ist das Leben Ägyptens. Den ganzen Tag ist ein pausenloses Kommen und Gehen von Menschen, die ihre Felder bearbeiten. Und wenn die Stille des Mittags, in der alles träumt, vorüber ist, kommen die endlosen Reihen von Frauen und Mädchen, die Krüge auf dem Kopf tragen, um Wasser aus dem Nil zu holen. Denn es gibt nirgends ein anderes Wasser als das des Nils. Und seit Jahrtausenden tragen die Frauen ihre Krüge.

Der Verkehr nimmt seinen Weg immer über das Wasser. Ein Fährmann, der mich bei Assuan übersetzte, sang uns zusammen mit seinem Sohn während der Fahrt die Lieder, die unter den Nubiern im Süden des Landes gesungen werden.

So schildert eine ägyptische Wandmalerei, wie ein halbverhungerter Bewohner der Wüstenländer östlich des Deltas, einer aus den „Sandvölkern", in Ägypten an der Grenze ankommt und um Asyl bittet, weil er nichts mehr zu essen habe. Und von einer ganzen Sippe berichtet ein zeitgenössischer Beamter: „Wir haben sie aufgenommen, um sie auf den Fluren unseres Königs, der guten Sonne jedes Landes, am Leben zu erhalten."

ihrem Getreide auf dem Rückweg sind, plötzlich durch Polizei kontrollieren. Der silberne Kelch Josefs kommt zum Vorschein, und als Diebe werden sie zurückgeholt in den Palast. Da er in Benjamins Sack gefunden wird, ist die Verzweiflung groß, denn sie hatten ja ihrem Vater versprochen, daß sie Benjamin auf alle Fälle heil zurückbringen würden.

Als Benjamin zum Leibeigenen gemacht werden soll, bittet Juda, doch an seiner Stelle hierbleiben und die Strafe übernehmen zu dürfen: „Laß deinen Knecht an des Knaben Statt hierbleiben, als Leibeigenen meines Herrn, und den Knaben mit seinen Brüdern hinaufziehen!"

Die Versöhnung

Da konnte sich Josef nicht mehr länger bezwingen vor seinen Höflingen und rief: „Laßt jedermann hinausgehen!" So war niemand bei ihm, als er sich seinen Brüdern zu erkennen gab. Und er weinte, so daß es die Ägypter, die Höflinge des Pharao, hörten, und sprach zu seinen Brüdern: „Ich bin Josef! Lebt mein Vater noch?" Und seine Brüder konnten ihm nicht antworten, so erschraken sie, als sie ihn erkannten. Er aber redete sie noch einmal an: „Kommt doch her zu mir!" Und als sie um ihn her standen, sprach er: „Ich bin Josef, euer Bruder, den ihr nach Ägypten verkauft habt. Nun ängstet euch nicht! Denkt nicht, ich zürne euch, weil ihr mich hierher verkauft habt, denn Gott hat mich hergesandt, damit ihr leben könnt. Denn es sind erst zwei Jahre der Hungersnot um, und noch fünf Jahre wird weder Pflügen noch Ernten sein. Aber Gott hat mich vor euch hergesandt, um euch übrigzulassen auf der Erde und euer Leben zu retten. Nicht ihr habt mich hergesandt, sondern Gott, und er machte mich zum Vater für den Pharao, zum Herrn über seinen Palast und zum Herrscher über ganz Ägypten. Eilt und zieht zu meinem Vater hinauf und sagt ihm: Das läßt dir dein Sohn Josef sagen: ‚Gott hat mich zum Herrn über Ägypten gemacht. Komm herab und säume nicht. Im Lande Gosen sollst du wohnen und mir nahe sein, du, deine Söhne und deine Enkel, deine Schafe und Rinder und was du hast. Ich will dich dort versorgen, denn noch fünf Jahre wird der Hunger währen, und du sollst nicht verarmen, weder du noch alle, die dein sind.' Eure Augen sehen es ja und die meines Bruders Benjamin, daß ich es selbst bin, der mit euch redet." Und er fiel seinem Bruder Benjamin um den Hals. Und er küßte alle seine Brüder, umarmte sie und weinte, und seine Brüder redeten mit ihm.

Danach wanderten sie in das Land Kanaan hinauf, gelangten zu ihrem Vater und verkündigten ihm alles: „Josef lebt! Er ist der

Die Luftaufnahme zeigt das Nildelta (dunkle Färbung), links das Mittelmeer, rechts oben das Rote Meer, in der oberen Bildhälfte die Halbinsel Sinai. Die beginnt vorn mit einer Sandwüste, geht dann nach rechts hinten in steiniges Bergland über und zeigt ganz rechts den gebirgigen Südteil mit dem Berg Moses. Dahinter ein schmaler Meeresarm, der Golf von Eilat oder Akaba. Nach links geht der Sinai in den Negeb über und schließlich in das dunkle, fruchtbare Land im Süden Israels. Ganz links erscheint das Tote Meer. Dahinter noch eben sichtbar das südliche Jordanien und rechts hinten die saudische Wüste.

„Im Land Gosen" siedelte Josef die Familien seiner Brüder an. Gosen ist der schmale Streifen Land, der das heutige Wadi Tumilat, das sich knapp rechts der Bildmitte der obigen Luftaufnahme von rechts unten nach links oben, vom Delta mit seinen dunklen Palmenwäldern auf den Suezkanal zu, erstreckt.

Herr über ganz Ägypten!" Aber das Herz des Vaters blieb kalt, denn er glaubte ihnen nicht. Da berichteten sie ihm alles, was Josef gesagt hatte, und als er die Wagen sah, die Josef gesandt hatte und mit denen er ihn holen ließ, da wurde der Geist Jakobs, ihres Vaters, lebendig. Und Jakob sprach: „Genug! Mein Sohn Josef lebt! Ich will hinfahren und ihn sehen, ehe ich sterbe!"

Mit allem, was er besaß, brach er auf, und seine Söhne ließen ihn mit den Kindern und Frauen auf den Wagen des Pharao fahren. Sie nahmen ihre Herden und alle ihre Habe, die sie in Kanaan erworben hatten, und kamen nach Ägypten, und Jakob sandte Juda voraus zu Josef, damit Josef in der Provinz Gosen ihretwegen Weisung gebe.

Josef aber ließ seinen Wagen anspannen und fuhr seinem Vater Israel entgegen, und als er ihn sah, fiel er ihm um den Hals und weinte lange an seinem Halse. Israel sprach zu Josef: „Nun will ich gerne sterben, nachdem ich dein Angesicht gesehen habe und weiß, daß du lebst!"

Und Josef lebte in Ägypten und wurde 110 Jahre alt und sah Kinder und Enkel und die Kinder seiner Enkel, während die Familien seiner Brüder sich im Lande Gosen ausbreiteten.

Wende nach 120 Jahren

Die beiden Städte Pithom und Ramses lagen im nordöstlichen Nildelta. Wenig ist dort noch zu sehen. Wo das Grundwasser des Nils unter den Palmen strömt, bleibt kein Bauwerk auf die Dauer stehen.

Die Zeit des Gastrechts, das die Familien Israels in Ägypten genossen, dauerte mehr als ein Jahrhundert.

Als Josef, seine Brüder und alle, die zu jener Zeit gelebt hatten, gestorben waren, vermehrten sich ihre Nachkommen sehr und füllten das Land. Da kam ein neuer Pharao an die Macht, der von Josef nichts mehr wußte. Der sprach zu seinen Ratgebern: „Seht euch vor! Das Volk der Israeliten wird stärker als wir. Wir wollen ihnen mit Klugheit begegnen, daß sie nicht noch stärker werden, denn wenn ein Krieg ausbräche, könnten sie zu unseren Feinden überlaufen, gegen uns kämpfen und das Land an sich reißen." So setzte man Fronvögte über sie, und sie mußten dem Pharao mili-

Luxor, die grandiose Tempelanlage am Nilufer. Wie der Palast und die Tempelanlagen in den neuen Städten ausgesehen haben mögen, wissen wir nicht, aber die Ruinen von Luxor geben eine Ahnung davon, wie die Bauten von Pithom und Ramses über den Flußläufen und Lagunen des Nildeltas gestanden haben mögen.

tärische Vorratsstädte bauen, Pithom und Ramses. Man zwang sie unbarmherzig zum Dienst und machte ihnen das Leben schwer mit harter Arbeit an Lehm und Ziegeln und mit Frondienst auf den Feldern, den man ihnen ohne Erbarmen auferlegte.

Schließlich gebot der Pharao, man habe alle Söhne, die geboren werden, in den Nil zu werfen, die Töchter aber am Leben zu lassen (2. Mose 1).

Der Ort der Sklaverei war der östliche Rand des Nildeltas, wo Ramses II. „Vorratsstädte" baute, das heißt Bereitstellungsräume und Kasernen für das ägyptische Heer, die für die Auseinandersetzung mit den in Syrien herrschenden Mächten notwendig erschienen.

Mose, Ägypter und Israelit

In jener Zeit trat Mose auf, der Mann, der dem Weg des Volkes Israel durch die Jahrtausende der Weltgeschichte die Richtung gab, der immer wieder in ihm die Energie weckte, neu aufzubrechen, immer wieder die Freiheit zu suchen und immer wieder die Begegnung mit Gott zu wollen und zu ertragen.

Als Kind am Hof des Pharao wurde er erzogen, dann angesichts einer Prügelszene an einem israelischen Sklaven zum Totschlag an einem ägyptischen Aufseher hingerissen. Er floh in die Wüste und erlebte dort in der berühmten Vision des brennenden

Mose, Ägypter und Israelit

In Theben-West, gegenüber von Luxor und Karnak im Süden des Nildeltas, sah ich sie arbeiten. Lohnarbeiter eines bekannten Archäologischen Instituts. Man rekonstruierte einen Tempel des Pharao Sethi I. bei dem Dorf Kurna. Die beiden, der Alte und der Junge, gehörten zu den Gelegenheitsarbeitern, die für 30 Pfennig in der Stunde arbeiteten, ohne Kündigungsschutz und ohne Sozialversicherung. Ich fragte den leitenden Archäologen, warum er seine Leute so schlecht bezahle. Da meinte er: „Ich habe die Auswahl unter Hunderten. Wer nicht will, kann gehen." Der Pharao dürfte wohl von seinen israelitischen Sklaven ähnlich gedacht haben, nur daß er ihnen nicht die Freiheit gab, zu gehen.

Wir bewundern zu Recht die ungeheuren Bauwerke der Ägypter. Es ist kaum irgendwo mit so viel Geist und Kraft gebaut worden wie dort, aber auch diese große Kultur ruhte auf dem Elend von Millionen Fremdarbeitern oder Kriegsgefangenen, für die außer ihrer Sklaverei nichts übrigblieb.

Wenn wir aber hören, wie der Nomade von den „Lehmbraunen" spricht, wie sehr er dieses Leben haßt und verachtet, dann wird uns klar, warum das Volk Israel so leidenschaftlich von jener Zeit spricht und wie sehr es den Ausbruch in die Freiheit unter Mose als das Grunddatum seiner Geschichte begreift.

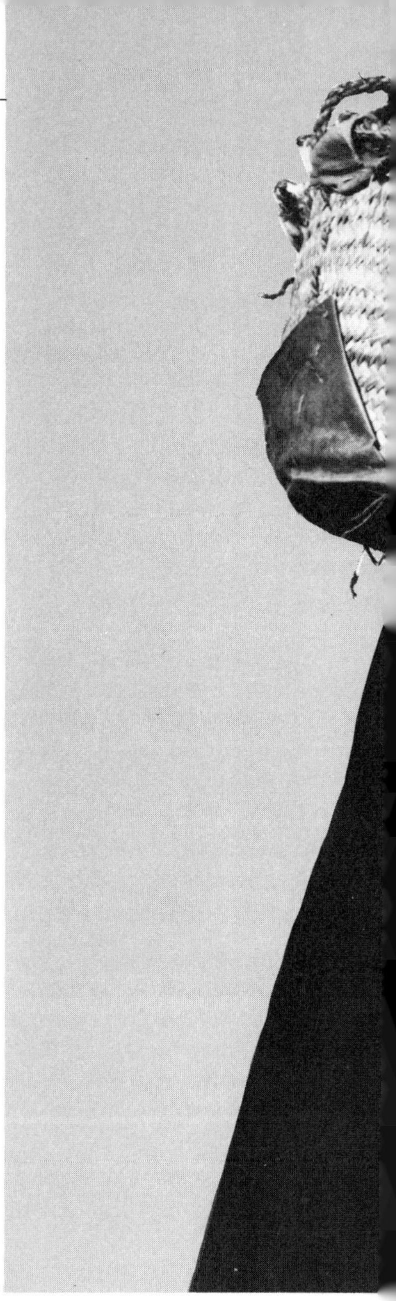

Dornbuschs die Berufung, sein Volk aus der Knechtschaft in Ägypten herauszuführen. Und nach unendlichen Mühen, sein Volk zu überzeugen und dem Pharao die Ausreise abzutrotzen, kam es tatsächlich dazu, daß das an seine Sklaverei schon gewöhnte Volk den Ausbruch wagte.

Was beim Auszug aus Ägypten geschah, war für die ganze Geschichte Israels der wichtigste und folgenreichste Vorgang. Es lohnt sich, ihn nachzulesen: 2. Mose 1–6, 13–14, wobei man die Kapitel 7–10 als legendäre Ausschmückungen einer durchaus fragwürdigen Art auslassen mag.

Es ist die große geschichtsmächtige Gestalt des Mose, auf die hier alles ankommt, seine ägyptische Erziehung, seine Vertrautheit mit der Bildungsschicht und der Welt des Hofs, auch seine Vertrautheit mit den religiösen Traditionen Ägyptens – und zugleich sein Wille zur Freiheit und zur religiösen Eindeutigkeit, die nicht nur für die vierzig Jahre nach dem Auszug, sondern auch für das Denken seines Volks in Jahrtausenden wirksam geworden sind, seine Wachheit gegenüber der Anrede Gottes, wenn sie ihn selbst, und vor allem auch, wenn sie sein ganzes Volk betraf. Mose ist nach Abraham die Urfigur der Bibel bis hin zu Jesus Christus.

Wie immer die Sache im einzelnen abgelaufen sein mag, Mose gab den Ziegelsklaven seines Volks den Mut und die Kraft, eines Nachts aufzubrechen, vielleicht während am Hof durch die Thronwirren jener Zeit die Aufmerksamkeit anderen Sorgen zugewendet war, und führte sie durch das Schilfmeer. Man mag sich dieses Meer ähnlich den Lagunen vorstellen, die im Nildelta

Der Sklaverei in Ägypten entrinnen zu wollen war lebensgefährlich. 600 Jahre vor Mose schon entfloh einmal ein Mädchen oder eine Frau mit Namen Teti aus ihrem Arbeitsverhältnis. Als man ihre Flucht bemerkte, wurde die ganze Familie verhaftet. Man fand Teti, brachte sie zurück und stellte sie vor Gericht. Die Strafe bestand in solchen Fällen in der Regel in lebenslänglicher Zwangsarbeit. Die Notiz, die uns erhalten ist, lautet:

allüberall anzutreffen sind, flach, sumpfig, von Papyrus bestanden, dem Schilf, das an seinen Büscheln kenntlich ist. Es ist nicht ungefährlich, den Fuß in den weichen Boden zu setzen, aber es ist durchaus denkbar, daß „während eines Ostwindes", wie die Bibel berichtet, das Wasser weggedrückt war und die Menschen durch das flache Ufergebiet hinübergelangten an das andere Ufer, an dem Sand und Fels der Wüste begannen. Der Suezkanal verläuft heute in dieser Gegend.

Mose aber war die treibende Kraft. Wer war eigentlich Mose?

Am ägyptischen Hof erzogen, vermutlich im Schreiben ausgebildet, dann doch wieder seinen Stammesgenossen zugewandt, Flüchtling bei den Midianitern, treibende Kraft beim Aufbruch aus Ägypten. War er nun Priester? War er Gesetzgeber? War er Feldherr? War er Richter? War er das, was man später einen Propheten nannte? Er war all dies in irgendeinem Sinn. Er befreite sein Volk aus der Sklaverei. Er führte es in ein Gebiet der Wüste, in dem es sich ordnen und zu sich selbst kommen konnte. Er zeigte ihm, wer der Gott seiner Väter war, und eröffnete ihm den Willen dieses Gottes. Er formte es dadurch und gab ihm ein Ziel: dasselbe Ziel, das schon Abraham vor Augen gestanden hatte, das Kulturland: Kanaan. Und er machte ihm klar, daß es sein Ziel nur erreichte, wenn es sein ganzes Leben und Denken dem Willen dieses einen einzigen Gottes unterwarf. Denn der Gott, den er ihm vermittelte, war „heilig". Mose ist nicht nur durch die Zehn Gebote,

„Betrifft Teti, die Tochter des Sianhur. Sie war dem Verwalter der Felder von This zur Arbeit zugewiesen. Es wurde an das Zentralgefängnis Anweisung gegeben im 31. Jahr des Königs, im 3. Monat, am 9. Tag, ihre Familie freizulassen, da die Anweisung ergangen ist, das Gesetz über Arbeitsflucht gegen sie anzuwenden. Sie ist verhaftet. Der Prozeß ist beendet. Der Fall ist abgeschlossen." Flucht war gefährlich.

sondern vor allem durch seine kompromißlose Forderung nach Gehorsam gegenüber dem heiligen Gott die prägende Gestalt für Israel geworden und der erste und der größte der Propheten.

Der Fluchtweg allerdings ist nicht mehr genau zu bestimmen. Nach der einen Überlieferung erfolgte die Flucht das Mittelmeer entlang nach Nordosten, und zwar über die schmale Nehrung, die auf dem Satellitenbild westlich von El Arisch zu sehen ist. So wird verständlich, daß gesagt wird, der Zug sei bei Nacht „zwischen den Wassern hindurch" erfolgt. Nach der anderen Überlieferung ging der Zug südostwärts an Suez vorbei und in den Süden der Sinaihalbinsel (s. Landkarte S. 111).

Was aber hat Israel aus seiner mehr als hundertjährigen Zeit in Ägypten für sein späteres Denken mitgenommen? Was hat sich aus der Erfahrung des Pharaonenreichs und seiner Religion im religiösen Bewußtsein Israels niedergeschlagen? Was also kam auf dem Weg über Israel aus der ägyptischen Überlieferung zu uns nach Europa?

Das ist sehr schwer zu fassen, weil die Einflüsse zwischen Syrien und Ägypten auch in den tausend Jahren nach Mose intensiv hin- und hergegangen sind und gar nicht immer getrennt werden können. Aber wenn wir die markantesten Merkmale der israelitischen Religion zwischen Mose und David überprüfen, erkennen wir doch drei Gesichtspunkte, die mir wichtig scheinen. Der erste:

Israel will keinen König, der sich als Gott versteht

Die Israeliten arbeiteten wohl eine oder mehrere Generationen lang an den Tempeln und Palästen der Ägypter. Sie hatten also überall die riesigen Statuen des Pharao Ramses vor Augen,

Ein Tempel wurde in Ägypten ebensosehr zu Ehren des Königs wie eines Gottes gebaut. So stand das Standbild des Königs gleichberechtigt neben den Figuren der Götter. Der Stein in Rosengranit liegt in Memphis, der alten Hauptstadt im Nildelta, der Fuß an der Oberseite läßt noch die Größe des Monuments ahnen. Ramses II. ließ hier seinen Namen einhauen, verbunden mit den Attributen eines Gottes.

Die Kartusche, das heißt die ovale Umrandung seines Namens, ist das Zeichen, daß er ein König, das heißt ein aus dem Bereich normaler Namen und Dinge ausgegrenztes göttliches Wesen sei.

Rechts der Kartusche ist eine runde Scheibe eingehauen. Es ist das Zeichen „Sonne", des Sonnengottes Re. Darunter eine Gans. Sie bedeutet „Sohn". Die beiden Zeichen zusammen bedeuten: Der, dessen Name in der Kartusche steht, ist ein Sohn des Re, des Sonnengottes. Im Oval erscheint der Name Ramses.

Riesig steht hier der eine der beiden „Memnonskolosse" auf freiem Feld in Theben-West. Zwei solcher gewaltiger Königsbilder standen im einstmaligen Totentempel des Pharao Amenophis III. westlich von Luxor. Der Tempel wurde zerstört. Die Ruinen der Königsstatuen stehen noch und künden vom Wesen des Gottkönigs und von der Selbsteinschätzung eines solchen Herrschers.

Nie wurde in Israel ein Standbild eines Königs aufgerichtet. Auch nicht in der Zeit Salomos oder seiner Nachfolger, als in Jerusalem die großen Bauwerke vom Tempel und Palast entstanden. An diesem Punkt hat Israel sich seine ganze Geschichte hindurch von den Königsideologien seiner Nachbarn freigehalten.

der offensichtlich nichts so wichtig fand wie dies, daß er allenthalben übermenschlich groß vor aller Augen stand.

Und dieser Pharao war nicht nur, wie die Könige in Syrien oder Mesopotamien gewohnt waren, von Gott eingesetzt. Die Könige waren immer Menschen, die auf irgendeine Weise an etwas Göttlichem Anteil hatten. Der Pharao aber war mehr. Er war nicht nur ein Mensch, der mit göttlicher Würde ausgestattet war. Er war selbst ein Gott. Er war der Sohn des Sonnengottes. Er war der Sonnengott selbst. Er lebte nicht in der Sphäre der Menschen, sondern der Götter. So stand er überall, gewaltig groß in Stein gehauen, dem Material der Ewigkeit, und stieg nach seinem Tode zum Himmel auf. Sein Grabmal aber, die Pyramide, stand in einer in ewigen Maßverhältnissen errechneten Geometrie unzerstörbar auf der Wüstenterrasse über dem Land der Menschen, und mit ihr reichte die Ewigkeit in die Zeit herein.

Der Sphinx von Gizeh lagert sich vor dem Grabmal des Königs, der in der Pyramide ruht, und mit ihm ist der König ewig gegenwärtig vor den Augen der arbeitenden Sklavenheere.

Im König verbindet sich für den Ägypter das Furchterregende eines Gottes mit seiner segenstiftenden Kraft.

Nichts aber widersprach so gründlich dem nomadischen Bewußtsein Israels wie die besitzergreifende Ideologie von der Göttlichkeit eines Königs. Für Israel war durch seine ganze Geschichte die Autorität eines Königs gebunden an seinen Gehorsam gegenüber dem Willen Gottes. Und als man 200 Jahre nach Mose in Israel einen König einsetzte, kam es zu einem tiefen

Vor dem Eingang des Tempels zu Füßen der Pyramide liegt der Sphinx. Es ist der König selbst in der Gestalt eines Löwen mit menschlichem Haupt. Dahinter steht eine Vorstellung aus der Überlieferung von Jägervölkern. Für sie war der gefährlichste Feind das Raubtier. Es galt aber das magische Gesetz, daß, wer sich das Aussehen eines Tiers gab oder sich in sein Fell hüllte, sich die Kraft des Tiers aneignete. So spannte man das Fell eines Elefanten oder Löwen zu einem Zelt aus, und der Häuptling nahm es sich zur Wohnung. Da das Tier in der Kultur von Jägern oder Nomaden zugleich Gott war, war auch der Häuptling Gott. Im Sphinx ist dieser Gedanke zu letzter Gültigkeit ausgestaltet worden. Hier liegt der göttliche König, angetan mit göttlicher Kraft, warnend vor seinem eigenen Grab und wacht über den Kult, der zu seinen Füßen ausgerichtet wird. Heute stehen die Wächter in den Pyramiden, um sie vor den Touristen zu schützen.

Dissens über diese von Gott nicht gewollte irdische Autorität (siehe 1. Samuel 8).

Macht, wenn überhaupt, hat in Israel letztlich nur Gott selbst. Alles andere ist verantworteter Dienst eines beauftragten Menschen, der sich König nennt, und nichts bindet einen Israeliten an eine Königsideologie, wenn sie die religiöse Unmittelbarkeit des Glaubens unterbrechen will.

Ein zweites markantes Merkmal für die Abwehr ägyptischer Religiosität liegt in der Ablehnung allen Grabkultes und aller Totenverehrung durch Israel.

Israel will keinen Totenkult

Jedermann kennt die Pyramiden. Sie entstanden am Anfang des dritten Jahrtausends v. Chr. Woher kommt die Idee, Gräber von dieser Art und Struktur für Könige zu errichten?

Sie stehen an der Verbindungsstelle zwischen Ober- und Unterägypten, zwischen Flußtal und Delta. Im Delta treiben die Menschen Ackerbau seit 10 000 Jahren oder länger. Das Flußtal war noch lange danach nomadisch besiedelt. Die Einiger des Reiches, die Könige Narmer und Menes, die um 3000 v. Chr. regierten, waren ihrer Herkunft nach wohl Nomadenhäuptlinge. Sie unterwarfen die ackerbautreibende Urbevölkerung und ergriffen nicht nur die Herrschaft, sie nahmen auch die Verteilung des Landes nach der jährlichen Nilschwemme in die Hand, sorgten für Recht und Ordnung, für die Instandhaltung und den Bau von Kanälen und Deichen.

Es gibt kaum einen härteren Gegensatz als den zwischen der steinernen Unbeweglichkeit einer Pyramide oder einem ruhenden Sphinx und den wandernden Gruppen in der Sinaiwüste, für die nichts maßgebend sein konnte, das an einem Ort festgebunden war. Israel verstand sich als „wanderndes Gottesvolk" und tut es bis heute. Ein wanderndes Volk aber läßt Gräber auf seinem Weg zurück und sucht Weisung in der Stimme eines vorauswandernden Gottes.

Unter ackerbautreibenden Völkern aber bestattet man die Toten anders als unter Nomaden. Bei ihnen baut man Kammern unter die Erde, in denen die Toten zur großen Mutter zurückkehren. Unter Nomaden begräbt man die Toten im Sand und türmt, etwa bei Häuptlingen, einen Steinhaufen über das Grab, damit nicht die wilden Tiere die Toten aus dem Sand reißen.

Man vermutet nun, daß die Könige dieser ersten Zeit aus ihrer nomadischen Überlieferung heraus Steinhaufen errichteten, die ins Monumentale vergrößert wurden. Und sie taten es mit einer unglaublichen geistigen Kraft, wie sie sich in der unerhört abstrakten Geometrie ihrer Bauten äußerte.

Wir sehen durch die ganze Geschichte der Kunst hin, daß die Ackerbauvölker ihre geistigen Erkenntnisse in Abbildern der Natur darstellen, daß die Nomaden, gerade umgekehrt, das Natürliche beobachten, es ins Geistige heben und es, wenn überhaupt, dann in abstrakter Form wiedergeben. Das Äußerste aber, das bisher an Abstraktion in der Geschichte der Menschheit erreicht worden ist, wenn es um die Darstellung des Ewigen, des Göttlichen ging, sind die Pyramiden der Ägypter.

Die Pyramiden von Gizeh waren ursprünglich mit blendend hellen Kalksteinplatten verkleidet. Wie ein Wunder des Lichts

Der Gott Toth thront, in Rosengranit gehauen, in Menschengestalt und mit dem Kopf eines Ibis. Er ist der Götterbote, den die Griechen zu Recht mit ihrem Hermes identifizierten, dem Gott der Nachrichten, der Erkenntnis, dem Schutzgott der Schreiber. So hält er in der rechten Hand den Griffel, in der linken die Buchrolle. Er vermittelt dem Künstler die Fähigkeit, das Geheimnis der Götter auf dieser Erde in Bild und Gleichnis zu fassen. Er ist von den Göttern her zu den Menschen gesandt, um in die Wände ihrer Tempel ihren Willen, aber vor allem ihre Taten einzugravieren. Dasselbe tun dann die Bildhauer und Schreiber in seinem Auftrag.

standen sie im blauen Himmel, und wer sich ihnen näherte, hatte die Herrlichkeit des göttlichen Königs vor Augen. Denn der König zog ja täglich seine Bahn mit dem Sonnengott zusammen über den Himmel oder als der Sonnengott selbst. Er war es, der den Lauf des Jahres ordnete, der den Nil rief und ihn wieder in sein Flußbett zurücksandte, so daß auf der Erde die Frucht wachsen konnte.

Die Macht dieses Königs verkündigten die weißen Dreiecke der Pyramiden ins Tal zu den Menschen. Er war nicht nur während seines Lebens Gott, er war es auch nach seinem Tode, wenn er sich als Horus, als der Lichtgott, in der Gestalt eines Falken zur Sonne erhoben hatte. Sein Grabhaus, die Pyramide, aber kündete über alle Zeiten hin den Weg, den er genommen hatte.

Für immer stand sein Grab über dem Tal. Es stand auf dem Grunde der Wüste. Die Wüste aber – das ist neben der immer sich wandelnden fruchtbaren Erde das ewig Gleiche, die Ewigkeit selbst.

Nun scheint es mir aus der Erfahrung der ägyptischen Religiosität herzurühren, daß Israel seinem größten Führer, Retter und Propheten, Mose, ein Grab verweigerte und damit die göttliche Verehrung des großen Toten verhinderte.

In der Gestalt der Mumie eines Menschen wird der Gott Ptah abgebildet, in der Gestalt eines gekrönten Falken der Himmelsgott Horus.

In 4. Mose 34 wird erzählt, Mose sei am Ende seines Lebens allein auf den Berg Nebo gegenüber von Jericho gestiegen. Gott habe ihm das Land der Verheißung gezeigt. Dort sei Mose gestorben, und Gott selbst habe ihn im Tal begraben. Niemand aber habe erfahren, wo sein Grab sei, „bis auf den heutigen Tag". Mir scheint, diese Geschichte spreche ein hartes Nein gegen alle Menschenverherrlichung und gegen allen Grabkult, und dieses Nein rühre von der Anschauung der ungeheuren Grabmäler in Ägypten her.

Mose ist nicht Gott. Er ist auch nicht ein „Sohn Gottes". Er ist ein „Knecht Gottes". Er hat kein Grab. Man gedachte seiner, indem man seine Gotteserfahrung und seine Weisungen nachvollzog, nicht indem man an sein Grab ging. Und mit großer Betonung wird gesagt, er sei der größte aller Propheten und Gottesboten gewesen, und mit niemand habe Gott jemals so unmittelbar geredet. Wenn also in späterer Zeit ein König oder Prophet auf die seltsame Idee kommen sollte, sich ein Grabmal bauen zu lassen oder gar sich an die Stelle Gottes zu setzen, so wird die Torheit seines Anspruchs im Vergleich mit Mose deutlich sein.

Gott sandte den großen Menschen Mose. Aber dann nahm er ihn aus der Menschenwelt wieder heraus. „Er selbst begrub ihn." Und den Menschen ist ein anderer Auftrag gegeben als der, Tote zu verehren.

Israel will kein Bildnis von Gott

Das dritte Merkmal der Abwehr ägyptischer Religiosität durch Israel liegt in dem berühmten Gebot: „Du sollst dir kein Bildnis von Gott machen." Du sollst, heißt das, Gott weder in Menschengestalt noch in Gestalt eines Tiers oder sonst eines sichtbaren Wesens abbilden, wie es tausendfältig in Ägypten geschieht. Es wird daran deutlich, daß Israel nicht nur einzelnes aus der ägyptischen Kultur abgewehrt, daß es vielmehr die Grundlagen des ägyptischen Denkens verneint hat. Denn für Ägypten ist kein Realitätsunterschied zwischen einer geistigen Sache oder einem Gedanken und einem Gegenstand oder einem Abbild in gegenständlicher Form. Für Israel treten die gegenständliche Welt und die Wahrheit Gottes hart auseinander, wenn nicht in Gegensatz.

In Ägypten steht eine unüberschaubare Fülle von Tier- und Menschengestalten stellvertretend für eine ebenso große Fülle von Göttern. Man mag diese Tatsache in Zusammenhang bringen mit der Vorgeschichte Ägyptens: Als nämlich viele tausend Jahre vor Entstehung der ägyptischen Reiche die Jäger- und Nomadenvölker der Sahara ins Niltal strömten, weil die Buschlandschaft der Sahara zur Wüste austrocknete, da strömte mit ihnen die Tierwelt in dasselbe Niltal. Diese Tiere waren für die frühen Jäger Zeichen göttlicher Gegenwart gewesen und prägten nun das religiöse Leben der Dörfer und der Weidegebiete am Strom: das Flußpferd, das Krokodil, der Schakal, die Schlange, der Löwe, der Falke und viele andere.

Die Sinaigeschichte berichtet aber nicht nur das Gebot: „Du sollst dir kein Bildnis machen", sondern auch eine höchst aufschlußreiche Notiz über die Tafeln des Gesetzes. Der Gott der Schreiber, Toth, war für die Ägypter der, der mit seinem Griffel die Kunstwerke und die Schriften an den Wänden der Tempel inspirierte oder gar selbst schrieb. In 2. Mose 31, 18 lesen wir, die beiden Tafeln des Mose seien aus Stein gewesen und „vom Finger Gottes" beschrieben. Nach dem Tanz ums goldene Kalb aber habe Mose diese Tafeln, die „Gott selbst gemacht" und auf denen er „selbst die Schrift eingegraben" habe, am Fuß des Berges zerbrochen. Es wirkt wie eine Abwehr gegen die ägyptische Vorstellung vom schreibenden Gott, wenn in der Bibel gesagt wird, diese Tafeln seien nicht wieder beschrieben worden. Die Menschen sollen offenbar nicht die Handschrift Gottes als Besitz haben, sie sollen vielmehr seinen Willen hören und ihm antworten. Auch hier ist das Ende der Bilder festgestellt. Die Beziehung zu Gott soll lebendig bleiben und neu entstehen von Generation zu Generation.

Wenn in Europa die Freiheit des Menschen entdeckt wurde und seine Unabhängigkeit von Regierungen und Potentaten, dann wurzelt sie in der griechischen Staatsauffassung einerseits, in der Unmittelbarkeit der Gottesbeziehung andererseits, wie sie uns aus den Anfangszeiten des israelitischen Volks, 800 Jahre vor Perikles, auf dem Wege der biblischen Überlieferung überkam.

Der Widder, oft auch mit dem Körper eines Löwen, verkörpert im besonderen Amun, den obersten Gott von Theben. Wir finden in der Allee, die zum Tempel von Karnak führt, eine lange Reihe solcher Widder, und wir finden die Gestalt eines Pharao, der zwischen den Löwenpranken eines solchen Widders steht, im Schutz dieses mächtigen Gottes. Da war auch die Kobra, die „Uräusschlange", die auch das „Auge des Re", des Sonnengottes, genannt wurde und ein Zeichen göttlicher Macht an der Stirn des Königs war, und mit ihr unzählige andere Tiergestalten als Symbole von Göttlichkeit und Macht (rechts unten).
Da war Amun, der Reichsgott von Theben. Dieser Gott erschien auch als Schlange oder als Gans.

Vor allem auch stellte man ihn in der Gestalt eines thronenden Menschen dar, in königlicher Haltung, mit der Federkrone auf dem Haupt (rechts). Er war aber auch der Verborgene, für den es kein Symbol mehr gab als den Atem, den Wind, das Licht. So sehen wir ihn in Karnak sitzen, das Was-Zepter in der Hand, zwei Vasen mit Papyrusdolden vor sich, in der linken Hand das Lebenszeichen.

In einem Hymnus wird von ihm gesagt:
„Amun, der seinen Namen verbirgt auch vor den Göttern, der Alte, an Jahren mehr als die anderen Götter. Der sich selbst erschuf...
der in der Sonne erschien und im Urmeer...
Er beherrscht alles,
was ist,
in seiner Kraft...
Seine Gestalten erstrahlten
im Uranfang,
und alle Wesen
beteten seine Macht an...
Er begann zu sprechen
im Raum des Schweigens.
Er öffnete das Auge dem
Menschen
und gab ihm die Kraft,
zu sehen...
Er brachte hervor, was ist...
Er gab jedem Menschen
das Wissen
um seinen eigenen Weg,
auf dem er gehen sollte..."

In diesem Gott war für die Priester von Theben alles Göttliche vereinigt. So rückten die vielen Götter in ihm letztlich zu einem Gott zusammen: der „Stier" Apis, der „Hund" Anubis, der „Widder" Amun, der „Ibis" Toth, die „Löwin" Sechmet, der „Falke" Horus, der „Schakal" Seth, die „Kuh" Hathor, das „Krokodil" Sobek usw. Aber auch die Götter, die in Menschengestalt abgebildet wurden, wie Ptah, Osiris, Isis, Minh usw. Amun war in allen Bildern letztlich der unanschauliche, geistige Gott.

Nehmen wir an, die israelitischen Flüchtlinge hätten den südlichen Fluchtweg gewählt, dann wären sie nach ein paar Tagen in das Gebiet der Türkisminen der Pharaonen bei Serabit el Khadim gelangt, eine abweisende, lebensfeindliche, schwarz verbrannte Granit- und Basaltlandschaft. Es ist ein trostloser, heißer und trockener Überrest von Aufbrüchen vulkanischen Gesteins, Ort des Leidens für Hunderttausende von Sklaven, die die blauen Steine für den Hof der Pharaonen zu schürfen hatten.
Wer hier unterwegs ist ohne die Hilfe ortskundiger Führer, hat keine lange Überlebenschance. Aber hier waren die Minen der Pharaonen, hier lag ägyptisches Militär, und auf einem der schrecklichsten Felstrümmer findet der Wanderer einen ägyptischen Tempel aus der Zeit des Mose. Wie mag dieses Volk an den ägyptischen Wachen vorbeigekommen sein? Es ist alles so unwahrscheinlich wie möglich und ist doch offenbar geschehen.

Die Tradition hat den Ort der Offenbarung Gottes an Israel am Dschebel Musa im Zentrum des Gebirges festgemacht (unten und rechts). Niemand weiß, wo sie wirklich geschah. Aber hier ist seit früher christlicher Zeit das Katharinenkloster, Ort der Verbindung von jüdischer, christlicher und islamischer Frömmigkeit, hier begeht der Besucher die ungeheure Büßertreppe durch die Felswände hinauf auf den Gipfel des Moseberges, wo in grandioser Einsamkeit die Kapelle auf den Felsbrocken sitzt. Hier empfindet man nicht so sehr die Ferne einer frühen Geschichte als vielmehr Zeitlosigkeit, immer gleichbleibende Einsamkeit des Menschenweges auf dieser Erde und Begegnung mit dem ewigen Gott.

Das „Lied des Mose", den Psalm 90, sollte der sprechen, der hier heraufgelangt ist:
„Herr, du bist unsere Zuflucht für und für.
Ehe denn die Berge wurden und die Erde und die Welt geschaffen wurden,
bist du, Gott, von Ewigkeit zu Ewigkeit…"

Dieses Lied klingt, als wäre es auf diesen Felsklippen geschrieben worden.

Der Sinai war bei all seiner Kargheit ein bedeutendes Kulturzentrum. In Serabit el Khadim fand man die ersten Belege für die sinaitische Schrift, die gleichzeitig mit der ersten Alphabetschrift der Phönizier zum erstenmal in der Geschichte der Menschheit nicht mehr Bilder, sondern Buchstaben benützte. Der Sinai war zur Zeit des Mose ein Ort intensiver geistiger Entwicklungen.

Ein Mädchen aus dem Stamm Tih in der Mitte des Sinai.

Eine alte Felszeichnung, eines der wenigen Dokumente aus dem vierten Jahrtausend v. Chr., 2000 Jahre vor Mose. Hier ist ein Priester dargestellt, der neben einer Treppe steht. Die Treppe führt offenbar auf einen heiligen Berg. Der Mann trägt ein Gehörn, jene Stiermaske, die der Priester des stiergestaltig vorgestellten Gottes Baal im Kult trug, um den Gott darzustellen, und sein Gesicht strahlt von dem Lichtglanz, in dem sich die Herrlichkeit des Gottes spiegelt.

Die Überlieferung, Mose habe Hörner getragen, dürfte aus dem Umkreis dieser Kulttradition stammen, und auch von Mose ist gesagt, sein Gesicht habe, als er vom Gespräch mit Gott auf dem Berg zurückkam, einen solchen Glanz ausgestrahlt, daß die Söhne Israels ihn nicht hätten ertragen können.

Es geht in der Mosegeschichte nicht, wie in der alten Mutterkultur, um das vertrauensvolle Einssein mit der Gottheit, sondern um das strenge, persönliche, unmittelbare Gegenüber zu Gott, das vom Menschen fordert, er müsse, ehe er Gott begegnen könne, erst einmal er selbst geworden sein, damit der wirkliche Mensch in seiner Freiheit dem wirklichen Gott in seiner Unbedingtheit gegenübertreten könne. In der Spannung, die diese Einsamkeit vor Gott mit sich bringt, liegt ein gut Teil der Kraft, aus der Kultur und Frömmigkeit Europas zu erklären sind.

Der Berg Gottes und die Wüste

Was am Berg Mose geschah, ist uns fremd, aber es ist nicht unbegreiflich. Es war die Erfahrung eines vom Himmel herab auf einem umwölkten Berg in Gewitter und Dunkelheit sich offenbarenden Gottes, dem der Mensch schutzlos gegenüberstand und dem er sich doch seinem Gebot gehorchend anvertrauen konnte. Es ist nicht dasselbe Bild von Gott wie das, das Jesus Christus uns gezeigt hat, aber die Wahrheit, daß Gott heilig und unnahbar ist, ist auch den Christen jeweils nur zu ihrem Schaden verlorengegangen.

Die Härte und Strenge der Wüste prägte die Israeliten. Aber sie gab ihnen das überlegene Bewußtsein, jene Geistigkeit, die überhaupt dem Vorderen Orient seine einzigartige Bedeutung für die Entwicklung der menschlichen Kultur gegeben hat. Israel, das wandernde Gottesvolk, war unfreiwillig durch seine lange Geschichte hin immer wieder gezwungen, ein Volk von Nomaden zu sein, und es spielt bis zum heutigen Tag in der geistigen Oberschicht der Welt die Rolle, die der Beduine in den Kulturen der alten Welt gespielt hat, pendelnd zwischen den Völkern und den Machtblöcken. Es ist, als seien die Urgestalten des Abraham und des Mose dem Juden bis heute eingeprägt.

An der Stelle auf dem Sinai, wo Israelis und Ägypter jahrelang um die Grenzziehung stritten, im Wadi Taba, wechselt eine Familie von Kleinviehnomaden auf einen anderen Weideplatz.

Der Berg Gottes und die Wüste

Der Ort des Moseberges ist unbekannt. Es könnte der Dschebel Musa sein, aber auch der Dschebel el Halal bei Kadesch Barnea, vielleicht auch ein Berg im Gebiet um Petra. Wenn aber einer der bekannten Berge ernsthaft in Frage kommt, dann, so scheint mir, ist es der Dschebel Serbal südlich des Wadi Firan (rechts).

Dieser Berg hieß nach Auffassung israelitischer Gelehrter ursprünglich Sur-Baal, also Fels des Baal. Es muß eine Zeit gegeben haben, in der der Dschebel Katharina der syrischen Baalath, der großen Göttin, und der Dschebel Serbal ihrem Partner, dem Baal, geheiligt war. Wäre er der Gottesberg des Mose, so ergäbe sich ein religionsgeschichtlich höchst bedeutsamer Vorgang, nämlich der: Baal war der Herr der Berge, also der Orte, von denen Autorität ausgeht, während Jahwe für das Bewußtsein Israels immer noch der Begleiter einer wandernden Menschengruppe war. Indem sich auf dem Berg des Baal der Gott Israels offenbarte in Donner und Gewölk, den Ausdrucksformen Baals, erweiterte sich für Israel Gott um die Dimension der Autorität auf dem Berg, um die Dimension des Gesetzgebers, des Gebers von Norm, Ordnung und Kult. Die Geschichte der biblischen Offenbarung ist eine Geschichte von Erkenntnissen, die sich durch Jahrhunderte hin in immer neuen Schritten vollzog.

Eine Mannatamariske am Weg. Das Manna, von dem die Mosegeschichte erzählt, es sei vom Himmel gefallen, kann man durchaus finden. Es ist das eßbare Harz der Tamariske, eines Baums mit rissiger Rinde und flaumweicher Laubkrone, die überall in den trockenen Tälern wächst, solange die Ziegen nicht das Laub abfressen.

An diesen Tamarisken oder auch den Akazien kann man immer wieder braune Zelttücher in Ballen hängen sehen samt den Stangen und den Seilen, die dazugehören, und allerlei Hausrat. Die Familien können ihr schweres Zeltgepäck nicht immer mit sich führen. Im Sommer lassen sie es an irgendeinem Baum. Wenn es kalt wird, holen sie es und nehmen es in Gebrauch.

Wer heute im Sinai wandert – ich meine nicht, wer mit dem Touristenbus die Attraktionen abhakt, sondern wer wandert, mit Beduinenfamilien zusammen zum Beispiel und dabei mit ihnen im Sand schläft –, der erlebt das Ende einer uralten Wüstenkultur, die zu den ehrwürdigsten der Welt zählt. Die abgelegene Gebirgsecke, in der Judentum, Christentum und Islam ihre geistige Heimat haben und aus der die Phönizier kamen, ehe sie das große Seefahrervolk am Wasser des Mittelmeers wurden, und aus der vermutlich das älteste Alphabet der Menschheit kommt – sie wird zur Zivilisationswüste im schlechtesten Sinn, um ihre Schönheit, ihr Geheimnis und ihre Lebendigkeit gebracht durch einen Einbruch der Moderne, der auf keine Weise etwas anderes erreichen kann als die Zerstörung und die Verödung des Landes und der Menschen. Er wird noch erleben, wie es war, und zugleich sehen, daß es so nur noch wenige Jahre sein wird. Man kann nur leiden unter der Geistlosigkeit unseres Jahrhunderts, ändern wird man sie nicht. Man sieht die selbstbewußten kleinen Wüstenkinder mit ihren großen Amuletten stehen – mit diesem Schutz gegen Wölfe und gegen Fremde – und weiß, daß auf sie nichts weiter wartet als eine der riesigen Elendsvorstädte von Kairo. Man sieht den kleinen Jungen sich an seinem weißen, neugeborenen Kamel freuen und weiß, daß derselbe Junge in wenigen Jahren alle Kamele verachten wird und nur noch verehren, was auf vier Rädern fährt, und daß dies das Ende eines menschenwürdigen Lebens für ihn bedeuten wird.

Leicht und ungefährlich war das Leben hier nie. Ein kleines Beduinenmädchen treibt mutterseelenallein ihre Ziegen durch die Wadis, oft Tagereisen entfernt von der Familie, gehüllt in den schwarzen Umhang, der auf große Entfernungen anzeigt: „Das ist eine Frau! Sie nimmt an den Kämpfen zwischen den Clans nicht teil. Wer sich an ihr vergreift, verfällt dem Gesetz einer brutalen Blutrache." Keine Polizei kann irgend etwas für sie tun. Solange das archaische Gesetz der Blutrache gilt, so lange können die Familien hierzulande leben. Aber sie weiß sich auch selbst zu wehren. Wer näher an ihre Herde kommt als sie will, den wird sie mit einem wohlgezielten Steinwurf auf Distanz halten.

Das Ende der Wüstenkultur

Das Gesetz, das in der Wüste gilt, ist eisenhart, und es wird, solange die Welt der Beduinen intakt ist, auch nie gebrochen: Was an einem Baum hängt, wird nicht weggenommen. Wer ein Zelt stiehlt, kann schuld sein, daß eine Familie im schneereichen und kalten Gebirgswinter erfriert. Was einer am Boden liegend findet, kann er an sich nehmen, niemals etwas, das an einem Baum hängt.

Stehlen ist in einer Welt wie dieser nicht ein Eigentumsdelikt, sondern ein Angriff auf das Leben des andern. „Du sollst nicht stehlen", sagt Gott zu Mose. Daß ein solches Gesetz nicht der Eigentumsordnung allein, sondern dem Leben selbst dienlich ist, begreift man in dieser Wüste rasch.

Freilich, auch hier zeichnet sich das Ende ab: Von den Zelttüchern schneiden heute die Touristen ihre Souvenirs. Eine Lebensweise geht an der Ahnungslosigkeit von Europäern und Amerikanern zugrunde.

Noch scheint die Szene unter den Ziegenhirten des Sinai wie in alter Zeit zu bestehen. In einem großen Zelt leben die Familien an ihren kargen Weideplätzen. Von Ort zu Ort ziehen sie mit ihren zwei oder drei Kamelen, die das Zelt tragen.

Noch sammeln sie Disteln, um ihre Brotfladen zu backen. Eine Handvoll Gestrüpp reicht für das Mittagessen, denn allein die Sonne macht das Blech glühend heiß. Das Feuer muß nur nachhelfen. Und noch immer stehen die Frauen an den Ecken ihrer Zelte und spinnen das rauhe Ziegenhaar zu dem starken Zwirn, aus dem die Zelte gewebt sind, oder die weiße Schafwolle zu den Kleiderstoffen, die sie für ihre Familien herstellen.

Das Ende der Wüstenkultur

Aber sobald jemand versucht, den Lebensstandard der Familie zu heben, zerstört er ihr Leben. Das versteht der Europäer nur schwer. Aber es ist einfach: Sobald sie knapp über der Grenze leben, die wir für das Existenzminimum halten, verbrauchen sie mehr, als sie erwirtschaften können. Nehmen wir an, der Vater fange an zu rauchen oder er bekomme einen Transistor, für den er ab und zu eine Batterie kaufen muß, oder gar, der israelische Staat schenke ihm einen im Wüstenkrieg ramponierten Militärjeep, für den er Benzin braucht, so ist er darauf angewiesen, irgendwo anders zusätzliches Geld zu verdienen. Er geht nach El Arisch oder nach Eilat und arbeitet dort. Die Familie bleibt in den Wadis. Aber die Frauen allein können sich dort nicht behaupten. Die Kinder, sobald sie arbeitsfähig sind, reisen dem Vater nach in die Fabrik, und die Frauen leben in ihren Wadis, ohne die Aussicht, wenn sie alt werden, würde irgend jemand dasein, der sie versorgt.

Zunehmender Lebensstandard heißt in unzähligen Fällen: zunehmende Verelendung. Die Menschheit weiter Regionen dieser Erde leidet daran, daß der Europäer oder Amerikaner unfähig ist, diese Logik zu begreifen.

Wir stellen uns vor: Durch ein abgelegenes Wadi wird eine moderne Straße gebaut, wie der Tourismus sie fordert oder die Verteidigung. Auf der Straße fahren Autos, deren Kühlwasser alle zwei Tage ersetzt werden muß, weil es in der glühenden Hitze verdampft. Die Fahrer brauchen Wasser zum Waschen und Trinken. Die verstaubten Autos wollen gewaschen sein.

Im Wadi ist eine Quelle, die genug Wasser gibt, daß eine Familie mit fünf Personen und einer kleinen Ziegenherde davon leben kann. Aber was ihr einen Monat reichen muß, verbraucht die Tankstelle an einem Tag. So gräbt man den Brunnen tiefer. Gibt er in drei Meter Tiefe nichts mehr her, gräbt man fünf Meter tief. Später zehn Meter oder zwanzig. Inzwischen verdorren die Wurzeln der Palmen bei 20 Metern, die Wurzeln der Akazien bei 30. Dann wird es zu kostspielig, den Brunnen tiefer zu legen, und man verlegt die Tankstelle

Wüstenkinder

Als ich einmal mit einer Familie von Weideplatz zu Weideplatz zog – Vater Salem, Mutter Salcha, zwei Söhne, Salem und Salam, acht- und zehnjährig, eine Tochter, Salma, zwölfjährig, zwei Töchter, ein und vier Jahre alt, Helala und Nedjma –, da suchte ich am Lagerplatz nach der Kleinsten, nach Helala, und fand sie nicht. „Wo ist Helala?" fragte ich den Vater Salem. „Sie ist in der Schule", sagte er. Ich schaute ihn belustigt an. „In der Schule? Wo ist hier eine Schule? Und was tut ein einjähriges Kind in einer Schule?" „Doch", antwortete er freundlich und schaute in die Ferne: „Sie ist in der Schule. Sie ist mit ihrer Mutter unterwegs und lernt den Geruch des Wassers und die Stimmen der Ziegen."

Als ich mit Salma, der Zwölfjährigen, und ihren Ziegen unterwegs war, gab sie mir nach einiger Zeit zu verstehen, daß sie ihren Ziegen Wasser geben müsse. Ich schaute mich um und konnte außer Sand und Steinen nichts entdecken. Da nahm sie aus ihrem Schultertuch eine Waschschüssel und eine Blechbüchse und lief im Kreis durch das Tal wie ein witterndes Tier, dann setzte sie sich nieder und grub mit der Büchse ein Loch. Als sie dreißig Zentimeter tief war, lief das Wasser zusammen, sie schöpfte es in ihre Schüssel, und die Ziegen kamen gelassen angetrottet. Sie hatten das Wasser längst auch gerochen und wußten, Salma würde es ihnen aus dem Sand holen. Der „Geruch des Wassers" – wer ihn nicht kennt, wird hier nicht überleben.

ins Nachbarwadi, in dem noch zehn Palmen stehen und ein kleiner Brunnen ist. Man hinterläßt verdorrte Bäume und eine Quelle, die zehn Jahre braucht, bis die Hirten sie wieder für ihre Tiere nutzen können. Und so geht die Beduinenszene im ganzen Wüstengürtel der Erde zugrunde, etwa auch zwischen Marokko und Afghanistan.

Das Auto, das als Wrack im Geröll des Wadis liegt, Rest vielleicht aus einem der Kriege der letzten dreißig Jahre, Abfall vielleicht auch aus dem Hausrat eines Beduinen, ist wie ein Symbol.

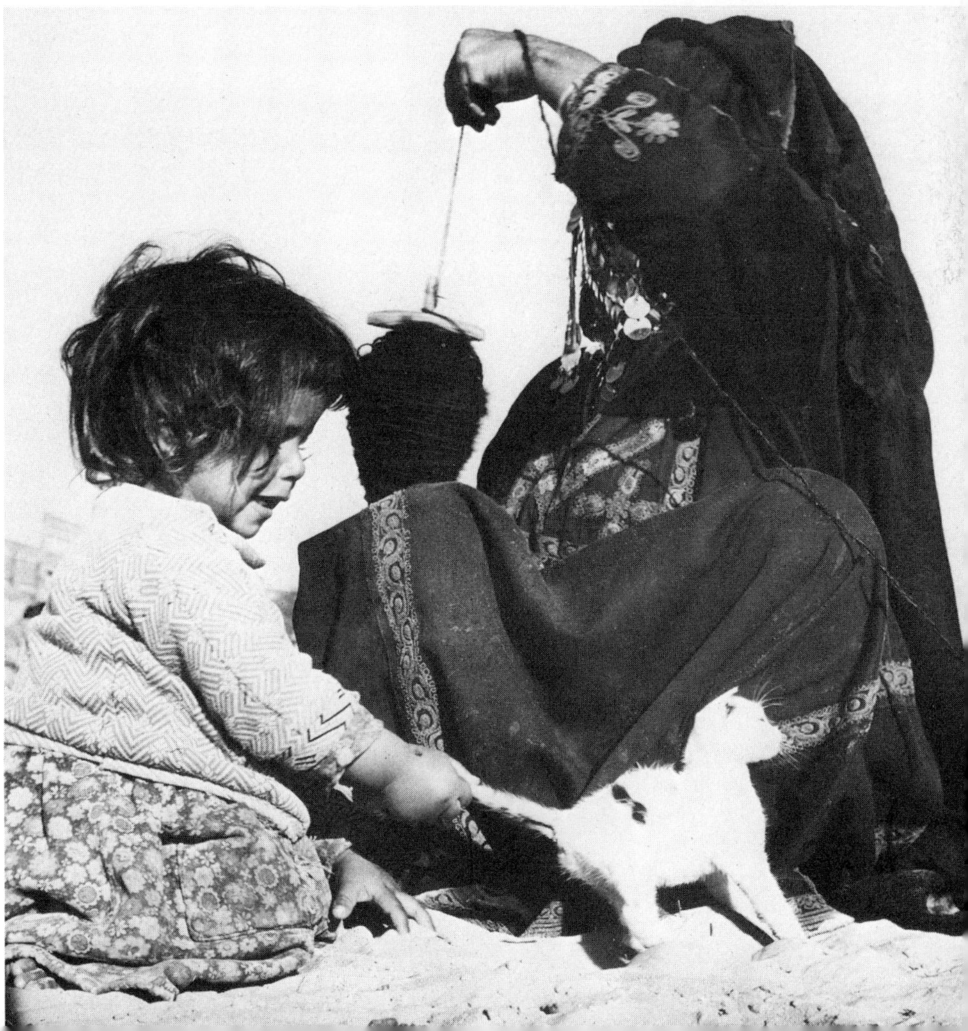

Man war einmal angetreten, die Wüsten zu bewässern, um das Ackerland der unterentwickelten Völker zu vergrößern. Man wird aber in zehn Jahren erkennen, daß die Folgen des Eingriffs der Zivilisation in diese Gebiete der Welt den Menschen in diesen Ländern den Tod und das Elend gebracht haben.

Aber was bedeutet es einem Europäer von heute schon, ob irgendwo in einem fernen Wüstental eine Quelle ist oder nicht? Was fängt er an mit dem alten Psalmlied: „Du führst mich zum frischen Wasser" – oder gar dem: „Alle meine Quellen, Gott, sind in dir!"?

Die sieben Kinder traf ich in einem Sammellager für heimatlose Beduinenkinder in der Oase Dahab. Wer weiß, woher sie kommen und warum sie einsam und verlassen irgendwo aufgegriffen werden? Der Krieg hat hier seine Spuren hinterlassen, aber auch die Auflösung der Familien in der Beduinenszene. Der Verfall der Hirtenkultur nimmt seinen Lauf.

Die fast blinde Beduinenfrau erzählt ihre Geschichten. In der Hand die Pfeife, in der sie das Laub von Akazien raucht.

Eines Tages – ich war mit einem ortskundigen Israeli, der die Familien im Sinai genau kannte, unterwegs – begegneten wir plötzlich einer kleinen Ziegenherde, die um eine Felsenecke herum in unser Tal einbog. Eine einsame schwarzgekleidete Frau zwischen den Tieren. Mein Begleiter rief sie an, da lief sie, flink wie ein junges Mädchen, auf ihn zu und fiel ihm um den Hals. Und während das lange Begrüßungspalaver anhielt, erklärte er mir, wer das sei: Es handelte sich um die Frau des letzten großen beduinischen Erzählers des Sinai, der einige Jahre zuvor gestorben war. Sie hatte seinen Schatz an Märchen, Legenden und Geschichten übernommen und zog nun als Erzählerin von Ort zu Ort. Sie war fast blind. Sie unterschied nur noch hell und dunkel. Aber sie roch jeden Baum und jede Spur Wasser. Von ihren Ziegen ließ sie sich führen. Eine halbe Stunde stand sie da und erzählte. Ich verstand kein Wort, aber ihre Gestik war so lebendig und packend, daß eine Geschichte mit ihrem Auf und Ab, mit ihrer Fröhlichkeit und Trauer anschaulich ablief. „Was wird nun aus ihr? Sie ist doch nicht mehr jung?" fragte ich. „Sie wird eines Tages sich neben ihre Ziegen legen und sterben", sagte mein Begleiter. „Und mit ihr stirbt die Überlieferung der Erzähler auf dem Sinai. Nach ihr weiß niemand mehr davon." Inzwischen lief sie unter dem Gemecker ihrer Ziegen leichtfüßig weiter, bis sie um den nächsten Felsvorsprung bog und unseren Augen entschwand.

Von Mose wird erzählt, er habe mit seinem Stock Wasser aus dem Felsen geschlagen, als handele es sich um ein echtes Wunder. Aber das tut jeder Ziegenhirte hier. Durch den Riß im Felsen (rechts) sickert Wasser aus den Hohlräumen hinter dem Felsen ins Freie. Der Sandsturm weht überall, wo es feucht ist, eine Schicht Staub an, der Staub wird zu einer hartgebackenen Schicht über dem Riß und verschließt ihn. Will jemand an das Wasser kommen, nimmt er einen Stock und schlägt den harten Belag ab, und das Wasser fließt.

Wem gehört ein Land?

Vom Sinai zogen die Söhne Israels am heutigen Eilat vorbei ins ostjordanische Gebiet, in das Stammesgebiet der Edomiter, nur widerwillig eingelassen. Sie umkreisten vom Süden und Osten her das Land, von dem sie sprachen, wenn sie von Gottes Verheißung redeten, Kanaan. Das „verheißene Land“, das uns „zugeschworene“, „gelobte“ Land: Israel.

Aber wem gehört denn ein Land? Eine etwa fünfzigjährige Israelin stand mir gegenüber. Aus flammenden Augen kam ihr Anspruch: „Dieses Land gehört uns. Uns hat Gott es verheißen!“ Ich stellte die Gegenfrage: „Glauben Sie an Gott?“ Sie schüttelte sich vor Entsetzen, als hätte ich ihr etwas Unsittliches angesonnen: „Ich? Nein. Wieso?“ „Wer also hat Israel das Land zugesprochen?“ Schweigen.

Niemand kann sagen, wem ein Land gehört. Dem, der jetzt in ihm lebt? Dem, der aus früheren Zeiten einen geschichtlichen Anspruch geltend macht? Dem, der am meisten aus ihm herausholt? Dem, der es erobert?

Von der jordanischen Seite her gesehen, liegt der Sinai jenseits des Golfs von Akaba. Wer nach dem Gebirge Seir will, muß hier passieren. Das israelische Eilat liegt unmittelbar neben dem jordanischen Akaba am Golf.
4. Mose 20 ist berichtet: „Mose sandte Botschaft zum König der Edomiter: ‚So läßt dir dein Bruder Israel sagen: Laß uns durch dein Land ziehen, wir wollen nicht durch Äcker und Weinberge gehen, auch nicht Wasser aus den Brunnen trinken. Nur auf der Straße wollen wir ziehen, bis wir durch dein Gebiet hindurchgekommen sind.‘ Edom aber sprach zu den Boten: ‚Du sollst nicht hindurchziehen, oder ich werde dir mit dem Schwert entgegentreten.‘“

Der Bericht aber klingt so, als sei Israel dann doch durch das Gebirge der Edomiter südöstlich des Toten Meeres gezogen und von da den Höhenzug östlich des Toten Meers hinauf bis zum Nordende, um von dort, vom Nebo aus, das Tal des Jordan zu erreichen.

Das Gebirge Seir liegt im Gebiet des Talkessels von Petra. Das Rätselraten, wo denn eigentlich der Gottesberg des Mose zu suchen sei, hat einige Forscher auch hierher geführt, in das alte Zentrum des Nabatäerreiches, in das Gebiet, das Esau, dem Bruder Jakobs, zugesprochen war: Edom.

Dort ist ein steiler Felsklotz, hoch über der Gebirgslandschaft um Petra, der der heilige Berg der Nabatäer in den Jahrhunderten vor Christus gewesen war und sicher schon lange vorher ein heiliger Berg der Völker, die wir den Edomitern zurechnen. Dort ist eine große Opferstätte ungewöhnlich sorgfältig aus dem gewachsenen Felsen gehauen: Zwei Opferaltäre stehen da, die je über eine Treppe bestiegen werden können, und sie sind Duschara geweiht, dem Himmelsgott der Nabatäer (links unten). Ob Mose hier war, als er für sein Volk auf den heiligen Berg stieg?

Das jedenfalls forderte Mose von seinem Volk: Als eine Glaubensgemeinschaft, die aus der kargen Tiefe eines trockenen Wüstentals kam, sollte es sich in Gebet und Opfer hinaufwenden zu dem einen Gott, der auf dem Gipfel des Bergs im Gewitter redete.

In Petra bewundern wir heute die riesigen Grabanlagen, die, aus dem gewachsenen Fels herausgehauen, den Talkessel umstehen (rechts).

Es gibt keine internationale Konvention, die den Besitzstand an Grund und Boden rechtlich klärte, es sei denn die Forderung, den zu respektieren, der jetzt seine Heimat in einem Land hat, und im Frieden mit ihm zusammen leben zu wollen.

Ein Israeli sagte mir einmal mit traurigem Lächeln: „Sie wissen, Mose konnte nicht gut reden. Aber wissen Sie auch, daß er sehr schlecht hörte? Gott sprach zu ihm: Führe mein Volk nach Kanada. Mose verstand: nach Kanaan! Und davon rührt das ganze Elend Israels!"

Wem gehört ein Land? Wer den Lauf der Geschichte verfolgt, beobachtet lediglich, daß der Besitz an Land immer gewechselt hat, wenn ein Nachbar stärker wurde oder ein Volk am Verhungern war und aus der Ferne her eindrang; wenn ein Feldherr sich Ruhm erwerben wollte oder ein Handelsvolk einen neuen Markt

Die enge Schlucht, der Es Sik, war und ist die einzige Verbindung Petras zur Außenwelt, leicht zu schützen mit wenig militärischem Aufwand, während auf den Felsklippen (links) die Zelte der heutigen Bewohner stehen, unzugänglich in dem unvorstellbar kargen Gebirge.

suchte; wenn aus einer Sklavenschicht plötzlich ein kampfstarkes Revolutionspotential entstand oder verstreute Völkerstämme ein gemeinsames Interesse entdeckten.

In Palästina dürfte es sehr schwer sein, auch nur die Zahl der Völker zu bestimmen, die hier lebten, arbeiteten, untergingen, verschmolzen, verschwanden, neu einströmten. Wo blieben die Philister? Wo die Phönizier, Ägypter, Assyrer, Babylonier? Die römischen Pensionäre und die byzantinischen Verwaltungsbeamten? Die Perser und Meder und Elamiter, die sich zu Pfingsten in Jerusalem aufhielten? Wo die Kreuzritter, deren Reich nach zweihundert Jahren zu Ende war und deren blonde Kinder man noch heute in den Dörfern meint über den Weg laufen zu sehen? Es gibt keine Rasse, die in diesem Land noch abzugrenzen wäre. Es ist alles gemeinorientalisch, angereichert mit undefinierbaren Einflüssen aus Asien, Afrika und Europa.

In den Gräbern der Könige früherer Jahrtausende und in den Lagerhöhlen der Händler aus den reichen Zeiten dieser Stadt leben die Menschen in Petra, einer erbarmungslosen Umwelt ausgeliefert und ohne von den Touristen, die hier zuweilen erscheinen, Nennenswertes zu gewinnen.

Die Amoriter oder Kanaanäer, die vor Israel schon im zweiten Jahrtausend v. Chr. da waren, sind ebenso in den Arabern aufgegangen wie in den Juden. Drei Viertel der Juden gingen 721 v. Chr. verloren, von einem assyrischen Eroberer irgendwohin in den Osten verschleppt. Sie leben in den Irakis, den Kurden oder den Syrern, wer weiß, vielleicht in den Türken.

Immer wieder konnte ich beobachten, daß das einzige Glück, das Menschen in diesen Ländern genießen, in ihren Kindern besteht. Aber zwischen Nil und Tigris traf ich auf Schritt und Tritt gescheite junge Leute, die hinaus wollten. „Hier ist nichts zu hoffen", sagen sie. Dabei geht es selbstverständlich vor allem um wirtschaftliche Probleme, aber sie werden durch politische Streitigkeiten noch verschärft.

Als Mose sein Volk bis kurz vor das Ziel geführt hatte, nämlich bis zum Übergang über den Jordan und zur Landnahme in Kanaan, da sah er vom Nebo aus hinüber in das Bergland von Judäa. Wer von dort aus dem Flugzeug hinübersieht, über das Tote Meer hinweg ans westliche Ufer mit seinen Wüstengebirgen, sieht kein üppiges Land. Er kann nur hoffen, daß dahinter das fruchtbare Land liegt.

Oben: Die weite Jordanebene, die tiefste Depression dieser Erde, 400 Meter unter dem Meeresspiegel. Heiß und unbewohnbar, außer an dem gesegneten Platz, an dem seit fast 10 000 Jahren diese Stadt liegt, in der Oase von Jericho.

In der Bildmitte liegt eine kleine braune Hügelkette, hinter den Häusern; es ist der Tell, das heiß Stadthügel, des frühgeschichtli-

chen Jericho. Im Vordergrund die Flüchtlingsstadt, in die sich während der israelisch-arabischen Kriege die Araber aus Judäa flüchteten. Dahinter, in den Gärten und dunklen Bäumen, das heutige Jericho. Jericho heißt ursprünglich „Stadt des Mondgottes". Heute deuten die Araber den Namen als „Stadt des Wohlgeruchs". Rechts im Hintergrund dehnt sich das Tote Meer, und am rechten Rand erhebt sich das Küstengebirge der Wüste Juda. Links im Hintergrund das Bergland von Amman. Der Blick geht nach Südosten.

Jericho ist wohl die älteste Stadt der Welt. Der Mann auf unserem Bild steht im Tor zu einem Turm, der ungefähr im achten Jahrtausend v. Chr. errichtet wurde, der also ein Alter von rund 10 000 Jahren hat.

Die gleiche Frage wie zu Israel stellt sich allen Ländern mit Flüchtlingsproblemen. Ab wann erlischt der Anspruch auf das eigene Haus? Ab wann sind die im neubesetzten Land geborenen Kinder mit einem neuen Heimatrecht ausgestattet? Es gibt kein international gültiges Maß, das für solche Fragen eine Regelung anzubieten hätte. Wir wissen nur, daß die Zeit vorüber ist, in der solche Fragen mit Krieg und Gewalt zureichend beantwortet werden konnten.

Widderhörner dieser Art stellen wir uns vor, wenn von den „Posaunen" die Rede ist, die bei der Eroberung von Jericho ihre Rolle spielten. Sie sind seitdem Symbole der Freude über das gewonnene Heimatrecht in Kanaan und zugleich Symbole der Erwartung des endgültigen Heils.

IV Ein Traum wird Wirklichkeit

David,
Salomo und die Phönizier

Von Jericho aus, so erzählt die Bibel, zogen die Söhne Israels durch die Täler und Schluchten und die kahlen Höhenzüge der Wüste Juda auf die Höhe hinauf, wo das Kulturland lag, die Weiden und die Äcker und Weinberge, von denen sie in der Wüste geträumt hatten.

Das Land ist faszinierend schön. Schön, wo es Wüste ist wie in den Schluchten des Wadi Kilt, das sich hinunterzieht von Jerusalem nach Jericho, ein Wüstental mit herrlichen Quellwasserfällen (links oben).

Schön, auch wo es arm ist wie die Äcker bei Hebron, die sich wie kleine ausgesparte Gartenbeete in den trockenen Fels schmiegen und von den Menschen, die sie bestellen, verlangen, daß sie ohne Maschinen, mit mühsamer Handarbeit, mit Hacke und gekrümmtem Rücken zu Werke gehen (rechts unten).

Schön, wo es sich am Wasser buchstäblich satt trinkt, wie hoch im Norden, wo der Jordan unter den Schneefeldern des Hermon hervorbricht, in vielen kleinen Rinnsalen, und sich sammelt zu dem lebendigen Fluß, von dem halb Israel lebt (rechts unten, außen).

Schön, wo es, wie in der weiten Huleebene, von den Siedlern vor fünfzig und mehr Jahren aus Sümpfen erst in fruchtbares Land verwandelt werden mußte, und schön, wo der Jordan in seinen zahllosen Schleifen sich aus dem Kinnereth, dem See Gennesaret, löst (links unten).

Schön auch auf den Bergen des Mittelgebirges, der fruchtbaren Ebene Jesreel und traumhaft schön auf den Hügeln von Galiläa (vgl. S. 196 + 197).

Und kaum ein Volk ist denkbar, das sein Land so feiert, so ekstatisch, so musikalisch seiner Freude Ausdruck gibt wie Israel (oben rechts).

Das versprochene Land

Wir machen einen Sprung von 200 Jahren. So lange brauchte Israel, bis es im Land, im heutigen Palästina-Israel, wirklich seßhaft war und bis es zwischen den Städten und Dörfern der eingesessenen Bevölkerung seinen eigenen Staat gründen konnte.

Denn das schöne Land war ja nicht menschenleer. Es war vielmehr vorher schon dicht besiedelt und durchsetzt mit starken, befestigten Städten. Und wie immer ging es bei der Besetzung und Durchdringung dieses Landes nicht ab ohne Krieg und Kriegsgeschrei, ohne Gewalt und Austreibung.

Ich fragte arabische Bauern in einem Dorf bei Betlehem: „Was werden Sie tun, wenn die israelische Besatzung auf die Dauer hierbleibt?" Da antwortete eine der älteren Frauen: „Dann müssen wir mit den Israelis leben. Wir hatten die Türken, wir hatten die Engländer. Beide haben uns ausgebeutet. Nun sind es die Israelis." Sie hob die Hand und ließ sie, müde, wieder fallen: Wenn Gott es so will. „Inschallah", sagen die Moslems.

Riesig steht der alte Stadthügel von Beth Shean hinter dem hellenistischen Theater, dunkel und bedrohlich, und es läßt sich leicht vorstellen, wie er gewirkt haben muß, als auf ihm noch Mauern und Türme standen. Die Stadt war schon uralt, als Israel hier ankam. Denn die gesamte Höhe dieses Stadtbergs besteht aus den unzähligen Städten, die da im Lauf der Jahrtausende übereinander gebaut wurden. Ursprünglich lagen Häuser und Mauern in der Talebene.

Ein Acker bei Hebron. Ein arabischer Bauer kam mir mit einem schweren Korb entgegen. „Müssen in Deutschland die 84jährigen Männer auch noch Steine aus den Äckern tragen?" fragte er mich. Dabei stand er auf einem Grund, der seit vielen Jahrtausenden bestellt wird und der immer noch seine Frucht nur dem gibt, der hart an ihm arbeitet. Die Israeliten nach Mose kamen nicht ins Schlaraffenland.

Vieles, was im 12. und 11. Jahrhundert v. Chr. hier geschah, gleicht nach 3000 Jahren noch der Besiedelung des Landes durch die jüdischen Einwanderer und an die Gründung des Staates Israel 1948: die Euphorie und die Mühsal, die große Hoffnung und der unablässige Kampf und Streit.

Die Wüstenwanderer kamen in ein Land, in dem, wie sie sagten, Milch und Honig floß. Aber Milch und Honig sind die Nahrung von wandernden Schafhirten. Wie man mit Äckern und Gärten umgeht, hatten sie nie gelernt, und ich stelle mir vor, daß es ein generationenlanges Lernen war. Was eine befestigte Stadt und ein stehendes Heer sei, lernten sie mühsam in ihren Kämpfen um Weiden und Felder. Und daß Gott, der Begleiter des Wüstenvolks auf seinem entbehrungsreichen Weg, auch der Gott ist, der die Fruchtbarkeit eines Landes schenkt, das war ganz neu zu begreifen. Es dauerte Jahrhunderte, bis es gelang.

Mit dieser Zeit, etwa ab 1200 v. Chr., beginnt die Eisenzeit. So waren die Philister darum für Israel so gefährlich, weil sie schon eiserne Waffen besaßen, während Israel noch ganz und gar in der Bronzekultur lebte. Diese Eisenzeit bedeutete einen tiefreichenden Einschnitt in der Kulturgeschichte der Menschheit. Die bildende Kunst, die Wissenschaft, die Religion und die Philosophie, aber auch die Kriegstechnik und die Seefahrt entwickelten sich mit bisher nicht gekannter Kraft. Homer tritt auf, die jonischen Naturphilosophen, in Israel die Propheten, in Indien Buddha, in China Laotse und Konfuzius, in Persien Zarathustra. Zwischen 1200 und 600 v. Chr. findet der große Schritt in der Kulturentwicklung statt, den wir auch die Schwellenzeit nennen. Die Geschichtsschreibung tritt auf sicheren Boden; was geschah, läßt sich in Jahreszahlen festschreiben. Und nicht zuletzt sind es die Texte der Bibel, die seit der Zeit Salomos, also dem 10. Jahrhundert v. Chr., schriftliche Form annehmen und als das Werk eines kleinen Hirten- und Bauernvolks die Welt mitgestalten wie nur wenige Dokumente menschlichen Nachdenkens.

Zunächst freilich kämpfen die Stämme Israels sehr lange und immer gefährdet um das Überleben in dem neugewonnenen Land. Heute, Ende des 20. Jahrhunderts, sind es immerhin hundert Jahre, seit die ersten Siedler der Juden aus aller Welt anfingen, sich in Israel wieder seßhaft zu machen, und noch immer ist die Zeit der Pioniere nicht vorbei.

Landnahme – immer aufs neue

Immer wieder der gleiche Vorgang. Die Geschichte wiederholt sich. 3200 Jahre nach der Zeit Moses saß ich in einem Kibbuz in der Huleebene und feierte das Erntefest mit. Man beging es mit Witz und Charme und allerlei Vorführungen. „Make milk, not war", war die Losung, die die Molkerei ausgab. Mach Milch, nicht

Krieg. Und ich war gerne bereit, den jungen Leuten zu glauben, daß es ihnen ernst war, daß sie nichts wünschen als den Frieden. Aber im Hintergrund stand eben doch die Tragödie dieses Landes, das noch kaum je in seiner langen Geschichte wirklich Frieden hatte und ihn auch heute nicht finden kann.

Anfang der siebziger Jahre verbrachte ich einmal einen Tag in der Nähe von Kuneitra, oben auf dem Golan, von dem man zunächst hinuntersieht auf den schimmernden See Gennesaret, bis man allmählich von der grauschwarzen Basaltsteppe aufgenommen, fast geschluckt wird. Ich hatte mich mehrere Stunden, einiger Filmaufnahmen wegen, mit der Militärbürokratie herumgeschlagen, mit einem Dutzend Uniformträgern diverser Dienstgrade, von denen keiner zuständig sein wollte, und setzte mich endlich ins Auto, um gegen Abend wieder in Tiberias zu sein. Es war der typische Golan, soweit das Auge reichte: trockenes Gras, schwarze Basalthänge, Kohlenhalden nicht unähnlich, Wehrdörfer aus Wellblech, mit Stacheldraht, Wachtürmen, Maschinengewehren auf den Dächern und dazwischen, wo das Land kultiviert war, erntereifes Getreide.

Mit einem Mal sperrte ein voller Garbenwagen die Straße. Ein paar junge Leute schoben ihn hin und her, um ihn zu wenden. Während ich wartete, trat ein Mädchen, gelbes Stroh im Haar und an der Jacke, ans Fenster heran und fragte in bestem Amerikaenglisch, ob ich sie mitnähme, hinunter nach Degania an den See. Gerne. Selbstverständlich. Als die Straße wieder frei war und wir die Felder entlangfuhren, begann sie davon zu plaudern, was ihre beiden Brüder und sie und ein paar Freunde hier oben angefangen hätten. Rotbackig, blond, gesund, strahlend, neunzehnjährig lehnte sie sich ins offene Fenster und erzählte aus übervollem

Auf einem der Festwagen im Kibbuz Kefar Hanassi stellten ein paar junge Leute ihre Arbeit vor: die Abteilung für Kanalisation. Ein Regenbogen überspannte das Fahrzeug, und frei nach dem Schlagertext „Somewhere over the rainbow“ – irgendwo über dem Regenbogen, wo die Träume sind und die großen Ziele – schrieben sie darauf: „Somewhere over the drainbow“ – also irgendwo über einer Krümmung in der Kanalisation. Einer steckte wie in einer Ritterrüstung in einer Leichtmetallröhrenkombination, und ein anderer hatte sich als bärtiger Rohrgeist verkleidet. Irgendwo über der banalen und mühsamen Arbeit dieser jungen Israelis, deren Vorfahren in England gelebt hatten, schwebt das große Bild eines freien und vom Frieden umgebenen Israel.

Herzen, während uns scharfe Serpentinen ins Jarmuktal hinunterführten. Sie hätten sich von ihren Eltern in Kalifornien verabschiedet und sich vorgenommen, ein Stück Land auf dem Golan urbar zu machen und dort für den Rest ihres Lebens ein Teil Israels zu sein. Und jetzt eben brächten sie ihre erste Ernte ein.

Der Rest ihres Lebens – das sind, nach menschlichem Ermessen, fünfzig Jahre oder mehr. Was aber mag in den nächsten zehn Jahren auf dem Golan geschehen? Eine festliche Zukunft malte sie an den Horizont dieses heißen, kargen Landes, dieses vitale, begeisterungsfähige Kind aus Amerika.

Mir standen, während sie redete, meine eigenen Eltern vor Augen. Als niemand wußte, was die nächsten zehn Jahre bringen würden, nach dem Ende des Ersten Weltkriegs, planten sie mit Freunden zusammen eine neue, bessere Welt. Jung, leidenschaftlich und tieferschüttert von der Erfahrung des Krieges, bauten sie mit einigen anderen Familien zusammen im hessischen Bergland einen landwirtschaftlichen Betrieb auf, der gemeinsamer Besitz aller war, eine Art urchristlicher Kommunität, ein Zeichen für eine neue Gesellschaft und eine neue Kirche auf dieser Erde. Vielleicht hielt die junge Israelin mich für einen ahnungslosen Touristen. Aber was das Schicksal solcher Unternehmungen betraf, war ich gewissermaßen Fachmann, immerhin geboren in einem christlichen Kibbuz.

Das ist ein Blick von der Straße aus, die wir vom Golan aus ins Jarmuktal fuhren. Im Tal unten erhebt sich ein kleiner brauner Hügel neben dem Fluß. Auf ihm lag die kleine Stadt Gadara, von der das Evangelium Mattäus 8, 28–34 erzählt.

Über den jungen Elan meiner Eltern kam die Inflation. Und es kamen die menschlichen Unzulänglichkeiten. Es kam die Grenze körperlicher Leistungskraft. Und als die Inflation zu Ende und die Not und der Hunger durchgestanden waren, starben sie beide an der Schwindsucht, vor mehr als sechzig Jahren, als ich drei Jahre alt war, und ihre Gefährten verloren sich in alle Himmelsrichtungen.

Ich glaube, ich war ein sehr schweigsamer Zuhörer auf dieser Fahrt. Was sollte ich ihr sagen? Sollte ich sagen, ich glaubte nicht daran, daß ihr in dieser kargen Steppe, umstellt von Waffen und unabsehbarem politischem Streit, eine goldene Zukunft bevorstehe? Sollte ich sie fragen, ob sie wisse, was es heiße, was es geistlich, was es religiös bedeute, das verheißene Land als Jude zu bewohnen? Vielleicht war es falsch, daß ich sie einfach plaudern ließ, daß ich mich über sie freute, daß ich der Kraft und Fröhlichkeit etwas zutraute, mit der sie an der Arbeit waren, sie und ihre Brüder, daß ich ihr Glück und Gelingen wünschte und meine Trauer für mich behielt? Die Trauer darüber, daß die Gnade des Gelingens solchen Anfängen so selten zuteil wird, die Gnade, daß reifen darf, was so jung beginnt. Sollte es denn wirklich wahr sein, daß man sich an diesem Land und den Schicksalen seiner Völker das Herz zerreißen und doch ihre Last nicht von ihnen nehmen kann?

Inzwischen sind fünfzehn Jahre vergangen seit jener Fahrt hinunter in die Plantagen von Degania. Und wenn man den Berichten der Wirtschaftsseiten in israelischen Blättern glauben darf, dann ist ein Teil der Siedlungen auf dem Golan inzwischen am wirtschaftlichen Mißerfolg gescheitert. Vielleicht muß ich eines Tages an der Straße von damals nach den jungen Leuten aus Kalifornien fragen.

König David

Etwa 150 Jahre lang lebten die Stämme Israels praktisch ohne Staat. Der Mann, der sie vor der Zeit der ersten Könige zusammenhielt, war Samuel, Prophet, Richter und Feldherr zugleich.

Die einzelnen Stämme kämpften, jeder für sich, um ihr Wohngebiet, und zusammengehalten waren sie nur durch gemeinsame Heiligtümer wie etwa Silo, Bethel, Gilgal, Mizpa oder Rama. Zusammengehalten waren sie durch eine gemeinsame Rechtsprechung, die auf die Zeit der Gesetzgebung in der Wüste zurückging. Von Ort zu Ort zog Samuel, um Recht zu sprechen, und am gemeinsamen Heiligtum versammelte er die Stämme zur Erneuerung ihrer religiösen Einheit. Nur wenn große Gefahr drohte, sammelte er ein Heer aus den Bauern und Hirten der Stämme, die gerade in erreichbarer Nähe wohnten, und diese freien Bauern und Hirten kamen, ohne daß ein König sie zwingen

Mit David, der ungefähr von 1004 bis 965 v. Chr. regierte, änderte sich in Israel Grundlegendes.

Geht man in Jerusalem und seiner Umgebung umher, so ist der Platz nur schwer zu erkennen, an dem das Jerusalem gestanden hat, das David eroberte: das alte Jerusalem der Jebusiter, das Felsennest, das da auf engstem Raum in seinen Mauern steckte.

Aus der Luft läßt es sich ausmachen: Das Bild zeigt den südlichen Rand der heutigen Stadt mit der türkischen Mauer. Von ihr aus zieht sich quer durch die Bildmitte ein schmaler Hügel, der an den helleren Häusern kenntlich ist. Davor scharf eingeschnitten das Kidrontal. Auf diesem unscheinbaren Bergrücken saß das Jerusalem der Jahrtausende vor David und auch noch die Stadt Davids. Erst viel später dehnte es sich nach Norden und Nordwesten in den Raum aus, den heute die Altstadt ausmacht.

An einem Wallfahrtsort des heutigen Judentums im oberen Galiläa sah ich in der Vorhalle der

alten Synagoge einen Straßensänger sitzen, einen jener unscheinbaren Erzähler, an denen das Judentum so reich ist, die in ihren Liedern und Geschichten mit weichen, langhin erzählenden Melodien die alte, durch Höhen und Tiefen führende Geschichte ihres Volks ausbreiten. Ich verstand wenig von seinen Liedern, ich hörte nur, wie er immer wieder den Namen „David" sang, während er mir gelassen und ein wenig belustigt zuschaute, wie ich versuchte, mit dem knappen Licht zurechtzukommen, als wollte er sagen: Das Bild wird nichts.

konnte, von ihren Äckern und traten zum „Heerbann" zusammen.

Aber Samuel, der sein Leben lang dafür gekämpft hatte, daß Israel sich nicht anglich, sondern seine alte Tradition aus der Wüstenzeit festhielt, wußte, daß sein Volk keine Überlebenschance sah, wenn es sich nicht die Verfassung eines Staats und eines Königs gab. In seiner Gestalt war die Überlieferung aus der Wüste gegenwärtig, die nomadische Zeit des Bundes freier Stämme und des Glaubens an den Gott vom Sinai. Saul war eine Gestalt im Übergang, David ein Mann der Zukunft, und die Zukunft hieß: Ein König ist notwendig und eine Hauptstadt. Saul scheiterte zwischen der Tradition und den politischen Notwendigkeiten des Lebens im Kulturland, zwischen Samuel und David.

Samuel hielt Gültiges fest. Saul, der Mann des Übergangs, ging unter. David wurde zum Symbol eines immer aufs neue jungen und zukunftsreichen Staates. Und bis zum heutigen Tag ist Israel durch den Geist Samuels ebenso wie durch den Geist Davids bestimmt.

Nach dem Untergang Sauls und seiner Söhne in der Schlacht bei Beth Shean konnte David die beiden Hauptaufgaben eines künftigen Königs erfüllen: Er befreite sich von der überlegenen Macht der Philister, und er eroberte sich eine Hauptstadt: Jerusalem. In der Zeit, als er auf der Flucht vor Saul im Exil gelebt hatte, hatte er die Wehrtechnik der Philister studiert und alsbald auf seine eigene Kriegsführung angewandt. Und die Hauptstadt, die er brauchte, eroberte er sich mit seinem privaten Söldnerheer. Sie gehörte also ihm persönlich. Sie wurde die „Stadt Davids": Jerusalem.

David war ohne Frage der modernste Staatsmann im Vorderen Orient ums Jahr 1000 v. Chr. Er war auf der anderen Seite kein orientalischer Fürst, sondern hing persönlich an der Überlieferung seines Volkes, die aus seiner Wüstenzeit herkam. Er war Künstler und Landsknecht zugleich, von zarter Religiosität ebenso wie von brutaler Durchsetzungskraft. Man hat schon überlegt, was „David" eigentlich heiße, da der Name sonst nirgends vorkommt. Man entdeckte in einer akkadischen Quelle ein Wort „Davidum", was soviel heißt wie „Chef". Es könnte durchaus sein, daß „David" eine Bezeichnung seiner Kameraden aus seiner Zeit als heimatloser Söldnerführer war.

Aber was immer man über den Machtmenschen und Totschläger David sagen mag, er war differenzierter, er war auch ein Mensch empfindsamer Religiosität, und er war ein Künstler, ein Tänzer und Sänger. Er hatte viele verschiedene Seiten zwischen der Skrupellosigkeit, mit der er seine Interessen verfocht, und der Schlichtheit, mit der er begangenes Unrecht eingestand.

Der junge David mit der Harfe und der Schleuder, der alte David mit seinen Gebeten und Liedern, und der David der politischen Durchsetzungskraft repräsentiert dieses Volk wie kaum eine Gestalt seiner über 3000jährigen Geschichte.

Die Erwählung durch Gott galt in der Zeit Abrahams dem einzelnen Patriarchen. In der Wüste galt sie einem in freier Entscheidung zusammengehörenden Bund von Stämmen. Von David an galt sie wieder dem einzelnen. An die Stelle des heiligen Volks tritt für David sein Thron und seine Dynastie. David setzt sich durch, kämpft und festigt seine Herrschaft in der Überzeugung, damit in Übereinstimmung mit dem Willen Gottes zu sein.

Warum aber stand die Stadt auf dem kleinen Felsrücken? Weil weit und breit keine so zuverlässig strömende Quelle zu finden war wie die Quelle Schiloach unter dem Felsen.

Unter den breiten Treppen, die einst vom Ophel zum Tempelplatz von Jerusalem hinaufführten, graben junge Israelis in ihrem Urlaub nach den Spuren der ältesten Geschichte (rechts). Der Mythus David steht über ihnen, das Erdreich, in dem sich seine wirkliche Geschichte abgezeichnet hat, unter ihnen. „David" ist Zeichen der stolzen Erinnerung und Zeichen einer kühnen Hoffnung zugleich.

Rechts ein Räucheraltar, wie er in jener Zeit an vielen Orten des Nahen Ostens üblich war.

An der Stelle, an der heute der Felsendom steht, dieser herrliche, achteckige Zentralbau mit seiner zauberhaften Kuppel, baute Salomo seinen Tempel.

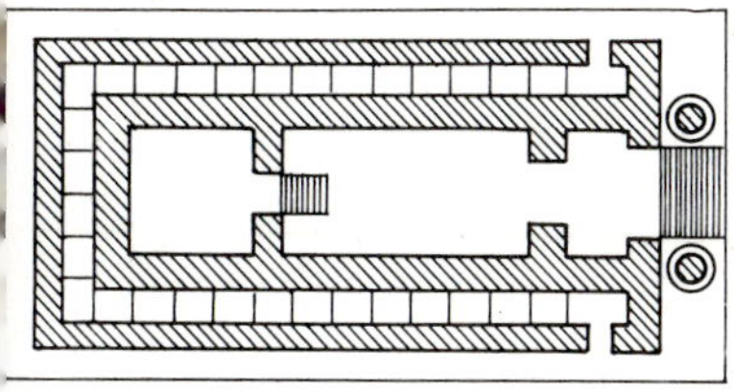

Tempel Salomos, Grundriß

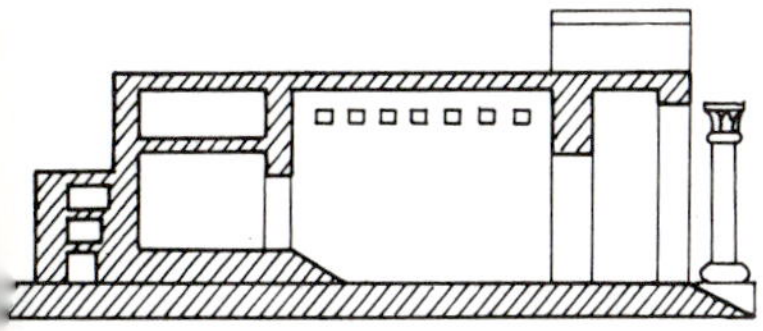

Tempel Salomos, Längsschnitt

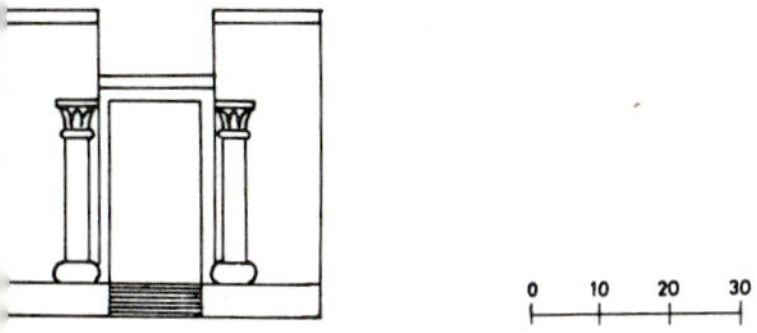

Tempel Salomos, Vorderseite

Salomo und sein kultivierter Hofstaat

Davids Sohn Salomo übernahm einen gefestigten und auch bei den Nachbarn gefürchteten Staat. David hatte die Stämme Israels nicht nur beeindruckt, sondern auch zum Gehorsam gezwungen. Der Sohn tat dasselbe, bis das Freiheitsbewußtsein der Stämme revoltierte.

Er führte keine Kriege. Er heiratete unzählige Frauen, Prinzessinnen jeweils aus den Nachbarländern, und erreichte damit friedliche Beziehungen. Er lebte in regem diplomatischen Austausch nach allen Seiten. Er trieb Handel zu Land und zu Wasser, wie er es von den phönizischen Nachbarn lernen konnte. Er sicherte das Land mit starken Festungen und baute eine präzise und umfassende Verwaltung auf. Jerusalem, die Hauptstadt, erhielt das Gesicht einer Residenz. Paläste entstanden, und zwar höher am Hang hinauf in Richtung auf den heiligen Fels, über dem sich heute der Felsendom erhebt, und oben, an der uralten Kultstätte Morija, der Tempel, von dem die Zeitgenossen Wunderdinge berichtet haben.

Salomo half dem von aller städtischen Kultur unberührten Wüstenvolk zu einer entscheidend höheren Kulturstufe. An seinem Hof wirkten nicht nur Sängergilden, wurden nicht nur Dichtungen gesammelt und Weisheitssprüche aus allen Völkern, es wurde auch eine Schreiberschule eingerichtet, an der nicht nur die Leute für die Verwaltung ausgebildet wurden, sondern in der vor allem auch die Annalen der zeitgenössischen Geschichte festgehalten wurden.

Es erwachte ein sehr neues Interesse an der Menschlichkeit des Menschen und seines Schicksals. Die Geschichten von Samuel und Saul, von David und Jonathan, die damals entstanden, atmen eine Humanität und eine Kunst der Einfühlung in das Innere der beteiligten Personen und nicht zuletzt eine so souveräne Beherrschung der literarischen, der erzählerischen und stilistischen Mittel, daß man mit Grund und Recht von einem ganz eigenartigen salomonischen Humanismus gesprochen hat, der sich gegenüber allem behaupten konnte, was es in der alten Welt in jenem Jahrhundert gegeben hat.

Freilich, das war teuer erkauft: Salomo stand vor der Aufgabe, auch nach innen aus dem Gemenge von eingesessenen Kanaanäern und israelitischen Neulingen ein Volk und einen Staat zu gestalten. Es gehört zur Tragödie dieses frühen israelitischen Reiches, daß dies nicht möglich war, ohne daß das Eigenste Israels, nämlich der Glaube, den es aus der Wüste mitgebracht hatte, dabei vermischt wurde mit der älteren und primitiveren Religion der Kanaanäer, der Syrer und der Phönizier. Und so kam es zu der jahrhundertelangen Gegnerschaft zwischen den Königen und den Propheten, die den Rückfall in die Blut- und Bodenkulte der

Das Tor zum Forum in Tyrus. Die Stadt lag im Altertum auf einer Insel vor der Küste. Als Alexander sie belagerte, schüttete er einen Damm auf zwischen Küste und Insel und machte sie dadurch zur Halbinsel.

Kanaanäer als einen Verrat am Geist Israels und an der Wahrheit seines Glaubens ansahen.

„So herrschte Salomo über alle Königreiche vom Euphrat bis zum Land der Philister und bis zur Grenze Ägyptens, und er hatte ringsum Frieden nach allen Seiten. Juda und Israel wohnten in Sicherheit, jeder unter seinem Weinstock und seinem Feigenbaum, solange Salomo lebte. Und Gott gab Salomo große Weisheit, gab ihm Einsicht und Verstand, so breit und so weit wie der Sand am Gestade des Meeres, so daß die Weisheit Salomos größer war als die Weisheit aller Morgenländer und als alle Weisheit Ägyptens. Er dichtete dreitausend Sprüche und tausendundfünf Lieder. Er dichtete von den Bäumen, von der Zeder auf dem Libanon bis zum Ysop, der aus der Mauer wächst, und von den Tieren des Landes, von Vögeln, Kriechtieren und Fischen. Aus allen Völkern kamen sie, um Salomos Weisheit zu hören. Von allen Königen der Erde, die von seiner Weisheit gehört hatten, kamen die Boten" (1. Könige 5).

Freundschaft mit den Phöniziern

„Nun sandte Hiram, der König von Tyrus, Botschafter zu Salomo, denn er hatte gehört, man habe ihn an seines Vaters Statt zum König gesalbt, und Hiram war mit David immer befreundet gewesen. Und Salomo ließ dem Hiram sagen: ‚Du weißt, daß mein Vater David seinem Gott zu Ehren keinen Tempel bauen konnte. Er war mit Krieg umgeben so lange, bis Gott ihm seine Feinde unter die Fußsohlen legte. Jetzt aber hat Gott mir rings umher Frieden gegeben, es ist kein Feind da, und kein Unheil droht. So habe ich die Absicht, zu Ehren meines Gottes einen Tempel zu

Vorige Seite: Der Tempelplatz von Jerusalem heute. Der achteckige Bau des Kalifen Abd el Malik und seiner Nachfolger im Mittelpunkt der großen Terrasse, die schon Herodes angelegt hatte. Im Hintergrund die El Aksa-Moschee, ursprünglich eine byzantinische Kirche, jetzt wichtigster Ort des Gebets für den Moslem. Auf dem Platz verstreut kleine Koranschulen, Brunnenhäuser und stille Winkel für die Menschen, die aus den geschäftigen und lauten Sukhs zur Rechten kommen, um die Zeit der Mittagshitze unter irgendeinem Baum zu verbringen. Ich persönlich halte diese Moschee für das vollkommenste Architekturwerk der Welt.

Das Mittelmeer war der Lebens- und Handelsraum der Phönizier, der Urseefahrer in der Menschheitsgeschichte. Vom Libanon bis Nordafrika, Italien, Frankreich und Spanien hatten sie ihre Handelsniederlassungen.

bauen, wie der Herr ja zu meinem Vater David gesagt hat: Dein Sohn, den ich an deiner Statt auf deinen Thron setzen werde, soll mir einen Tempel bauen! Darum laß mir Zedern auf dem Libanon schlagen, und meine Leute sollen mit deinen Leuten zusammenarbeiten. Ich will dir für deine Leute den Lohn geben, den du festsetzen wirst. Du weißt ja, daß unter uns niemand ist, der wie die Phönizier Holz zu hauen versteht.‘

Über diese Worte Salomos freute sich Hiram sehr, und er sprach: ‚Der Herr sei gepriesen, denn er hat einen weisen Sohn Davids zum Herrscher über dieses große Volk eingesetzt.‘ Und er ließ Salomo sagen: ‚Ich habe deine Botschaft vernommen und will alle deine Wünsche an Zedern- und Zypressenholz erfüllen. Meine Leute werden es vom Libanon ans Meer hinunterbringen, dort will ich es zu Flößen zusammenbinden und an den Hafenplatz senden, den du mir nennen wirst. Dort will ich sie auseinandernehmen, und du magst sie abholen. Als Bezahlung sollst du mir meine Wünsche erfüllen und mir die Speise für meinen Hof liefern.' So lieferte Hiram dem Salomo Zedern- und Zypressenholz, soviel er wünschte. Salomo umgekehrt sandte dem Hiram siebentausend Tonnen Weizen für seinen Hof und siebenhunderttausend Liter feinstes Öl, und zwar Jahr für Jahr. Der Herr schenkte Salomo Weisheit, es war Friede zwischen Hiram und Salomo, und sie verbündeten sich durch einen Vertrag" (1. Könige 5–6).

„Und Hiram schrieb an Salomo: ‚Ich sende dir einen tüchtigen und verständigen Mann. Der versteht zu arbeiten mit Gold,

Ein Fischer in Tripolis, Nachfolger der unzähligen Völker, die sich an dieser Küste seit fünf Jahrtausenden gemischt haben.

Sidon, gezeichnet im 19. Jahrhundert. Ein wenig romantisch überhöht muten die Berge an, aber es ist doch die technische Überfremdung durch das 20. Jahrhundert auf wohltuende Weise noch nicht sichtbar.

Silber, Kupfer, Eisen, Steinen, Holz, rotem und blauem Purpur, und versteht Bildwerke zu schnitzen und alles, was man ihm aufgibt, kunstreich zu machen mit deinen Meistern'" (2. Chronik 2,10–13).

Ein Volk von Abenteurern

Im Nordwesten grenzte das Reich Salomos an Phönizien, den heutigen Libanon. Die Ebene Jesreel östlich des heutigen Haifa war von Nicht-Israeliten, den sogenannten „Kanaanäern", bewohnt und war ohnedies schwer dem Reich zu integrieren. Vor allem aber verweigerte sich das alte Akko der Herrschaft des Königs in Jerusalem. Um so wichtiger waren für eine friedliche Entwicklung des Landes die Beziehungen zu den dortigen Nachbarn: den phönizischen Hafenstädten Sidon, Tyrus, Beirut und weiter nördlich Byblos und Arwad.

Die phönizische Küste ist eine eigene Region, die sich von Gaza bis Lattakia hinaufzieht. Wie vom Land gelöst ruhen die phönizischen Städte auf ihren Vorbergen oder, wie Ruad – oder Arwad –, draußen auf einer Insel, als wollten sie sich ganz dem Meer anvertrauen. Wir können uns kaum mehr vorstellen, wie kühn ein solcher Gedanke in einem Volk des dritten Jahrtausends gewesen sein muß. Denn das Meer war ja mehr als nur Wasser. Es war vielmehr eine Gottheit, eine gefährliche, dem Chaos verwandte Unterweltmacht. Noch die biblischen Psalmen atmen etwas von dem Grauen, das die Menschen vor dem Meer ergriffen haben muß, wenn es dort heißt: Gott habe den Drachen über dem Meer die Köpfe zerschmettert oder den Leviathan im Meer überwunden.

In den zwei Jahrtausenden vor Salomo wandten sich die phönizischen Küstenstädte immer stärker dem Seehandel zu. Zunächst fuhren ihre Schiffe die Küsten entlang nach Ägypten, dann immer weiter ausgreifend an die Küste des Mittelmeers. Seit 1200 v. Chr. gründeten sie Handelskolonien wie etwa Malta, Palermo,

Akko, seit ungefähr 2000 v. Chr. nachgewiesen, war durch alle Epochen der wichtigste Platz an der Küste, der beste Hafen und die stärkste Festung, die der Küstenstreifen zwischen Jaffa und Sidon aufzuweisen hatte. Da aber Salomo keine Chance sah, diesen Platz zu erobern, tat er etwas Vernünftiges: Er trat das lästige Gebiet an Hiram von Tyrus ab.

Die Psalmen der Bibel preisen die Zedern des Libanon als Gleichnisse für ein von Gott gesegnetes, standfestes und sturmfestes Dasein. „Mögest du gedeihen wie eine Zeder im Libanon", sagten die Menschen Israels zueinander. Aber Leute wie Salomo haben eben doch

dazu geholfen, daß die Zedernwälder östlich der libanesischen Mittelmeerküste abgeholzt wurden. Heute sind noch wenige kümmerliche Reste des einstigen riesigen Zedernwaldes vorhanden.

Byblos, die alte phönizische Hafenstadt nördlich Beirut, ein Ort, besiedelt schon in der Steinzeit. Von einer traumhaft schönen Küste aus blickt sie hinaus auf das offene Meer, die eigentliche Heimat ihrer Bewohner. Die Stadt führte früher aus Ägypten Papyrus ein und verarbeitete ihn zu „Schreibpapier". Das Produkt war so begehrt, daß der Name der Stadt dem Buch, dem „Biblos", den Namen gab und so auch der Bibel, dem „Buch" schlechthin.

Biserta, Malaga und Karthago. Das Mittelmeer war für die rauhen Seebären aus dem heutigen Libanon ein einziger großer Basar.

Um 1100 passierten sie erstmals die Straße von Gibraltar und gründeten Cadiz. Sie erfanden das Glas und handelten mit ihren Glasgefäßen bis weit die afrikanische Atlantikküste entlang und wahrscheinlich bis England. Um 1000 betrieb König Hiram von Tyrus mit Salomo zusammen Handel im Roten Meer. Holz, Kupfer, Gold, Gewürze, Elfenbein waren die wichtigsten Artikel.

Um 600 v. Chr. umsegelten phönizische Schiffe vom Roten Meer aus in einer Reise von drei Jahren ganz Afrika. Der Pharao Necho gab ihnen den Auftrag, Afrika zu umsegeln und durch die Straße von Gibraltar zurückzukehren. Sie pflegten dabei im Herbst irgendwo an Land zu gehen, ein Stück Acker urbar zu machen, Getreide zu säen und nach der Ernte weiterzufahren. Beweis für die tatsächliche Umfahrung Afrikas ist ihr Bericht, sie hätten, als sie am Südende Afrikas nach Westen fuhren, die Sonne zur Rechten gehabt. Erst durch den Aufstieg Griechenlands wurde die Seeherrschaft der Phönizier eingeschränkt, vor allem aber auch durch die zunehmende Macht Karthagos und schließlich der Römer.

Was die Phönizier aber für das ältere Griechentum bedeutet haben müssen, läßt sich kaum ermessen. Ohne sie wäre die Entstehung und die Blüte der jonischen Städte in Kleinasien, Milet, Ephesus und wie sie alle heißen, undenkbar gewesen. Die älteste Philosophie, etwa die des Thales, der im Wasser das anfängliche und schöpferische Urelement sah, nimmt die Erfahrungen und die wissenschaftlichen Kenntnisse der Phönizier auf. Noch das lateinische Wort „con-siderare“, das nachdenken, betrachten heißt, bedeutet eigentlich: „nach den Sternen segeln“. Navigation und Astronomie, aber auch das Abenteuer der Seefahrt und das Abenteuer des menschlichen Nachdenkens gehörten zusammen.

„Meine Leute werden das Holz vom Libanon ans Meer hinunterbringen und es an den Hafenplatz senden, den du nennen wirst“, schreibt Hiram an Salomo.

Wie mühsam es gewesen sein muß, die kleinen Schiffe mit den mächtigen Stämmen zu beladen, schildert die Tafel anschaulich. Sie zeigt am Rand des Bildes entlang die Kaimauern eines Hafens, von denen aus die Balken auf Schiffe geschoben werden. Andere Balken werden zu je zwei oder drei mit Seilen an die Schiffe angehängt. Rechts oben fährt ein unbeladenes Schiff vor im Wasser liegenden Stämmen vorbei. Unten rechts verläßt eines den Hafen. Zwischen den Schiffen aber tummeln sich Fische, Wasserschlangen, Frösche, Schildkröten und sogar ein kleiner Meergott. Die unruhige Bewegung der aus allen Richtungen zusammenschlagenden Wellen ist in einem reizvollen Ornament gezeichnet.

Die phönizischen Glasbläser schufen nicht nur zauberhafte Glasgefäße, sie haben das Glas auch erfunden. Am Strand von Tyrus fanden sie den Quarzsand, der schmolz, wenn man in der Erde ein Feuer machte.

Nördlich Byblos lag die phönizische Seefahrerstadt Ugarit. Das Bild zeigt den Schreibsaal im Diplomatenviertel, den wir uns als offenes Atrium vorstellen müssen. Hier wurde das erste Alphabet der Menschheit gefunden, aus dem 13. Jahrhundert v. Chr. stammend, eingeritzt auf ein kleines Tonstück von einem Schüler, der das Alphabet zu lernen hatte.

Von Hiram wird erzählt, er habe Salomo nicht nur Künstler für den Tempel, sondern auch Schiffsbaumeister und Segelmacher gesandt, die ihm in Ezion Geber, dem heutigen Eilat am Roten Meer, eine Handelsflotte bauten. Die Schiffe wurden anschließend mit phönizischen Matrosen bemannt und fuhren die Route nach dem südlichen Arabien und dem östlichen Afrika. Hiram kassierte dafür sein Teil von dem transportierten Gut an Gold und Edelsteinen.

„Auch brachten die Schiffe, die aus Ophir Gold holten, sehr viel Sandelholz... Und der König ließ Pfeiler machen aus dem Sandelholz im Tempel des Herrn und im Haus des Königs und Harfen und Zithern für die Sänger... So war der König Salomo größer an Reichtum und an Weisheit als alle Könige auf Erden. Und alle Welt begehrte Salomo zu sehen, damit sie die Weisheit hörten, die ihm Gott in sein Herz gegeben hatte" (1. Könige 10).

In Alexandrien, am Hafen, werden heute noch Schiffe gebaut mit den Methoden, die schon zu Salomos Zeiten üblich waren. Ein Eichenstamm wird in Brusthöhe frei aufgelegt. Ein Mann sitzt unten, einer steht oben, und so sägen sie in tagelanger Arbeit Planke um Planke aus dem harten Holz. Soll das Schiff danach zu einem erschwinglichen Preis verkauft werden, müssen sich die Arbeiter wohl mit einem Hungerlohn zufriedengeben.

Zu Salomos Zeiten bildete sich das Traumbild von „Jerusalem", der Stadt, in der Gott wohnt und die Menschen sicher leben, ohne Not und Elend, das Bild, aus dem schließlich das Symbol einer von Gott neu geschaffenen Welt wurde, in der „kein Leid mehr ist und kein Geschrei". Und es gehört zu diesem Symbol, daß es an dieser Stadt festhielt, obwohl selten Friede in ihr war und sie umkämpft und umstritten blieb bis zum heutigen Tag.

V Die Königin von Saba und die Weihrauchstraße

Der Jemen und der Süden Arabiens

Die Königin von Saba

„In Eilat am Golf von Akaba ließ Salomo Schiffe bauen, und Hiram bemannte die Schiffe mit seinen Schiffsleuten, die mit dem Meer vertraut waren, zusammen mit den Leuten Salomos. Die gelangten nach Ophir und holten dort Gold, 420 Talente, und brachten es Salomo.

Eines Tages kam die Königin von Saba, die von Salomos Tempel gehört hatte, zu Salomo, um ihn mit Rätseln auf die Probe zu stellen. Sie kam nach Jerusalem mit großem Aufgebot, mit Kamelen, die Balsam und sehr viel Gold und kostbare Steine trugen, und trug ihm ihre Rätsel vor. Salomo aber konnte ihr Bescheid geben auf alle ihre Worte. Als die Königin die Weisheit Salomos erkannte und seinen Palast sah und das Leben an seinem Hof, da geriet sie ganz außer Atem und sagte: ‚Wahrheit ist es, was ich in meinem Lande über dich und deine Weisheit gehört habe. Glücklich zu preisen deine Männer, die vor dir stehen! Dein Gott sei gepriesen, der so viel Wohlgefallen an dir hat, daß er dich auf den Thron Israels gesetzt hat.' Und sie schenkte dem König 120 Talente Gold und sehr viel Balsam und Edelsteine, ... der König Salomo seinerseits schenkte der Königin von Saba alles, was sie sich wünschte, und darüber hinaus beschenkte er sie so reich, wie es seiner Hand entsprach. Dann brach sie auf und zog mit ihren Untergebenen in ihr Land" (1. Könige 9).

Die Geschichte liest sich, als wäre sie ein Märchen. Ophir, das traumhafte Land des Goldes, Saba, das Zauberreich von Weihrauch und Myrrhe. Was ist daran historisch? Von Ophir wissen wir nur, daß es irgendwo im Süden des Roten Meeres gelegen haben muß, vielleicht an der Westküste der arabischen Halbinsel, südlich von Mekka. Von Saba ist klar, daß es das Land war, das heute Jemen heißt. Aber dieses Land, bis 1962 völlig von der Außenwelt abgeschlossen, ist kaum bekannt und das meiste, das von seiner Vergangenheit reden könnte, unerforscht. Und doch war es für das alte Israel ein wichtiger Nachbar, und die kulturellen Verbindungen waren so eng dorthin wie die Handelsbeziehungen. Wir reden von Mesopotamien, von Syrien und Ägypten, wenn wir die Umwelt Israels meinen, aber was im Süden Arabiens geschah, in den Ursprungsländern der semitischen Völker, das ist uns so fremd, als sei dort nichts gewesen.

Dorthin bestanden nach Notizen der Propheten durch alle Jahrhunderte des ersten Jahrtausends v. Chr. Handelsbeziehungen, vor allem sprechen sie davon, daß von dort der Weihrauch komme, der am Tempel in Jerusalem, aber auch an allen Tempeln fremder Götter verbrannt wurde. Die christliche Legende macht Saba zur Heimat der „Weisen aus dem Morgenland". Was aber wirklich zwischen Saba und Israel hin- und herging an kulturel-

Irgendwo im Land der alten Sabäer trägt ein Mädchen einen Wasserkanister, den sie an einem dürftig fließenden Fluß gefüllt hat, in ihr Dorf, in der selbstbewußten Haltung, in der wohl schon vor Jahrtausenden die Mädchen ihre Krüge getragen haben. Sie gehört nicht zum Hofstaat einer Königin, aber sie trägt ihr wunderbares Kleid mit einer Würde, über der man die Armut, in der sie lebt, fast vergessen könnte.

lem Austausch und an weiträumigen Wirtschaftsbeziehungen, das haben wir von jeher nur am Rande bedacht. Ich bin überzeugt, daß die Erzählung vom Besuch der Königin von Saba jahrhundertelange intensive Verbindungen spiegelt, die für Israel nicht nur wirtschaftlich von hoher Bedeutung waren.

Die Königin war im heutigen Jemen zu Hause

Irgendwann im zweiten Jahrtausend v. Chr. müssen schweifende Nomadenvölker sich im südlichen Viertel der arabischen Halbinsel, einem wüstenhaften Hochgebirge, seßhaft gemacht und den Ackerbau aufgenommen haben. Sie gehörten wohl zu dem großen Völkerverband, der im vierten oder dritten Jahrtausend dort entstanden war und aus dem immer wieder neue Völker in das fruchtbare Land in Mesopotamien und Syrien einbrachen: die Amoriter, die Phönizier, die Aramäer, die Kassiten, die Chaldäer und irgendwann auch die Vorfahren Abrahams und also das Volk, aus dem Israel hervorging. Und es wirkt wie eine ethnische Urerinnerung, wenn immer wieder gesagt worden ist, der Garten Eden habe wohl – nach der Stadt Eden, die heute Aden geschrieben wird – im südlichen Jemen gelegen.

In der Zeit, als die besagte Königin von Saba bei Salomo zu Besuch weilte, waren die Sabäer längst seßhaft, ein Volk, das von Ackerbau und Handel reich geworden war. Tausend Jahre später weiß der Grieche Diodorus Siculus über sie zu berichten:

„Ihr Wohlstand und ihre Verschwendung übertreffen nicht nur die ihrer arabischen Nachbarn, sondern auch die aller anderen Menschen, weil sie im Handel die höchsten Preise für ihre Güter erzielen, die samt und sonders nur ein geringes Gewicht haben. Die abgeschlossene Lage ihres Landes begünstigt sie in jeder Weise. Seit Generationen haben sie nicht unter einem Krieg gelitten. Sie benutzen Becher aus getriebenem Gold und Silber. Ihre Liegebetten und Tische stehen auf silbernen Füßen; ihre Einrichtungsgegenstände sind aus teurem Material, ihre Festräume von Säulen gerahmt, aus deren Kapitellen silberne Figuren vorspringen; mit Elfenbein verschönern sie ihre Räume ...“

Und damit wiederholt er nur, was vor ihm immer wieder über die Kultur, die Tüchtigkeit und den Reichtum der Sabäer berichtet worden war.

Im Süden Arabiens, im Sand und Staub am Rand der arabischen Wüste, nicht weit von der Hauptstadt jener Königin, ein Dorf. Feste, abwehrbereite Häuser aus Lehm, eine Mauer darum her, wie sie um die Dörfer jenes Raums schon vor 3000 Jahren gestanden haben mag. In gehörigem Abstand davon ein Brunnen, von dem die Frauen seit Urzeiten ihr Wasser holen. Im Abstand, damit die Nomaden und die Handelskarawanen, die hier vorbeizogen, Wasser fanden, ohne das Dorf betreten zu müssen.

Auf den Felsklippen verschanzen sich die Dörfer, ummauert, mit festen Toren, in schöner Steinarchitektur so gebaut, daß auch jedes einzelne Haus, Sitz einer Großfamilie, als Festung dienen kann. Kahel, das Dorf rechts oben, liegt 2800 m hoch, und seine Felder ziehen sich über mehr als 1000 Meter Höhenunterschied den Absturz des Gebirges hinab.

Nahe dem Dorf Kahel im jemenitischen Bergland kam ein Hirte mit seinen Schafen vorbei, schmal, drahtig wie die Menschen seines Landes fast alle, freundlich und selbstbewußt zugleich, gastfrei und bewaffnet wie alle Männer dort, den langen Dolch im Gürtel.

Das Reich von Saba lag zwischen der lebensfeindlichen Wüste im Osten und der glutheißen Küstenebene, der Wüste Tihama, im Westen, in einer gewaltigen Hochgebirgslandschaft. Heute noch stehen die jemenitischen Dörfer bis 3000 m hoch auf unzugänglichen Bergspitzen.

Aus der Zeit Salomos haben wir keine Dokumente aus Saba, die etwas über die Verbindung zwischen Israel und Saba mitteilten. Wir haben aus den ersten Jahrhunderten dieses Reichs keine Inschriften. Aber zu dem Zeitpunkt, an dem das Licht der Geschichte über die Szene in Arabien fällt, das heißt im 8. Jahrhundert v. Chr., treffen wir dieses Volk auf einem kulturellen Niveau an, das uns zwingt, anzunehmen, hier sei eine mindestens 2000 Jahre zurückreichende Entwicklung zur Hochkultur bereits vor-

Von den Gipfeln bis hinab in die Talschluchten ziehen sich die Terrassen, oft mehr als 1000 schmale Felder übereinander, unendlich sorgfältig aufgemauert. Allein diese Hunderte von Kilometern sich hinziehenden Terrassen sind eine Kulturleistung, die höchste Bewunderung verdient.

In Kahel begegnete ich diesen drei Kindern, die mich aufmerksam und selbstbewußt musterten. Hier ist weder Ängstlichkeit noch Abwehr spürbar, sondern eine bemerkenswert einfache Offenheit und Selbstgewißheit. So auch stehen die Häuser in diesem Dorf (siehe S. 183), aus naturbehauenen Steinen schön erbaut mit leicht nach innen geneigten Außenwänden und auf die phantasievolle Weise der Jemeniten bemalt. Jedes Stockwerk hat zwei Reihen Fenster, die rechteckigen zum Öffnen, die bogigen darüber, um Licht einzulassen. Vor Jahrtausenden schon schliffen die Sabäer ihren Alabaster zu fensterglasdünnen Scheiben und setzten sie wie Milchglas als Lichtquelle in die Mauern.

Wer heute sehen will, wie eine antike Stadt aussah, sehe sich im Jemen um. Was wir an anderen Orten des Nahen Ostens nur in zerstörten Resten von Städten oder vereinzelten Rekonstruktionen sehen, das steht hier noch unversehrt, als habe die technische und politische Entwicklung der letzten 500 Jahre nicht stattgefunden.

Ähnlich dem Stadtbild von Amram nördlich Sanaa mit seinen hohen und wetterfesten Häusern aus ungebranntem Lehm und mit seiner Lehmmauer mit ihren vorgesetzten Türmen stelle ich mir im Altertum Städte vor wie Hazor oder Amman oder die sumerischen Städte, etwa Uruk mit der fast ebenso aussehenden Mauer des Gilgamesch.

angegangen. Daß wir so wenig wissen, liegt aber vor allem an der Tatsache, daß der Jemen erst seit wenigen Jahrzehnten zugänglich ist und viele wichtige Ortslagen aus der alten Geschichte von kriegerischen Stämmen, die archäologische Grabungen nicht zulassen, versperrt werden. Wir wissen nur, daß die ersten Könige von Saba zugleich die Priester ihres Landes waren und daß also eine Königin wohl zugleich die erste Priesterin gewesen sein muß.

Die Wüste schützt ein reiches Land

Im 8. Jahrhundert v. Chr. erfahren wir über das sabäische Reich Genaueres. Die assyrischen Könige Sargon und Sanherib rühmen sich in ihren Inschriften, die Könige von Saba hätten ihnen Tribut gezahlt. Das bedeutet nicht, daß je ein assyrisches Heer die 2500 km Wüstenstrecke hätte überwinden können, um Saba zu erobern – das ist keiner Macht der alten Welt gelungen –, sondern lediglich, daß jedes Handelsvolk zusehen muß, daß es mit den Großmächten seiner Zeit in erträglichen Beziehungen steht. Andere haben versucht, das Land zu erobern: Ägypten, die Babylonier, die Griechen unter Alexander, die Syrer der Diadochenzeit, die Nabatäer, am Ende auch die Römer. So sandten die Römer 25 v. Chr. eine Legion von 12 000 Mann in die arabische Wüste, um sich des sagenhaften Reichtums von Saba zu bemächtigen. Die Legion ging in der Wüste zugrunde, und die Römer hatten noch Glück, daß sie überhaupt erfuhren, was mit ihrem Heer geschehen war.

Um Christi Geburt reichte das Königreich Saba vom Roten Meer bis an den Persischen Golf und über die ganze arabische Halbinsel. Im 4. Jahrhundert n. Chr., als das Land den christlichen

Die nordsabäische Stadt Sadah steht heute noch fast unverändert wie vor vielen Jahrhunderten, ein Modell geradezu für eine ummauerte antike Stadt. Eine fast unversehrte Ringmauer aus ungebranntem Lehm umgibt eine Stadt, die fast ausschließlich aus Lehm erbaut ist. Die Mauer ist rundum begehbar und besitzt nach außen hin eine solide Brustwehr. Die Gärten liegen zum Teil innerhalb der Mauern.

In den Ebenen sind die Häuser in der Regel aus Lehm erbaut, auf den Bergen aus Steinen. Und immer tragen sie das charakteristische Dekor, die weißen Umrandungen der Fenster.

Glauben angenommen hatte, holte Kaiserin Helena die Gebeine der „Heiligen Drei Könige“ aus Saba – immerhin hatten sie doch die Haupthandelswaren von Saba zum Kind von Betlehem gebracht: Gold, Weihrauch und Myrrhe – und brachte sie nach Konstantinopel.

Im 5. Jahrhundert n. Chr. retteten sich die Christen von Saba nur mit Mühe vor einem ihrer Könige, der den jüdischen Glauben angenommen hatte, und im 7. Jahrhundert war der Jemen das erste Land, in dem der Islam sich gegen alle übrigen Religionen durchsetzte. Danach blieb der Jemen unabhängig, bis im 16. Jahrhundert die Türken ihr großes osmanisches Reich aufrichteten, und wie alle Länder, die von den Herrschern von Konstantinopel besetzt worden waren, verarmte auch der Jemen und verlor am Ende alle Verbindung mit seiner großen Vergangenheit. Zwischen 1962 und 1970 schließlich fand die Revolution gegen die theokratische Herrschaft der Imame statt, und es entstanden zwei jemenitische Staaten: die „Demokratische Volksrepublik Südjemen“, sozialistisch, und die „Arabische Republik Jemen“, westlich orientiert. Erst seit dieser Zeit kann die Wissenschaft mit einiger Aussicht auf Erfolg den archäologischen Spuren der sabäischen Geschichte nachgehen.

In einer Marktstraße in Sadah, der nordjemenitischen Stadt, deren Mauer auf S. 182 abgebildet ist, saß unter den Silberschmieden ein Jude, kenntlich an seiner Haartracht.

Es gibt sehr alte Wanderungen von Juden entlang der Weihrauchstraße nach Süden. Und immer wieder in den Jahrhunderten nach Christus traten Fürsten des sabäischen Reiches zum Judentum über. Im Umkreis von Mekka, also auf dem halben Weg zwischen Israel und dem Jemen, waren im 6. Jahrhundert n. Chr. drei von fünf Volksstämmen der Araber jüdischen Glaubens. Und in all den Jahrhunderten seither bildeten die Juden im Jemen eine besonders herausragende kulturelle Kraft.
Nach türkischen Angaben lebten dort am Ende des 19. Jahrhunderts etwa 60 000 Juden, die dem sephardischen Ritus angehörten, also der von Spanien über Palästina in den Südwesten Arabiens einströmenden Glaubensrichtung. Nach der Gründung des Staates Israel, in den Jahren 1950 und 1951, wanderten ungefähr 50 000 von ihnen nach Israel aus. Heute werden es wenig mehr als 100 Familien sein, die noch zurückgeblieben sind. Da sie aber durch Jahrhunderte hin die Gilde der Silberschmiede gebildet hatten, ist diese Kunst heute im Jemen fast ausgestorben.

Immerhin konnte das Judentum in Südarabien bis heute seine Oasen in den Städten bewahren, es konnte seine Verbindungen aufrechterhalten, die seit alters zum Zweistromland einerseits, nach Somalia und Äthiopien andererseits gereicht hatten. Manche der Juden vor allem an den Küsten wirken negroid, und in Äthiopien leben bis heute Juden schwarzer Hautfarbe.

Die Weihrauchstraße

Was aber dem Königreich Saba eine so überragende Bedeutung gab, war die sogenannte Weihrauchstraße. Aus dem Hadramaut im Südosten der arabischen Halbinsel, wo der in allen Völkern des antiken Nahen Ostens so heiß begehrte Weihrauch wuchs, zog sich eine 2500 km lange Handelsstraße durch Wüsten und über Gebirge nach Nordwesten, am heutigen Mekka vorbei ins heutige südliche Jordanien, bis an das Mittelmeer zu den palästinischen Häfen, besonders Gaza. Diese Handelsstraße war nach Osten hin durch einen dichten Seeverkehr mit den Handelsplätzen Indiens verbunden und von Gaza aus mit dem ganzen Mittelmeerraum. In dem besonders fruchtbaren Wadi Hadramaut, das in der Bibel Hazarmaweth heißt, wuchsen, streng von Fremden abgeschirmt, die silbrigen Weihrauchbäume, deren Harz abgenommen und in gelblichen und bräunlichen Splittern oder Kügelchen in den Tempeln der antiken Welt zu Ehren der Götter verbrannt wurde. Riesige Kamelkarawanen zogen in zwei Monaten durch eine Reihe von Staaten, verbindendes Element, Quelle von unendlichem Reichtum, Garanten des Friedens in einer Weltgegend, in der mit Handel alles, mit Krieg nichts zu gewinnen war.

Eng stehen die massiven Lehmhäuser in Amram, dicht gedrängt in der antiken Stadtmauer.

Der Mann in Weiß, ein Imam, durchwandert den Soukh, ehrfürchtig mit Handkuß von den Menschen begrüßt.

Sie gehen durch das Tor ihrer Stadt, der Mann und das Kind, und es fällt nicht schwer, sich vorzustellen, daß so die antiken Tore in Megiddo oder Jerusalem – über hohe Schwellen hinweg – begangen wurden.

Die Königin, die Salomo besuchte, verkörpert nicht eine besonders alte, sondern eine schon relativ späte Zeit. Schon um 2800 v. Chr. waren die Ägypter bis zum Tor der Tränen, der Meerenge zwischen dem Jemen und Eritrea, gefahren. Um dieselbe Zeit kamen die Inder bis Aden. Im dritten Jahrtausend tauschten Ägypter und Inder im südlichen Arabien Perlen, Farben, Seide, Elfenbein, Straußenfedern und natürlich Weihrauch und Myrrhe, die sie für ihre Gottesdienste und zur Balsamierung ihrer Toten brauchten. Da aber schon im zweiten Jahrtausend das Rote Meer ein Tummelplatz der Seeräuber geworden war, stellten die Sabäer und ihre Vorgänger und Nachfolger dem Handel einen Landweg zur Verfügung, für dessen Sicherheit sie garantierten: die Weihrauchstraße.

Das erforderte ein weitgespanntes Netz von Verträgen zwischen den indischen Händlern und den Sabäern einerseits, aber auch zwischen ihnen und allen Völkern entlang der großen Achse: den Wüstenvölkern im westlichen Arabien, die Hesekiel 25,13 und öfter mit den Namen Dedan und Teman genannt sind, dem „Land Uz", das im Buch Hiob erscheint, den Nabatäern, den Ägyptern und endlich den Israeliten.

Die Weihrauchstraße führte streckenweise über unwegsame Gebirge und dort stundenlang in engen Haarnadelkurven, die auf Terrassen in die Bergwände gekerbt waren, bergauf und bergab. Die Steine sind ausgetreten und abgewetzt von den Hunderttausenden von Kamelen, die hier ihre Last nach Norden trugen. Einmal wurde, weil die Felswände so steil waren, ein Tunnel durch den Fels geschlagen. Warum? Wenige Kilometer seitab wäre ein ebener Weg durch den Sand einer flachen Wüste möglich gewesen. Aber die Straße mußte von Stadt zu Stadt führen und immer wieder durch ein Tor, an dem Zoll oder Maut erhoben werden konnte. Wer aber einen anderen Weg suchte, wurde von den streifenden Kriegern der Städte aufgegriffen und hingerichtet.
Zum Verlauf der Weihrauchstraße siehe im vorderen Kartenteil (vor S. 1 eingefügt) Karte 2 (Arabische Halbinsel). Sie ist dort als rote Linie eingetragen.

Der römische Geschichtsschreiber Plinius berichtet: „Man sammelt den Weihrauch und bringt ihn auf Kamelrücken nach Schabwa" – eine der Hauptstädte der Sabäer im heutigen südlichen Jemen – „wo nur ein Tor offensteht. Während des Marsches vom Weg abzuweichen ist nach dem herrschenden Gesetz ein Verbrechen, das sehr schwer bestraft wird. In Sabota beanspruchen die Priester nach dem Maß, nicht nach dem Gewicht, ein Zehntel für ihren Gott, den sie ‚Sabis' nennen. Erst wenn dieser Tribut erlegt ist, kann über den Weihrauch verfügt werden. Aus dem Zehntel bestreitet man alle öffentlichen Ausgaben, und die Gottheit unterhält großzügig alle Fremden, die eine sehr lange Reise gemacht haben, um das

Land kennenzulernen. Nur durch das Land der Gebaniter kann der Weihrauch ausgeführt werden, und auch ihrem König ist eine Abgabe zu entrichten. Aber das ist noch nicht alles. Weihrauchgeschenke müssen auch den Priestern und den Sekretären des Königs gemacht werden, und auch die Lagerhalter, die Torhüter und verschiedene andere Beamte haben ein Anrecht auf Geschenke, alle in Weihrauch. Den langen Weg entlang muß für die Wasser- und Futterplätze, für Unterkunft, für sicheren Durchlaß und unzählige andere Dinge bezahlt werden, so daß sich am Ende die Kosten für jede Kamelladung, wenn sie schließlich an die Küsten unseres Meeres kommt, auf nicht weniger als 688 Denare stellen. Dann sind die Zahlungen an die Zoll- und Steuereinnehmer unseres Reiches zu leisten."

Die Weihrauchstraße führt keine der Straßen entlang, die heute noch begangen werden. So finden wir irgendwo im Wüstengebirge plötzlich ihre Wegzeichen: Felszeichnungen mit Kamelen (unten) und Inschriften, wie oben, in altsabäischer Schrift. Unter einer solchen Inschrift an einem schmalen Felsdurchlaß fand ich einen Mann und seine zwei Kinder, würdevoll sitzend, weil hier – an einem heißen Tag – der Wind kühlend durch die Wegenge wehte.

Wenn nun im 10. Jahrhundert v. Chr. eine Königin von Saba nach Jerusalem reiste, dann dürfte dies kein Freundschaftsbesuch allein und keine Touristenreise gewesen sein. Es war vor allem ein politischer Akt. Wenn aus der Sicht der Sabäer im 10. Jahrhundert am anderen Ende der Weihrauchstraße plötzlich eine neue Großmacht entstand, dann gab es für sie nichts Dringlicheres zu tun, als die Verbindung mit ihr aufzunehmen. Es mag auch um Rätselspiele gegangen sein, und es mögen feudale Geschenke den Besitzer gewechselt haben, es mögen Bankette stattgefunden haben, die die Bewunderung der Frau aus dem fernen Süden fanden, – das einzig Wichtige, so scheint mir, war die Stabilisierung der Weihrauchstraße durch Verträge über den Verlauf des Weges, über die Stützpunkte der Karawanen, die Wasserstellen, die militärischen Posten, den diplomatischen Schutz von Verbindungsleuten zwischen den Staaten, die Rechte an den Mittelmeerhäfen, die Höhe der Zölle und der Abgaben, die Verschiffung des Han-

delsgutes nach dem Westen usw. Der Königin scheint dies gelungen zu sein, und wenn wir in der Bibel lesen, der Reichtum Salomos sei unermeßlich gewesen, so hat er ihn gewiß nicht aus seinem bescheidenen Bauern- und Hirtenvolk geschöpft, sondern vor allem aus seiner privilegierten Position am nördlichen Ende der Weihrauchstraße, die bei Eilat in sein Reich einbog.

Die Bibel spricht auch sonst von den weitgespannten Handelsbeziehungen des Salomo, etwa seinem Handel mit Pferden und Wagen zwischen Ägypten und Syrien oder von sciner Flotte, die bis Spanien fuhr (1. Könige 10, 22), oder davon, daß er am Golf von Eilat eine Handelsflotte für das Rote Meer baute, zusammen mit phönizischen Seeleuten (1. Könige 9, 26–28).

Das ist Marib, durch rund 1000 Jahre die Hauptstadt der Sabäer, auf ihrem Stadthügel, der wie bei vielen antiken Städten aus dem Bau- und Abbruchschutt vieler Jahrhunderte besteht. Man baut Häuser aus Lehm und Steinen, die Häuser zerfallen, und auf den Schutt baut man neue Häuser wie das, das oben abgebildet ist, das mitten im Stadtkern von Marib steht. Man mag sich unzählige Städte des Nahen Ostens in biblischer Zeit ähnlich vorstellen.

Im unendlichen Sand, abseits der Stadt, ragen ein paar einsame Basaltsäulen, Überreste eines Tempels des Mondgottes. Nicht fern davon stehen noch die Säulen eines riesigen ovalen Tempels, dessen Länge 120 m maß und der von einer 9 m hohen Mauer festungsartig umgeben war, vielleicht den Rundtempeln der Babylonier nachgebaut. Wir wissen fast nichts über die Bauwerke, denn es konnte hier noch nicht gegraben werden. Wir wissen auch nichts über die Rituale, die hier gefeiert wurden, und wenig auch über die vier Götter der Sabäer, die Sonnengöttin Schamasch, den Mondgott Ilumquh, den Sterngott Venus und schließlich den Totengott Attar. Und mittlerweile verweht auch noch, was einmal oberflächlich freigelegt worden war, wieder unter dem Sand, den der Wind unablässig mit sich führt.

Das erstaunlichste Bauwerk aber ist ein riesiger Staudamm, mit Hilfe dessen die Sabäer die weite Talebene um Marib her bewässerten (links unten). 15 m hoch und 1500 m lang durchmaß er das Wadi, in exaktem Steinverbund ohne Zement gebaut und so standfest, daß er rund 1000 Jahre lang das Leben in der Zentrale der Sabäer garantierte, denn auf dem wüstenhaften Grund entstand durch ihn eine blühende Oase für rund 300 000 Menschen.

Von Jahrhundert zu Jahrhundert erscheinen an ihm immer wieder Inschrifttafeln der Sabäer, auf denen berichtet wird, dieser oder jener König habe den Damm wieder instandgesetzt oder erhöht und so das Leben seines Volks gesichert (rechts).

Ich könnte mir denken, daß die Königin mit großer Sorge gerade diese Schiffe im Roten Meer aufkreuzen sah. Denn wenn es Salomo gelingen sollte, die Macht der Seeräuber zu brechen, dann könnte das den Zusammenbruch der Landverbindungen und das Ende des Reichtums von Saba bedeuten. Hier mußte gehandelt werden, und in der Tat scheint damals die Weihrauchstraße gesichert worden zu sein, und sie, die Königin, und Salomo sicherten dabei ihren Reichtum.

Ein gänzlich anderes Bild als das sabäische Gebirge bietet der Küstenstreifen am Roten Meer. Dort dehnt sich die Wüste Tihama, heiß und schwül, und eine ganz andere Art von Siedlungen liegt verstreut die Küste entlang, fast afrikanisch anmutend, und die Menschen wirken, als hätten sich arabische Völkerstämme mit afrikanischen vermischt. Hier liegen Afrika und Arabien am „Tor der Tränen", dem Bab el Mandab, bis auf Sichtweite gegenüber, und seit Urzeiten gehen die Wanderun-

Äthiopien ist nahe

gen der Menschen auf Flößen
und Booten hin und her.

Ein Markt in der Tihama ist eine Art Volksfest zwischen runden Stroh- und Lehmhütten. Tiere werden angeboten, aber auch Früchte und Kleider wie vor Jahrtausenden, und die gelben Strohhüte leuchten, als wären sie die Stammesmerkmale dieser Menschen. In ihren schönen und eleganten Booten fahren sie vor die Küste hinaus und fangen, wie in alten Zeiten, ihre Fische mit dem Wurfnetz. Zu Hause aber sitzen sie mit unendlicher Ruhe und Geduld auf schwankenden Brettern und bemalen ihre Boote liebevoll, wie es jedem gerade in den Sinn kommt.

Es gibt eine eigentümlich ungreifbare gemeinsame Überlieferung des Jemen und der Länder am gegenüberliegenden Ufer des Roten Meeres, Somalia und Äthiopien, auch eine gemeinsame jüdische und christliche Geschichte dieses Raums.

Sagenhafter Ursprung dieser Gemeinsamkeit ist wiederum die Königin von Saba. Die Volkssage von der Entstehung des äthiopischen Königtums erzählt, die Tochter eines Volkshelden sei Königin geworden, sie habe Salomo besucht und diesem einen Sohn geboren, und in diesem Sohn Menelik habe sie schließlich, als sie ihn zum König krönte, die äthiopische Dynastie begründet. So erklärt es sich, daß die Könige von Äthiopien sich die „Löwen von Juda" nannten, daß das Judentum früh schon eine wichtige Rolle spielte und das Christentum wohl schon im 3. oder 4. Jahrhundert n. Chr. die prägende Religion in diesem Land wurde.

Die Hauptlebensader aber blieb die Weihrauchstraße. Und so wundert es nicht, daß wir viel Ähnliches sehen und erleben zwischen dem indischen Meer und dem Süden Israels. Wer etwa in Petra die Gräber der Könige betrachtet (links oben) und im Jemen die großen Lehmbauten (unten), erkennt die nahe Verbindung, die sich in dem stufenförmigen Zinnendekor ausdrückt. Wir reden, wenn wir die Geschichte schildern, fast nur von Kriegen. Entscheidender aber wird wohl gewesen sein, was zwischen den Völkern der alten Welt in ihren Handelszentren und Marktstädten an Gütern, aber auch an Wissen und Kulturleistungen hin und her ging.

VI Tausend Jahre Israel

Assur, Babylon und die Perser

Das Reich Salomos zerfällt in Juda und Israel

Der Sohn Salomos hieß Rehabeam. Als sich nach Salomos Tod die Stämme in Sichem versammelten, um ihn zum König zu wählen, suchten sie eine Erleichterung der harten Auflagen an Fron und Steuern: „Dein Vater hat uns harte Zwangsarbeit auferlegt. Mach die Fron leichter, so wollen wir dir dienen." Da besprach sich Rehabeam mit den Beratern seines Vaters, und die rieten ihm: „Wenn du heute dem Volk nachgibst und freundlich mit ihm sprichst, wird es für immer zu dir stehen." Danach aber rieten ihm die Jungen, mit denen er aufgewachsen war, zu der groben Antwort: „Mein kleiner Finger ist dicker als meines Vaters Hintern. Mein Vater hat euch mit Ruten geschlagen, ich will es mit Peitschen tun." Als nun Rehabeam so zu den Wortführern der zwölf Stämme gesprochen hatte, riefen die aus den nördlichen zehn Stämmen: „Was haben wir mit der Familie Davids zu schaffen? Auf, Israel, zu deinen Zelten! Für sein eigenes Haus mag David sorgen!" (1. Könige 12).

So trennte sich ums Jahr 920 v. Chr. der größere Teil Israels vom Herrscherhaus Davids, und es entstand in der Mitte und im Norden Kanaans das neue Reich „Israel". Der Süden um Jerusalem, der bei Rehabeam verblieb, nannte sich von da an „Juda". Jerobeam, ein tüchtiger Mann, wurde König des neuen, nördlichen Staates. Er verbündete sich alsbald mit Ägypten gegen Juda, und der Pharao Schischak griff Jerusalem an, raubte die Schätze Salomos und schenkte dem Jerobeam noch ein Teil des Territoriums von Juda.

Das Gebiet der zehn Stämme in der Mitte und im Norden des Landes umfaßte das arabische Gebiet von heute nördlich Jerusalems, Ramallah, Nablus und Jenin, das heute von Israel besetzt ist (links und oben), und das israelische Staatsgebiet von heute, das im Norden die Ebene Jesreel und das galiläische Bergland mit dem Kinneret, dem „See Gennesaret", umfaßt (rechts oben).

Für Juda blieb der kleinere, südliche Teil mit Jerusalem, Betlehem, Hebron und Beerschewa.

Der Norden war zunächst ohne eigene Hauptstadt. So wählte 33 Jahre nach Salomos Tod, 887 v. Chr., König Omri einen strategisch günstig gelegenen Berg und kaufte ihn. Der Besitzer, ein Kanaanäer, hieß Semer, so nannte Omri die Stadt als eine freundliche Geste gegenüber den Kanaanäern „Samaria". Auf der Höhe des Berges baute er eine stark befestigte Palastanlage. Sie blieb das Zentrum des Staates Israel, bis die Assyrer sie 721 v. Chr. zerstörten.

Ein Blick über die alte Mauer der Zitadelle von Samaria auf das „Samarische Bergland", ein zerklüftetes Kalkgebirge, das nur an den Talhängen fruchtbar ist. Kulturen von Ölbäumen prägen die Landschaft (unten rechts).

Im Norden bildete sich unter starken Königen wie Omri und Ahab ein solides Reich, das sich auf einem Hügel in der Nähe von Sichem eine neue Hauptstadt schuf: Samaria.

Von dieser Reichsspaltung erzählt das 1. Buch der Könige von Kapitel 12 an. Gegen Ahab, den König von Samaria, und dessen phönizische Frau Isebel richtete sich der zornige Kampf des Propheten Elia für den Gott Israels.

Auseinandersetzung um Gott und die Götter

Der israelitische und der judäische Staat waren zusammengesetzt aus den Angehörigen der zwölf Stämme Israels einerseits, aber auch aus einer starken kanaanäischen Bevölkerung andererseits, und auf beide hatten die Könige Rücksicht zu nehmen, und zwar nicht nur auf ihre bürgerlichen Rechte, sondern auch auf ihre Religion. Um 850 v. Chr. baute König Ahab in Samaria einen Tempel für den syrisch-kanaanäischen Gott Baal. Ahab wollte damit ohne Zweifel nicht den Glauben Israels antasten, wohl aber sagen, dies sei die Hauptstadt nicht nur für die Israeliten, sondern auch für die Kanaanäer. Er wollte offensichtlich ausdrücken, es gehe ihm nicht darum, die Urbevölkerung zu unterdrücken, sondern sie in einen gemeinsamen Staat einzufügen und ihre angestammten Rechte und Überzeugungen zu schützen. So ergab sich der Jahrhunderte währende Konflikt zwischen den Königen mit ihrer Loyalität gegenüber der Urbevölkerung, ihrem Willen also zu ihrer Integration, einerseits, und den Kreisen in Israel, die an der Überlieferung aus der Wüste hingen und die Verehrung des einen Gottes und die Verbindlichkeit seiner Gebote für den privaten und den öffentlichen Bereich forderten, andererseits.

Es waren vor allem zwei Gottheiten, die Israel in Kanaan antraf: Baal und Aschera. Baal, der Gott des Ackers, des Gewitters und des Regens, war vor allem auch ein politischer Gott. Er repräsentierte Städte und Staaten, Könige und Obrigkeiten überall im Land.

Sollte also das Privatleben des Israeliten nach Moses Gesetz, das öffentliche Leben aber nach den Normen eines kanaanäischen Gottes geordnet sein?

Aschera war eine Göttin des Lebens, der Fruchtbarkeit von Feld und Baum, Tier und Mensch, eine Urmuttergestalt, die ihre Kultorte an Quellen und unter Bäumen hatte. Sollte also die Moral des einzelnen sich nach dem Willen des Gottes Israel richten, während das Korn und die Frucht, das Leben der Herde und das Kind einer Frau aus der Hand der großen Mutter Aschera kamen?

Es ging im Grunde um die Ganzheit des Daseins. Es ging darum, daß Staat und Stadt, Sozialwesen und Gerichtsbarkeit, Arbeit und Nahrung, Leben und Tod, Privatmoral und Öffentlichkeit aus einem Stück seien.

Es ist dasselbe Problem, das den Christen noch heute aufgegeben ist: Sollen sie die Verbindlichkeit ihres Glaubens auf ihre Innerlichkeit begrenzen und die Politik, die Wirtschaft, die Wissenschaft und die Technik anderen Autoritäten, anderen Normen überlassen? Israel wußte: Gott ist einer, das Dasein ist ein Ganzes aus seiner Hand, der Mensch ist berufen, im Gegenüber zu Gott ein Wesen aus einem Stück zu sein. Konsequenzen aus dieser Einsicht für die Christen von heute sind unausweichlich.

Eine in der Phönizierstadt Ugarit nördlich Beirut gefundene Tafel zeigt Baal als den Stadtgott, von dem das Wohlergehen der Menschen von Ugarit abhing (oben). Sie stellt ihn als Gott des Wetters und der Fruchtbarkeit dar. Kräftig schreitet er daher, mit kur-

zem Rock, mit Schwert und einem Helm, der eine Hörnerkrone trägt, die zeigt, daß er auch im Bild des Stiers vorgestellt wird. In der erhobenen Rechten trägt er eine Kriegskeule, die ähnlich der Thor-Vorstellung der Germanen den Donner im Gewittergewölk verursacht, mit der er aber auch seine Feinde, die Feinde der Stadt Ugarit etwa, erschlägt. In der Linken hält er einen Speer. Aber der Speer ist keine Waffe. Er wendet sich zur Erde und geht an seinem oberen Ende in pflanzenhafte Formen über. Der Gott sendet den Donner und den Blitz, er rauscht mit dem Regen zur Erde und schafft die Fruchtbarkeit des Ackers. Wo die Spitze des Speers die Erde trifft, wächst der Baum, wächst die Frucht. Unter seinen Füßen ruht die phönizische Küste. Die untere der beiden Wellenlinien dürfte das Meer bedeuten, die obere über dem flachen Küstenstrich das Bergland. So sieht der heimkehrende Kaufmann von seinem Schiff aus sein Land, über dem er den schützenden und Fruchtbarkeit schaffenden großen Baal weiß, der ja auch der Gott des Meeres ist und den Seefahrer auch fern seiner Heimat vor den Mächten in der Tiefe des Meeres bewahrt. Vor dem vorgestellten Bein des Gottes steht der König von Ugarit und erhebt die Hände zum Gebet, offenbar Fruchtbarkeit für sein Land erbittend. Die tief herabfallenden Locken Baals aber sind wie die Locken des Simson im Buch der Richter Zeichen seiner gewaltigen Kraft.

Eine Tonplastik aus der Zeit der Landnahme Israels verbindet Baal und Aschera (links). Zwei Priester mit den spitzen Hüten, die auch Baal trägt, Repräsentanten Baals also, bringen zwei Stiere, die geopfert werden sollen. Sie stehen an einem Baumstamm, der Aschera, die große Mutter, repräsentiert.

Freilich, die Könige hatten Gründe, wenn sie eine Mischkultur anstrebten: Ahab, gegen den der Prophet Elia seine Anklagen erhob, war selbst ein Anhänger des Glaubens an den Gott Israels. Aber wie sollte er einen Staat regieren, dessen größte Städte kanaanäisch bewohnt waren, wenn es für einen antiken Menschen selbstverständlich war, daß nur der als König anerkannt wurde, der den Kult nachvollzog, dem die Bevölkerung anhing? Der Konflikt mit den Propheten war unvermeidlich.

Dazu kam freilich, daß die israelitischen und judäischen Könige sich den Regierungsstil angeeignet hatten, der im Land üblich gewesen war, zu dem auch die Unterdrückung und Ausbeutung der schwächeren Bevölkerungsschichten gehörte. Den Rechtlosen Recht zu verschaffen, Waisen und Witwen zu schützen und Gerechtigkeit gegen jedermann zu üben, war aber eine Grundforderung, von der der von Mose herkommende Israelit auf keinen Fall lassen konnte. Für die Könige waren die Propheten Fanatiker. Für die Propheten bedeutete die Mischkultur im Norden wie im Süden einen Rückfall in die primitiven Zeiten, die Israel doch seit Jahrunderten überwunden hatte. Sie forderten von ihrem Volk das Selbstbewußtsein und das Stehvermögen, das Gegenüber seines strengen Gottes auszuhalten. Sie standen als profilierte einzelne in ihrer Epoche, niemandem verantwortlich als ihrem Gewissen, wie unrealistisch ihre Vision immer sein mochte, aber das Volk brauchte nach Elia, Jesaja und Jeremia Jahrhunderte, um ihrem Ruf zu folgen. Erst das konservative Judentum der Zeit Jesu hatte die Eindeutigkeit erreicht, die die Propheten 800 Jahre zuvor gefordert hatten.

Als Israel noch in der Wüste wanderte, sah es das Land Kanaan, auf das es zuging, als ein Geschenk seines Gottes, des Gottes Moses, an. Als es aber im Land wohnte, waren da andere Gottheiten zuständig für alles, was mit dem praktischen Leben zusammenhing. Sie mußten Schrift und Literatur, Kultur, Baukunst, Verwaltung, Heerwesen usw. erst von ihren neuen Nachbarn erlernen, und es läßt sich denken, daß die Literatur des Großraums Syrien an der Schreiberschule Salomos mit erdrückendem Gewicht gegenwärtig war. Dort aber wurden die Beamten ausgebildet. Am Tempel sang man die Hymnen, Gebete und Lieder, die an den entsprechenden Tempeln der Umgebung gesungen wurden. Die Technik des Landbaus übernahm man von den Bauern Kanaans, wie man die eisernen Waffen von den Philistern übernommen hatte. Hinter all dem, hinter Schreibkunst, Ackerbau, Politik und Kriegsführung, standen die Bilder starker Gottheiten, und wer aufs Meer hinausfahren wollte, bedurfte des Schutzes des meerbeherrschenden Baal. Und doch: Die Aufgabe blieb bestehen, nicht wieder abzugleiten in die Mythologie einer von Israel längst überwundenen religiösen Epoche und den vielerlei Gottheiten immer wieder das Bild des einen, des universalen Gottes entgegenzusetzen.

Es war ein langer Lernprozeß: Der Gott, den der Pflüger in seinem persönlichen Umkreis, in seinem Herzen sozusagen, verehrt, ist auch der Gott, der die Frucht schafft.

Und der Gott, der die Frucht schafft, ist derselbe, der die Arbeit des Verkaufens und Handelns im Auge hat. Ob die Waage das richtige Gewicht anzeigt und ob der Preis, den der Händler verlangt, dem gemeinsamen Leben in der Stadt angemessen ist, das ist nicht Ermessenssache, sondern muß vor demselben Gott verantwortet werden.

Der riesige Tempel des Baal von Palmyra in der syrischen Wüste gibt einen Eindruck davon, wie mächtig die Bauten, die Kulte und die Priesterschaften dieses Gottes im syrisch-kanaanäischen Raum gewesen sind. Es war nicht einfach, sich an ihrer Stelle die strenge, karge Praxis der Religion des Mose zu denken.

Die Frauen in Kanaan aber sahen in Aschera vornehmlich die Göttin der Fruchtbarkeit, mit der man etwa auch zu tun hatte, wenn man die großen, begehbaren Brunnenschächte grub wie diesen in Gibeon nördlich Jerusalem, aus denen die Frauen das Wasser herauftrugen. Jeder Brunnen war im Grunde ein Aschera-Heiligtum, und es bedurfte einer langen Entwicklung des Bewußtseins jener Menschen, den Gott des Himmels auch als den Geber des Lebens, das aus der Tiefe kommt, zu erkennen.

Die Stimme eines Propheten um das Jahr 750 in Samaria

„Das sind Worte des Amos, des Schafhirten aus Tekoa. Gesichte schaute Amos Israels wegen zur Zeit Jerobeams, des Königs von Israel" (Amos 1).

„Auf dem Altar sah ich ihn stehen, Gott selbst! Er sprach: Schlage an das Haupt des Pfeilers, daß die Torbalken wanken, denn abhauen will ich das Haupt meines Volks. Der Rest falle durch das Schwert. Nicht soll entrinnen ein Fliehender, nicht sich retten ein Entrinnender. Brechen sie durch in die Unterwelt, wird meine Hand sie da unten ergreifen. Steigen sie hinauf bis zum Himmel, will ich sie von dort oben hinunterstoßen" (Amos 9).

„Sie verkaufen den Gerechten um Geld und den Armen um ein Paar Schuhe. Auf Kleidern, die von Armen gepfändet sind, lagern sie gemächlich an meinem Altar. Vom Geld des Entrechteten trinken sie Wein im Haus ihres Gottes" (Amos 2).

„Sie verkehren das Recht in Unrecht und stoßen die Gerechtigkeit zu Boden. Sie hassen am Gerichtsplatz den, der für die Wahrheit eintritt" (Amos 5).

„Wehe den Sorglosen in Jerusalem und den Sicheren auf dem Berg Samaria, die ferne wähnen den Tag des Unheils und errichten die Herrschaft der Gewalt; die auf Betten von Elfenbein liegen, sich räkeln auf ihren weichen Lagern und essen Lämmer aus der Herde und die gemästeten Kälber. Ihr spielt auf der Harfe und erdichtet euch Lieder wie David, aber kümmert euch nicht um das Elend eures Volks" (Amos 6).

„Hört dieses Wort, ihr vornehmen Frauen! Ihr fetten Kühe in Samaria, die ihr den Schwachen Gewalt antut und zu euren Herren sprecht: Bringt her! Laßt uns saufen! Das ist wahr: Es werden Tage kommen, da schafft man euch fort mit Angeln und schleift euch davon mit Fischhaken, da wird man euch herauszerren durch die Lücken der Mauern, eine hinter der anderen! In die Düngergrube wird man euch werfen" (Amos 4).

„Ich hasse, spricht Gott, ich verachte eure Gottesdienste, ich mag eure heiligen Versammlungen nicht riechen. Tut weg von mir das Geplärr eurer Lieder, ich mag das Klimpern auf der Harfe nicht hören. Es ströme aber das Recht wie Wasser und Gerechtigkeit wie ein nie versiegender Bach" (Amos 5).

„Höret dies, die ihr die Armen unterdrückt und die Schwachen im Lande zugrunde richtet und sprecht: Wann wird der Feiertag um sein, daß wir Getreide verkaufen, das Maß verringern und den Preis steigern und die Waage fälschen, damit wir die Armen um Geld und die Geringen um ein Paar Schuhe in unsere Gewalt bringen und Spreu für Korn verkaufen?

Mit hoch erhobener Faust als dem Ausdruck der Kraft und der vitalen Potenz schreitet dieser kleine bronzene Baal einher. Er gibt sich als der Sieger über alle anderen Götter. Es gehörte ein beträchtlicher Mut des Glaubens dazu, zu sagen, der eigentliche Sieger sei der Gott, den Mose in der Wüste erfahren habe und an den Israels Existenz gebunden sei. Aber kein Umbruch in der Geschichte der Religionen ging ohne Konflikte ab, und jede neue und reifere Erkenntnis mußte sich in langen Zeiträumen durchsetzen.

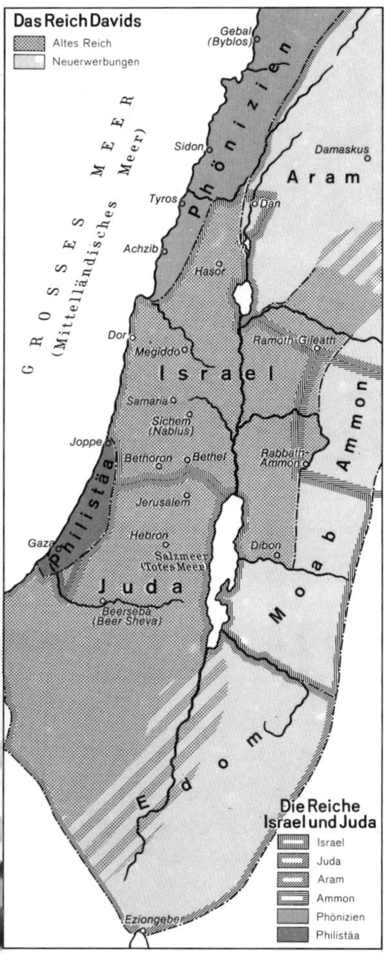

Der Herr hat geschworen: Niemals werde ich diese Taten vergessen. Ich will machen, daß euch die Sonne am Mittag untergeht und das Land am hellen Tag finster wird" (Amos 8).

Über die Kulte für Baal und Aschera schreibt der Prophet Hosea:

„Mein Volk ist dahin, weil es ohne Erkenntnis ist. Mein Volk befragt Bäume als Orakel, und das Holz soll ihm antworten. Der Geist der Untreue verführt sie, so daß sie mit ihrer Untreue ihrem Gott weglaufen. Oben auf den Bergen opfern sie, und auf den Hügeln räuchern sie, unter Eichen, Linden und Buchen, denn ihr Schatten erquickt.

Ihr braucht nicht mehr nach Gilgal zu gehen (zum Heiligtum Jahwes), denn ihr lauft ja den Götzen nach wie eine tolle Kuh ihrem Stier. Wie sollte Gott euch weiden wie ein Lamm auf dem freien Feld?" (Hosea 4).

Die Mythologie der alten Welt, die Götterwelt der Orientalen ebenso wie der Griechen, Römer oder Germanen ging im Lauf der Geschichte unter. 500 Jahre nach der Auseinandersetzung Israels mit der Mythologie der Kanaanäer lösten sich für das griechische Nachdenken die Götter in Nichts auf, und es wäre von der frühen Gotteserkenntnis der Völker für die spätere Geschichte nichts übriggeblieben, hätte der Kampf Israels um das Bild des einen Gottes nicht stattgefunden. Man mag ihn allzu hart, allzu steil finden – letzten Endes ging es um die Wahrheit auch der alten Bilder von Gott, um die Reifung des Menschen und seines Bildes von Gott zugleich, und was Europa geistig geworden ist, verdankt es zu einem hohen Anteil eben jenen einsamen Propheten des ersten Jahrtausends v. Chr. im abgelegenen Bergland Israel.

Ein assyrischer König beim Kult des Staatsgottes „Assur", zum Zeichen der Huldigung eine Blüte tragend, und Bogenschützen, die für ihn die Welt zu erobern hatten.
Von der einst so selbstbewußten Metropole, der Stadt Assur am Tigris, ist nichts mehr übrig als ein weithin gedehnter Lehmhaufen (links unten und oben Mitte). Keine Türme, keine Tempel, keine Zikkurat, keine Mauern. Nur hin und wieder treibt ein Hirt seine Tiere über die kargen Grashänge.

Das Ende des nördlichen Reichs

Seit etwa 2000 v. Chr. bestand am Mittellauf des Tigris die Stadt und das Reich Assur. Um 670, also in der späteren Zeit der israelitischen Könige, dehnte es sich nach blutigen Eroberungskriegen bis Persien und bis zum Nil aus. Es war ein brutales Krieger- und Herrenvolk, das sich mit primitiver Einförmigkeit jahrhundertelang nur für Feldzüge interessierte und an Grausamkeit gegen die Unterworfenen selbst im kriegerischen Orient seinesgleichen suchte. Seine Herrschaft trug zum ersten Mal in der Geschichte der Menschheit Züge eines offenen Imperialismus. Es kam vor, daß die assyrischen Eroberer den Bevölkerungen ganzer Städte bei lebendigem Leib die Haut abzogen und mit den Häuten ihre Stadtmauern umspannten oder daß sie Königen die Lippen abschnitten, ihnen die Augen ausstachen und sie wie Raubtiere in Käfige sperrten.

Nachdem Assur im 8. Jahrhundert v. Chr. das Reich von Damaskus vernichtet hatte, wandte sich seine Kriegsmaschine gegen Israel, das nördliche Reich. Nach dreijähriger Belagerung fiel die Hauptstadt Samaria 721, und die Bevölkerung hatte noch von Glück zu reden, daß sie nicht ausgerottet, sondern nur aus dem Lande vertrieben wurde. Die nördlichen Stämme wurden von den Siegern irgendwohin verschleppt, in die heutige südliche Türkei, ins Mossulbecken oder nach Medien, und blieben von da an verschollen, aus der Geschichte verschwunden (2. Könige 17).

In das menschenleere Land trieben die Assyrer ein anderes Volk, das sie irgendwo entwurzelt hatten, das nun sich in Israel ansiedelte und die bodenständige israelitische Religion übernahm, ohne doch damit als israelitisch zu gelten, und das nach dem für sie neuen Land Samaria Samaritaner genannt wurde, für alle Zeiten ein Fremdkörper im Land und als solcher gemieden,

Die Mauern und Tore der späteren assyrischen Hauptstadt Ninive sind zum Teil rekonstruiert worden und zeigen heute noch, wie riesig die zentralen Städte dieses Reichs gewesen waren (unten).

Das Volk der Samaritaner hält, obwohl von Israel nie anerkannt, bis zum heutigen Tag an seinem dem Alten Testament entsprechenden Pascharitual fest. Hier (rechts unten) feiern sie ihr Opferfest auf dem Garizim nahe Sichem und der alten Hauptstadt Israels, Samaria.

Ein assyrischer König auf seinem Streitwagen.

wie es noch in dem berühmten Gleichnis Jesu vom „barmherzigen Samariter" anklingt.

Zwanzig Jahre nach der Zerstörung von Samaria stand der assyrische König Sanherib, vielleicht der brutalste Folterknecht der Geschichte, vor Jerusalem und ließ den Einwohnern eine Botschaft sagen des Inhalts:
„Laßt euch von eurem König Hiskia nicht betrügen,
wenn er sagt: der Herr wird uns erretten!

König Jehu von Israel wirft sich, wie die Inschrift mitteilt, vor dem Assyrer Salmanassar III. zur Erde.

Haben etwa die Götter der anderen Völker ihr Land
errettet aus der Hand des Königs von Assyrien?
Wo sind die Götter von Hamath und Arpad geblieben?
Wo die Götter von Samarien?"

In dieser Situation trat der Prophet Jesaja vor seinen König und empfahl ihm, sich nicht zu ergeben, es sei noch nicht alles verloren, und er sang ein Spottlied gegen Assur, das die Praktiken der Assyrer gegen Assur selbst beschwört:

„Gott spricht:
Weil du, Assur, gegen mich tobst
und dein Hochmut vor meine Ohren gekommen ist,
will ich dir einen Ring durch die Nase ziehen
und meinen Zaum in dein Maul legen
und will dich auf dem Weg,
auf dem du gekommen bist, nach Hause treiben." Jesaja 37, 29

Und wirklich, Sanherib zog ab.

Das neuere babylonische Reich

Nachdem Sanherib die Belagerung Jerusalems abgebrochen hatte, kam die Zeit Babylons. Nabopolassar, König von Babylon – er regierte von 626 bis 605 v. Chr. –, verbündete sich mit den Medern im südlichen Iran und griff das assyrische Reich in seinem Kernland an. 612 erobern die beiden Völker miteinander das

Assyrische Eroberer besteigen mit einer Leiter die Mauern einer Stadt, und Bogenschützen kämpfen gegen ihre Verteidiger, während einer davon vor dem Blick des adlergestaltigen Staatsgottes Assur vom Himmel auf die Erde stürzt.

verhaßte Ninive, die Hauptstadt, und es ging ein Aufatmen durch die geschundenen Völker zwischen Iran und Ägypten.

Freilich, für das kleine Land Juda, das nun hundert Jahre lang bis ca. 600 in einigem Frieden hatte leben können, bedeutete dies dennoch den Untergang. Es geriet zwischen Babylonien und Ägypten, und als Nebukadnezar, der Sohn des Nabopolassar, den ägyptischen Pharao Necho besiegt hatte, fiel ihm Syrien und damit auch Juda in die Hände. Der eine Eroberer ging, der andere kam.

Die Geschichte ist nachzulesen im 24. und 25. Kapitel des 2. Buches der Könige: 588 kam Nebukadnezar mit seinem ganzen Heer vor die Stadt, und nach achtzehn Monaten der Belagerung brach er in Jerusalem ein. Der König Zedekia floh mit einigen Reitern durch ein Nebentor in die Wüste Juda und suchte den Jordan zu erreichen. Aber die Babylonier verfolgten ihn und holten ihn bei Jericho ein, nahmen ihn gefangen und brachten ihn zu Nebukadnezar. Der ließ die Söhne Zedekias vor seinen Augen hinrichten und tötete auch alle Fürsten Judas. Zedekia ließ er die Augen ausstechen und ihn in Ketten schmieden und brachte ihn nach Babylon. Die Babylonier verbrannten den Palast und den Tempel und rissen die Mauern Jerusalems ein. Die Oberschicht und die Handwerker nahmen sie gefangen und trieben sie nach Babylon. Nur vom armen Volk, das nichts besaß, ließen sie einen Teil im Lande zurück.

Die geistige Geschichte Israels ging für fünfzig Jahre den Weg über die Gefangenenlager am Euphrat. Dort aber begann eine Zeit, die bei allem äußeren Elend die fruchtbarste und segensreichste war in der ganzen tausendjährigen Geschichte dieses Volkes bis hin zu Jesus Christus.

Am Ischtartor von Babylon sind in glasierten Ziegeln in langen Reihen immer wieder der Stier und der Drache abgebildet (rechts oben). Darin drückt sich die Verbindung von Syrien und Babylonien aus.
Von Marduk, dem Haupt- und Staatsgott Babylons, der auch als Weltschöpfer verehrt wurde, erzählte der Mythus, er habe Tiamat, das Urchaos, das man sich als Drachen vorstellte, besiegt. So ist der Drache das Symboltier Marduks, das Zeichen seines Siegs.
Baal hingegen, der Staats- und Kulturgott Syriens, wird im Stier abgebildet. Wer Syrien beherrscht, gewinnt sozusagen den Stier als Wappentier hinzu (oben).

Auf dem riesigen Ausgrabungsfeld von Babylon steht irgendwo, verlassen in dem weiten Feld aus Sand- und Lehmhügeln, ein riesiger Löwe, in Basalt gehauen. So verstand sich das babylonische Reich: als das unbesiegbare Raubtier, das einem auf dem Rücken liegenden Menschen die Pranke auf die Brust setzt, alles, was ihm politisch in den Weg tritt, als Beute verschlingend (oben links).

Im selben Stadtgebiet ist der Tempel der Ischtar wiederhergestellt worden, der Liebes- und Kriegsgöttin Mesopotamiens. Innerhalb des 41 x 35 m großen

Bauwerks war ein Binnenhof, in dem die Statue der Göttin stand (rechts oben).

Im Thronsaal findet man, in das Mauerwerk eingefügt, Ziegel, die dicht mit Schriftzeichen bedeckt sind (rechts unten). Auf ihnen schildern die babylonischen Könige ihre Heldentaten. An diese Sitte, den Ruhm der Könige an den Wänden zu verewigen, schließt die Geschichte an, die erzählt, wie vor Belsazar plötzlich eine Flammenschrift an der Wand erschienen sei, das „Menetekel", das ihm sagte, er sei gewogen und zu leicht befunden worden.

Von den berühmten „hängenden Gärten der Semiramis" blieben ein paar steile Hügel (unten).

Die Freiheit der Gefangenen

Im Jahr 587 v. Chr., fast ein Jahrtausend nach Abraham, schleppte sich ein Elendszug von Männern, Frauen und Kindern nach Syrien und durch die mesopotamische Wüste in das Land südöstlich von Babylon. Von der Belagerung her ausgehungert, geprügelt und verspottet, zogen sie ihre Straße entlang, die Bewacher hinter sich, ohne Hoffnung auf Heimkehr. Am Kanal Kebar, so berichtet der Prophet Hesekiel, endete der Treck. Dieser Kanal ist ein Nebenarm des Euphrat, der bei Babylon abzweigt, dann die Steppe durchfließt und bei Uruk sein lehmiges Wasser wieder dem Euphrat zuführt. Der Ort hieß Tell Aviv, der Frühlingshügel, und nach ihm nannten die Israelis zu Beginn des 20. Jahrhunderts ihre künftige, vorläufige Hauptstadt.

Bisher hatten die Seher und die Propheten Israels die Wirklichkeit von Göttern anderer Art und Herkunft nie bestritten. Immer ging es nur darum, daß dieses Volk den Gott verehre, der sich im besonderen seines Schicksals angenommen hatte, daß es sich von den anderen Göttern abwende und sich in strenger Ausschließlichkeit ihm allein, Jahwe, dem Gott der Väter, dem Gott Moses und der Propheten, gegenüberstelle. Denn wenn wir ein wenig rasch von der Religion der Mosezeit als einer monotheistischen Religion sprechen, so gilt es doch bei näherem Zusehen zu bemerken, daß noch die Religion der Israeliten 500 Jahre nach Mose keinen Monotheismus gekannt hat, geschweige denn der viel ältere Mosaismus. Den eigentlichen Schritt taten erst die verbannten Judäer des 6. Jahrhunderts in Babylon.

„An den Wassern zu Babylon saßen wir und weinten,
wenn wir an Zion dachten.
An die Weiden hängten wir unsre Harfen.
Denn dort verlangten unsere Wächter,
wir sollten singen.
Jubel forderten sie, unsere Bedrücker:
Singt uns ein Lied von Zion!
Wie könnten wir ein Gotteslied singen auf fremder Erde?"
Psalm 137

So sangen sie, vermutlich in der ersten Zeit. Und dann geriet ihnen ihr Schicksal doch noch zu einem der großen Lieder der Menschheit.

Sie lebten dort vermutlich nicht in Lagern, sondern in Siedlungen, und wohl nicht alle, aber eben doch ein Teil als Sklaven in den Ziegeleien. Dort aber geschah geistig der große und für die Zukunft aller menschlichen Religion so entscheidend wichtige Schritt, der diese Menschen in den Zusammenhang des großen menschheitlichen Erwachens rückte, das sich in der Mitte des Jahrtausends vor Christus rund um die Erde ereignete. Wir sprechen von der „Schwellenzeit der Weltgeschichte", und es ist überraschend zu sehen, wie die großen Religionen um diese Zeit sich in den Gestalten ihrer Stifter kristallisierten: Zarathustra für Persien, Buddha, Laotse, Konfuzius für den Osten, die griechischen Naturphilosophen in Kleinasien und Griechenland für das erwachende Europa.

Der Beitrag der Gefangenen am Kanal Kebar waren die Schriften, von denen wir sagen, ein unbekannter Priester unter anderen müsse sie geschrieben haben. Sie geben Kunde von einer geistigen Kraft, die man einem deklassierten Volk von Gefangenen nicht zutrauen möchte.

Was damals gedacht und gefunden wurde, steht in krassem Gegensatz zur Situation dieser Menschen: Es ist eine erstaunliche

Antwort auf die Fragen, wer denn der Gott sei, der so handelt, was denn an diesem Schicksal von Gott gewollt sei, was denn der Sinn von Leid und Elend sei, worin denn Glaube bestehe auf einer Erde, die so von Blut getränkt und von den Blutrünstigen beherrscht wird, was denn von der ganzen Götterwelt der überlegenen, gebildeten und kultivierten Babylonier mit ihren Universitäten und Bibliotheken und ihren prachtvollen Kultfeiern zu halten sei, wie denn Gott zur Macht von Menschen stehe und wie zu ihrer Ohnmacht. Was da gedacht wurde von Leuten, deren Namen wir nicht wissen, führt sie in der Geschichte des menschlichen Nachdenkens auf eine einsame Höhe.

Der eine Schöpfer der einen Welt

Und so wird nach der Erkenntnis, wer denn der eine Gott sei, auch die Welt plötzlich ganz anders gesehen. Es entsteht der große Wurf der Schöpfungsgeschichte auf dem ersten Blatt der Bibel.

Die Babylonier, das mächtigste Volk der damaligen Welt, wußten sehr wohl, wie die Welt entstanden sei: In der Urzeit kämpfte Marduk, der Oberste der Götter, gegen Tiamat. Tiamat, weibliche Repräsentantin von Chaos, Finsternis, Zerstörungskraft und Bosheit, war im Meer zu Hause, eine degradierte Urmutter. Hoch über ihrer finsteren Tiefe lebten die lichten Götter, aber eines Tages wurden sie bedroht durch einen Angriff aus dem Abgrund. Da kämpfte Marduk gegen Tiamat, besiegte sie und baute aus der einen Hälfte ihres Leibes das Himmelsgewölbe, aus der anderen die Erde. Ihren Trabanten, den dämonischen Zwischenmächten, wies er Plätze am Himmel zu und machte sie zu Göttern der Sterne.

Nun herrschte Marduk auch auf der Erde, und der König von Babylon vertrat den Lichthelden Marduk auf diesem Erdboden gegen alle bösen Feinde, wie es aller Aufklärung zum Trotz bis zum heutigen Tag auch „christliche Staaten“ für sich in Anspruch nehmen.

Nun kann keine Generation ein anderes Weltbild wählen als das ihrer Zeit gegeben ist. So übernahmen die Gefangenen das Weltbild ihrer Zeit: daß die Erde eine Scheibe sei, die auf dem Urmeer schwimme, daß sie von einer Kuppel überwölbt sei, daß über der Kuppel der Himmelsozean zu denken sei – warum sonst wäre der Himmel so blau? – und an der Innenwand des Himmelsgewölbes sich die Sterne bewegten. Aber dann machten sie ihre Gedanken unabhängig. Sie sprachen nicht mehr von Göttern und Dämonen und Götterkämpfen, nicht mehr vom Leib der Tiamat, sondern von dem schaffenden Gott und von Himmel und Erde. Ein Haufe unfreier Leute mutet der Physik seiner Zeit zu, Physik zu sein und nicht Religion. Sie sagen, die Welt sei entstanden nicht durch einen Kampf zwischen Licht und Finsternis, sondern einfach dadurch, daß Gott sie gewollt habe, und durch sein einfaches Wort. Die Sterne seien keine Götter, sondern schlichte Lampen. Und der Mensch sei, da ihn Gott geschaffen habe, ein freies Geschöpf, niemand unterworfen als allein ihm. Mit diesem genialen Wurf der Schöpfungsgeschichte behauptet sich der Glaube und beginnt die nüchterne Naturwissenschaft zugleich.

Als ich einmal, nicht weit vom Kanal Kebar, über die trockene Erde ging, kam ich an einer Wasserpumpe vorbei, die den Sinn hatte, das braune Wasser aus einem der Nebenkanäle auf die Höhe der die Äcker durchziehenden Wasserrinnen zu heben. Ein Esel trottete im Kreis und drehte die große Stange auf seinem Weg immer hinter sich her, die über primitive Zahnräder das seitliche Schöpfrad in Bewegung hielt. Da aber nun ein Esel bei dem ständigen Laufen im Kreis schwindlig würde, hatte man ihm mit einem Sack die Augen verhängt. So ging er seinen Weg in grauer Dämmerung Tag um Tag, Jahr um Jahr. Er gehörte wie die gefangenen Menschen aus Jerusalem zu den geschundenen Wesen dieser Erde.

Wir können die Absicht der Schöpfungsgeschichte etwa so wiedergeben:

Am Anfang schuf Gott,
nicht Marduk,
Himmel und Erde.
Es fand kein Götterkampf statt.
Die Erde war nicht die Göttin
des Chaos,
sie war ganz einfach leer.
Es war dunkel allüberall,
der Geist Gottes aber
brütete über dem Urwasser.

Und Gott sprach:
Es werde Licht.
Und es ward Licht.
Das Licht kam nicht von
dem Gott der Sonne,
Schamasch, sondern aus
dem Willen Gottes.
Und Gott sah,
daß das Licht gut war.

Da lobte Gott nicht allein
das Licht und verdammte
nicht die Finsternis,
sondern nannte das
Licht ganz einfach Tag
und die Finsternis Nacht.
Und aus beiden,
aus Abend und Morgen,
wurde der erste Tag.

Und Gott sprach:
Es werde eine Kuppel
zwischen den Wassern!
und nannte sie Himmel.
Es war nicht die eine
Hälfte der Göttin,
sondern eine fest gehämmerte,
tragende Kuppel.

Und Gott sprach:
Es sollen sich Meer und Land
scheiden,
so daß man das Trockene sieht.
Und er sah: Es war nicht die
andere Hälfte einer Göttin, sondern schlichte Erde, und die
Erde war gut.

Und Gott sprach:
Die Erde lasse Gras und Kraut
aufgehen,
und Bäume,
ein jedes nach seiner Art.
Und er sah, daß alles gut war.

Und Gott sprach:
Lichter sollen leuchten am
Gewölbe des Himmels.
Und er machte ein großes Licht
für den Tag.
Das war kein Gott,
sondern eine Lampe.
Und er machte ein kleines Licht
für die Nacht.
Auch das war kein Gott, sondern
eine Lampe.
Dazu die Sterne.

Und Gott sprach:
Das Wasser soll wimmeln von
lebendigen Tieren, und Vögel
sollen fliegen unter dem
Gewölbe des Himmels.

Und Gott schuf große Walfische
und alles Getier im Meer
und alle gefiederten Vögel,
ein jedes nach seiner Art.

Und Gott sprach:
Die Erde soll lebendige Tiere
hervorbringen, ein jedes nach
seiner Art. Vieh, Gewürm und
Tiere des Feldes.

Die waren nicht Abbilder Gottes,
sondern schlichte, von Gott
geschaffene Lebewesen. Denn
Gott gleicht keinem seiner
Geschöpfe.

Und Gott schuf den Menschen
als sein Gegenüber auf der Erde,
seinen Spiegel also, oder sein
„Bild"; zu seinem Gegenüber
schuf er ihn als Mann und Frau.

Und der Mensch war nicht der
Knecht von Menschen, nicht
Massenware,
nicht Material für die Mächtigen,
sondern das Gegenüber Gottes
selbst und bekam an seiner Freiheit Anteil.

Und Gott sah alles an, was er
geschaffen hatte, und siehe! es
war sehr gut. (Vgl. 1. Mose 1.)

Die Perser treten auf

In der Zeit, in der die Leute aus Jerusalem am Euphrat im Exil leben, tritt im Zweistromland eine neue Macht auf: das Reich der Perser und Meder. Tausend Jahre zuvor waren sie in das iranische Hochland eingewandert, dreihundert Jahre zuvor hatte sich im südlichen Iran das Reich der Meder gebildet und danach im südlichen Teil des Iran das Reich der Perser.

Im Jahr 612 v. Chr., also fünfundzwanzig Jahre vor der Zerstörung Jerusalems, hatten sich die Meder mit Babylon verbündet und Ninive, die Hauptstadt der Assyrer, im Mossulbecken vernichtet. Fünfzig Jahre später, während die Judäer in Babylon gefangen waren, griff der Perserkönig Kyros der Große erst das medische Reich an und unterwarf es, danach wandte er sich gegen Babylon. 539 zog er siegreich in Babylon ein, von den Gefangenen mit Jubel begrüßt, aber auch mit dankbarer Zustimmung der babylonischen Bevölkerung, die der Herrschaft ihrer Könige längst überdrüssig war. In den Jahren danach besetzte er das ganze Mesopotamien, Syrien und Kanaan bis an die Grenze Ägyptens. Seine Nachfolger Kambyses und Darius I. eroberten dazu Ägypten und das heutige Libyen, den mittleren Balkan und gegen Osten hin das Tal des Indus.

Dieses Perserreich ist das erste wirkliche Großreich des Altertums, durchorganisiert von einem Ende bis zum anderen. Von der Donau bis zum Indus gilt die gleiche Währung, dieselbe Amtssprache. Fernstraßen durchziehen das Reich. Der straffen Organisation hält eine bemerkenswerte Toleranz gegenüber Eigenarten und Eigenbedürfnissen der Völker die Waage.

Nach 500 empören sich die Griechen an der Westküste Kleinasiens gegen die persische Herrschaft und werden von Darius niedergeworfen. Da der Aufstand von Griechenland ausgegangen war, zieht Darius nach Griechenland, und es folgen die berühmten Schlachten unter anderem von Marathon und Salamis. 150 Jahre später, 334, wendet Alexander die Stoßrichtung und erobert seinerseits ganz Persien bis zum Indus.

Die gefangenen Judäer berichten: „Im ersten Jahr des Kyros, des Königs von Persien, erweckte Gott den Geist des Kyros, daß er in seinem ganzen Königreich mündlich und schriftlich verkünden ließ: So spricht Kyros, der König von Persien: Der Herr, der Gott des Himmels, hat mir alle Königreiche der Erde gegeben. Er hat mir befohlen, ihm in Jerusalem einen Tempel zu bauen. Wer nun unter euch zu seinem Volk gehört, mit dem sei Gott, und er kehre dorthin zurück!" (2. Chronik 36, 22–23).

Die Judäer also dürfen nach Jerusalem zurückkehren und erhalten später staatliche Mittel, um ihren Tempel und ihre Stadt

Persepolis, Hauptstadt des Perserreichs, mit ihrem grandiosen Palast. Bemerkenswert zivil reihen sich die Soldaten an den Fassaden auf, und nur die geflügelten Stiere an den Toreingängen erinnern an die assyrische Vergangenheit dieser Weltgegend.

wieder aufzubauen. Sie erhalten zu Hause eine Art begrenzter Autonomie. Wer nicht zurückkehren wollte, erhielt die Möglichkeit, als Bürger einer offenen Gesellschaft in den Städten Mesopotamiens oder Persiens zu leben, und tatsächlich siedelten sie sich im ganzen Reich bis nach Ägypten hin an. Die Folge war, daß überall sich jüdische Gruppen und Gemeinden bildeten, von Persien bis in die Länder des Mittelmeers, es entstand also das, was wir die jüdische „Diaspora" nennen, das „Volk in der Zerstreuung".

Immer wieder in allen Turbulenzen, in die auch dieses Reich geriet, setzte sich der Wille zu einer universalen Friedensordnung durch. Man kann sich Alexanders nicht ohne Zorn erinnern, wenn man in Persepolis steht. Als Alexander 330 dort ankam,

Der Palast von Persepolis, eine grandiose Anlage, liegt in der weiten Ebene. Dahinter noch die Zelte, in denen, wie in einem altpersischen Heerlager, Schah Rezah Pahlewi in den siebziger Jahren mit allen Potentaten des Orients und Abgesandten aus der ganzen Welt das 2500jährige Bestehen des persischen Reiches feierte.

Dieser Palast kann dem Besucher noch heute den Atem nehmen. Kaum irgendwo ist in jener Zeit und danach etwas so Großzügiges und Klares geplant oder gebaut worden. Kaum irgendwo schuf sich ein weltumspannender, rationaler Sinn für humane Herrschaft einen solchen Ausdruck. Kaum irgendwo lagert ein antiker Palast so selbstsicher, so

weltoffen, so ohne Befestigungen in einer Ebene. Nie zuvor stellte sich ein Anspruch auf Macht so rational dar, so ohne alle Ideologie und ohne allen politischen Mystizismus. Geht man in Persepolis über die weiten Höfe, unter den riesigen Säulen oder den breiten Treppen, so empfindet man einen Staat, der sich seiner Würde bewußt und doch von aller Selbstvergottung frei ist.

Am Treppenaufgang des Palastes treiben Gäste des Großkönigs zwei Widder als Gastgeschenk, das sie beim Empfang überreichen wollen.

Sehr schlicht steht nördlich Persepolis das Grabmal des Kyros auf seinem Treppensockel (unten).

In den Anlagen von Persepolis konnte man in den siebziger Jahren noch junge Frauen in moderner Soldatenuniform sehen, und die Restaurationsarbeiten gingen zügig voran. Der heutige schiitische Islam greift sehr im Gegensatz dazu auf die islamische Überlieferung und wenig auf die altpersische zurück.

ging nicht nur das persische Reich unter, sondern auch der Geist von Persepolis. Die Stadt wurde brutal zerstört, alle Männer getötet, alle Frauen in die Sklaverei verkauft, und während eines Freudenfestes der siegreichen Makedonen ging der wunderbare Palast in Flammen auf, als Rache, wie man vermutet, für den Brand der Akropolis von Athen. Offenbar gibt der Lauf der Geschichte immer wieder den Herostraten aller Kulturstufen freie Hand, zu zerstören, was Jahrtausende hätte von menschlicher Größe zeugen können.

Neue Gedanken

In der persischen Zeit ist eine grundlegende Wandlung des biblischen Glaubens spürbar, und es dringen viele neue Vorstellungen in das jüdische Denken ein.

Zum ersten Mal erscheint der Gedanke, die Toten gingen einer Auferstehung entgegen. Ein Reich des Lichts, in das die Toten eingehen, wird zum ersten Mal gesehen, und ein Reich des Friedens am Ende der Zeit:

„Gott wird Gerechtigkeit schaffen zwischen den Völkern
und den mächtigen Reichen Recht abfordern.
Sie werden ihre Schwerter umschmieden zu Pflugscharen
und ihre Lanzen zu Winzermessern.
Es wird kein Volk gegen das andere das Schwert erheben,
und sie werden nicht mehr lernen,
wie man Krieg führt" (Micha 4).

Zum ersten Mal entstand die Vorstellung von einem König, dem Messias, der am Ende der Zeit auftreten würde:

Der König kämpft gegen den Unterweltstier. Relief im Palast von Persepolis (oben).

Ahura Mazda, der Lichtgott der Perser, schwebt in der Gestalt eines Riesenvogels über einem Toreingang. Er bietet den Menschen den Ring, das heißt das vollkommene Leben (rechts oben).

Gäste ziehen an den Treppenaufgängen zu einem Gastmahl in den Palast ein. Sie bringen ihre Gastgeschenke: Gold in der Form, in der man Gold handelte, eine Schale und einen Krug. Aus diesen Kreisen könnten die drei Weisen aus dem Morgenland gekommen sein, die Gold, Weihrauch und Myrrhe brachten.

„Du Stadt Jerusalem, freue dich!
Schau auf! Dein König kommt zu dir!
Ein Gerechter und ein Helfer.
Sanft ist er und reitet auf einem Esel,
auf einem jungen Füllen der Eselin" (Sacharja 9, 9–10).
„Über die Menschen in Jerusalem
will ich den Geist der Gnade ausgießen
und den Geist des Gebets" (Sacharja 12).

Es wurde zum ersten Mal von einer neuen Welt geredet, die Gott schaffen werde:

„Ja, schaut! Einen neuen Himmel will ich schaffen,
eine neue Erde...
Man wird sich freuen und fröhlich sein über das,
was ich schaffe.
Ich will fröhlich sein über Jerusalem
und mich freuen über mein Volk.
Man wird nicht mehr hören die Stimme des Weinens
und die Stimme des Klagens.
Nichts Böses wird man tun, keinen Schaden stiften
auf meinem ganzen heiligen Berge, spricht der Herr" (Jesaja 65).

In dieser Zeit, vom 5. bis zum 1. Jahrhundert v. Chr., entstand die „Weisheitsliteratur" des Alten Testaments, in der einerseits Lebenserfahrung und Lebensklugheit ausgebreitet werden, andererseits „die Weisheit" selbst als ein besonderer Aspekt Gottes in das Bild von Gott einrückt. Die Weisheit, „Sophia", wird geradezu zu einer Partnerin Gottes, von der es heißt, sie habe zu Füßen Gottes gespielt, als er die Welt schuf. Was der Israelit früher den „Geist" Gottes genannt hatte, das findet nun seinen Ausdruck im Bild der Sophia. Ein nie ganz verlorengegangener weiblicher Aspekt Gottes gestaltet sich aus, und es beginnt eine Epoche, in der der alte Kampf zwischen matriarchaler und patriarchaler Weltsicht und Religiosität aufgehoben werden kann zugunsten eines Glaubens, für den Gott nicht mehr als Mann oder Frau, sondern jenseits aller Geschlechtsunterschiede der Menschen universal gedacht werden kann.

Die Essener von Qumran

Am deutlichsten prägte sich der Geist des persischen Licht-Finsternis-Denkens in der Zeit vor Jesus von Nazaret bei den Mönchen des Essenerordens von Qumran aus.

Qumran liegt in der glühend heißen Schlucht des Toten Meeres, 30 Kilometer östlich von Jerusalem, auf den Mergelterrassen am Ufer des Salzsees. Dort bauten sich im 2. Jahrhundert v. Chr.

Ahura Mazda steht an der Fassade eines persischen Königsgrabs bei Naksch y Rustan. Eine Sonnenscheibe mit Flügeln trägt die Gestalt des Lichtgottes. Bei Nehemia, Esra und Daniel ist immer wieder vom „Himmelsgott" die Rede, den Juden wie Perser anbeteten, und wenn die Perser den „Jahwe" der Juden „Ahura Mazda" nennen, so lag darin für die Juden nur ein Unterschied des Namens. Sie waren überzeugt, daß sich den Persern ihr Gott, der Gott Moses und Abrahams, der Schöpfer und Herr Himmels und der Erde, offenbart habe.

Auf den Felsen der Gebirge stehen da und dort kleine Altäre, einen Meter hoch, auf denen die Perser mit Feuerbränden dem Lichtgott huldigten. Im Feuer sahen sie das genaueste Bild von Gott. Im Feuer sahen sie Recht und Sitte unter den Menschen dargestellt, und im Feuer drückten sie den Sinn ihres politischen Handelns aus. Noch im Neuen Testament ist Geist von diesem Geist zu spüren, wenn es da heißt: „Wandelt wie die Kinder des Lichts." Die „Kinder des Lichts" sind in der Bildersprache des Orients die Funken, die aus dem Feuer wirbeln.

Neben den kleinen Altären stehen an den zentralen Orten auch diese großen Feuertürme als Ort des zarathustrischen und später des Mithraskults.

fromme Juden eine Einsiedelei als Protest gegen das verweltlichte Leben in Jerusalem, gegen die blutrünstigen jüdischen Herrscher und gegen die heruntergekommene Priesterschaft am Tempel. Ihre Blütezeit lag im 1. Jahrhundert v. Chr. Als die Römer das Land besetzten, 64 v. Chr., da berührte dies die Essener kaum. Erst im Jahr 68 n. Chr., in den Kämpfen des jüdisch-römischen Kriegs, zerstörten die Römer die Anlage und vertrieben die Mönche – wir wissen nicht, wohin. Kurz vor ihrer Flucht versteckten sie ihre wertvollen Schriftrollen mit Büchern des Alten Testaments, mit Psalmliedern und Lebensregeln ihres Ordens in der Nähe des Klosters. Dort fand man sie 1947 und hat mit ihnen einen unerhört wertvollen Schatz von Schriften aus der Zeit Jesu gewonnen.

Die Essener waren ein reiner Männerorden, der im Kern aus Zölibatären bestand, um den her ein weiterer Kreis auch verheirateter Männer lebte. Wer eintreten wollte, gab sein ganzes Vermögen ab und verpflichtete sich zu einem Leben in äußerster Einfachheit. Er trug das charakteristische weiße Gewand der Mönche und bemühte sich, rein zu leben in allen Dingen und den Willen Gottes mit ganzem Herzen und ganzer Seele zu erfüllen.

Sie waren überzeugt, in der Endzeit zu leben, einer Zeit, in der das Böse – noch – herrscht, die aber auf den letzten gewaltigen Kampf zwischen den Söhnen des Lichts und den Söhnen der Finsternis hinausläuft, der zugleich ein Endkampf zwischen Gott und seinen Engeln einerseits, dem Satan und seinen Scharen andererseits ist. Sie selbst betrachteten sich als die Söhne des Lichts und als die künftigen Herrscher in Gottes kommendem Reich.

Der große Endkampf, so glaubten sie, wird zur Vernichtung des Teufels und zum Untergang alles Bösen auf dieser Erde führen. Er wird den Söhnen des Lichts eine Heilszeit in ewigem Frieden und Segen bringen, Gemeinschaft mit den Engeln und eine Erneuerung aller Dinge, einen neuen Himmel und eine neue Erde.

Aber wozu brauchten sie die ungeheuren Zisternen? Nur zur normalen Versorgung mit Wasser waren sie zu groß und war ihre Anlage zu kompliziert, im Zusammenhang mit ihren Gedanken über die Reinheit hatten sie ihren Sinn. Denn täglich wusch sich jeder einzelne in einem Tauchbad in frischem Wasser, um rein zu sein, wenn der Kampf gegen die Söhne des Verderbens beginnen würde.

Man hat immer wieder gemeint, Jesus in die Nähe der Essener rücken zu müssen, weil auch er von Licht und Finsternis sprach und vom kommenden Reich. Aber wer genau liest, was die Mönche von Qumran schrieben und was Jesus sagte, merkt, daß Jesus von diesem kriegerischen Dualismus um Welten entfernt war, ja es gibt Hinweise im Neuen Testament, wonach Jesus in den Augen der Essener ein „Sohn der Finsternis" war.

Hymnen aus Qumran

Was ich mit meinem Geist begriff,
will ich singen.
All mein Lied gilt Gottes Herrlichkeit.
Die Saiten meiner Harfe stimmen
zu seiner heiligen Ordnung,
die Flöte meiner Lippen lege ich
an seine heiligen Gesetze.
Wenn der Tag kommt und die Nacht,
will ich bei Gott stehen,
in seinen heiligen Bund will ich treten.
Wenn der Abend anbricht und der Morgen,
will ich seine Gesetze aussprechen.
Wo sie Grenzen setzen, sei meine Grenze,
und niemals will ich sie überschreiten.

Von seinem Urteil will ich sagen:
Es ist gerecht! Es redet gerecht
von meiner Verkehrtheit.
Denn meine Sünde steht mir vor Augen
wie ein in Stein gehauenes Gesetz.
Zu Gott will ich sagen: Du bist meine Gerechtigkeit!
Zum Höchsten will ich sagen:
Du bist der Grund alles dessen, was an mir gut ist.
Du bist der Quell der Erkenntnis,
der Brunnen der Heiligkeit.
Du bist der Gipfel des Glanzes,
Allgewalt ewiger Herrlichkeit.

Wenn ich beginne, Hand und Fuß zu regen,
will ich ihn preisen.
Wenn ich hinausgehe oder heimkomme,

Links oben: Aus dem nahen Gebirge führten die Mönche ihr Wasser in einer Rinne herab in die Zisternen ihres Klosters. Oben, im Wadi Qumran, hatten sie ein Stauwehr gebaut, das ihnen das ganze Jahr über das Wasser der Regenzeit zurückhielt.

Zur vorigen Seite: Eine Luftaufnahme zeigt die Anlage von Qumran auf einer Mergelterrasse über dem Wadi. Es war ein Männerkloster mit festungsartigen Toren, mit Schreibsaal und Gemeinschaftsräumen. Dazwischen immer wieder große Zisternen und, nach rechts vorn aus der Anlage schlangenförmig heraustretend, eine Wasserleitung, die bis zu einem Stauwehr im Gebirge führte und das Kloster versorgte. Im Vordergrund die Baracken der Ausgräber.

In dieser Höhle versteckten die Essener einen Teil ihrer wertvollen Bücher und Schriften, als die Römer im Krieg des Jahres 70 n. Chr. auch das Kloster angriffen. In den vielen Höhlen rundum fand man denn auch biblische Schriften von ihrer Hand und religiöse Literatur wie das „Buch der Hymnen" oder das „Handbuch der Unterweisung", aus dem die Hymne genommen ist.

wenn ich mich setze, wenn ich aufstehe
oder auf meinem Lager liege,
will ich ihm singen, ihn preisen.
Mit dem Opfer, das meine Lippen bringen,
will ich ihm danken.

Ehe ich meine Hand hebe, mich zu sättigen
mit den Köstlichkeiten der Erde,
wenn Schrecken hereinbricht
und Furcht mich ergreift,
wenn ich im Elend bin ohne Trost,
will ich ihn preisen und seine Wunder bekennen,
will nachsinnen über seine Macht
und auf seine Liebe mich stützen den ganzen Tag.
Wenn die Not beginnt,
will ich ihm ein Loblied singen.
Und bin ich in Bedrängnis,
singe ich seinen Preis.

Ich preise dich, Herr, mein Gott,
der du Erkenntnis verliehen hast
dem Herzen deines Knechts.
Leite ihn, daß seine Werke gerecht seien,
verleihe dem Sohn deiner Magd,
mit den Erwählten unter den Menschen
vor dir zu stehen in Ewigkeit.

Denn ohne dich wird nichts makellos sein,
das wir tun, und nichts wird geschehen,
wenn du es nicht willst.
Alles, was wir erkennen,
erkennen wir durch dich,
und alles, was geschieht,
geschieht durch deinen Willen.

Ein Tauchbad, wie es in der Anlage mehrere gibt, für das Kultbad der Mönche an jedem Morgen, ehe im Angesicht der Sonne der festliche Gottesdienst begann.

Als ich einmal einen Film über „Die Söhne des Lichts“ von Qumran drehte, standen sie so nebeneinander: Israel Becker, ein Schauspieler des israelischen Nationaltheaters in Tel Aviv, Jude aus Polen, ein vitales Naturtalent, bedeutender Maler auch, der hier einen Archäologen spielte, und der deutsche Junge, der sein Partner war. Im Film erzählte der Alte dem Jungen die Geschichte der Essener. Der Geist, der an diesem Ort lebendig wurde, faszinierte sie beide.

VII Spuren einer Kindheit

Nazaret und Betlehem

Links: Blick vom Tabor auf die Hügel von Nazaret. Das Land ist nicht üppig, aber wer aus den Steppen von Judäa oder von den steinigen Äckern von Betlehem herkommt, findet ein bezauberndes Land: Galiläa, und es gibt durchaus noch Ausblicke, die der Phantasie Raum geben, hier reite Jesus einsam über die Heidehänge seiner Heimat.

Unten: Nazaret von Süden.

Der Mann aus Galiläa

Während die essenischen Mönche am Toten Meer dem Endkampf zwischen Licht und Finsternis entgegensehen, während in Jerusalem zwischen Römern und Juden der Poker um die Macht gespielt wird, während das Land erfüllt ist vom Lärm der Waffen zwischen Besatzungsmacht und Partisanen, tritt im Norden des Landes, in Galiläa, ein einzelner Mann auf. Im einfachen Habit des wandernden Lehrers zieht er im Umkreis seines Heimatorts von Dorf zu Dorf, heilt Kranke, redet über das Reich Gottes und sammelt eine kleine Gruppe von Schülern um sich: Jeschua, in den griechisch geschriebenen Berichten „Jesus" genannt.

Trauliches Nazaret

Wer als Tourist nach Nazaret kommt, hat die Vorstellung im Herzen, die die altdeutschen Maler ihm seit Kindertagen vermittelt haben. Er denkt an die friedliche Zimmermannswerkstatt, die stillen, bescheidenen Häuser, die sanften, grünen Hänge, an denen das Kind Jesus spielte, oder den schattigen Weg unter Bäumen, den Maria mit dem Krug zum Brunnen ging. Was er antrifft, ist ein ratterndes Touristenzentrum mit autoverstopften Straßen, dazwischen Händler mit den üblichen Andenken drittklassigen Geschmacks, Reklamen, Wellblech, wahllos kreuz und quer gezogene elektrische Leitungen und vergraute Fassaden eines ehedem gewiß nicht unfreundlichen Ortes. Das idyllische Nazaret der deutschen Maler ist es nicht. Es ist so nie gewesen. Es war schon immer ein Wunschtraum der deutschen Seele.

Von oben betrachtet – wir schraubten, wenn wir Israel von oben sehen wollten, an unserer Cessna die Tür ab und saßen frei über dem Land – wirkt es schon eher ansehnlich, beherrscht von der großen Verkündigungskirche, von unzähligen Türmen und

Was finden wir heute von Nazaret? Es hatte seinen ursprünglichen Ort dort, wo in der Bildmitte die Kuppel der Verkündigungskirche sich erhebt. Dort, im alten Kern der heutigen Stadt, wo die arabischen Händler wie eh und je auf Eseln die Gassen auf und ab reiten.

Minaretten und von den dunklen Flecken der Bäume und der Gärten.

Aber auch das Nazaret der Kirchen täuscht. Es ist nicht leicht zu verstehen, warum der stille, der Welt entrückte Vorgang, von dem die Bibel in der zarten Geschichte von der Verkündigung an Maria erzählt, warum die Kindheit Jesu in den Höhlen von Nazaret, warum die Menschwerdung Gottes unter den Ärmsten dieser Welt eines so monumentalen Überbaus wie der neuen Kathedrale bedarf.

Wenn es also auch die Kathedrale nicht ist, wo findet der ratlose Besucher noch etwas von Nazaret? Er findet es allenfalls in den Höhlen und Löchern in dem Felsen, auf dem die Hütten des alten Nazaret standen. Er findet es tief in der Erde unter der triumphierenden Architektur. Und mag es auch nicht nachzuweisen sein, daß diese Höhle, die man als die Höhle der Heiligen Familie bezeichnet, dem Kind Jesus als Heimat gedient habe – in den Löchern, die noch hier und dort zugänglich sind, war er zu Hause.

Ein Garten der Seele

Es gibt auch das stille, verborgene Nazaret. Auf mein Klopfen öffnete sich die schwere Holztür in der hohen Mauer, und eine junge Frau im grauen Ordenskleid ging mir voraus durch einen blühen-

Unter den Häusern aber, in dem karstigen Felsgrund, ziehen sich die Löcher und Höhlen hin, in denen ein Teil der Bevölkerung zu jener Zeit gewohnt haben mag (rechts unten).

Der erwachsene Jesus hat sich leidenschaftlich für die Armen eingesetzt. Er wußte, wen er meinte. Er war mit ihnen aufgewachsen, mit dem „Volk vom Land", von dem die Gelehrten mit so tiefer Verachtung sprachen, das in religiösen Dingen nichts galt, weil es die Kraft und Zeit nicht hatte, das Gesetz zu erlernen. Er sprach von jenen Armen, die nichts hatten und nichts erwarten konnten, es sei denn den befreienden Geist Gottes, von den „geistlich Armen", wie wir mißverständlich übersetzen.

In der Krypta der großen Verkündigungskirche in Nazaret ist der Ort, an dem der Besucher in den Felsresten einer einstigen Höhle der Szene gedenkt, die Lukas 1 berichtet wird: Wie der Engel zu dem Mädchen Maria kommt und ihr einen Sohn ankündigt, den sie aus heiligem Geist empfangen solle.

Auf den Feldern von Betlehem (rechts) spielt die andere, die Weihnachtsgeschichte:
„Es begab sich aber zu der Zeit, daß ein Gebot von dem Kaiser Augustus ausging, daß alle Welt geschätzt würde. Und diese Schätzung war die allererste und geschah zu der Zeit, da Quirinius Landpfleger in Syrien war. Und jedermann ging, daß er sich schätzen ließe, ein jeglicher in seine Stadt. Da machte sich auf auch Josef aus Galiläa, aus der Stadt Nazaret, in das jüdische Land zur Stadt Davids, die da heißt Betlehem, weil er von dem Hause und Geschlechte Davids war, auf daß er sich schätzen ließe mit Maria, seinem vertrauten Weibe, die war schwanger. Und als sie daselbst waren, kam die Zeit, da sie gebären sollte. Und sie gebar ihren ersten Sohn, wickelte ihn in Windeln und legte ihn in eine Krippe; denn sie hatten sonst keinen Raum in der Herberge.

Und es waren Hirten in derselben Gegend auf dem Felde bei den Hürden, die hüteten des Nachts ihre Herde. Und siehe, des Herrn Engel trat zu ihnen, und die Klarheit des Herrn leuchtete um sie; und sie fürchteten sich sehr. Und der Engel sprach zu ihnen: Fürchtet euch nicht! Siehe, ich verkündige euch große Freude, die allem Volk widerfahren wird; denn euch ist heute der Heiland geboren, welcher ist Christus, der Herr, in der Stadt Davids. Und das habt zum Zeichen: ihr werdet finden das Kind in Windeln gewickelt und

den Baum- und Blumengarten in den Vorraum einer Kapelle: Die leitende Schwester werde mich sofort begrüßen. Ich stand in einem rustikal getünchten Gewölbe von erlesener Schönheit; dunkle Ikonen vor den weißen Wänden und ein paar wenige Stühle waren die ganze Einrichtung. Sie war nicht zu hören, als sie eintrat, ein anmutiges Wesen von etwa dreißig Jahren im gleichen grauen Kleid. Mit sparsamen Worten lud sie mich ein, Platz zu nehmen. Sehr freundlich, in wohlklingendem Französisch, fragte sie mich nach meinen Wünschen, und mit einer Geste traurigen Bedauerns lehnte sie ab. Ich hatte sie gebeten, sie möge die Freundlichkeit haben, in einem Film über Galiläa von den „Kleinen Schwestern Jesu" zu erzählen. Nur ein kaum merklicher Schatten von Fremdheit ging über das schmale Gesicht, als sie erklärte, das zurückgezogene Leben, für das sie und ihre Schwestern sich entschieden hätten, erlaube ihr nicht, sich so öffentlich zu äußern. Es müsse in dieser Welt Menschen geben, die sich ausschließlich Jesus Christus zuwenden und danach den armen Brüdern und Schwestern draußen vor der Tür im heutigen Nazaret. Sehr langsam zog sie ihre graue Schürze über den Knien glatt und strich, den Stoff kaum berührend, behutsam darüber: „Das ist unsere Aufgabe. Es gibt keine andere für uns." Als sie merkte, daß ich nicht weiter in sie drang, atmete sie ein wenig auf und erzählte noch einige Minuten von ihrem gemeinsamen Leben. Mir fielen die Mystiker ein, die von der menschlichen Seele sagen, sie gleiche einem Garten und wolle wie ein Garten bewahrt werden. Ostern zeigten die Tafeln an der Wand mit ihren tiefen Farben. Weihnachten. Eine Krankenheilung. Als ich aufstand und sie mir zum Abschied die Hand gab, schien mir, unter den Bildern an der Wand fehle Pfingsten, es fehle etwas von der Unbekümmertheit

in einer Krippe liegen. Und alsbald war bei dem Engel die Menge der himmlischen Heerscharen, die lobten Gott und sprachen: Ehre sei Gott in der Höhe und Friede auf Erden den Menschen, an denen Gott ein Wohlgefallen hat" (Lukas 2).

des Windes und des Feuers, das in die Welt hereinbrach. Aber ich fürchtete, es würde sie verwirren, wenn ich von Pfingsten spräche, da sie doch im Garten des Osterwunders lebte, und ging leise hinaus, während sie, so unhörbar, wie sie gekommen war, durch den runden Eingangsbogen der Kapelle entschwand.

Schlachtfelder um Nazaret

Als Jesus drei Jahre alt war, erhoben sich in Galiläa Anhänger der Partei der Pharisäer gegen die Römer. Zentrum der Unruhen war die Stadt Sephoris, sechs Kilometer von Nazaret. Der Feldherr Varus, den wir von der Schlacht im Teutoburger Wald kennen, griff Sephoris an und zerstörte es. Die Überlieferung berichtet, Maria stamme aus Sephoris, und ihre Eltern hätten, als Maria ein Kind war, von dort flüchten müssen, weil die Stadt von römischen Soldaten geplündert worden sei, und hätten sich danach in Nazaret niedergelassen. Auszuschließen ist das nicht.

Der erwachsene Jesus sprach über Gewalt und Krieg und davon, daß man sich den Frieden nicht vom Gebrauch der Waffen versprechen dürfe. Man schalt ihn oft auch in der christlichen

Geschichte weltfern, einen Schwärmer, der schöne Gedanken äußere, aber dem zu folgen nur im sonnigen, verträumten Galiläa ratsam sei.

Aber die Wirklichkeit war anders. Als Jesus zwölf Jahre alt war, erlebte er seinen zweiten Krieg. In der Apostelgeschichte (5, 37) ist er erwähnt. Damals erhoben sich die „Zeloten", die „Eiferer", die ebenso fromm jüdisch wie extrem nationalistisch gesonnen waren, und die Römer schlugen so hart zu, wie sie das in allen solchen Fällen zu tun pflegten. Und wieder belagerte und eroberte Varus die Stadt Sephoris und plünderte und zerstörte die Orte in der Umgebung, und was die Zerstörung einer Stadt durch römische Legionen an Greueln, an Quälereien, an Kreuzigungen, an Verkauf von Menschen in die Sklaverei, an Leid und Elend mit sich brachte, darüber gibt es anschauliche Berichte. Friedlich waren die Zeiten nicht, in denen Jesus ein Kind war, und wenn er später von den Wegen, die zum Frieden führen, sprach und wenn er dabei auf einem Hügel nahe dem See Gennesaret saß, dann tat

Betlehem von Süden. Links die jüngere Stadt, auf dem Hügel rechts das alte Betlehem mit Markt und Geburtskirche. Über die Felder erreichen wir nach rechts die „Hirtenfelder". Im Hintergrund, hinter den Hügeln in der Mitte, Jerusalem.

Der Eingang zur Geburtskirche in Betlehem. Man sagt, er sei so eng zugemauert worden, weil es vorgekommen sei, daß Reiter zu Pferde in die Kirche trabten.

Aber wie wohltuend dieser Eingang! Statt einer prächtigen Vorhalle und breiten Portalen diese Pforte aus rohen Steinen, die wohl daran erinnern soll, daß Jesus nicht in einer Kathedrale, sondern in einem Stall geboren sei und der Stall vermutlich eine Höhle war. Wer sich nicht bücken will, kommt nicht in die Kirche.

er das im Angesicht der dortigen Höhlen im Taubental und im Wadi Amud (vgl. S. 260 f.), in denen die Zeloten ihre Schlupflöcher hatten. Er sprach seine Seligpreisungen, seine Worte über die Gewaltlosigkeit und die Güte zum Feind in einem Land, das keinen Frieden kannte und in dem keiner seines Lebens sicher war, der für Frieden eintrat.

Betlehem und die „Zählung"

Das Evangelium berichtet von der Geburt des Kindes in Betlehem: „Es begab sich aber zu jener Zeit, daß ein Gebot von dem Kaiser Augustus ausging, daß alle Welt besteuert würde." Und anläßlich dieser Besteuerung wanderten Josef und Maria nach Betlehem.

Man hat schon vermutet, es handle sich hier um eine späte Legende, die beweisen sollte, daß Jesus der Familie Davids angehört habe. Inzwischen nimmt man an, daß die Betlehemgeschichte zu den ältesten Stücken des Neuen Testaments gehört und daß sie auf eine Überlieferung unmittelbar aus der Familie Jesu zurückgeht. Sie dürfte historisch sein.

Während seiner Amtszeit hat Augustus dreimal die Besteuerung des ganzen Reichs, den „Census", angeordnet: 28 v. Chr., 8 v. Chr. und 14 n. Chr. Im Jahre 8 v. Chr. wurde er zum erstenmal auch in Syrien angeordnet. Er war also der „erste", wie Lukas schreibt.

Wie es bei einer solchen Besteuerung zuging, berichtet der Schriftsteller Lactantius: „Die Zensoren erschienen allerorts und brachten alles in Aufruhr. Die Äcker wurden Scholle für Scholle vermessen, jeder Weinstock, jeder Obstbaum gezählt, jedes Stück Vieh. In den Städten wurde die Bevölkerung aus Stadt und Land zuammengetrieben, die Marktplätze waren verstopft von herdenweise aufmarschierenden Familien, überall hörte man die Schreie derer, die mit Foltern und Stockhieben verhört wurden, man spielte die Söhne gegen die Väter aus und preßte die Sklaven zu Aussagen gegen die Herren, die Frauen gegen die Ehemänner. Wenn alles vergeblich durchprobiert war, folterte man die Steuerpflichtigen, bis sie gegen sich selbst aussagten, und wenn der Schmerz gesiegt hatte, schrieb man Besitz auf, den es gar nicht gab. Es gab keine Rücksicht auf Alter und Gesundheitszustand. Kranke wurden herbeigeschleppt und Gebrechliche, das Alter der Minderjährigen wurde heraufgesetzt, das der Greise herabgesetzt, und alles war erfüllt von Verzweiflung und Jammergeschrei." Da wir ohnedies die Geburt Jesu auf das Jahr 7 vor der Zeitrechnung ansetzen, dürfte die Notiz über die Besteuerung bei Lukas zutreffen. Und da Eusebius berichtete, die Verwandten Jesu seien hundert Jahre später, unter Kaiser Domitian, zu einer anderen Besteuerung nach Betlehem gereist, dürfte auch die Angabe der Abstammung Jesu aus der Davidfamilie korrekt sein.

Ich sah ihn immer wieder in den folgenden Jahren, den orthodoxen Priester, von dem ich erzähle. Und immer wieder fand ich in ihm einen Bruder.

In diesen Tagen also, im Jahr 7 v. Chr., in denen die Fremdherrschaft im Land blutig durchgriff und niemand irgendein Recht besaß, das ihn schützte, wanderten Josef und Maria nach Betlehem.

Ein armenischer Priester und seine Welt

Eines Nachmittags, den ich, wie so oft, im Chor der Geburtskirche von Betlehem vor der schönen Bilderwand mit ihrer Madonna und vor den Ikonen der Seitenschiffe verbracht hatte, sprach mich ein orthodoxer Priester an, ungefähr 35 Jahre alt, erklärte mir dies und jenes und lud mich zum Tee ein.

Ich folgte ihm durch ein Labyrinth von Treppen, Gängen, Sälen und Höfen in ein angrenzendes Gebäude, bis er eine schmale Stufenleiter an einer Außenwand hinaufstieg und vor einer Tür stehenblieb. Es war seine Wohnung. Ich trat ein. Ein einziger Raum, eng und hoch, 12 bis 15 Quadratmeter groß. Die Familie war nicht da, weder seine Frau noch seine vier Kinder, so fanden wir Platz an einem kleinen Tisch, auf dem ein Spirituskocher seine Arbeit tat, bis der Tee fertig war. Um uns her, übereinandergebaut, ein paar Betten, eines an Seilen am Gewölbe hängend, mit ärmlichen Decken überzogen. Es war feucht und kalt. Kein Buch. Kein Schreibzeug. Kein Mobiliar. Kein Wasser. Unten im Hof war der Brunnen. Eine Notunterkunft, so schien mir, mehr nicht. Er lebte von den wenigen Opfern, die ihm die Touristen auf den Teller warfen, wenn er an der Treppe zur Geburtsgrotte Dienst tat.

Wer in die Höhlen unter der Geburtskirche absteigt, ist enttäuscht, wenn er nichts von den Steinwänden der Höhlen findet, sondern eben kryptaartige Räume. Die Höhlen sind ausgekleidet und eingerichtet, und die Priester und Gemeinden der katholischen, der evangelischen, der armenischen, der syrischen, der griechisch-orthodoxen und anderer Kirchen füllen die engen Räume mit ihren Gottesdiensten, mit Weihrauch und Kerzenschimmer.

Ich saß ein wenig verwirrt in seinem Domizil und suchte in seinem Gesicht. Eine breite, klare Stirn, große, dunkle Augen, gütig, wie es schien, und ein wenig schwermütig. Dieser Mann war weit davon entfernt, einer von den Touristenpfaffen oder Opferschnorrern zu sein, an denen Jerusalem so reich ist. Ein Mensch, dessen Geist und Bewegungen geprägt waren von den immer wiederholten alten Worten der Liturgie und der Gebete seiner armenischen Kirche. Vielleicht dachte er keine eigenen Gedanken. Sicher aber lebte er von der prägenden Kraft einer Jahrtausende alten geistlichen Tradition. Vielleicht ist das Leben, das er führt, der stärkste Gegenentwurf zum Dasein eines evangelischen Theologen in Deutschland, dem Land der Aktivisten und der Disputanten.

Dabei kommt er nicht etwa aus einer windstillen Ecke dieser Welt. Die Armenier verkörpern die älteste kirchliche Tradition überhaupt. Längst vor Konstantin dem Großen hatten sie ein christliches Land, und durch die lange Reihe der Jahrhunderte, in denen sie bedrängt, bedroht, gehetzt und versklavt waren, haben sie ihre Eigenart und ihren Glauben festgehalten. Noch in den zwanziger Jahren dieses Jahrhunderts erlitten sie eine grauenvolle Ausrottungskampagne der Türken, und das ist der Grund dafür, daß wir in Betlehem und Jerusalem so viele armenische Christen finden, die Reste aus der türkischen Verfolgung.

Uns Abendländern, vor allem uns evangelischen Christen, könnte es leicht geschehen, daß wir Kerzen schön finden, aber entbehrlich, Madonnen schön, aber der wirklichen Maria von Nazaret und Betlehem ganz und gar fremd, die alte Frau in ihrer schwarzweißen Tracht dekorativ, aber rührend in ihrer Einfalt – und daß wir damit an allem vorbeigehen, was uns hier berühren könnte.

Liegt für uns etwas daran, ob Jesus in der Grotte unter der Geburtskirche zur Welt kam oder anderswo? Ob er in dem Felsgrab in der Rotunde der Grabeskirche zur Ruhe gebettet wurde oder anderswo? Uns heutigen Europäern liegt es nahe, zu sagen: Nein. Nichts liegt daran. Es ist gleichgültig. Und doch: Was wissen wir von Geschichte, solange uns an der Geschichte nur Zahlen und Fakten interessieren und solange wir von ihnen aus unser Urteil über das innere Wachsen und Werden, das Leben und Sterben von Menschen, von Völkern, von Kulturen und Religionen bilden? Wir kommen als Touristen nach Israel und finden Betlehem oder die Grabeskirche in Jerusalem degoutant, weil uns die Frömmigkeit der Menschen, die dort leben, nicht auf der Höhe unserer Bildung zu stehen scheint. Und so sind wir immun gegen die Wahrheit, die an einem Ort und seiner Atmosphäre, seiner Dichte und Konkretheit erfahren werden kann, etwa auch die Wahrheit von der Geburt im Stall, der nachzudenken gerade für uns Abendländer hilfreich wäre.

Ein wenig unsicher ging ich neben ihm her, als er mich nach einem langen Gespräch – die Sonne war längst hinter den Bergen untergegangen – zurückbegleitete, nicht wegen des höhlenartig unübersichtlichen Systems der Gänge und der Grüfte und der Hallen, sondern wegen seines Gesichts und seiner gelassenen, selbstgewissen Worte und Bewegungen. Wer war hier im Irrtum? Er? Oder ich? Er – und mit ihm jene schwarzverhüllten Christen des Ostens mit ihrer, wie wir zu sagen lieben, magisch-dinglichen Devotion vor Bildern und Riten und ihren von Jahrhunderten der Meditation geprägten und vielleicht doch auch erleuchteten Got-

In der glasigen Atmosphäre eines heißen Mittags, in der der steile Kegel des Herodesberges scharf am Horizont steht und die alte Geschichte von jenem König, der das Kind Jesus verfolgte, wie mit Händen zu greifen ist, rücken die Zeiträume zusammen, und die kurzatmige Gegenwart dieses ausgehenden 20. Jahrhunderts wird plötzlich so wichtig und so unwichtig, wie sie es vor dem Hintergrund von zehntausend Jahren Menschheitsgeschichte verdient. Gleichzeitig aber wird man sich der Ferne bewußt, in der die Gestalt Jesu zu suchen ist. Wir tun ja leicht so, als sei sein Wort mühelos in die Denkweise jedes normalen Menschen zu übertragen und als spräche er es nicht aus der Tradition dieses Landes und Volkes zu uns Abendländern, die des Zuhörens so entwöhnt sind, über den weiten Abstand des Raums und der Zeit herüber.

tesdiensten, in denen sich so wenig zu ereignen scheint? Oder ich – und mit mir wir Abendländer mit der wechselvollen Geschichte unserer theologischen Einfälle, mit unserer immer neuen Erkenntnissen zugewandten, vorwärtsdrängenden geistigen Energie? Wir, die zu gewinnen suchen, was noch nicht ist, und es wieder verlieren und die auf alle Fälle verloren haben, was war und wovon ein Mensch leben könnte? Wie geht man durch diese alten Bauwerke, angemessen der Geschichte, die hier gespielt hat? Mit dem Notizblock des Historikers, der zu seiner Freude entdeckt, daß da neben einer Mauer aus der Zeit der Kreuzfahrer auch noch ein Säulenschaft aus dem vierten Jahrhundert steht? Oder mit dem Brevier des Meditierenden, für den real ist, was an geistiger Kraft hinter und über der vergangenen Geschichte steht?

Als ich mich von ihm verabschiedete an der sehr niedrigen Kirchentür – die man so niedrig machte, damit niemand auf einem Pferd in die Kirche reiten könne –, hatte ich das Gefühl, wir kämen aus unserem klugen christlichen Abendland auf sehr hohen Rossen nach Betlehem und ritten auf dem kritischen Wissen unserer Bücher allzu laut durch die alten Räume. Der junge Priester war mir in diesen Stunden näher, als mir je ein Mann der Ostkirche gekommen war, aber bei keinem war mir zugleich der ungeheure Abstand so bewußt, der uns – zu unserem Nachteil – von den orientalischen Christen trennt.

In einem verwinkelten Höhlenraum zeigt man dem Besucher links die Stelle, an der Jesus geboren sei, rechts die Stelle, an der die Krippe stand. Ein solcher Raum hat nichts mit historischen Beweisen zu tun, wohl aber mit der Frömmigkeit, die der Tatsache nachdenkt, daß Gott uns in diesem Menschen Jesus von Nazaret begegnet und daß dieser Jesus in irgendeiner Höhle auf diesem Berg, auf dem die Stadt Betlehem liegt, zur Welt kam.

Sie hatten keinen Raum in der Herberge

Es ist im Weihnachtsevangelium von einem Stall die Rede, in dem die Heilige Familie untergekommen sei. Spätere Überlieferungen sprechen von einer Höhle. Das braucht sich durchaus nicht zu widersprechen. Denn die ganze Umgebung besteht aus höhlenreichem Kalkstein, und in den Felslöchern waren in aller Regel Tiere untergebracht. Hier in einem Dorf nahe Betlehem haben die Ziegen und Schafe in solchen Höhlen ihre Ställe. Die Höhlen sind mit Mauern abgeschlossen und mit Türen versehen.

Das Evangelium berichtet, Herodes, der wenige Kilometer von Betlehem eine Burg mit einem glänzenden Palast besaß, habe die Kinder von Betlehem umbringen lassen, weil ihm die Boten aus Persien, die Magier, die Vermutung mitgeteilt hätten, in Betlehem sei jüngst der kommende König der Juden geboren worden.

Wir sehen darin heute eine Geschichte, die den ungeheuren Kontrast zwischen dem regierenden König, der ein Mörder auf dem Thron war, bedenkenlos und brutal bis zur Menschenverachtung, und dem einsamen Mann aus Galiläa, der von sich sagte: Ich bin ein König, schroff herausstellen will. Man versteht nicht, was Jesus über Regierende und Regierungen sagt, ohne die unerhörte Grausamkeit zu kennen, mit der damals die Macht über die Schicksale von Menschen hinwegschritt.

Herodes wählte südlich Betlehems einen steilen Felsenberg, erhöhte ihn durch Aufschüttungen zur Gestalt eines Vulkans und baute in seine ausgehöhlte Spitze eine Burg. Sie muß imposant ausgesehen haben, als Mauern und Türme noch standen.

Aus der Luft erkennt man bis heute die Anlage. Wo heute ein Weg für die Touristen den Berggipfel umzieht, standen einst die Mauern und die Türme. Die Fundamente der vier Türme sind noch sichtbar. Innen links und oben zwei Flügel eines Palastes. Davor ein parkähnlicher Binnenhof. Hier ließ sich gut leben, während das Volk draußen unter der Knute des rücksichtslosen Tyrannen litt.

Jedesmal, wenn ein Aufruhr sich regte, wenn der Haß der niedergeknüppelten Bewohner von Judäa aufflammte, verließ Herodes Jerusalem und brachte sich auf seiner Burg bei Betlehem in Sicherheit.

Johannes und die Taufe im Jordan

Als Jesus rund dreißig Jahre alt war, wirkte Johannes, den wir den Täufer nennen, unten am Jordan. Er taufte die Menschen, die die Vergebung der Sünden suchten, und sprach von dem kommenden Christus:

„Es ist eine Stimme eines Predigers in der Wüste: Bereitet den Weg des Herrn und macht seinen Pfad frei! Alle Täler sollen erhöht und alle Hügel erniedrigt werden, was krumm ist, soll gerade werden, und was holprig ist, soll ebener Weg werden. Und die Menschen werden den Retter sehen, der von Gott kommt" (Lukas 3).

„Als nun alles Volk sich taufen ließ und Jesus auch getauft wurde, da öffnete sich ihm der Himmel, und der Heilige Geist fuhr herab, wie sich eine Taube herabschwingt, und eine Stimme kam aus dem Himmel: Du bist mein geliebter Sohn! An dir habe ich Wohlgefallen!" (Lukas 3).

Es ist immer wieder gerätselt worden: Johannes taufte fünf Kilometer von Qumran nahe dem Punkt, wo der Jordan ins Tote Meer mündet. War Johannes ein Essener? Und wenn Jesus zunächst zum Umkreis des Johannes gehörte, war er ein Essener?

Die Essener nahmen für ihren Auszug aus der Stadtkultur und für ihren Weg in die Wüste das Wort des Jesaja in Anspruch: „In der Wüste ist die Stimme eines Rufenden: Bereitet dem Herrn den Weg!" Dasselbe Wort sagt Johannes über sich selbst. Aber er predigt kein Mönchtum, sondern eine Durchdringung des Daseins mit dem Geist der Erwartung des Gottesreichs. War er ein abtrünniger Essener? Was er tat, war mit der essenischen Verkündigung nicht zu verbinden. Er nahm aber auch das Evangelium,

Ehe Herodes starb, ließ er 6000 Bürger von Jerusalem in Jericho in eine Pferderennbahn einsperren und gab Befehl, sie seien nach seinem Tode alle umzubringen, damit „das Klagegeschrei nach seinem Tode laut genug sei". Seine Schwester Salome verhinderte diese letzte seiner Greueltaten.

Ob es sich mit seinem Kindermord so oder anders verhalten hat: Daß eine solche Tat sowohl seiner Angst als auch seiner Brutalität voll entsprochen hätte, kann man kaum bezweifeln. Und wenn er dieses Blutbad nicht verschuldet haben sollte, so träfe doch der Titel „Kindermörder" keinen Unschuldigen.

Von den letzten Ruinen des Palasts, den Herodes am Ausgang des Wadi Kilt für sich bauen ließ, um im Winter, der in Jerusalem sehr kalt sein kann, die Wärme des Jordantals genießen zu können, geht der Blick hinüber zu der zwei Kilometer entfernten Stelle, an der wir die Taufe des Johannes vermuten, vor dem hellen Fleck am jenseitigen Jordanufer (links oben).

In einer schmalen Flußaue mit dichtem Buschwerk zieht der Jordan seine langen Mäander, unmittelbar begleitet von den wüstenhaften Dünen dieses glühend heißen Tals (links).

Von Johannes ging eine Taufbewegung aus, die wir die mandäische Gnosis nennen. Die Anhänger des Johannes müssen wohl in den Wirren um den jüdisch-römischen Krieg nach Mesopotamien ausgewandert sein, und tatsächlich treffen wir die Sekte der Mandäer heute noch dort an. Es leben dort etwa drei- bis viertausend von ihnen, in Bagdad sind es noch zehn Familien.

das Jesus später verkörperte, nicht vorweg. Er stand zwischen Qumran und Jesus.

Die Wüste als Ort der Auseinandersetzung mit dem Bösen

Nach der Taufe „trieb der Geist Gottes Jesus in die Wüste". „Und er wurde vom Teufel bedroht" (Markus 1,12f.), und die Gefahr war, daß er an seinem Auftrag irre würde angesichts der Macht, die der Böse in dieser Welt hat.

Das Thema dieser Wüstengegend war von jeher die Auseinandersetzung mit dem Abgrund. Am tiefsten Punkt dieser Erde, 400 Meter unter dem Meeresspiegel, muß die Menschen von jeher die Ahnung berührt haben, daß es einen Abgrund gibt in den Menschen und auch in Gott, und der Jordan war von jeher der „Fluß des Todes". Es mag durchaus sein, daß Jesus nach seiner Taufe über längere Zeit einsam in der Wüste war wie viele, die damals dem Geheimnis des Bösen auf die Spur kommen wollten.

Aber Jesus ließ sich von dem schroffen Gegensatz zwischen Gut und Böse, Licht und Finsternis nicht festlegen. In seiner ersten Rede in Nazaret deutet er seine Taufe: „Der Geist ist über mir. Er hat mich gesandt, den Armen das Evangelium zu verkün-

In einer der alten Handwerkerstraßen Bagdads traf ich einen Mann von etwa vierzig Jahren, der dort als Goldschmied arbeitet, einen Mandäer. Er und die Seinen leben nach wie vor treu nach den Sitten und Riten ihrer 2000 Jahre alten Gemeinschaft.

Wo immer Mandäer wohnen, haben sie ihre Reinigungsbäder an einem Fluß oder einer Wasserstelle, und wo immer der See oder Bach sein mag, immer heißt er der „Jordan". Noch heute ist „Jordan" das Wort für das Wasser, das ihnen ihre Reinheit verschafft, und wenn es auch ein Nebenfluß des Euphrat wäre. Noch heute auch ist ein entscheidendes Merkmal der Mandäer ihr scharfer Dualismus zwischen Licht und Finsternis und das starke Erwählungsbewußtsein, das ihnen die Gewißheit gibt, mitten in einer zum Untergang verdammten Menschheit für das Reich des Lichts bestimmt und gerettet zu sein.

Die judäische Wüste zwischen Jerusalem und dem Toten Meer.

digen, den Gefangenen die Freiheit anzusagen, den Blinden das Licht wiederzugeben, den Gefesselten die Erlösung zu bringen und die Zeit der Gnade Gottes anzukündigen" (Lukas 4). Also nicht die Zeit des Endkampfes Gottes gegen die Bösen. Jesus wußte sich gesandt, die Finsternis von ihrem Haß gegen das Licht zu erlösen und die Söhne des Lichts von ihrem Haß gegen die Finsternis und in der Liebe Gottes Himmel und Abgrund zu versöhnen.

Wenn ein christlicher Mönch heute die Abgeschiedenheit der Wüste sucht, dann weiß er wohl, daß dies kein Ort der Behaglich-

In einer der felsigen Schluchten dieser Wüste, dem Wadi Kilt, hat ein orthodoxer Mönch sich eine Einsiedelei in die Felsen gehauen, in die senkrechte Wand. Er kann nur an einem Seil kletternd seine Behausung erreichen oder verlassen.

keit ist. Wir könnten leicht dem Irrtum erliegen, hier entfliehe jemand der Bosheit der Welt in einen geschützten Raum. Es ist umgekehrt, und an diesem Felsen kann es deutlich werden: Die Einsiedeleien sind vorgeschobene Posten der Menschenseele in ihrer Auseinandersetzung mit der Finsternis. Denn hier tobt der Satan sich aus. Hier ist kein Friede, sondern ein lebenslanger Kampf um das eine Wichtige: den Willen Gottes. Menschen in solchen Felslöchern verstehen ihr Leben als einen Vorstoß ins Reich des Bösen, um dort denselben Sieg zu erringen wie Jesus selbst.

VIII Gesegnetes Land

Jesus in Galiläa

Vom See und den Fischern

„Und Jesus verließ die Stadt Nazaret und ging nach Kafarnaum, der Stadt am See, und blieb dort." Und so wurde erfüllt, was Jesaja geweissagt hat:

„Das Land Sebulon und Naftali, an der Straße zum Meer,
das Land jenseits des Jordans
und das gottverlassene Galiläa –
das Volk, das im Finstern saß,

Der Tabor, uralter heiliger Berg, lange ehe Israel ins Land kam, zauberhafter Wallfahrtsort noch heute, ruht über der galiläischen Landschaft, als wäre er ihr Herz und ihr Mittelpunkt.

hat einen hellen Schein gesehen;
denen, die im Schatten des Todes wohnten,
ist ein Licht aufgegangen" (Mattäus 4,13–16).

So beginnt Mattäus seinen Bericht über das Wirken Jesu in Galiläa. Hier begegnen wir ihm zum ersten Mal, wie er das Ufer entlanggeht. „Als Jesus am galiläischen See entlangging, sah er zwei Brüder, Simon und Andreas, die warfen ein Netz in den See, denn sie waren Fischer. Und er sprach zu ihnen: Kommt mit mir. Ich will euch zu Menschenfischern machen!" (Mattäus 4,18–19).

Fische werden am See Gennesaret vor allem nachts gefangen, jedenfalls von den großen Fangschiffen. Wenn die Sonne aufgeht, drüben über dem Golan, erst mit einem gelblichen Schimmer, dann als ein roter Ball „auf den Flügeln der Morgenröte", und der See für einen Augenblick in rotviolettes Licht getaucht ist, ist es Zeit, hinunterzugehen an die Anlegestelle der Fischer von Tiberias. Da warten dann die Esel- und Pferdekarren der Händler, und wenn die Boote kommen, wird sortiert, gehandelt und abtransportiert.

Gelegentlich fuhr ich nachts mit den großen Fangschiffen aus und lernte dabei Jehuda kennen. Er kam aus Marokko, wo er Fischer gewesen war. Nun war er ein Bürger Israels und fuhr auf dem galiläischen Meer, dem Kinneret, wie die Israelis sagen. Diese Fischer kommen aus aller Herren Länder zusammen, sprechen englisch oder französisch und fühlen sich doch eben dem Volk zugehörig, das hier schon vor 3000 Jahren Fische gefangen hat.

Noch vor 70 Jahren fuhr man mit Segelschiffen zum Fang aus, die sich vermutlich kaum von denen unterschieden, mit denen man zu der Zeit, als Jesus hier wirkte, ausfuhr.

Den jungen Mann, Jakob, der da sein Wurfnetz in der flachen Jordanmündung auswirft, lernte ich an einem Morgen kennen. Er fuhr noch einmal hinaus, während die Sonne höherstieg, verließ das Boot an einer sandigen Uferstelle und achtete eine Weile auf die Wege, die die Fischschwärme zogen. Dann warf er sein Netz, wie ein Cowboy im Wilden Westen sein Lasso wirft. Im Rand des glockenförmigen Netzes ist eine Bleischnur eingenäht, die das Netz im Flug auseinanderzieht, so daß es, ehe die Fische ausweichen können, auf den Grund fällt.

Als ich dem jungen Mann mit dem Davidsstern am silbernen Kettchen eines Morgens zusah, wie er seine Fische auslud, ging mir einen Augenblick lang der Gedanke durch den Kopf, wie er, so könnten Petrus und Andreas ausgesehen haben. Nur einen Augenblick. Denn er unterschied sich nicht auffallend von irgendwelchen anderen jungen Männern in irgendeinem anderen Fischereihafen dieser Welt, es sei denn dadurch, daß er eben ein Jude war, Nachfahr dieses Volks, dessen Merkmale bis zum heutigen Tag so schwer festzulegen sind. Immerhin scheint es mir eine Reise wert, einmal statt der antiken Grundmauern und der heiligen Stätten die Menschen aufzusuchen, die heute in diesem Land leben, und in ihnen versuchsweise die Akteure jener Geschichten wiederzuerkennen, die uns von hier überliefert sind.

Er stand in seinen langen Gummistiefeln in einem leichten Motorboot, suchte aus dem Bauch des Kahns das brauchbare und das unbrauchbare Getier heraus und warf das eine in eine Kiste am Ufer, das andere ins Wasser, und wenn einer von den echten Petrusfischen, den welsartigen, großen und starken Tieren, sich aus der Kiste noch einmal retten konnte und, sich wälzend und mit dem Schwanz schlagend, mehr oder minder zufällig über die Steinplatten ins Wasser gelangte, sah er ihm zu und ließ ihn gewähren. Es herrscht noch Fairneß in diesem Handwerk.

Es ist nicht schwer, hier den Geschichten des Evangeliums nachzumeditieren, die an diesem See spielen. Ich stelle mir vor, wie Petrus eines Morgens ans Ufer tritt, ein wenig verdrießlich, und dem Rabbi am Ufer sagt: „Wir haben die ganze Nacht gearbeitet und nichts gefangen", und wie Jesus ihm antwortet: „Fahre noch einmal hinaus. Du wirst einen Fang einbringen." Und wie Petrus schließlich mit seinem reichen Fang ans Ufer kommt und Jesus ihn anspricht: „Komm mit! Laß das liegen! Du kannst etwas Besseres tun als Fische fangen" (Lukas 5).

Kafarnaum am nördlichen Ufer des Sees. Hier also stand die Synagoge, in der Jesus sich mit Freunden austauschte oder mit Gegnern stritt. „Sie kamen nach Kafarnaum", erzählt Markus, „und am Sabbat ging er in die Synagoge und lehrte. Und sie waren ergriffen von seiner Lehre, denn er lehrte mit Vollmacht und nicht wie die Schriftgelehrten" (Markus 1, 21 f.)

Von der späteren Synagoge in Kafarnaum ist ein Steinbrocken erhalten, der zeigt, wie aus dem Haus des Gesetzes der Baum des Lebens wächst (rechts). Der Baum steht für den Menschen, der „sich um das Gesetz bemüht Tag und Nacht" (Psalm 1) und darum einem Baum gleicht, der wächst und gedeiht und Frucht bringt. Reißt man ihn vom Haus des Gesetzes los, so geht der Baum zugrunde.

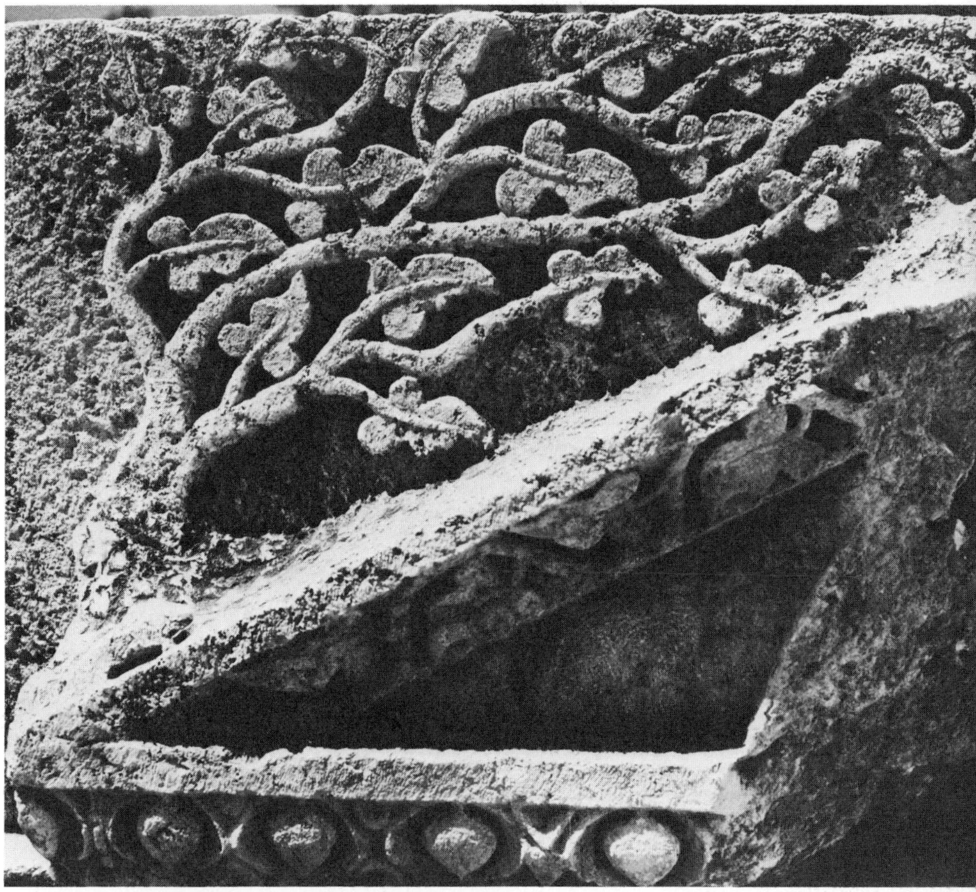

Ein anderer Stein zeigt die „Bundeslade", also den Schrein, in dem die Tafeln des Gesetzes des Mose aufbewahrt wurden. Aber diese Bundeslade wird nicht mehr als der Kasten gedacht, der im Tempel in Jerusalem stand, bis der zerstört wurde, sondern mit Rädern versehen. Das Gesetz Gottes begleitet, so meint die Darstellung, das Volk Gottes auf seinem Weg, nicht nur hierher nach Kafarnaum, sondern unsichtbar überall hin, wo das jüdische Volk auf dieser Erde in der Zerstreuung lebt.

EXCAVATIONS
SPONSORED BY THE
FRANCISCAN CUSTODY
OF THE HOLY LAND
AND BY THE
ITALIAN
GOVERNMENT

Zur vorigen Seite:
Kafarnaum, wie es sich heute dem Besucher darbietet. Zwei Epochen sind sichtbar: Die ältere aus der Zeit Jesu (rechts). Aus ungefügen Basaltblöcken sind die Häuser gebaut. Einige Wände stehen noch. Und die jüngere, die 200 Jahre später gebaut wurde, mit den Resten einer schönen Synagoge links.
Unter dem hellen Kalksteinbau sind die Fundamente der älteren Synagoge zu denken, in der Jesus den Sabbat feierte oder sich mit seinen Gegnern auseinandersetzte.

Die Synagogen von Galiläa

Die geistige Tradition des Judentums in Galiläa lebt in seinen Synagogen, in der eigenständigen und tiefgründigen Lehrtätigkeit am Gesetz. Da Galiläa weit entfernt lag vom Tempel in Jerusalem, bildete sich dort eine vom Tempel unabhängige Frömmigkeit, die sich um die Synagogen kristallisierte.

Das Besondere aber ist die mystische Tradition, die in Obergaliläa gepflegt wird. Im 13. Jahrhundert n. Chr. entstand in Spanien die sogenannte „Kabbala", das Buch „Sohar" – „Glanz", ein Buch mystischer Frömmigkeit. Moses de Leon hat es geschrieben. Als nun im 15. Jahrhundert die spanische Inquisition über die Juden hereinbrach, sammelten sich hier in den galiläischen Bergen einige ihrer bedeutendsten Denker. Sie hatten in Spanien mit der islamischen Mystik Verbindung gehabt, in Deutschland mit der christlichen. Nun kehrten sie an den Ausgangspunkt ihres jüdischen Glaubens zurück, um das Gesetz neu auszulegen, und bis heute ist die galiläische Frömmigkeit von den tiefen und hintergründigen Gedanken der Kabbala bestimmt.

Oben: die Synagoge von Merom, im galiläischen Bergland.
100 Jahre nach Jesus gebaut, strenger in den Bauformen als die von Kafarnaum.

Die Synagogen von Galiläa sind immer nach Süden orientiert, weil im Süden Jerusalem liegt, und sie sind in der Regel so eingerichtet, daß um die östliche, die nördliche und westliche Seite eine Sitzbank führt und in der Mitte, auf einer Art Tribüne, der Stuhl steht, von dem aus der Schriftgelehrte seine Bibelauslegung darbietet.

Die Synagogen wurden immer am höchsten Platz eines Dorfes errichtet. Man sagte, ein Dorf, in dem sich ein Haus befindet, das höher steht oder höher ragt als die Synagoge, werde zugrunde gehen.

Als ich einen der Lehrräume in Merom betrat, saßen einige der Männer über Büchern, und es stellte sich heraus, daß sie nicht die Thora lasen, sondern das Buch Sohar.

Dieser Mann, der sich durch nichts unterbrechen ließ, ist Handwerker. Mit den Händen eines Handwerkers blättert er um, sehr langsam und vorsichtig, leise vor sich hinsingend, was er liest, mit der unbeweglichen Ruhe und Gelassenheit, die einer im langen Einüben von Gedanken und Bildern erwirbt.

Er hat nichts, fast nichts gemeinsam mit den energischen, aktiven jungen Männern, die ein paar Kilometer hangabwärts das Land ihrer Väter mit modernen Maschinen technisch und wirtschaftlich erschließen. Ich weiß nicht, ob sie ihn je gesehen haben oder was sie empfänden, wenn sie mit ihm sprächen. Aber mir scheint, er mit seiner weltabgeschiedenen Nachdenklichkeit bewahre eben doch den Charakter dieses Landes und die eigentümliche Leuchtkraft seiner religiösen Tradition, ohne die Galiläa bei aller Schönheit eben nicht Galiläa bleiben wird.

Mir scheint, die Rückkehr ins Land und die vitale Arbeit an seiner wirtschaftlichen Zukunft könnten ihren Sinn nicht erfüllen, wenn nicht in den Bergen Galiläas die Bilder- und Geschichtenwelt, die Gedanken- und Glaubensüberlieferungen einer der edelsten Traditionen des Judentums ihre bleibende Stätte behalten.

Ein paar Schritte hangabwärts von der Ruine von Merom steht ein breit hingelagerter Synagogenbau aus dem Mittelalter, ein vielbesuchter Wallfahrtsort. Unter seinen Kuppeln sind die Schulräume, in denen seit 300 Jahren „Schriftgelehrte" ausgebildet werden, die meist Bauern sind oder Handwerker und die ihren Beruf nicht aufgeben, die aber an den Sabbattagen in ihren heimischen Synagogen lehren.

Von Männern wie dem Schriftgelehrten unten ist die Rede, wenn das Evangelium immer wieder berichtet: „Die Schriftgelehrten fragten ihn" oder „die Schriftgelehrten murrten über seine Rede". Ehe wir sie verurteilen, müssen wir den Ernst gesehen haben, mit dem sie nach dem Willen Gottes im Gesetz forschten. In dem Gesetz, das, wie sie meinten, diesem Schriftgelehrten Jesus weniger wichtig war als ihnen.

Die Höhlen im Taubental

„Und Jesus ging auf einen Berg und setzte sich; und seine Jünger traten zu ihm. Und er lehrte sie und sprach: ‚Liebet eure Feinde! Segnet, die euch fluchen! Tut denen wohl, die euch hassen! Bittet für die, die euch beleidigen und verfolgen!' " (Mattäus 5).

Zu der Zeit, als Jesus so sprach, war Galiläa nicht nur ein Zentrum von Gesetzesschulen und Synagogen, in denen die Thorarollen, festlich gekleidet, als kostbarstes Gut in den Schreinen standen, sondern auch ein unerschöpfliches Reservoir von Partisanen, die um des Gesetzes der Väter und um der Freiheit willen in den Untergrund gingen, jederzeit bereit, sich gegen ihre Unterdrücker zu erheben, ob es die Römer waren oder die Könige ihres eigenen Landes.

Josephus, ein jüdischer Geschichtsschreiber jener Zeit, schreibt: „Ihre Standhaftigkeit, ihre Entschlossenheit, ihre Seelenstärke erregten allgemeine Bewunderung." Daß sie am Ende gekreuzigt wurden, gehörte für die Freiheitskämpfer des Galil schon wie selbstverständlich zum Stil ihres Einsatzes.

Jesus hatte es also nicht nur mit Schriftgelehrten und Pharisäern zu tun, sondern auch mit den Kommandos der Freiheitskämpfer, und wenn er vom Gottesreich sprach, dann im scharfen

Die Höhlen im Taubental

Der Felsabsturz des Arbel am See Gennesaret über dem Taubental (links).

Festlich eingehüllte Thorarollen in einer Synagoge von Galiläa (unten).

Es liegt ein unerhörter Triumph darin, wenn heute die jungen Israeliten die Fahnen mit dem Davidsstern schwenken. Es ist weniger ein Ausdruck ihres mosaischen Glaubens, als der zionistischen Hoffnung auf ein neues Großreich Davids. Aber die Realitäten sind anders, und es ist kein Ausdruck für eine irgendwie geartete Gegnerschaft gegen die Juden, wenn man ihnen heute raten möchte, auf die Güte zu denen, die ihnen heute ausgeliefert sind, den arabischen Bewohnern Palästinas, mehr Gewicht zu legen als auf Waffengewalt. Auf Gerechtigkeit mehr als auf nationalen Triumph.

Kontrast zu den Aufständischen, die in den Dörfern wohnten oder ihm in den Synagogen zuhörten und die, wenn ihnen die Römer auf den Fersen waren, sich in die Höhlen zurückzogen, die hier überall zwischen den Dörfern die Felsen durchziehen.

Das Taubental liegt am Ufer bei Magdala. Es hat seinen Namen von den Tausenden von Tauben, die in den Löchern und Spalten der Felswände nisten. Und es hat seine geschichtliche Bedeutung dadurch, daß es immer wieder durch Jahrtausende hin den Verfolgten und Bedrängten dieses Landes Schutz geboten hat. Hierher zogen sich auch die Freiheitskämpfer zurück, die sich kurz vor der Zeit Jesu gegen Herodes erhoben. In diesen Löchern fanden sie und ihre Familien Unterschlupf, bis Herodes Feuer in die Höhlen warf und sie umbrachte. Und neben dem Taubental waren das Wadi Amud und viele andere Schluchten und Klüfte, Höhlen über Höhlen, Sammelort für Verschuldete, entlaufene Sklaven, Terroristen, Wegelagerer und Freiheitskämpfer, Menschen also, die von irgendeiner Macht gesucht wurden.

Man hat allzu lange behauptet, es sei leicht gewesen, im stillen, weltabgeschiedenen Galiläa, in der blumenreichen Idylle, den Politikern von Gewaltlosigkeit und Güte zum Feind zu reden. Wir wohnen, so sagte man, in Europa nicht in einer so sonnigen, feiertäglichen Nische der Weltgeschichte und könnten uns solche Träume nicht leisten. Wer sich aber die Situation klarmacht: die bewaffneten Nationalisten, der Sympathisantenkreis in den Dörfern und den Synagogen, an jeder Kontrollstelle römische Soldaten, in Tiberias ein mißtrauischer König und kaum vier oder fünf Kilometer davon entfernt Jesus irgendwo auf einem Hügel mit der Forderung: „Liebet eure Feinde, tut wohl denen, die euch hassen", der weiß, daß diese Worte nicht nur ihren konkreten Bezug hatten, daß vielmehr der, der so sprach, ein gefährliches Leben führte. Der das sagte, war kein Träumer, sondern ein politischer Mensch, der sein Leben riskierte, sei es durch den Haß der Verfolgten, sei es durch die Angst der Mächtigen.

Das offene Gastmahl

„Zu Jesus kamen auch viele von denen, die mit den Römern zusammen das Volk ausbeuteten, den Zöllnern, und viele von denen, die sich am Leben der gesetzestreuen Gemeinde nicht beteiligten, um ihn zu hören. Und die Pharisäer und die Schriftgelehrten protestierten: ‚Der läßt sich mit den Gottlosen ein und hält Tischgemeinschaft mit ihnen.' Da redete Jesus mit ihnen: ‚Wer unter euch, der hundert Schafe besitzt und davon eins verliert, läßt nicht die neunundneunzig in der Steppe, um dem verlorenen nachzugehen, bis er es findet? Und wenn er es gefunden hat, nimmt er es mit Freuden auf die Schulter. So freut sich Gott im Himmel über einen Gottlosen, der ihn sucht, mehr als über neunundneunzig Gerechte, die keiner Umkehr bedürfen'" (Lukas 15,1–7).

Jesus spricht von den „Armen", zu denen er gesandt sei. Er meint nicht nur die Armen im wirtschaftlichen Sinn. Gemeint sind in erster Linie die Leute im Land, von denen der sonst so sanfte und freundliche Rabbi Hillel sagte: „Sie haben kein Gewissen und sind weniger als Menschen." Gemeint sind die sozial Armen, die Zöllner, die Frauen, die Kinder, die Dirnen, die Kranken, die Behinderten, denen man die Schuld an ihrer Krankheit und Behinderung selbst auflud.

Auffallend am Erscheinungsbild des Meisters aus Nazaret war ganz offensichtlich seine Gemeinschaft mit den Unterprivile-

gierten, die sich in gemeinsamen Mahlzeiten landauf, landab ausdrückte. An diesen Mahlzeiten muß etwas Festliches gewesen sein. Immer wieder wählt Jesus für das kommende Gottesreich das Gleichnis von einem Hochzeitsmahl und für sich selbst das Bild von einem „Bräutigam". Dieses Bild zeigt: Da wird nicht nur ein Essen eingenommen, da wird vielmehr eine Hochzeit gefeiert: die Hochzeit Gottes mit seinem Volk, das Fest der Ausrufung des Gottesreiches unter den Menschen. Der Tisch ist frei für jeden, der kommen will, und es versammelt sich weder die religiöse Elite noch der soziale „Kehricht", sondern das brüderliche Gottesvolk aus den Armen und den Reichen, aus den Frommen und den Unfrommen.

Hier wird etwas sichtbar, das von weittragender Bedeutung ist. In allen Epochen gab es die Guten und die Bösen, die Freunde und die Feinde, die Mächtigen und die Ausgebeuteten, die durch das Recht Geschützten und die Rechtlosen, die Vertreter Gottes und die Vertreter der Unterwelt, die Männer und die Frauen, die Erwachsenen und die Kinder, und vor allem: die kultisch Reinen und die kultisch Unreinen.

Die Hoffnung auf das Gottesreich nun, wie Jesus sie verkörpert, ist das Ende dieser Spaltung, ist die Integration der Menschheit in das eine Gottesvolk. Für ihn war Gott oben und unten zugleich, und die Welt war in allen ihren Schichten und Zonen die Welt Gottes.

Eine Hochzeit wird gefeiert. Die Gäste tragen zusammen, was sie gemeinsam essen wollen, und die Hausfrau steht an der Tür in Erwartung der Speisen. Vor dem Backofen sitzen andere und formen die flachen Brotfladen. Anschließend sitzen die Männer unter sich, die Frauen und Kinder an einer anderen Stelle des Hofs zwischen den Hütten. Bei einem Fest, das ich mitfeierte, konnte ich den Hintergrund studieren: Die Frauen trugen so viel Eßbares zusammen und kochten in so gewaltigen Töpfen ihr herrliches Gericht, daß die Männer höchstens den fünften Teil davon essen konnten. Alles andere blieb auf Tage hinaus den Frauen und den Kindern. Die Unterdrückten haben sich, seit die Welt steht, immer auch wieder zu wehren gewußt.

Jesus und der zuständige König

Es ist ein alter Streitpunkt unter Christen, wie Jesus seiner Obrigkeit gegenübergestanden habe, vor allem auch, ob Paulus mit seinem Wort „ein jeder sei untertan der Obrigkeit, die Gewalt über ihn hat" (Römer 13,1) wirklich eine Weisung Jesu wiedergebe.

Wenn Jesus hier über den See fuhr oder vom Hafen von Kafarnaum nach Süden sah, lag die Hauptstadt seines Landes, Tiberias, breit am Ufer mit helleuchtenden Kalkstein- und Marmormauern, Türmen und Palästen.

„Damals kamen einige Pharisäer zu Jesus und sagten: ‚Geh! Sieh zu, daß du dich entfernst! Herodes fahndet nach dir und will dich töten!' ‚Sagt diesem Wolf', erwiderte Jesus, ‚noch habe ich Zeit. Noch heile ich Menschen von ihren Leiden an Seele und Leib, heute und morgen. Am dritten Tag erst, wenn Gottes Stunde kommt, wird mein Werk vollendet sein. Aber ihr habt recht. Ich muß auf dem Weg sein auf Jerusalem zu, heute und morgen und am dritten Tag, denn es geht nicht an, daß ein Beauftragter Gottes anderswo umkommt als in Jerusalem!'" (Lukas 13,31–33).

„Was die Könige an den Menschen zerstören, das will ich heilen", sagt Jesus. In unseren Bibeln wird im allgemeinen übersetzt: „Sagt diesem Fuchs: ..." Aber wenn wir von einem Fuchs reden, meinen wir seine Gerissenheit und Schläue. Das ist nicht gemeint. Was dort Fuchs heißt, ist eine Art Wüstenwolf, ein für Mensch und Vieh gefährliches Raubtier. Und Jesus weiß: Auf irgendeine Weise werde ich als Opfer der Mächtigen enden. Es ist ihnen zuviel Freiheit, was ich den Menschen gebe. Es ist ihnen zuviel Unabhängigkeit. Das Gottesvolk, zu dem alle gehören sollen, ist mit den Vorstellungen der Mächtigen nicht zu vereinbaren.

Was Jesus den Reichen dieser Welt entgegensetzt, das sind nicht zuletzt seine schlichten Gleichnisse vom Wachstum des Gottesreiches. Gott hat etwas in diese Erde gesät. Es wird wachsen. Es wird reifen, und am Ende werden wir ernten, wie die Frauen auf den Hügeln von Galiläa mit ihren kurzen Sicheln ihre Frucht einbringen.

Was Jesus den Reichen dieser Welt entgegensetzt, das ist das Wissen, daß eine gestaltende Hand am Werk ist, die Hand Gottes, die den Blumen ihre Schönheit und den Vögeln am Himmel ihren Flug gegeben hat, und daß wir dieser Hand auch die Offenbarung der Wahrheit überlassen sollen. Wir sind es nicht, die dieser Welt ihr Ziel zeigen. Wir sind vielmehr selbst die, die sich als Werk Gottes und sein Werkzeug zugleich verstehen sollen wie die roten Anemonen Galiläas, die aus der Hand Gottes kommen und die gestaltende Kraft Gottes bekunden. Alles Wichtige ist Gnade, und alles Wirksame ist letzten Endes Ausdruck des Vertrauens.

Tiberias, die Hauptstadt von Galiläa, am Westufer des Sees gelegen, ist erst zur Zeit Jesu angelegt und erbaut worden. Damals regierte in diesem Landstrich Herodes Antipas, einer der vier Regionalkönige, unter die das Reich des Herodes nach dessen Tod im Jahre 4 v. Chr. aufgeteilt worden war. Ab dem Jahr 18 n. Chr., als Jesus fünfundzwanzig Jahre alt war, erbaute Herodes Antipas neben den heilkräftigen Quellen des alten Hamath eine prunkvolle Stadt in hellenistischem Stil mit Forum, Sportstätten, Theatern, Bädern und einer mächtigen Akropolis auf dem Hügel über der Stadt. Im Jahr 23 wurde sie eingeweiht. Und weil Herodes die Gunst des Kaisers Tiberius brauchte, nannte er sie „Tiberias". Aber die Stadt wurde von den Juden gemieden und mußte mit allerlei landfremdem Volk zwangsweise besiedelt werden.

Später begann indessen gerade Tiberias eine herausragende Rolle zu spielen. Als Jerusalem mit dem Tempel im Jahre 70 n. Chr. zerstört war und Jahre später alle Juden aus Jerusalem ausgewiesen wurden, sammelten sich die Schriftgelehrten und der Hohe Rat zunächst in Jabne bei Jaffa, dann in Beth Schearim bei Haifa, nach dem Jahr 200 aber in Tiberias, wo in der Folgezeit ein Zentrum jüdischer Gelehrsamkeit entstand. Was wir den „Talmud" nennen, ein Werk der Auslegung des Gesetzes, entstand in einer besonderen Fassung hier in Tiberias. Diesen Gelehrten ist auch die Tatsache zu danken, daß uns der Text der Hebräischen Bibel, das Alte Testament, in so sorgfältiger Wiedergabe erhalten ist.

Tausend Jahre später bauten die Kreuzfahrer hier Stadt und Burg. So sehen wir heute vom Hafenkai aus an der Mauer der Kreuzfahrer und einem ihrer Türme vorbei auf die Badeanlagen der Stadt des Herodes Antipas (rechts).

Kurz vor 1100 n. Chr. hatten die Kreuzfahrer Jerusalem erobert. Danach gründeten sie im ganzen Nahen Osten ihre Fürstentümer. Der Normanne Tankred erhielt das Fürstentum Galiläa und baute sich am Rand der Stadt des Antipas seine Hauptstadt. Hundert Jahre später vernichtete Sultan Saladin zehn Kilometer westlich davon das Kreuzfahrerheer in der blutigen Schlacht auf den Hörnern von Hittim. Seitdem wurde die Stadt immer wieder zerstört und aufgebaut und zerstört und aufgebaut, bis sie heute, nach Gründung des Staats Israel, ein Zentrum des Tourismus wurde mit unzähligen Hotels, ein Zentrum des Badebetriebs am See Gennesaret.

Schafe, die keinen Hirten haben

„Und Jesus ging umher in alle Städte und Dörfer, lehrte in ihren Synagogen, verkündete das Evangelium vom Reich Gottes und heilte allerlei Krankheit und Gebrechen. Und als er die Menschen sah, tat es ihm weh um sie, denn sie waren verhungert und heruntergekommen wie Schafe, die keinen Hirten haben" (Mattäus 9, 35–36).

Etwas südlich Tiberias liegt am Berghang das Grab des Rabbi Meir, des großen Schriftgelehrten des 2. Jahrhunderts n. Chr., der den Beinamen „Herr des Wunders" trägt. Aus der überhellen Sonne trat ich in das Dämmer einer geräumigen Halle. Als ich mich an das gedämpfte Licht gewöhnt hatte, stockte mir der Atem.

Am Grabe des Wundertäters lagen oder saßen, rings an den Wänden, Kranke, Lahme, Schwachsinnige auf Matten und Matratzen. Vorsichtig fragte ich mich durch: Sie alle warteten auf das Wunder. Sie wirkten wie abseits der modernen Gesellschaft Israels. Ohne rechte Versorgung, es sei denn, Verwandte brächten ihnen Nahrung oder Touristen würfen ihnen etwas in ihre Büchsen.

Ich erzählte einem sehr gebildeten, kenntnisreichen Rabbi von meinem Eindruck. Der lehnte sich genießerisch und mit süffisantem Lächeln in seinen Schreibtischstuhl zurück: „Wissen Sie, was das für ein Wunder war, das Rabbi Meir getan hat? Er hatte eine Nichte. Die wurde eines Tages verhaftet und lebte eine Weile in einem römischen Gefängnis, und als sie wieder herauskam, war sie noch eine Jungfrau. Das war das ganze Wunder."

„Das meine ich nicht", antwortete ich, „mich interessiert die Hoffnung dieser Menschen auf das Wunder, das an ihnen geschehen soll." Da veränderte er sich vollkommen. Todernst und leidenschaftlich und mit einer weitausholenden Handbewegung um sich her Raum schaffend, fuhr er fort: „Das hat mit der jüdischen Religion nicht das geringste zu tun. Diese Leute stehen alle außerhalb unseres Glaubens!"

Als ich Wochen später noch einmal in die Halle der Wartenden trat, lagen sie da wie beim ersten Mal: Sozial, medizinisch und also offenbar auch religiös im Abseits. Wie Schafe, „die keinen Hirten haben". „Und es tat ihm weh um sie", erzählt das Evangelium. Nicht in Kafarnaum und nicht in Nazaret, nicht einmal in Jerusalem war mir Jesus so unmittelbar nahe wie dort unter den armseligen Gestalten am Grab des Rabbi Meir.

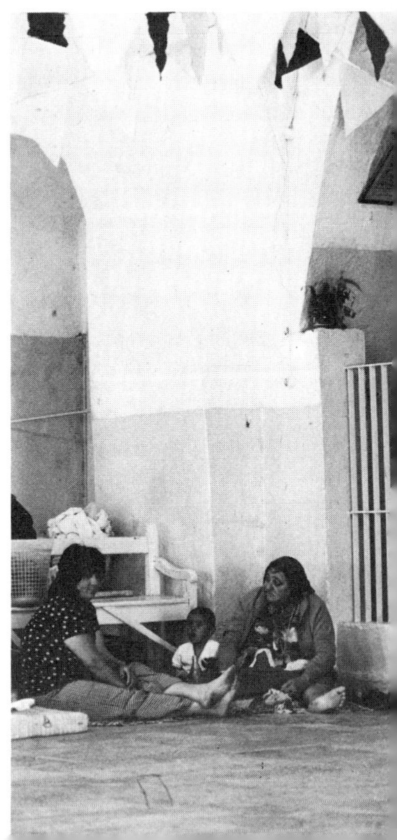

Jesus und die Frauen

Immer wieder wird berichtet, die Menschen hätten gestaunt über seine Lehre, man hätte sich gewundert, man sei erschrocken, man habe sich entsetzt.

Denn es ist nicht nur so, daß Jesus sich als großer Gegensatz zu herrschenden Kräften des späteren Judentums nur von diesem und seiner ganzen Tradition abgehoben hätte. So wäre er begreiflich gewesen, so hätte man ihn einordnen können. Aber so, wie Jesus war, waren die Zuhörer ratlos, auf irgendeine Weise verloren sie den Boden unter den Füßen.

Offenbar war Jesus auf eine atemberaubende Weise einzigartig und immer wieder ganz anders, als selbst seine Anhänger ihn einschätzten. Immer wieder lesen wir, daß seine Zuhörer nach seiner Rede die Köpfe zusammensteckten, um sich zu bereden, wer denn dieser Mensch eigentlich sei, oder gar um zu beschließen, dieser Mensch müsse umgebracht werden.

Einer der Punkte, die hier immer wieder mit fassungslosem Staunen gesehen und mit Leidenschaft diskutiert wurden, war seine Art, mit Frauen umzugehen. In der Umgebung Jesu und in der gesamten antiken Welt geht die Frage um, ob denn die Frau mehr dem Menschen oder mehr den Tieren zuzuordnen sei. Ob sie an Gottes Geist teilhabe oder nicht. Immer ist die Frau von der Gegenwart Gottes im Kult weiter entfernt als der Mann, und in den Synagogen, auch in Kafarnaum, saßen die Frauen fern auf der Empore, wenn die Männer das Gotteswort auslegten.

Liest man das Evangelium, so gewinnt man den Eindruck, Jesus gehe auf völlig freie und gelassene Art mit Frauen und Männern gleich um. Er berührt beide, er läßt sich von beiden berühren, er wendet sich Frauen und Männern gleichermaßen zu, er redet – was ein Rabbi jener Zeit nicht tat – in aller Öffentlichkeit mit Frauen wie mit Männern. Er kümmert sich um Mütter mit Kindern, er nimmt Frauen in seine wandernde Schülergruppe auf, und es ist nicht zufällig, sondern spiegelt, was da während seines Lebens geschehen war, wenn am Ende, als er am Kreuz starb, die Frauen seiner Schülerschaft bei ihm aushielten, während die Männer – außer Johannes – längst das Weite gesucht hatten.

Ein Beispiel mag genügen: Jesus kommt in das Haus eines Pharisäers, und während des Essens tritt eine Frau ein, eine „Sünderin", wie der Berichterstatter weiß. Sie zerbricht ein kleines Fläschchen und salbt Jesus die Füße, netzt sie mit ihren Tränen

Die einfache Spindel, wie sie seit Jahrtausenden von Frauen verwendet wird, kann man noch heute in den Dörfern beobachten.

Der Steinkrug wurde durch den Blechkanister ersetzt, aber noch immer holen Frauen Wasser vom

und trocknet sie mit ihrem Haar. Sie erklärt ihre Liebe und ihre Verehrung. Ihre Dankbarkeit wohl auch. Jesus löst sie aus dem Bann dessen, was da immer gewesen sein mag, und entläßt sie in den Frieden. Der Gastgeber nimmt das als ein Zeichen dafür, daß dieser Mann unmöglich im Auftrag Gottes handeln könne, da dies doch eine Frau und zudem eine Sünderin sei (Lukas 7, 36 ff.). Die Frau muß, meiner Schätzung nach, auf ihrem Heimweg gestrahlt haben wie die Sonne. Nicht so die Kirche. Bis zum heutigen Tag kennt man diese Frau als die „große Sünderin". So lautet in der Regel die Überschrift über diese Geschichte. Was für eine Unverschämtheit, einen Menschen, den Jesus frei und glücklich gemacht hat, nach 2000 Jahren noch die große Sünderin zu nennen, als hätte sich an ihr nichts geändert!

Es wirkt so, als habe er auch in Gott, den er „lieber Vater" nannte mit einer Zärtlichkeit, die den Zeitgenossen fremd war, die verfemte und verbannte göttliche Mutter zurückgeholt und in das Bild Gottes integriert. Und auf alle Fälle hat er das Gottesreich zu einem Reich ausgeweitet nicht nur für Gerechte und Ungerechte, sondern eben auch für Mann und Frau und Kind so, daß es die universale und umfassende Fülle Gottes spiegelte. Die Zeit des Patriarchats endete bei Jesus, und was seitdem ist, ist ein Rückfall in einen Geist, der um das Jahr 30 in Galiläa schon überwunden war.

Brunnen, wie es schon immer war.

Der Teig wird in flachen Schüsseln zubereitet und dann werden die Fladen auf einem Blech geröstet, unter dem nur wenig Reisigfeuer die nötige Hitze gibt (rechts unten).

Werden wie Kinder

Wenn erzählt wird, Jesus habe Kinder gesegnet und dazu gesagt: Wenn ihr nicht wie Kinder werdet, könnt ihr das Reich Gottes nicht sehen (Mattäus 18, 3) – was sollte das bedeuten? Ist es ein Abstecher ins Sentimentale? Das Bild mit dem grimmigen Eselreiter könnte uns auf die Spur führen.

Er repräsentiert eben jene Welt, in der Jesus auftrat. Er ist Araber und wohnt in Jerusalem. An der Wand steht geschrieben, was er vermutlich denkt: Da ist eine arabische Flagge angemalt, daneben ein Davidsstern, in dem das Wort NO steht. Nein! Seine Welt ist eine Welt aus Ja und Nein, Gut und Böse, Licht und Finsternis, Recht und Unrecht. Er weiß genau, wo die Bösen sind und woher alles Unheil kommt, wie es ja auch heute noch Politiker geben soll, die das genau wissen. Da ist alles festgelegt und sortiert, und da kommt es nur noch darauf an, wer den anderen schlägt, beseitigt, auslöscht.

Ich könnte mir denken, daß Jesus sich, wenn die Welt der grimmigen politischen und geistigen Kämpfer ihn wieder einmal

Es ging laut und turbulent zu auf der Hauptstraße von Tiberias an einem warmen Sommerabend nach einem heißen Tag. Im Geschiebe der bummelnden Passanten wurden junge Leute, ganze Familien, würdige Herrschaften und hin und wieder auch ein Rudel Kinder an mir vorbeigedrückt. Ich hatte mich, des Mitschwimmens in der Menge ein wenig müde, auf ein Teerfaß gesetzt und legte eben in dem schwachen Licht, das aus einem einfachen Eissalon fiel, einen neuen Film ein, als sechs oder acht kleine Jungen vor mir stehenblieben und mir zusahen. Sie fragten in passablem Schulenglisch nach dem Apparat und ob ich einen Farbfilm darin hätte, woher ich komme, was ich von Beruf sei und ob niemand mit mir reise. Wir unterhielten uns eine ganze Weile. Sie blieben distanziert und sachlich und prüften genau, wer ich war; es störte sie in keiner Weise, daß ich ein Deutscher war – sie verstanden sogar einzelne deutsche Wörter, und während ich in ihren Gesichtern zu lesen suchte, bemühten sie sich ihrerseits, in dem meinen zu lesen.
Waren das Kinder? Es ging mir oft gerade in Israel so, daß ich seltsam unschlüssig war, welches Alter ich dem einen oder dem anderen von ihnen geben sollte. Sie schienen mir eigentümlich alterslos. Wie alt sind denn diese dunkel beschatteten Augen? Zehn Jahre, zwanzig oder viertausend? Mir scheint manchmal, in solchen Kindergesichtern komme ein uraltes, prägendes Erbe, ein von hundert Generationen herkommendes Wissen mehr oder minder verborgen zu uns, bereit, an der geheimnisvollen Überlieferung des Geistes und der Seele weiterzuschreiben, wie sie sich hier als die besondere jüdische in jüdischen Kindergesichtern ausdrückte. Es war

die merkwürdige Aura eines für Vergangenheit und Zukunft offenen Geistes und eines uralten Schicksals, das wie gesättigt ist mit der Schwermut einer jahrtausendealten Erfahrung.

Die Jungen blieben eine Weile, bis ihnen der Ausländer auf der Teertonne uninteressant wurde, und schwammen dann in den Wirbelbildungen der Passantenflut weiter. Habe ich zuviel in sie hineingesehen? Ich meine nicht. Ich meine, es sei gut, in einem Kind immer ein wenig mehr an Geist zu vermuten, an Wissen, auch an Reife, ein paar Stufen mehr an Tiefe hinter den dunklen Augenlidern, als kleine Jungen an einem Tingeltangelabend in Tiberias dem ersten Blick zeigen.

gründlich müde gemacht hatte, an Kindern erquickte. Daß er wünschte, so möchten doch die Erwachsenen sein. Nicht, weil Kinder so „rein" wären. Das sind sie nicht. Nicht, weil sie so freundlich miteinander umgingen. Das tun sie sowenig wie die Erwachsenen. Nicht, weil es bei ihnen keinen Konkurrenzneid, kein Habenwollen und kein Rechthaben gäbe. Das alles anzunehmen ist in der Tat Romantik. Vielleicht schon eher deshalb, weil für Kinder noch nicht alles festgelegt und festgebannt ist. Vielleicht, weil sie noch fähig sind, Neues mit offenen, großen Augen aufzunehmen. Vielleicht, weil sie zu den Leidenden mehr gehören als zu denen, die Leid zufügen. Vielleicht, weil sie machtlos sind und erwartungsvoll zugleich. Vielleicht, weil es für ein Kind jederzeit möglich ist, dem Menschen, den es erlebt als einen, der ihm Leid zufügt, zuzutrauen, daß er trotzdem kein rabenschwarzer Teufel sei. Vielleicht, weil Kinder sehr viel weniger als Erwachsene an ihre Vorurteile gebunden sind und viel weniger an vorgefertigte Feindbilder. Und vielleicht auch deshalb, weil für ihn Kinder nicht erst auf dem Weg waren, Menschen zu werden, sondern es schon waren: ganze, vollständige Menschen mit eigenem Wesen, eigenem Recht, eigener Würde.

Das Volk Gottes war für ihn offenbar eine Gemeinschaft der Menschen überhaupt, in der es Unterschiede weder zwischen Juden und Heiden gab noch Unterschiede der Rasse oder der Herkunft oder der sozialen Schicht oder des Alters. Die Familien mit ihren Autoritätsstrukturen lösten sich für ihn auf, und es entstand so etwas wie die Wahlverwandtschaft der Familie Gottes, in der das Gottesreich anfing zu wachsen. Wo immer patriarcha-

lisch gedacht wird, sind solche Vorstellungen nicht möglich. Sie erscheinen illusionär. Aber eben dies, was den „vernünftig", das heißt in Ordnungen und Machtverhältnissen Denkenden illusionär scheint, war für Jesus die Wahrheit. Die Wahrheit einer Welt, die wieder aus einem Stück ist zwischen oben und unten, verbunden in der Güte Gottes und der Güte der Menschen.

Verherrlichung auf dem Berg

„Und Jesus nahm Petrus, Jakobus und Johannes und führte sie allein auf einen hohen Berg. Da wurde er vor ihren Augen wie durchscheinend. Sein Gesicht leuchtete wie die Sonne, und seine Kleider wurden weiß wie das Licht. Und es erschienen ihm Mose und Elia, die redeten mit ihm" (Mattäus 17,1–3).

Der Tabor in Galiläa (oben links).

Im Vordergrund der Arbel am See Gennesaret mit der Bucht von Magdala. Im Hintergrund der Har Merom (unten links).

Vorgebirge des Hermon (oben).

Niemand weiß, von welchem Berg hier die Rede ist. Man hat schon an den Tabor gedacht, den einzigartigen Bergkegel zwischen Nazaret und dem See, und die Sonne, wenn sie hinter dem Tabor untergeht, gibt in der Tat eine Ahnung dessen, was mit „Verklärung", mit „Verherrlichung" gemeint ist. Aber in der Zeit Jesu war auf dem Tabor eine Kaserne. Die Juden mieden den Berg.

Man hat auch schon an irgendeinen Berg am See selbst gedacht, etwa den Arbel, der auf dem Bild links unten aus dem See aufsteigt, oder an einen der Berge von Obergaliläa wie den Har Merom, der sich links unten über der alten Ortslage von Magdala erhebt.

Oder an einen der Vorberge des Hermon, wie sie sich auf dem Bild oben aus den Talmulden des Golan erheben. Wenn es in der erwähnten Geschichte heißt: „Es überschattete sie eine lichte Wolke" – nun, auf dem Hermon sind die Gipfel fast immer in Wolken...

Aber niemand weiß es, und es ist charakteristisch für diese Geschichte, daß sie so im Schwebenden bleibt, so unscharf und so ahnungsweise. Sie erzählt, daß die Schüler Jesu mit ihm Erfahrungen gemacht haben, die an der Grenze zum nicht mehr Wahrnehmbaren lagen, daß er ihnen transparent geworden sei auf das Licht Gottes hin, auf die Welt des Geistes Gottes.

Der Hirte und das Lamm

Die Welt der Hirten und der Bauern ist der Hintergrund vieler Gleichnisreden, die uns von Jesus Christus überliefert sind. „Wer unter euch, der hundert Schafe hat und verliert eins, läßt nicht die neunundneunzig in der Steppe und geht und sucht das eine?" (Lukas 15, 4). Und dies Verhalten eines Hirten wird zum Hintergrund einer Rede über die sorgsame Aufmerksamkeit Gottes, der den „Verlorenen" unter den Menschen nachgeht.

Aber dieses Gleichnis geht unmerklich über in ein Bild für Jesus selbst. „Ich bin der gute Hirte." Und in diesem Gleichnis wandelt sich die Situation. Es ist nicht mehr die Situation, daß sich ein Schaf verläuft, sondern die, daß einer der Wüstenwölfe über

In der Wüste bei Palmyra trieb ein Junge, vielleicht zwölfjährig, eine gewaltige Ziegenherde an einer alten Mauer entlang. Es war wie ein kleiner Sturm, der da an mir vorüberzog. Ein paar Touristen standen am Rand und drängelten sich in den Zug der Ziegen. „Bitte wegbleiben!" müßte man vermutlich übersetzen, was er ihnen zurief. Die schlichte Szene von der Wachsamkeit eines Menschen und sein Eintreten für eine Tiergemeinschaft hat mich lange beschäftigt, und ich empfand immer wieder die große Nähe in der Gestalt und Bewegung des Kindes mit dem Christus, der von sich sagte: „Ich bin der Hirte." „Laßt sie!" rief der Junge, „bringt sie nicht durcheinander! Ich bin hier verantwortlich. Ich bin hier der Hirte!"

Die andere Seite des Gleichnisses von den Schafen begegnete mir auf dem Arbel in Galiläa über dem Ufer des Sees. Ich ging auf dem Rand der Felsen über den Höhlen entlang und stand plötzlich vor einem toten Schaf. Aber das war nicht etwa dort gestorben oder verunglückt. Es war geopfert. Der Hals war ihm aufgeschnitten, und das Blut war durch eine Rinne in ein kleines, in den Felsen gehauenes Becken geflossen. Irgendwer, vielleicht einer von den Arabern aus dem Dorf am Fuß des Berges, hatte hier ein Opfer gebracht. Ob seine Tochter heiratete und er um Segen für sie bat? Ob er ein schwieriges Geschäft vor sich hatte und ein Schutzgeist irgendwelcher Art ihm dabei helfen sollte?

Als ich einmal in Syrien zufällig in die Feier der Eröffnung eines neuen Stücks der Autobahn geriet, stand ich plötzlich vor der Zeremonie, wie zehn Hämmel geschlachtet und quer über den Anfang der neuen Autobahn gelegt wurden. Irgendwo in diesen Menschen muß ein archaisches Wissen lebendig sein, das nicht so primitiv ist, wie wir aufgeklärten Alles-und Nichtswisser aus dem Abendland meinen. Bei uns rühmt man Leistungen. Dort dankt man für das Gelingen und bittet um Schutz für die, die hier fahren werden. Das tiefere Wissen könnte heute sogar noch dort sein, wo wir von Aberglauben reden, und die ernstere Verantwortung dort, wo wir von Magie sprechen.

die Herde herfällt. Der gute Hirte wirft sich zwischen den Wolf und die Herde auf die Gefahr hin, daß er dabei selbst gerissen wird: „Der gute Hirte läßt sein Leben für die Schafe."

Der Gedanke kehrt sich um. Immer wußte die Menschheit, daß der Mensch sein Dasein verfehlt durch Torheit, durch Gewalttat, durch Lüge und tausend Formen des Fehlverhaltens gegenüber Gott und den Menschen und nicht zuletzt gegenüber sich selbst. So opferten die alten Völker ein Tier, um zu sagen: Eigentlich hat der Mensch selbst sein Leben verwirkt. Wir bitten aber die Götter und die Schicksalsmächte, das Opfer eines Tieres anzunehmen und uns unsere Schuld nicht entgelten zu lassen. Mag das in unseren Ohren primitiv klingen, ungleich primitiver ist die Naivität, mit der wir heute Schuld verkleinern und die Ansprüche des Menschen auf Wohlergehen ins Unendliche steigern.

Wie die Menschen ein Lamm opfern, um Gott oder das Schicksal zu versöhnen, so werde ich sterben müssen, sagt Jesus, nun nicht nur als der Hirte, der sich opfert, sondern auch als das Lamm, das geopfert wird (Johannes 10). Von einem bestimmten Zeitpunkt an sah er, daß es keinen direkten Weg zum Gottesreich geben könne, wenn er selbst nicht bereit sei, sich für die Armen unter den Menschen, die Leidenden und die Schuldigen zu opfern. Damit nimmt der Weg des Meisters von Nazaret die Wendung nach Jerusalem, in die Passion.

IX Das Mysterium von Tod und Leben

Jesus in Jerusalem

„Auf nach Jerusalem!"

Auf seinem Weg in den Süden des Landes, nach Jerusalem, die Zentrale der weltlichen und der geistlichen Macht, sprach Jesus zu seinen Begleitern:

„Wir ziehen nach Jerusalem hinauf, und die Hohenpriester und Schriftgelehrten werden mich vor Gericht stellen, werden mich zum Tode verurteilen und den Römern ausliefern … Sie werden mich verspotten, geißeln und hinrichten. Aber am dritten Tag werde ich auferstehen" (Mattäus 20,17.18).

Wadi Kilt (links).

Jerusalem, vom Ölberg her gesehen (oben).

Durch die Wüste Juda wanderte er von Jericho aus hinauf, wo die Schlucht des Wadi Kilt einen Wanderweg hat und wo später die Mönche ihr Kloster bauten, um die Pilger auf ihrem einsamen Weg vor Banditen zu schützen.

Mit seinem Weg nach Jerusalem suchte Jesus die Entscheidung: Würde sein Volk seinen Anspruch, der Bevollmächtigte Gottes zu sein, der Messias, der berufene Verkünder des Gottesreiches, annehmen oder abweisen?, das war die Frage. Und Jesus wußte, daß die Ablehnung zugleich seinen Tod bedeuten würde. Denn wer diesen Anspruch unberechtigt erhob, verfiel dem Tode.

„Als sie kurz vor Jerusalem waren, auf dem Ölberg, vor dem Dorf Betfage, sandte Jesus zwei seiner Begleiter voraus und befahl ihnen: ‚Geht in das Dorf, das vor euch liegt. Dort werdet ihr eine Eselin finden, die mit ihrem Füllen zusammen angebunden steht. Bindet sie los und bringt sie zu mir. Wenn euch jemand deswegen zur Rede stellt, dann sprecht: Der Herr braucht sie. Dann wird er sie euch lassen.' Das geschah aber, weil sich das Wort des Propheten erfüllen sollte:

Sagt der Stadt Jerusalem:
Sieh her! Dein König kommt zu dir!
Er kommt ohne Gewalt
und reitet auf einem Esel,
auf einem Füllen des Lasttiers!

Die beiden gingen und taten, was Jesus ihnen befohlen hatte, brachten die Eselin und das Füllen, legten ihre Kleider darauf, und Jesus setzte sich auf das Tier. Und viele breiteten ihre Kleider auf den Weg, andere hieben Zweige von den Bäumen und streuten sie auf den Weg.

Und als er in Jerusalem einzog, geriet die ganze Stadt in Bewegung, und man fragte hin und her: ‚Wer ist das?' Die Menge, die mit ihm gekommen war, antwortete: ‚Jesus, der Prophet aus Nazaret in Galiläa' " (Mattäus 21).

Alle Jahre wird der Palmsonntag von den Christen in Jerusalem mit einer Prozession gefeiert, an der zwischen 50 000 und 100 000 Menschen teilnehmen. Sie wandern von Betfage aus, dem Ort im Osten des Ölbergs, an dem der Wanderer von der Wüste her das bewohnte Land erreicht, mit Palmzweigen, Fahnen, Standarten und Vortragekreuzen über die Höhe hinunter ins Kidrontal und von dort hinauf in die Stadt. Wenn die ersten dieser Pilger schon durch das Löwentor einziehen, sind die letzten in Betfage noch nicht aufgebrochen. Als ich einmal, wie schon oft, mitzog, legte eine amerikanische Gruppe den ganzen Weg tanzend zurück, stundenlang, und weil die anderen so langsam vorankamen, tanzten sie immer 30 Schritte vorwärts, 20 zurück, dann ein paar Takte auf der Stelle und wieder 30 nach vorn.

Zwischen den Mauern, die den jüdischen Friedhof links von den Gärten der christlichen Kirchen rechts trennen, steigen sie ins Kidrontal ab, den Blick auf den Ort gerichtet, an dem zu Zeiten Jesu der große Tempel des Herodes gestanden hatte, und ziehen in die Stadt durch das Löwentor ein.

Mauern der Abwehr

Drei oder vier Tage lang redete Jesus danach mit Vertretern der verschiedenen Parteien, und es stellte sich bald heraus, daß er keine Zustimmung von den Oberen zu erwarten hatte und die Oberen keine Nachsicht von ihm.

„Und Jesus sah – vom Ölberg hinuntersehend – die Stadt an, weinte über sie und sprach: ‚Wenn du doch erkennen würdest an diesem Tag, was dir zum Frieden dient! Aber es ist deinen Augen verborgen. Darum wird eine Zeit über dich kommen, da werden deine Feinde einen Wall um dich aufwerfen, dich belagern und von allen Seiten bestürmen. Sie werden dich und deine Kinder zerschmettern und keinen Stein auf dem anderen lassen – weil du die Zeit nicht erkannt hast, in der dich die Gnade besucht hat' " (Lukas 19, 41–44).

Jerusalem nach Sonnenuntergang, vom Ölberg aus gesehen.

Masada (rechts) gehörte zu der Kette von Fluchtburgen, die sich Herodes erbaut hatte. Es war eigentlich eine befestigte Stadt, fünfzig Kilometer südlich Qumran am Westufer des Toten Meers gelegen, auf einem ungeheuren und praktisch nicht zu besteigenden Felsen.

Im römischen Krieg besetzten die aufständischen Juden die Festung, zusammen mit Mönchen aus Qumran, die sich hierher zurückgezogen hatten.

Drei Jahre lang belagerten die Römer den Felsen, dann bauten sie den steilen Damm. Als danach den Verteidigern klar war, daß die Römer einbrechen würden, fand das berühmte Drama statt: Fast tausend Männer, Frauen und Kinder töteten einander und sich selbst, um nicht in die Hände der Feinde zu fallen. Damit hatte der Staat der Juden für 1878 Jahre zu bestehen aufgehört.

Was Jesus politisch forderte, war die Bescheidung, sich mit dem jetzt möglichen Maß nationaler Freiheit abzufinden, die fremden Römer zu dulden und die Wirklichkeit nicht zu verkennen. Die Bescheidung hätte die Katastrophe verhindern können. Tausende von Holzkreuzen standen wenige Jahrzehnte danach um die Stadt, und die Römer nagelten jeden, den sie ergreifen konnten, im Angesicht der Verteidiger an sein Kreuz, bis die Stadt und der Tempel schließlich in Flammen aufgingen.

Wie eine Belagerung sich abspielte, sehen wir heute noch an der Wüstenfestung Masada am Toten Meer, die im römischen Krieg wie Jerusalem belagert und erobert wurde: An den senkrechten Felsen schütteten die Römer einen steilen Wall auf, so daß sie mit ihren Belagerungsmaschinen bis an die Mauer kamen. Im

Vordergrund liegt heute noch ein Legionslager, eines von sechs, die noch rund um den Felsklotz her liegen, als gehe die Belagerung bis zum heutigen Tage fort.

Jerusalem von Osten

Woher immer ein Besucher der Altstadt von Jerusalem kommt, immer ist der erste Blickfang die goldene Kuppel des Felsendoms, das wunderbare Bauwerk der Omaijaden aus dem 8. Jahrhundert.

Links davon die kleinere Silberkuppel der El Aksa-Moschee, des zentralen Raums für die islamischen Gottesdienste. Davor die Mauerecke, die man als die „Zinne des Tempels" bezeichnete und von der in der Versuchungsgeschichte Jesu die Rede ist.

Nach links aufwärts zieht sich die Mauer zum „Zionsberg" mit der von Kaiser Wilhelm II. gestifteten deutschen Dormitio-Abtei. Rechts dieser Stelle denken wir uns den Palast des Hohenpriesters Kaiphas.

Die Mauer der heutigen Altstadt hat nicht mehr viel mit der Mauer zu tun, über deren gewaltige Steine die Jünger Jesu staunten. Sie stammt in ihren oberen Schichten durchweg von Suleiman dem Prächtigen, der sie nach der Eroberung der Stadt durch die Türken nach 1517 errichten ließ.

Jerusalem. Genau zwischen Felsendom und El Aksa-Moschee erkennen wir unten einen schmalen Kirchturm: die deutsche Erlöserkirche. Die graue Kuppel knapp rechts von ihr ist die Kuppel über der Anastasis der Grabeskirche. Dort also war Golgota, außerhalb der Mauern der damaligen Stadt.

Rechts des Felsendoms in der Mauer das Goldene Tor mit seinen zwei Bögen. Die Straße, die am rechten Bildrand von rechts unten her auf die Mauer zuläuft, trifft auf das Löwen- oder Stefanustor, hinter dem wir uns die Stelle denken, an der der Teich Betesda zu suchen ist..

Links oberhalb des Goldenen Tors ist der Ort, an dem sich, wo heute das große islamische Schulgebäude steht, damals die Burg Antonia erhob, von der aus die Römer das Geschehen auf dem Tempelplatz kontrollierten.

Jerusalem von Osten

Im Vordergrund der jüdische Friedhof am Ölberghang, unter der Mauer gegenüber der islamische. Rechts unten zwischen den Bäumen Getsemani.

Zur Luftaufnahme rechts: Sie zeigt den Tempelplatz aus der Gegenrichtung. Die kleine Maschine, aus der wir den Tempelplatz überblickten, kreiste während der Aufnahme über dem Zionsberg. Im Hintergrund links der Skopusberg, rechts der Ölberg. Davor das Kidrontal mit den dunklen Bäumen von Getsemani. In der rechten unteren Ecke der Ort des Jerusalem, das König David bewohnte.

Das Rechteck des herodianischen Tempelplatzes zeigt sich hier von der Seite der Klagemauer her, die dunkel rechts unterhalb des Felsendoms steht. Rechts davon die weiträumigen Ausgrabungen der Tempelplatzumgebung aus der Zeit Jesu.

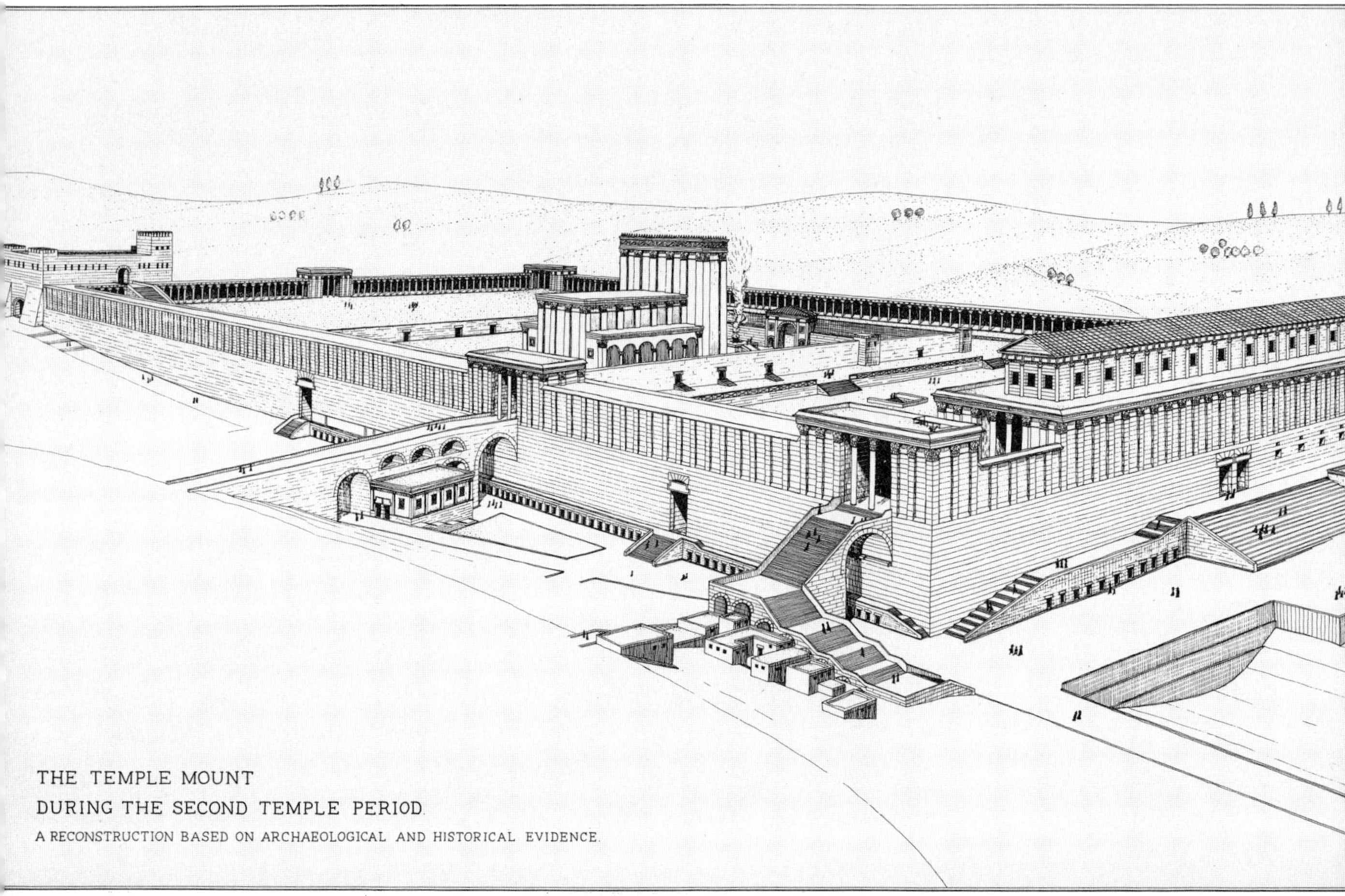
THE TEMPLE MOUNT
DURING THE SECOND TEMPLE PERIOD
A RECONSTRUCTION BASED ON ARCHAEOLOGICAL AND HISTORICAL EVIDENCE

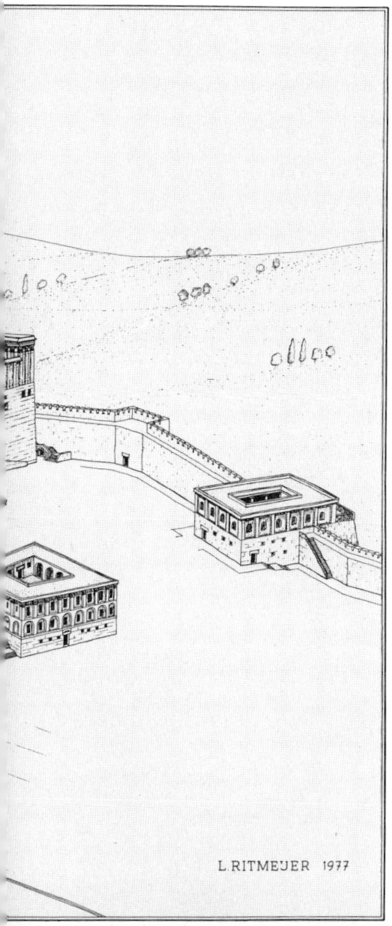

Der Tempelplatz ist kaum wiederzuerkennen

Die Zeichnung eines holländischen Archäologen zeigt den Tempelberg vor 2000 Jahren aus derselben Richtung, aus der das Foto unten aufgenommen wurde.

Als Jesus hier einzog, stand die ganze Anlage in ihrer vollen Pracht. Eine riesige Terrasse, umzogen von Säulenhallen. In ihrer Mitte der Tempel mit dem durch Mauern abgegrenzten Vorhof. Ganz links die römische Burg Antonia, von der aus die Besatzungsmacht das Leben auf dem Tempelplatz kontrollierte. An der vorderen Langseite zwei über Brücken erreichbare Toreingänge. Den mittleren erkennen wir unten links der Bildmitte noch eben an dem erhöhten Mauerwerk, den rechten an dem Bogenansatz rechts unten.

Rechts der vorderen Mauerecke zeigt die Zeichnung eine breite Prachttreppe, die von Süden her auf ein doppeltes Tor zuführt, das offenbar für festliche Begehungen bestimmt war und über innere Treppen unmittelbar zum Tempel führte. Im Hintergrund der Zeichnung der Ölberg.

Wo damals der Tempel stand, steht heute der Felsendom. Wo damals die große Säulenhalle über der Südmauer stand, die „Königliche Halle", steht heute die El Aksa-Moschee. Wer heute das Jerusalem der heiligen Geschichte sucht, wird es nur als inneres Bild wiederfinden. Er bedarf der Fähigkeit, die die einfache Frau mit ihrem Ölzweig besaß: das eigene Dasein von Bildern der Verehrung prägen zu lassen.

Das letzte Abendmahl und das Zeichen des Dienstes

„Und da die Stunde des festlichen Paschamahls kam, setzte Jesus sich (im Haus eines ihm bekannten Mannes) nieder und die Apostel mit ihm. Und er sprach zu ihnen: ‚Mich hat herzlich verlangt, dies Osterlamm mit euch zu essen, ehe ich leide. Denn ich sage euch, daß ich es nicht mehr essen werde, bis es seine Vollendung findet im Reich Gottes.‘

Er nahm den Kelch, dankte und sprach: ‚Nehmt ihn und teilt ihn unter euch!‘ Und er nahm das Brot, dankte und brach's, gab es ihnen und sprach: ‚Das ist mein Leib, der für euch hingegeben wird. Tut das künftig zu meinem Gedächtnis.‘ Nach dem Mahl nahm er noch einmal den Kelch und sprach: ‚Dieser Kelch ist der Neue Bund, den Gott durch mein Blut, das für euch vergossen wird, mit euch schließt‘“ (Lukas 22,14–20).

Das Pascha war das Fest der Befreiung aus Ägypten. Bei der Paschafeier in einem jüdischen Haus in der Jerusalemer Altstadt sprach ein fast neunzigjähriger, hünenhafter Mann den Segen. Mit weit ausgebreiteten Armen stand er da und sang die uralten Worte. Er war erst kurz vorher eingewandert. Zwanzig Jahre der Zwangsarbeit in Sibirien hatte er hinter sich, und nun feierte er das Fest der Befreiung aus der Sklaverei mit den Seinen.

Das letzte Abendmahl

Nach einer alten Überlieferung soll das letzte Abendmahl hier stattgefunden haben: im Obergeschoß eines Hauses, in dem die Kreuzfahrer diesen schönen Raum eingerichtet haben. Es wäre seltsam, hätte sich über den Ort des Mahls nicht eine Überlieferung gebildet, zugleich freilich ist anzunehmen, daß sich in der Erinnerung der Urgemeinde eine konkrete Erinnerung erhalten hat. Auf dem Zion im Südwesten der Oberstadt wird das Haus gezeigt. Es stammt aus der Römerzeit. In der Zeit nach Jesus war es eine Synagoge, dann eine byzantinische Kirche, dann ein islamischer Gebetssaal, dann eine Kreuzfahrerkirche. Von allen diesen Bauphasen sind Spuren zu sehen. Niemand kann genau sagen, wo das Abendmahl stattgefunden hat, und doch ist es sinnvoll, an einem Ort zu stehen, der dem Geschehen von damals so nahe ist wie dieser.

Für den Weg der Kirche auf dieser Erde gilt aber auch das andere Zeichen, das der Fußwaschung. Jesus drückte damit das Ende aller Hierarchien und aller Machtstrukturen in der Kirche und um sie her aus, die Befreiung des Menschen von aller menschlichen Obrigkeit im Namen Gottes. Und wenn die Männer mit ihren schönen Bärten am Gründonnerstag sich vor der Grabeskirche sammeln und der Patriarch den jüngeren Priestern die Füße wäscht, dann kann das eine Phrase sein, aber eben auch ein Zeichen für die Freiheit der Gotteskinder im Reich des Christus und für ihre Dienstbereitschaft auf dieser Erde.

„Und während des Abendessens stand er auf, legte sein Obergewand ab, nahm einen Schurz und umgürtete sich. Dann goß er Wasser in ein Becken, fing an, den Jüngern die Füße zu waschen, und trocknete sie mit dem Schurz. Danach setzte er sich wieder und sprach: ‚Wie ich, euer Meister und Herr, euch die Füße gewaschen habe, so sollt ihr euch untereinander die Füße waschen' " (Johannes 13, 2–17).

Nachdem Jesus das Abendmahl mit seinen Freunden gefeiert hatte, verließen sie das Haus auf dem Zionsberg und gingen ins Kidrontal hinab, in einen der Gärten, in denen die Festpilger zu nächtigen pflegten.

„Und sie kamen zu einem Gehöft mit Namen Getsemani. Dort sagte Jesus zu seinen Jüngern: ‚Setzt euch hier! Ich will dort drüben beten.' Er nahm Petrus, Johannes und Jakobus mit und fing an zu trauern und zu zagen: ‚Meine Seele ist betrübt bis an den Tod, bleibt hier und wacht!' Und er ging ein Stück weiter, warf sich auf die Erde und betete, wenn es möglich sei, so möge doch diese Stunde an ihm vorübergehen. Und er sprach: ‚Abba, mein Vater! Alles liegt in deiner Macht, laß diesen Becher an mir vorübergehen! Aber nicht, wie ich will, sondern wie du willst.' Als er wieder zu ihnen kam, fand er sie schlafend und weckte Petrus: ‚Simon, schläfst du? Kannst du nicht eine Stunde wachen?' " (Markus 14, 32–37).

„Laß diesen Becher an mir vorübergehen", betet Jesus. Er sagt es an dem Abend, an dem der „Becher des Segens" in den Häusern in Jerusalem von Hand zu Hand geht. Und er sagt es in Erinnerung der alten Rede vom „Becher des Gerichts", von dem man in Israel sprach, wenn ein Mensch die Folge seiner Untaten zu erleiden hatte. Wandelt sich ihm also der Becher des Segens in den Becher des Gerichts, damit den Menschen daraus der Segen erwachse?

Mit dem Abendmahl beginnt der Weg, den wir die Passion nennen und den wir nachvollziehen in der Meditation seiner Symbole und im praktischen Verstehen des Menschenweges auf dieser Erde überhaupt.

In Fußwaschung und Abendmahl und in den Abschiedsreden beginnt er mit der Einübung des Abschiednehmens. Um das Loslassen geht es. Um Raumgeben und Beherbergen zugleich. Indem Jesus Abschied nimmt, fügt er die Gemeinschaft derer, die nach ihm seinen Weg weitergehen wollen. Er gibt seinen Rang auf und schafft Raum für das Wachstum der Menschen, die sich auf ihn berufen. Er sagt: „Es ist gut für euch, daß ich gehe, so kann der Geist Gottes zu euch kommen und in euch sein Werk tun" (Johannes 16, 7).

„Becher des Heils" lesen wir auf dem alten zinnenen Paschabecher, und immer wieder das Wort „Segen". Und Segen – das ist für die Bibel die Kraft aus Gott, durch die ein Mensch lebt und gedeiht, wächst und reift, durch die er seine Freiheit und seine Würde hat. Und so trinken wir noch heute in der Eucharistie den „Becher des Segens".

Wer heute zwischen den uralten Oliven des Gartens Getsemani hingeht, wenn der Abend ins Kidrontal fällt und der Himmel über der Stadtmauer dunkel wird, kann den Ereignissen vor 2000 Jahren und ihrem Sinn sehr nahekommen. Denn die Orte der Passionsgeschichte waren immer Stätten der Anbetung und nicht nur der Touristenreisen, und wir staunen manchmal, wie genau die Überlieferung trotz aller Übermalungen doch viele Tatsachen festgehalten hat.

Es ist kein Fetischismus, wenn wir heute einen dieser Ölbäume anfassen und uns deutlich machen, daß die Wurzelstöcke des einen oder des anderen von ihnen tatsächlich aus der

Zeit stammen dürften, in der Jesus hier gefangengenommen wurde.

„Da kam ein Trupp Soldaten, und Judas, einer von den Zwölfen, führte sie. Er trat an Jesus heran, um ihn zu küssen... Jesus aber sagte zu den Priestern und Ältesten, die auf ihn zukamen: ‚Ihr seid wie gegen einen Räuber ausgezogen mit Schwertern und mit Spießen. Dabei war ich täglich bei euch im Tempel, und ihr habt mich nicht festgenommen. Aber dies ist eure Stunde und die Macht der Finsternis'" (Lukas 22,47–53).

Was danach folgte, war ein Prozeß. Fünf Instanzen durchlief die Anklage in einer Nacht. Der frühere Hohepriester, der alte Hannas, nahm die Voruntersuchung vor. Die Hauptverhandlung war Sache des amtierenden Hohenpriesters Kajafas. Das Urteil fällte der Hohe Rat, der sich in der Nacht versammelte: Ausstoßung aus dem heiligen Volk. Auslieferung an die Römer. Da der Landesherr Jesu, der galiläische „Vierfürst" Herodes, zum Pascha anwesend war, folgte eine Zwischenszene vor Herodes. Aber Herodes schickte den Angeklagten zu Pilatus, dem römischen Gouverneur. Sein Urteil: Tod wegen Aufruhrs. Hinrichtung am Kreuz.

Die Polizeitruppe führte Jesus aus dem Tal auf die Höhe des heutigen Zion zum Palast des Kajafas. Den Treppenweg, der dort hinaufführt, vom unteren Tor in den Stadtteil, in dem Hannas und Kajafas wohnten, hat man ausgegraben. Man mag sich vorstellen, daß Jesus in der Nacht hier „mit Fackeln und Lampen und Waffen" heraufgeführt wurde.

Hoch auf dem Hügel im Südwesten der Altstadt steht heute die Dormitiokirche. In der Zeit Jesu zog sich die Stadtmauer im Ring um die Krone dieses Hügels, und wo heute die Kirche der Benediktiner steht, standen damals die Paläste der Priesterfamilien und der Palast der Könige (rechts oben).

Niemand weiß, wo Jesus gefangengehalten wurde. Ähnlich den Kasematten, die man als „Gefängnis Christi" bezeichnet, mögen die Kellerräume, in denen man Gefangene hielt, wohl ausgesehen haben (rechts unten).

Die Luftaufnahme zeigt einen Teil der Altstadt, den nordwestlichen der Zeit Jesu. Links im Vordergrund öffnet sich das Jaffator. Rechts davon mit Mauern und Türmen die Zitadelle der Kreuzfahrer. Rechts davon das Gelände, auf dem im Altertum der Palast des Herodes gestanden hat. Die Zitadelle des 12. Jahrhunderts ist etwa doppelt so groß wie jene Festungsanlage, in der Pilatus seinen Amtssitz hatte. Die beiden gegen die Stadt hin stehenden massiven Türme gehören zu ihr (unteres Bild).

Von hier ging Christus, das Kreuz tragend, nach Golgota. Das sind kaum 300 Meter. Golgota lag unter den heutigen Kuppeln der Grabeskirche (rechts) oberhalb der Zitadelle. Dieser Platz lag zur Zeit Jesu außerhalb der Stadtmauer. Die erstreckte sich ungefähr vom Jaffator aus in Richtung auf den hohen Turm rechts oberhalb der Zitadelle – die heutige evangelische Erlöserkirche – und knickte von dort aus nach links oben, hinter der Grabeskirche vorbei. Dort war das sogenannte Gartentor. Wir stellen uns also vor, daß Jesus innerhalb der Mauer zum Gartentor geführt wurde und durch das Gartentor an den Platz der Hinrichtung. Das war also die eigentliche via dolorosa. Sie ist heute nicht mehr zu begehen. Die Häuser stehen im Wege.

Auf dem Hügel Golgota

Die Grabeskirche von heute ist nur noch ein Rest ihrer alten Herrlichkeit, ein düsterer Bau mit unendlichen Hallen und Gängen, Treppen und Kapellen. Auf der anderen Seite verdeckt er die Vorstellung des Besuchers, dem es sehr schwer wird, sich den Hügel Golgota zur Zeit Jesu noch vorzustellen. Was wir heute sehen, ist im wesentlichen das Werk der Kreuzfahrer des 12. Jahrhunderts.

„Und sie führten ihn hinaus, ihn zu kreuzigen. Es folgte ihnen aber eine große Menge Volks nach, auch Frauen, die ihn beklagten und beweinten" (Lukas 23, 27).

Am Karfreitag versammeln sich in Jerusalem alle Jahre die Pilger und die Neugierigen, die Frommen und die Touristen, um den Weg der via dolorosa zur Grabeskirche zu gehen, also den Weg, von dem früher angenommen wurde, ihn sei Jesus mit dem Kreuz nach Golgota gegangen.

Auf dem Hügel Golgota

Die Prozession beginnt am Ort der alten Festung Antonia (links unten), führt über Plätze und enge Straßen, über Treppen und durch die schmalen Ladenstraßen zu dem äußeren Mauerwerk der Grabeskirche (rechts) und schließlich zum Tor der Grabeskirche selbst.

Währenddessen schlägt den ganzen Karfreitag über ein Mönch in der Grabeskirche das Sinandron, einen flach geschnittenen Holzstamm, nach einem alten Rhythmus der Klage. Es ist ein harter Klang, dunkel, stark und klar. Da ist nicht der Aufwand einer Mattäuspassion, sondern nur die langhin hämmernde Ansage des Todes (rechts).

SOUVENIRS
SHOP

„Und als sie an die Hinrichtungsstätte kamen, kreuzigten sie ihn. Sie verteilten seine Kleider und warfen das Los darum. Und sie saßen da und bewachten ihn. Danach wurden zwei Räuber mit ihm gekreuzigt, einer zur Rechten und einer zur Linken.

Die aber vorübergingen, verspotteten ihn, schüttelten die Köpfe und riefen: ‚Wenn du Gottes Sohn bist, dann steig herab vom Kreuz!' " (Mattäus 27).

Zwei orthodoxe Nonnen auf der Via dolorosa (links).

Ein Priester eines italienischen Ordens steht im Schatten eines Holzkreuzes und wartet, bis der Zug der Pilger sich in Bewegung setzt. Er ist diesen Weg unzählige Male gegangen, immer wieder Gruppen von Reisenden aus Europa oder Amerika führend, von Station zu Station, geduldig erklärend, was sich eigentlich nicht erklären, sondern allenfalls von Schritt zu Schritt nachvollziehen läßt, weil es eine einzige große Deutung unseres Lebenswegs ist. Er wird das Kreuz aufnehmen und es durch die Hitze der Stadt nach Golgota tragen, allein oder mit anderen zusammen, und wird wissen, was er da trägt.

Die Prozession der Pilger endet an der Stelle in der Grabeskirche, an der in einem Rest des alten Felsens das Grab erhalten ist, von dem eine sehr alte und bis in die Tage der Passion zurückreichende Überlieferung sagt, es sei das Heilige Grab.

Es wird mit einem großen, gelben Siegel verschlossen, und zwei Priester spielen die Rolle der Grabeswächter. Wenn es Ostern wird, wird die Türe von innen aufgestoßen, und brennende Fackeln werden herausgetragen als Symbol für das Leben aus Gott.

Anbetung im Grab an einem symbolischen Sarkophag (rechts).

Vitales Osterfest

Israelische Polizei stand am Morgen vor dem Portal der Grabeskirche. Mittags sollte die Osterfeier der Orthodoxen beginnen. Zwei Stunden vorher war die Kirche gefüllt mit Menschen. Ich zeigte meinen Presseausweis und das Empfehlungsschreiben einer israelischen Regierungsstelle, um noch eingelassen zu werden. Der Chef der Polizeitruppe, dem ich gegenüberstand, glich akkurat einem deutschen Feldwebel alter Schule. Breitbeinig und vierschrötig versperrte er den Zugang zum Ostergottesdienst der Christen und musterte, die Mundwinkel immer tiefer ziehend, mein Papier. Dann gab er mir mit dem Daumen Weisung, mich aus dem Staub zu machen. „Mir wurde auf dem Ministerium versichert, ich würde keine Schwierigkeiten haben. Darf ich fragen, mit wem ich spreche?" „Keine Schwierigkeiten?" Er lachte breit in die Menge. „Sie sehen doch! Sie haben schon welche!" Immerhin ließ er mich nach einer Wartezeit, die seinem Bedürfnis angemessen war, auch den Weisungen der Regierung gegenüber ein freier Mann zu sein, in die Kirche eintreten.

Drinnen freilich wurde es nicht leichter. In einem beängstigenden Gedränge und Geschiebe von Menschen gelangte ich schließlich in die Rotunde, wo das Fest mit den Prozessionen um das Grab her seinen ersten Höhepunkt erreichen sollte. Mein Freund Garo, ein Armenier, Fotograf in Jerusalem, hatte in dem eisernen Pioniergerüst, mit dem vor Jahrzehnten die Engländer den Einsturz der Rotunde verhindert hatten und das immer noch nötig ist, hoch über den Köpfen ein Brett befestigt, und wir saßen oben und schauten auf eine wogende, dicht gedrängte Menschenmenge hinab.

Ich saß also auf dem Brett und war von der lebendigen Kraft, die sich da um die Rotunde schob, nicht wenig beeindruckt. Hin und wieder hoben ein paar Männer einen der ihren auf die Schultern, und der schrie oder sang etwas über die Menge hin. Die antwortete im Chor, wie ein Echo, nachhallend und wiederkehrend. Ich vermutete, es handle sich um einen mir nicht bekannten Osterruf, und fragte Garo. Aber der schüttelte den Kopf: „Nein. Er ruft: ‚Wir sind alle gute Christen!' Die Leute nehmen es auf und wiederholen es, und zuletzt werden sie es glauben." Überstimmung des Gewissens durch Mehrheitsbeschluß.

Der abendländische Christ auf seinem Brett, den Verlauf der Passionsgeschichte und des Osterevangeliums meditierend, sieht und hört in einiger Verwirrung, was da geschieht.

Aber die Ereignisse gingen ihren Gang. Schließlich begann sich das Chaos zu ordnen, nicht durch die Macht der beginnenden Liturgie, sondern durch israelische Polizei. Sperrgitter mit der Aufschrift „Police" wurden rund um die Rotunde sichtbar, und als

schließlich die weißen Mützen der Israelis das Bild beherrschten und die Ostergemeinde der Christen gebändigt war, zogen die verschiedenen Kirchen mit ihren Bischöfen, Priestern, Vorsängern und Chorknaben hintereinander um das Heilige Grab. Mit Ikonen und Standarten.

Die Feier war nicht ohne Schönheit. Priester traten an die Tür zum Grab, verschlossen sie mit einem runden Siegel und nahmen die Bänder, die durch die Siegelmasse liefen, in die Hand, um das Grab zu bewachen.

Währenddessen fielen uns vier junge Männer auf, die am Heiligen Grab standen und auf die sich die gespannte Aufmerksamkeit der Gemeinde richtete. Als nun mit einem Mal an beiden Seiten aus runden Öffnungen das Feuer von Fackeln und Kerzen brach, entzündeten die vier in äußerster Schnelligkeit ihre Kerzen und stoben mitten durchs Gedränge nach allen Richtungen auseinander, liefen durch die Kirche, über die Treppen und Galerien, während die Menge atemlos wartete, wer von ihnen der erste sein würde, der sein Licht über das Heilige Grab emportragen würde, und als der erste ganz oben in der Kuppel über der Brüstung erschien und seine Kerze über den Abgrund der Anastasis reckte, ging eine Befreiung durch die Kirche, eine Ekstase, ein Taumel und ein ungeheurer Schrei: „Er ist auferstanden!"

Von allen Seiten drängten die Menschen sich um die bereits brennenden Lichter und wollten ihre Kerzen anzünden, während die Wächter an der Tür noch das versiegelte Grab hüteten. Schließlich wurde die Tür von innen aufgestoßen, und ein Bischof der Armenier trat heraus, reckte den Arm mit einem gewaltigen Bündel brennender Kerzen nach oben, wurde von Männern auf die Schultern gehoben und ritt so unter dem ohrenbetäubenden Jubel der Menge durch die Kirche. Er tat mir leid. Er merkte in dem Getümmel nicht, daß seine Kerzen erloschen waren und er, ohne Licht mit dem Licht triumphierend, durch die Anastasis ritt. Nein, ein Symbol wollte ich darin nicht sehen. Es war einfach ein Mißgeschick.

Wir Gäste aus dem fernen Europa bedürfen in einer solchen Stunde einer Bekehrung zur Güte gegenüber der Frömmigkeit der geistlich Armen, damit wir selbst werden, was Jesus fordert, nämlich arm in Erwartung des Geistes.

Wir standen im Hof vor dem Eingang zur Grabeskirche und warteten auf den jungen Priester, den wir tags zuvor gebeten hatten, er möge uns doch zur Osterfeier der Äthiopier auf das Dach der Grabeskirche mitnehmen. Im Dämmer trat er auf uns zu, hager, sehr dunkel und sehr großgewachsen, gehüllt in eine Art Wolldeckenumhang, in dem er mehr einem Hirten glich als einem Geistlichen. Nach einem Gang durch, wie mir schien, unendliche Finsternisse, durch Flure und Säle, über Treppen und immer wieder Treppen kamen wir oben an. Wind und Regen empfingen uns und ein frierendes Häuflein äthiopischer Christen in einem prächtigen Zelt, das sie eigens für die Osterfeier auf der sonst leeren Dachterrasse aufgestellt hatten. Dort saßen sie wohl zwei Stunden lang, ehe die erste Bewegung spürbar wurde. Sie stimmten sich ein, still dasitzend, plaudernd, singend. Mittlerweile füllte sich das Dach mit Menschen, und der Regen ging in Schnee über, während wir eingekeilt standen und uns fragten, ob denn noch irgend etwas sich ereignen würde.

Aber dann begann ihr Spiel. Wie wir unsere Christusgeburtsspiele, so spielten sie den Gang der Frauen zum Grab. Sie suchten den Leichnam Christi. Sie trugen die Bibel feierlich im Kreis um die kleine Kuppel der Krypta, als Wegweiser sozusagen, und hielten goldene Gefäße der Art, wie sie sich die Gefäße der Frauen vorstellten, die gekommen waren, um den Leichnam Christi zu salben. Sie suchten Christus auf einer immerfort im Kreis gehenden Prozession und stellten fest, daß er nicht mehr da sei. Ihre Lieder und Litaneien durfte man mit einem deutschen Kirchenchor nicht vergleichen. Sie waren eher schaurig als schön. Aber diese Menschen feierten ihr Ostern mit jener malerischen Farbigkeit der Gewänder und der Bewegungen, nach der man sich in der Schwärze und Gräue hiesiger protestantischer Kirchen gelegentlich von Herzen sehnt. Fröhlich zogen sie ihre Kreise, und es schien uns in all dem glitzernden Schmuck viel Demut verborgen und viel Liebe zu ihrem auferstandenen Herrn, dessen Leib zu suchen sie nach einer Stunde immer noch nicht aufgegeben hatten.

In dem Zug der Feiernden zogen Männer mit afrikanischen Trommeln, mit Rasseln, Klappern und Stöcken, die ihre Rolle gewiß ursprünglich in alten Ritualen der Dämonenbeschwörung gehabt hatten. Uralte Religion in christlichem Gewand. Aber wir fragten uns, ob der Glaube dieser Menschen nicht doch etwas vermag, wozu der unsere nicht fähig ist: Kann denn unser Glaube an den auferstandenen Christus das Archaische in uns, das nicht Bewältigte deuten? Kann er es überwinden?

Allmählich leerte sich die Terrasse, die dunklen Männer mit ihrem Schmuck und ihren Stöcken und Trommeln stiegen vor uns die Stufen durch das äthiopische Kloster hinunter, und als wir ins Freie treten wollten, stand da wieder der lange Äthiopier. Er hatte uns gesucht und stand nun mit einem strahlenden Lächeln in der Dunkelheit neben uns: „Ich wollte nur noch sagen: Christus ist auferstanden!"

Himmelfahrt

„Und Jesus führte seine Jünger hinaus auf Betanien zu, hob die Hände auf und segnete sie. Während er sie segnete, wurde er von ihnen geschieden und in den Himmel erhoben. Und sie kehrten nach Jerusalem zurück voll großer Freude und waren von nun an täglich im Tempel und rühmten Gott" (Lukas 24,50–53).

„Und er sprach zu ihnen: ‚Geht in alle Welt und verkündigt das Evangelium allen Menschen.' Nach diesen Worten wurde er in den Himmel erhoben und setzte sich zur Rechten Gottes" (Markus 16,15.19).

Die Ostergeschichte schließt mit der kurzen Notiz über den Abschied des auferstandenen Christus, den wir unzutreffend genug „Himmelfahrt" nennen. Dem Abstieg zu den Toten folgte der Aufstieg, und so schloß das Bekenntnis der frühen Kirche beides zusammen, wie es durch Jesus in seinem Wirken in Galiläa und Jerusalem immer geschehen war. Die Welt der „Toten" gehört nicht einer anderen Wirklichkeit an als die Welt Gottes und die des Menschen. Es ist alles eins, und der auferstandene Christus repräsentiert den in sich eins gewordenen Kosmos.

Rechts unten die Himmelfahrtskirche. Im Vieleck einer hohen Mauer eingeschlossen, steht die kleine Moschee mit ihrem Minarett auf der Höhe des Ölbergs. Sie hat ursprünglich anders ausgesehen. In byzantinischer Zeit erbaut, war sie – eine höchst originelle Bauidee – ohne Dach oder Kuppel als offener Gottesdienstraum gestaltet gewesen, so daß die Feiernden um sich die Enge eines Kirchenraums und über sich den Himmel hatten. Der Himmel als kosmische Überdachung der Kirche und der Ruf an die Gemeinde, sich dem Himmel zuzuwenden, in dem Christus thronte, das war der Sinn dieser Architektur. In islamischer Zeit wurde eine Kuppel darübergesetzt, und noch heute dient das kleine Areal dem Islam, freilich zugänglich auch den Christen.

Hinter der Himmelfahrtsmoschee senkt sich das Kidrontal ab, und der Blick geht zum Tempelplatz. Rechts hinter dem Felsendom sind die beiden Kuppeln der Grabeskirche sichtbar. Es ist, von hier aus gesehen, alles sehr nahe beieinander.

Links ein jüdisches Grab aus jener Zeit. Gewölbe an Gewölbe im gewachsenen Fels. Ein siebenarmiger Leuchter schmückt die Wand zwischen den Kammern: Ausdruck der Auferstehungshoffnung, die zu Jesu Zeiten im Judentum lebendig war. Über den Gräbern die zum Himmel hin offene Kirche: ein Symbol, das uns den Zugang zu einer vielen Menschen von heute verschlossenen Dimension der Wirklichkeit zu öffnen vermöchte.

Die russisch-orthodoxe Gemeinde feiert am Ölberg ihr Ostern im Garten der Magdalenenkirche so, daß die Priester aus einer goldenen Schale Wasser nach allen vier Himmelsrichtungen versprengen. Das soll nicht nur bedeuten, daß so die Lebenskraft des Christus in der Schöpfung weiterwirkt, sondern auch, daß die Kirche ihr Wort in aller Welt verlauten läßt, das Wort vom überwundenen Tod.

Wir verabschieden uns von Jerusalem

Es sind inzwischen zwei Jahrtausende vergangen, in denen diese Stadt von ihrer Faszination nichts verloren hat. Den Römern folgten im 4. Jahrhundert n. Chr. die christlichen Kaiser von Byzanz und der Aufbau einer Metropole des christlichen Glaubens. Ihnen folgten im 7. Jahrhundert die Araber mit Zerstörung und Neugestaltung. Ihnen folgten im 12. Jahrhundert die fränkischen und deutschen Kreuzfahrer, eine abenteuerliche Spielform christlicher Herrschaft. Ihnen folgten die Sultane der Araber und der Türken, und schließlich folgten der englischen Kolonialmacht die israelischen Einwanderer.

Edle Zeugnisse des Geistes gibt es, trotz aller Eroberungen und allen Blutvergießens, aus allen diesen Epochen.

Der Islam hat uns die wunderbaren Bauten des Felsendoms und der Aksa-Moschee gegeben, aber vor allem eine geistliche Kultur, die der christlichen in dieser Stadt durchaus ebenbürtig

Nahe dem Damaskustor wird ein Grab gezeigt, das von vielen als das eigentliche Grab Christi angesehen wird (oben). In einem parkähnlichen Garten finden die Osterfeiern vor allem auch anglikanischer und protestantischer Gruppen und Gemeinden statt, einfacher, stiller als in der Grabeskirche, innerlicher wohl auch, gesammelt um die Botschaft von der Auferstehung.

war und ist. Und es ist gut, in dieser Stadt auch einmal im Haram esch Sherif, dem „erhabenen Heiligtum", zu sitzen und ein paar Zeilen aus dem Koran zu lesen, etwa in der Sure 55:

„Alle auf Erden sind vergänglich.
Einzig bleibt das Angesicht des Herrn
voll Hoheit und Licht."

Oder in den Schriften des Mystikers Al Halladsch Mansur aus dem 10. Jahrhundert:

„Niemals steigt die Sonne, niemals sinkt sie,
ohne daß mein Sinn nach dir stünde.
Niemals sitz ich, sprechend mit den Menschen,
ohne daß am Ende du mein Wort bist.

Niemals trink ich dürstend einen Becher Wasser,
ohne daß ich im Glas dein Bild schaute.
Keinen Hauch atme ich in Trauer oder Freude,
ohne daß ich mit seiner Kraft deiner gedächte."

Das Freitagsgebet der Moslems zwischen Felsendom und Aksa-Moschee (unten).

Die Aksa-Moschee von innen (rechts).

X Vom Geist getrieben

Die erste Kirche in Syrien

Ostern in Galiäa

Die Frauen, die am Grab auf Golgota dem auferstandenen Christus begegneten, hörten ihn sagen: „Geht und sagt meinen Brüdern, sie sollen nach Galiläa gehen, dort werden sie mich sehen" (Mattäus 28,10). „Und die elf Jünger gingen nach Galiläa auf den Berg, wohin Jesus sie gerufen hatte, und als sie ihn sahen, fielen sie vor ihm nieder" (Mattäus 28,16.17).

Die Ostererzählungen berichten zunächst von dem, was die Menschen um Jesus an seinem Grab erfuhren; danach aber folgen unmittelbar die seltsam schwebenden Szenen in Galiläa, „auf einem Berg" und am See. Viele der Jünger müssen unmittelbar nach dem Ostertag nach Hause gegangen sein, um ihren Beruf, den des Fischers, wieder aufzunehmen. Und da erscheint ihnen Jesus, zwischen Nacht und Tag, am Ufer, während sie im Boot ihrer Arbeit nachgehen.

„Auf einen Berg" wurden sie gerufen. Die Notiz erinnert an den „hohen Berg", auf dem sie etwas erlebt hatten, das Ostern vorwegnahm, das „Durchscheinendwerden" ihres Meisters auf das Licht Gottes hin, das wir die „Verklärung" nennen.

„Danach offenbarte sich Jesus noch einmal am See Gennesaret … Als die Jünger nach dem nächtlichen Fischfang sich dem Ufer näherten, trat Jesus in der Morgenfrühe ans Ufer; aber die Jünger wußten nicht, daß es Jesus war" (Johannes 21,1–4). Und nach einer Weile: „Niemand unter den Jüngern wagte, ihn zu fragen: Wer bist du? Denn sie wußten, daß es der Herr war" (Johannes 21,12).

Galiläa, das Land um Kafarnaum und Nazaret, wurde denn auch sehr rasch ein Zentrum kleiner Gemeinden, die sich zu Christus, dem Auferstandenen, dem Meister aus Nazaret, bekannten.

„Da wurde er vor ihnen wie durchscheinend, sein Angesicht leuchtete wie die Sonne, und seine Kleider wurden weiß wie das Licht …" – so berichtet Mattäus im Kapitel 17. Die Erfahrung auf dem Berg nimmt vorweg, was an Ostern geschah.

„Danach offenbarte sich Jesus den Jüngern noch einmal am See Gennesaret. Sie waren fischen gegangen, aber in der Nacht fingen sie nichts. Als es nun Morgen war, trat Jesus ans Ufer …", so lesen wir im 21. Kapitel bei Johannes.

Die erste Zeit nach Jesus

Wir sind eine Weile im engen Raum Palästinas umhergegangen. Nun gerät alles erneut in Bewegung, und wir greifen wieder in den weiteren Raum des Nahen Ostens aus. Die Zeit, die uns dabei wichtig ist, reicht vom Jahr 30 bis etwa 100 nach Christus.

Der Schwerpunkt unseres Interesses liegt in den ersten 40 Jahren, nämlich bis zum Jahr 70, in dem Jerusalem unterging, von den Römern zerstört und verbrannt. Das war die Zeit, die wir die apostolische nennen, das heißt die Zeit, in der die Augen- und Ohrenzeugen lebten, die Zeit, in der die Erinnerungen schriftlich niedergelegt wurden, in der sich Sitten und Überlieferungen

festigten, in der sich, ganz allmählich, Ordnungen bildeten, nach denen die junge Kirche zu leben versuchte.

Die Urgemeinde entstand zunächst in Jerusalem. Aber gleichzeitig entstand eine andere in Galiläa, nicht nur unter den Fischern am See Gennesaret, sondern vor allem auch um die Familie Jesu in Nazaret her. Eine dritte entstand vermutlich im Jordangraben unter den Gruppen, die aus der Taufe des Johannes hervorgegangen waren und Jesus nahestanden.

Und schon in der Zeit unmittelbar nach der Katastrophe, die der Tod Jesu zunächst bedeutet hatte, und nach den Erfahrungen

Westlich von Kafarnaum liegt am Ufer des Sees eine kleine Kapelle, an der die Stelle gewesen sein soll, an der Christus seinen Jüngern erschienen ist. Dort muß in alter Zeit ein Hafen gewesen sein. Verwitterte Treppen führen von einem Felsplateau ins Wasser hinab. Große Ankersteine liegen davor im Seegrund, und sie liegen frei, wenn das Wasser niedrig steht.

der Osterzeit, daß Jesus lebe, fingen einzelne an, die Botschaft von seiner Auferstehung auszubreiten. So reiste Philippus nach Samaria, wo sich rasch neue Gemeinden bildeten, dann ging er – und nach ihm Petrus – an die Küste hinab, nach Joppe, dem heutigen Jaffa, und es entstanden von Asdod über Jaffa bis nach Caesarea Gruppen von Christen, in denen sich zum ersten Mal Juden und Nichtjuden zusammenfanden. Schon früh waren Christen nach Damaskus gekommen, andere wanderten nach Akko, Sidon und Tyrus, wieder andere nach Syrien und von da aus in die Großstadt Antiochien. Andere müssen früh auch schon nach Ägypten gekommen sein und dort eine ganz eigen geprägte Überlieferung gebildet haben. Nach zehn Jahren muß der ganze syrisch-palästinische Raum von kleinen familienähnlichen Gemeinden durchsetzt gewesen sein.

Diese kleinen Zentren bildeten sich teils aus den vielen Synagogengemeinden der jüdischen Diaspora heraus. Andere entstanden, wie in Galiläa, aus persönlich betroffenen Gemeinschaften von Augenzeugen, andere aus der Begegnung einzelner Christen mit Menschen fremder Herkunft und Prägung. Sie lebten so, wie man in den Synagogen lebte: beschäftigt mit dem biblischen Text, aus dem sie versuchten, die Sendung, die Botschaft, das Leiden und das Auferstehen des Christus zu begreifen. Andere zogen durch das Land und verkündigten in ekstatischen Auftritten seine baldige Wiederkunft und das Ende der Welt. Dritte schlossen sich in kultischen Gemeinschaften zusammen, die in Taufe und Abendmahl ihre Mitte hatten. Einige fühlten sich durch das jüdische Gesetz gebunden, andere ließen es bewußt hinter sich und fanden, was Christus gebracht habe, bedürfe eines anderen Rahmens im konkreten Leben als das jüdische Gesetz.

Und so bildeten sich in den verschiedenen Städten und Ländern Kirchen sehr verschiedenen Gepräges, von den stark aus der sogenannten Gnosis bestimmten Gemeinden Ägyptens bis zu den Gemeinden des Apostels Paulus in Kleinasien und Griechenland, die sich als bewußte Gegenbewegung gegen die jüdische Überlieferung verstanden.

So hielt man in den Gemeinden, die ihren Ausdruck im Johannesevangelium fanden und die vielleicht auf Johannes, den Jünger, zurückgingen, in der ersten Zeit nicht viel von den Sakramenten. In den Gemeinden des Paulus hielt man wenig von moralischen Ordnungen und Gesetzen. In Palästina hielten viele die Lehre des Paulus für eine Verirrung, wenn nicht gar einen Verrat. In den Kreisen der ekstatischen Prediger warf man anderen Gemeinden vor, sie machten nicht Ernst mit der nahen Wiederkunft des Christus, sie richteten sich allzusehr auf der Erde ein. Dort wieder empfand man die Ekstatiker als Schwärmer und Träumer.

Eine der kaum lösbaren Fragen, die wir an die Geschichten von Pfingsten und alle nachfolgenden Ereignisse richten, lautet: Wie kommt es eigentlich, daß nach der Katastrophe der Jesusbewegung diese Menschen nicht auseinandergingen, daß sie auch nicht, nachdem sie zusammengeblieben waren, sich in ihrem kleinen Kreis einschlossen, sondern die Auseinandersetzung mit der Öffentlichkeit suchten?

Da war jener Tag am Erntefest der Juden, an Pfingsten: „Am Pfingsttag waren sie alle versammelt in einem ihrer Häuser. Und es geschah plötzlich ein Brausen vom Himmel wie das Brausen eines gewaltigen Windes und erfüllte das ganze Haus. Und es erschienen ihnen Flammen wie von Feuer, und der Geist Gottes ließ sich nieder auf einen jeden unter ihnen, und sie wurden voll des Heiligen Geistes und fingen an, in fremden Lauten zu sprechen…" (Apostelgeschichte 2).

Der Geist Gottes, so deuteten sie den Vorgang, will, daß sie nicht zu Hause bleiben, nicht im Sprach- und Kulturraum von Jerusalem und Galiläa, sondern nun nach allen Seiten ihre Erfahrungen bekannt machten in der damals bekannten Welt.

Der römische Krieg und die Zeit danach

Nach der Zerstörung Jerusalems im Jahr 70 setzte eine Gegenbewegung ein. In den 80er und 90er Jahren entstanden einige Briefe, die aus den Gemeinden des Paulus stammten, zum Beispiel an Timotheus und Titus, in denen Leute seiner Umgebung plötzlich gerade auch Gesetz und Ordnung betonten und so versuchten, die Gemeinden des Paulus dem anzunähern, was

Es war am Ostertag in Jerusalem, als ein paar Kinder an den Osterfackeln am Heiligen Grab ihre Kerzen entzündeten und einander ihre Lichter weitergaben.

Caesarea, das später in der Geschichte der Kirche noch eine wichtige Rolle spielte als Zentrum der christlichen Kirche jenes Raums, war damals jung. Herodes hatte die Stadt 22 v. Chr. neu anlegen lassen und zu Ehren des Augustus „Caesarea" genannt. Sie erhielt einen vorzüglichen Hafen und war rasch die wichtigste Handels- und Verkehrsstadt an der palästinischen Küste.

Wenn Herodes etwas anfaßte, wurde allemal etwas Gigantisches daraus. So führte er von den Höhen östlich der Küstenebene eine Wasserleitung herab, um die Stadt Caesarea mit Wasser zu versorgen. Nördlich der Stadt steht sie heute, nutzlos und unberührt, in der einsamen Dünenlandschaft am Meerufer (oben).

anderswo als gute christliche Lebensweise galt. In das Johannesevangelium wurden Abschnitte eingefügt, die das Wesen und den Sinn der Sakramente deuteten, etwa die sieben Wunder, die wir bei Johannes lesen und die alle mit Taufe und heiligem Mahl und mit dem Tod und der Auferstehung des Christus zu tun haben. Das Mattäusevangelium, das so wirkt, als sei es aus dem Umkreis gesetzestreuer Gruppen hervorgegangen, nimmt Gedanken aus dem Denken der apokalyptisch orientierten Gruppen auf.

Am Ende aber, gegen das Jahr 100 n. Chr. hin, faßt Lukas alle die verschiedenen Kräfte zusammen und formuliert in seinem Evangelium und vor allem in seiner Apostelgeschichte ein Bild von Jesus und von der ersten Gemeinde, das zeigt, was allen auf irgendeine Weise gemeinsam war.

Die erste Zeit der Christenheit zeigt also nicht eine einheitliche Urkirche, sondern ein Gewoge unzähliger Färbungen und Spielarten des neuen Glaubens an Christus. So entstanden ganz selbstverständlich die Schriften des Neuen Testaments, die Evangelien und die Briefe, die Apostelgeschichte und die Offenbarung Johannes nicht nach einem einheitlichen Konzept, sondern als lebendiger Ausdruck vielfarbiger Erfahrungen und vielstimmiger Bekenntnisse.

Je nachdem, in welcher Umwelt eine Gemeinde lebte, formulierte sie, was ihr wichtig war. Je nachdem, was für Fragen in ihrer Umgebung erhoben wurden, gaben sie ihre Antworten. Je nach dem Land, in dem sie lebten, bildete sich der Stil und die Arbeitsweise ihres gemeinsamen Lebens und ihrer Tätigkeit in der Öffentlichkeit. Es war nicht dasselbe, ob damals eine Gemeinde in der syrischen Steppe lebte oder in einer griechischen Hafenstadt, in einem abgelegenen Dorf im anatolischen Hochland, in der Bildungsatmosphäre des Nillands oder im Sumpf der Weltstadt Rom.

Petrus kam schon früh nach den Oster- und Pfingstereignissen an die Küste hinab in die römische Stadt Caesarea und gewann dort die Überzeugung, auch Nichtjuden könnten sich der Gemeinde anschließen, ohne sich auf das jüdische Gesetz verpflichten zu müssen. Es war der erste Schritt über den engeren Kreis jüdischer Gemeinden hinaus.

In der Zeit Jesu und der jungen Gemeinde war Caesarea der Sitz der Prokuratoren und der römischen Verwaltung und wurde als solche prachtvoll mit Palästen und Theatern ausgestattet, und heute noch bewundern wir die Säulen aus Rosengranit und Porphyr, die massenhaft im Wasser liegen oder von Späteren zur Verstärkung der Mauern in ihre Festungswerke eingebaut wurden (unten rechts).

Die Kreuzfahrer legten hier, tausend Jahre später, ihren wichtigsten Hafen für ihre Flotten an und ein riesiges befestigtes Heerlager (unten).

Am Anfang steht also nicht eine „reine Gemeinde" und am Ende nicht eine verwaschene Großkirche. Dieses Bild hat sich als irreführend erwiesen. Am Anfang war vielmehr ein tastendes Bemühen, zu verstehen, wer Christus eigentlich sei, und ein Auseinanderdriften vieler leidenschaftlicher Überzeugungen. Im Laufe der Zeit aber fand man zusammen, lernte voneinander und fand schließlich das Gemeinsame, schied aus, was nicht konsensfähig, weil fremd war, und es ist eindrucksvoll, an vielen Einzelbeispielen in der neutestamentlichen Literatur zu beobachten, wie die vielen einzelnen Gruppen, die ja alle überzeugt waren, die Wahrheit begriffen zu haben, sich gegeneinander öffneten, Gedanken und Erfahrungen der anderen aufnahmen und bereit waren, neu und anders zu denken, nämlich gemeinsam auf die eine Wahrheit hin.

Wenn wir heute, am Ende zweier Jahrtausende, nach dem suchen, was den christlichen Konfessionen gemeinsam ist, wenn wir uns aufs neue in bisher meist nicht erlaubter Weise öffnen für das, was dem anderen wichtig und unverlierbar ist, wenn ein neuer Respekt entsteht vor Ausprägungen des christlichen Glaubens, die uns fremd sind, dann werden wir bei Leuten wie dem Arzt Lukas eine Menge lernen können.

Damaskus

Schon im Jahr 31 muß sich in Damaskus eine christliche Gemeinde gebildet haben. Dieses Damaskus, in einer großen Oase inmitten der südsyrischen Wüste gelegen, gehört zu den ältesten Städten des Orients. Es wird schon im zweiten Jahrtausend v. Chr. urkundlich erwähnt und ist wohl um mehrere Jahrtausende älter. Im ersten Jahrtausend v. Chr. war es die Hauptstadt des Reichs der Aramäer und gehörte zu den gefährlichsten Feinden des Staates Israel.

In der Zeit Jesu war ein starker Anteil der Bevölkerung jüdisch und in großen Synagogengemeinden organisiert. Zwischen dem Tempel in Jerusalem und diesen Gemeinden bestanden enge Verbindungen, und da die christlichen Missionare vor allem in den Synagogengemeinden auftraten, wußte man in Jerusalem früh von den damit verbundenen Auseinandersetzungen in der jüdischen Bevölkerung von Damaskus.

Apostelgeschichte 9,3–9 wird erzählt, ein junger Schriftgelehrter mit dem hebräischen Namen Saul und dem griechischen Namen Paulus sei vom Hohen Rat mit Vollmachten versehen nach Damaskus gesandt worden, um dort nach dem Rechten zu sehen, das heißt alle Christen festzunehmen und nach Jerusalem zu bringen. Auf dem Wege dorthin erkennt er plötzlich in einer Vision, daß dieser Jesus von Nazaret, dessen Anhängern er eben auf der Spur war, der „Christus" sei, das heißt der von den Juden so lange sehnlich erwartete Bote und Bevollmächtigte von Gott. Er

An der Ostseite der alten Stadtmauer von Damaskus steht heute noch das Stadttor aus römischer Zeit, von dem aus die Gerade Straße in die Altstadt führt.

Diese Gerade Straße zieht sich noch heute eineinhalb Kilometer weit durch die Altstadt von Damaskus. Noch vor hundert Jahren muß sie von großer architektonischer Schönheit gewesen sein mit ihren holzgetäfelten Häusern und geschnitzten Erkern. Inzwischen ist sie heruntergekommen und mit westlicher Zivilisation verunstaltet, mit Drähten, Antennen und Masten, und vollgestopft mit qualmendem Autoverkehr. Schutt einer vergangenen Kultur. Zu Zeiten der ersten Gemeinde war sie die Prachtallee der Stadt, Wohnbezirk der wohlhabenden Bürger.

geht nach Damaskus und nimmt, noch blind von seiner Vision, Quartier in der „Geraden Straße".

„Es war aber ein Jünger in Damaskus mit Namen Ananias, zu dem sprach Christus in einem Gesicht: ‚Ananias! Steh auf und geh in die Gerade Straße und frage im Haus des Judas nach einem Saul aus Tarsus.'" Ananias ging hin, obwohl er wußte, daß dieser Saul oder Paulus gekommen war, die Christen von Damaskus in Fesseln nach Jerusalem zu schaffen und dort vor das Gericht des Hohen Rates zu stellen, und half ihm, in der Gemeinde der Christen Fuß zu fassen. Schließlich fing Paulus an, in den Synagogen von Damaskus die Auferstehung des Christus zu verkündigen, und „trieb die Juden in die Enge". Nach einiger Zeit hielten die Juden einen Rat, wie sie ihn umbringen könnten. Da nahmen ihn die Christen in der Nacht und ließen ihn in einem Korb über die Mauer hinab.

„Als er aber nach Jerusalem kam, versuchte er, sich zur Gemeinde zu halten, aber sie fürchteten sich alle vor ihm und glaubten nicht, daß er ein Christ sei. Barnabas aber nahm ihn zu sich und führte ihn zu den Aposteln, und er erzählte ihnen, wie Paulus auf dem Wege den Herrn geschaut und wie er in Damaskus mit Freimut von ihm Zeugnis abgelegt hatte. Und Paulus blieb in der Gemeinde in Jerusalem und redete mit Freimut im Namen des Christus" (Apostelgeschichte 9).

Blick über die Stadt von der Omaijaden-Moschee aus. Im Hintergrund das kahle Gebirge des Antilibanon. Daneben: Innenraum der Omaijaden-Moschee. Unten: die „Gerade Straße", die noch heute diesen Namen trägt. Arabisch Suk et-tawil – Gerade Straße.

Seitlich dieser Geraden Straße, in den Suks, arbeiten noch heute viele der berühmten Damastweber, die auf groben Holzwebstühlen die zauberhaft feinen Damastwebmuster weben, die sich in tausend Jahren kaum verändert haben. Hier ist noch das alte Damaskus lebendig und spürbar gegenwärtig.

Rechts oben: Jüdischer Schriftgelehrter in Jerusalem. Ob wir uns Paulus, Barnabas, Ananias oder wen immer vorstellen wollen wie ihn – wichtig ist: in all diesen Auseinandersetzungen ging es um die Gültigkeit des jüdischen Gesetzes innerhalb der jüdischen Synagoge und danach der Kirche.

Das Reich der Nabatäer

Wenn wir annehmen, die Bekehrung des Paulus – von der unten die Rede sein wird – habe etwa zwei Jahre nach dem Tode Jesu stattgefunden, also im Jahr 32 oder 33, dann fällt ein wenig Licht auch in das Land östlich Palästinas, das heutige Jordanien. Paulus berichtet (Galaterbrief 1), er sei nach seiner Umkehr zu Christus „alsbald" nach Arabien gegangen. Arabien war für damalige Verhältnisse das Land zwischen Damaskus und dem Golf von Akaba, also das Land, das zu Paulus Zeiten von den Nabatäern beherrscht wurde, jenem Wüstenvolk, das damals in den

Gerasa, das unser Bild zeigt, war damals eine blühende Stadt, nordwestlich Amman auf der steppenhaften Höhe gelegen, mit riesigen Tempeln, einem ovalen Forum und einem Theater, und es ist leicht vorstellbar, daß Paulus seine ersten Versuche, Christus zu verkündigen, unter anderem auch in der jüdischen Gemeinde von Gerasa gemacht hat.

Eines der Königsgräber in der Wand des Kessels von Petra.

ursprünglichen Siedlungsgebieten der Esau-Nachkommen, der Edomiter, saß und dessen Hauptstadt das Handelszentrum Petra war. Wenn Paulus in Arabien weilt, dann sicher nicht, um sich zu erholen, sondern um sich mit den dortigen jüdischen Gemeinden auseinanderzusetzen und die Wahrheit, die ihm so neu begegnet war, bekannt zu machen. Wir müssen also früh auch mit einer Ausbreitung christlicher Gedanken im Ostjordanland und im Land östlich des Toten Meeres rechnen.

Die Nabatäer sind uns weitgehend unbekannt geblieben, und doch spielten sie gerade in der Zeit der Urgemeinde eine domi-

nierende Rolle im östlichen Palästina, und selbst Damaskus war eine Zeitlang unter nabatäischer Herrschaft.

Sie waren ursprünglich ein Wüstenvolk im Südosten gegen das heutige Mekka hin gewesen. Als die Juden 587 v. Chr. in die Gefangenschaft nach Babylon getrieben wurden und ihr Land verödet und entvölkert dalag, strömten die Edomiter, die ursprünglich in dem Land um Petra gewohnt hatten, in Palästina ein. In ihr Gebiet drängten alsbald die Nabatäer nach.

Der östliche Ausgang des Es Sik, der Schlucht, die den einzigen Zugang nach Petra bildet.

Das sogenannte Schatzhaus am Zugang zum Tal von Petra.

Dieses Reich betrieb zusammen mit dem sabäischen Reich im heutigen Jemen die Weihrauchstraße, den Handelsweg vom Süden zum Mittelmeer, wobei Saba den südlicheren, die Nabatäer den nördlichen Teil kontrollierten. Hier also, in diesem vitalen Zentrum eines Wüstenstaats, entstand wohl – vielleicht mit durch Paulus – eine jener christlichen Gemeinden, die wenige Jahre danach praktisch überall in diesem syrisch-nabatäischen Raum lebten.

Baalbek

Aus dem Raum, in dem die entstehende Kirche sich ausbreitet, sind einige Orte wichtig, die für das religiöse Leben der nichtchristlichen Bevölkerung von Bedeutung waren. So etwa die große Tempelanlage von Baalbek und die Perle der syrischen Wüste, Palmyra, der große Verkehrsknotenpunkt zwischen Syrien und Mesopotamien.

Ihren Namen hat die gewaltige Tempelanlage von Baalbek im weiten Tal zwischen Libanon und Antilibanon, der heutigen Bikaa, von dem großen Baal der altsyrischen Götterwelt. Baalbek heißt einfach „der Baal" oder „der Herr" – der Bikaa, nämlich des „Tales". Dieser Baal machte, wie jede Gottesvorstellung, im Laufe von tausend Jahren eine gewisse Wandlung durch. Ursprünglich war er ein Gewittergott gewesen, der mit seinem Erscheinen in den Wolken und im Regen das Land fruchtbar machte. Dann wurde er eine Art „politischer Gott", Gott der Städte, Schutzherr der phönizischen Seefahrer und Stiftergott für die Königtümer Syriens. Später, um die Mitte des ersten Jahrtausends v. Chr., wurde er zu einem Bild für Gott überhaupt, eine Art Himmelsgott, Schöpfer und Regent, Göttervater und sicher für viele Menschen des Landes Gott schlechthin.

Als Alexander durch Baalbek zog, nannte er den Ort und die Tempelanlage „Heliopolis", Stadt der Sonne, und identifizierte so den Baal der Bikaa mit dem semitischen Sonnengott Schamasch. Augustus übernahm den Namen Heliopolis und nannte den Gott, der hier angebetet wurde, Jupiter Heliopolitanus (oben rechts). Aus dieser Zeit stammt der riesige Jupitertempel, von dem nur wenige Reste stehen, während der Venus- oder Dionysostempel, der zu seiner Seite steht, fast in seiner ganzen Schönheit noch erhalten ist (oben).

In den Tempelanlagen von Baalbek (rechts).

In römischer Zeit heißt Baal Jupiter. Dieser Jupiter, alias Baal, verbindet eine religiöse Tradition von zwei Jahrtausenden. Das seltsame Gefäß, das er auf dem Kopf trägt (Bild links), ist ein Kornmaß. An dessen Außenseite sind Ähren abgebildet. Er ist also nach wie vor der alte Baal, der Geber der Fruchtbarkeit des Ackers. Der rechte Arm, der bei dieser Plastik fehlt, war nach oben abgewinkelt in der Art, wie Baal tausend Jahre früher seine zeugende Potenz darstellte. In der linken Hand trug er ein Büschel Ähren. Zu seiner Seite stehen wie auf sehr alten Vorbildern zwei Stiere, Symboltiere der Fruchtbarkeit.

Aber dieser Jupiter ist mehr als nur der alte Baal. Er trägt an seinem Körper eine Folge von Bildern, die mehr zeigen. In der Zeit nach Alexander lag Baalbek im Machtbereich der Ägypter, und wahrscheinlich soll sein Name Heliopolis eine Verbindung herstellen zu dem alten On, das für die spätere Zeit vielleicht der wichtigste Ort ägyptischer Religiosität war und das damals ebenfalls Heliopolis genannt wurde. So trägt er als sein persönliches Symbol auf seinem Brustschild eine geflügelte Sonne, auf seinem Körper aber eine Folge von drei Göttern und drei Göttinen, denen sich unten ein einzelner Gott anfügt.

Jupiter ist hier nicht mehr der kraftvoll und urtümlich einherschreitende Baal vom Libanon, sondern ein unanschauliches Gedankenwesen, sehr sensibel reflektiert und ganz und gar nicht

mehr primitiv, eine Chiffre für die schöpferischen Kräfte, die den Kosmos durchwirken.

Der gewaltige Kultort Baalbek, in dem sich der Machtanspruch der Könige und uralte Mythologie verbanden, dürfte das religiöse Leben, soweit es sich in der Öffentlichkeit abspielte, in der Zeit des Paulus bestimmt haben, und wenn die christlichen Prediger über den Rand der Synagogengemeinde hinaustraten, dürften ihnen Gottesvorstellungen begegnet sein wie diese, und es war gewiß keine einfache Aufgabe, das Bild des biblischen Gottes, des unsichtbaren, heiligen und einzigen, dem allem entgegenzustellen.

Traumstadt in der Wüste

Palmyra ist ein Traum. Wenn es im Nahen Osten eine antike Stadt gibt, die einen unwiderstehlichen Zauber ausübt, dann ist es Palmyra. Wer eine versunkene Stadt sucht, die auch als Trümmerfeld auf irgendeine geheimnisvolle Weise unzerstört scheint, gehe nach Palmyra. Verwunscheneres und Großartigeres hat der Nahe Osten nicht.

Palmyra liegt in einer Oase in der Wüste nordöstlich von Damaskus. Es war ein Knotenpunkt für Karawanenwege, ein Treffpunkt vieler Kulturen und entwickelte in der Zeit des Hellenismus eine eigene religiöse Kultur.

Traumstadt in der Wüste

Palmyra: In weiter, gelber Wüstenlandschaft zwischen langgestreckten Dünen ein flaches Talbecken mit Straßenzügen, Tempeln, Theatern, Säulenreihen, Torbogen, und das alles in dem goldenen Stein dieses Landes, dem Travertin, leuchtend, als sei er gestern zugehauen worden – es ist kein Wunder, daß man sich in der Antike erzählte, der Gründer dieser Stadt sei Salomo gewesen. Die Araber aber, die seit Mohammeds Zeiten hier wohnen, deuten die Faszination dieses Orts so, daß sie sagen, ein Djinn, ein Wesen aus einer anderen Welt, habe diese Stadt erstehen lassen. Ich habe manchmal Nächte im Freien zwischen den Säulen zugebracht, in der unerhörten Stille und leuchtenden Klarheit des Wüstenhimmels.

Die Göttertrias von Palmyra

In Palmyra dürfte es früh Christen gegeben haben, wie es auch eine starke jüdische Gemeinde in der Stadt gab. Überall aber präsentierte sich die Kultur und die Selbsteinschätzung einer Stadt in ihren Götterbildern. Der alte syrische Götterhimmel hatte sich in Palmyra längst zu einer Trias verdichtet, die aus dem alten Mondgott, dem Himmelsgott und dem Sonnengott bestand. „Gott" war dreifach: Jarchibol, der Mondbaal, Bel, der Himmelsbaal, und Aglibol, der Stiergott, der auch mit dem Sonnengott identifiziert wurde. Drei Aspekte Gottes verschmolzen in ihnen zu dem einen großen Gott ihrer Stadt, und die Dreiheit meinte nicht, dies seien drei Götter. So primitiv war man in den Priester-

Das Stadttor von Palmyra in der syrischen Wüste, der Stadt, die den Osten und den Westen verband in der Zeit, als das Christentum Syrien zu durchdringen begann und über Palmyra ins Zweistromland gelangte.

schaften des Orients zur damaligen Zeit längst nicht mehr. Palmyra war kein abgelegenes Dorf, es war eine Schöpfung hellenistischer Kultur und griechischer Philosophie, und ich bin überzeugt, daß die weitgereisten Händler Palmyras die zahllosen Götter der damaligen Welt längst zu einer Gesamtvorstellung von Gott verbunden hatten und so ihren Gott in den vielen Formen der Offenbarung verehrten. Größe, Haltung, Bewaffnung, Kleidung, Gesichtsausdruck sind einander so ähnlich, daß sie eher für eine Göttereinheit als für eine Götterdreiheit sprechen.

Das Christentum dachte also der Einheit Gottes in der Dreiheit von Vater, Sohn und Geist keineswegs ohne Voraussetzungen nach, und die Unterscheidung zwischen Gott und den Gestalten seiner Offenbarung war nicht neu.

Antiochien

In der nordwestlichen Ecke Syriens liegt die Stadt Antiochien, heute das türkische Antakya. Das heute etwa 50 000 Einwohner zählende Städtchen gibt keine Vorstellung mehr von der Großstadt, die hier einmal gelegen hat. Hier war im 2. Jahrhundert v. Chr. die Hauptstadt des Seleukidenreichs. In der Zeit der Apostel war sie neben Rom und Alexandria die größte Stadt des Reiches mit wohl etwa einer halben Million Einwohnern.

Die Apostelgeschichte erzählt, hierher seien schon früh nach dem Tod Jesu Christen geflüchtet, und hier habe man zum ersten Mal von den Anhängern des Mannes von Nazaret als von „Christen" gesprochen (Apostelgeschichte 11,26). Die „Christen" schlossen sich zunächst der jüdischen Synagogengemeinde an und lösten sich dann von ihr. Schon in den dreißiger Jahren muß dort eine große christliche Gemeinde bestanden haben.

Als es in ihr Schwierigkeiten gab, weil nicht klar war, ob Nichtjuden, die sich der Gemeinde anschlossen, auf das Gesetz des Mose mit seinen Speisevorschriften, mit Sabbat, Beschneidung usw. festgelegt werden sollten oder nicht, sandte die Gemeinde

Auf einer freien Höhe im westlichen Syrien, zwischen Damaskus und Antiochien gelegen, ruht bis zum heutigen Tag eine fast unzerstörte Riesenburg der Kreuzfahrer, der „Krak des Chevaliers". Hier im syrischen Raum haben die fränkischen, deutschen und englischen Ritter im 11. und 12. Jahrhundert in einem Netz von ungefähr hundert Burgen ihre Königreiche und Fürstentümer errichtet, bis am Ende arabische Sultane, Saladin vor allem, mit der Ritterherrlichkeit der Abendländer ein Ende machten. Man möchte sagen: Hier haben die unbefriedigten kleinen Potentaten aus Europa endlich die Sklaven gefunden, die ihren Traum von der unbezwingbaren Ritterburg wahr machten (unten).

Antiochien

Auf dem trockenen Hügelland nahe der türkischen Grenze, östlich Antiochiens, liegt eines der Zentren der frühen Kirche: das burgartige Kloster Qalaat Seman, „Burg des Simeon", ein zauberhafter Bau aus dem 5. Jahrhundert, den zu besuchen eine Reise wert ist. Man empfindet es fast als Erlösung, nach dem übersteigerten Monumentalismus von Baalbek wieder eine Architektur zu finden, die Maß und Gestalt hat (linke Seite unten).

Zwischen Aleppo und Antiochien zieht sich über das offene Feld eine von den Römern erbaute Heerstraße. Aus 80 cm dicken Quadern erbaut, liegt sie heute noch so unverrückbar, daß sie ohne weiteres dem Schwertransport von heute gewachsen wäre. Die Mission der ersten Gemeinde war nicht zuletzt deshalb zu so weit ausgreifenden Unternehmungen fähig, weil die hellenistisch-römische Zeit für ein sicheres und großzügiges Verkehrs- und Handelsnetz gesorgt hatte (unten).

Das Städtchen Antakya heute, am Hang des Mons Silpius gelegen, an der Stelle des alten Antiochien (rechts unten).

von Jerusalem Barnabas dorthin. Er sollte nach dem Rechten sehen. Als der sah, daß die Gemeinde in erster Linie einen Lehrer brauchte, holte er Paulus nach Antiochien. Der freilich entschied anders als die Jerusalemer Gemeinde, nämlich im Sinne der Freiheit des Nichtjuden vom jüdischen Gesetz, und es kam zu dem berühmten „antiochenischen Streitfall" zwischen Petrus und Paulus, der dann zum sogenannten „Apostelkonzil" in Jerusalem führte (Apostelgeschichte 15,1–35; Galater 2,1–10), das im wesentlichen im Sinne des Paulus entschied.

Verläßt man Antiochien nach Norden am Hang des Mons Silpius entlang, so findet man knapp außerhalb der antiken Stadtmauer ein merkwürdiges Bauwerk. Auf einem Absatz in der senkrechten Felswand zeigte mir Machmud, mein Führer, die „Petruskirche“ (unten links): eine Fassade aus der Kreuzfahrerzeit, dahinter eine geräumige Höhle für wohl rund zweihundert Menschen, ein Altar und ein Taufbecken, roh aus der Wand gehauen, in das aus einer Tropfquelle sparsam Wasser rinnt, von dort aus ein Gang ins Innere des Felsens und ein weitverzweigtes Labyrinth von Höhlen, Treppen und Gängen. Machmud erzählte, hier habe die erste Christengemeinde gewohnt zur Zeit des Petrus und des Paulus. Und in der Tat muß dieser geräumige Wohnfelsen (rechts oben) schon in vorchristlicher Zeit besiedelt gewesen sein. Man verläßt sich ungern auf Versicherungen einheimischer Führer, aber mir schien, die Sache sei es wert, untersucht zu werden.

Unterhalb der „Petrushöhle“ wies ein Holzschild (unten) auf einen schmalen Saumpfad: Dschehennem – Hölle. Ein anderes lautete: Haroon – offenbar war der griechische Unterweltfährmann Charon gemeint. Machmud wollte nicht mitgehen. Er fürchtete sich offenbar. Nach langem Sträuben und mit zusätzlichem Honorar ließ er sich bewegen. Wir gingen den Steilhang entlang, bis wir nach wenigen hundert Metern vor einem 4 Meter hohen, aus dem Fels gehauenen Kopf standen (oben). „Wer ist das?“ fragte ich. „Das ist Petrus“, erklärte der Araber. „Wer hat das hier ausgehauen?“ „Die erste Kirche.“ Aber das Bild war offenkundig älter, und eine Urgemeinde, die Riesenköpfe ihrer Apostel aus dem Fels meißelte, schien mir seltsam. Es war offenbar Charon, und er stand neben

dem tiefen Felsspalt, der „Pforte der Hölle" hieß, Eingang zur Unterwelt.
Ich ging im Museum der Sache nach, und es stellte sich heraus, daß diese Figur von Antiochus IV. Epiphanes stammt, der 189 bis 164 v. Chr. syrischer König war, und daß er sie errichtete, als in Antiochien Zehntausende von Menschen an der Pest starben. Er wollte den Gott der Toten versöhnen. Er richtete einen Staatskult zu Ehren dieses Totengottes ein, an dem jeder Bürger verpflichtet war teilzunehmen. Beim jährlich stattfindenden Fest zogen die Prozessionen aus der Stadt unter dem „Petrusfelsen" vorbei zum Heiligtum des Charon, und wenn wir annehmen, daß die Christen hier wohnten und sich an dem heidnischen Kult nicht beteiligten, so mag man sich vorstellen, in welcher Gefahr sie schwebten. Denn wer die Pest nicht bannen wollte, war gewiß selbst ihr Urheber. Die „Pforten der Hölle" waren nahe und sehr gefährlich. Während ich vor dem Riesenbild saß, fiel mir das Wort ein: „Du bist Petrus, auf diesen Felsen will ich meine Gemeinde bauen, und die Pforten der Hölle sollen sie nicht überwältigen" (Mattäus 16,18). Wir sagen von bestimmten Worten Jesu in den Evangelien, sie seien erst in der Gemeinde nach ihm gebildet worden, mehr oder weniger frei nach Worten, die man sich von Jesus erzählte. Könnte das Wort an Petrus seine endgültige Form in Antiochien erhalten haben? Oder umgekehrt, hat die Gemeinde in Antiochien dieses Wort auf ihre Situation bezogen und danach Petrus zu ihrem Patron erwählt? Die Pforten der Hölle, die Petrusüberlieferung von Antiochien und das Petruswort Jesu liegen jedenfalls so nahe beieinander, daß wir eine Vorstellung davon gewinnen, wie sich Überlieferungen in der ersten Kirche gebildet haben könnten.

Im Wadi Natrun, unweit Alexandria, steht heute noch eines der Klöster aus jener frühen Zeit. Eine hohe Lehmmauer umgibt die Häuser und die Kirchen, und außerhalb ist nichts als der Sand der beginnenden Sahara. Es hat sich in Jahrhunderten nichts verändert, denn eine Mauer aus ungebranntem Lehm hält, wo kein Regen fällt, ein halbes Jahrtausend lang und länger. Es heißt: „Deir es Surian", „Kloster der Syrer". In ihm leben Mönche eines syrischen Ordens, der fast so alt ist wie das Christentum in Ägypten überhaupt. Sie leben in ihrer Wüsteneinsamkeit ohne jede Verbindung mit ihrer Zeit und ihrer Welt.

Aber es scheint auch, als seien Elemente der vorchristlichen ägyptischen Religiosität und Symbolik aufgenommen worden. So ist eines der zentralen Symbolzeichen Ägyptens das „anch", das Zeichen für „Leben". Auf dem Rosengranitpfeiler steht es rechts außen.

Das Zeichen ging in die Symbolsprache der frühen ägyptischen Kirche ein. Die Christen übernahmen es, formten aber das Oval zu einem vollen, doppelten Ring und machten aus dem alten Lebenssymbol ein Zeichen für den kosmischen Christus:

Christen wandern nach Ägypten

Die erste Kirche muß sich spätestens in der zweiten Generation auch in Ägypten ausgebreitet haben. Denn es ist bei dem regen Reiseverkehr zwischen Palästina und Ägypten nicht gut denkbar, daß sich während der ersten Verfolgungszeiten keiner der Christen aus Jerusalem in diese alte Zuflucht für die Verfolgten dieses Raums geflüchtet hätte. Daß in dieser Richtung nichts geschehen sein soll als die Begegnung zwischen Philippus und dem Kämmerer der Königin Kandake aus Äthiopien, ist unwahrscheinlich. Gleichwohl sagt das Neue Testament nichts darüber.

Doch berichtet Euseb, der Bischof von Caesarea, um 300 n. Chr., als erster Prediger des Evangeliums sei Markus nach Ägypten gelangt und habe die Gemeinde in Alexandria gegründet. Apostelgeschichte 18, 24 nennt Apollos als einen alexandrinischen Juden. Und es gibt Hinweise genug dafür, daß im ersten Jahrhundert schon eine sehr vitale Kirche im Delta gewirkt hat.

Wir nehmen an, daß Christen von den ersten Jahren nach 30 an nach Ägypten kamen, in die Dörfer in den Palmenwäldern des Deltas, und sich dort jüdischen Synagogengemeinden anschlossen.

Von da an war Ägypten bis zur Zeit des aufkommenden Islam

Über dem Kreuz steht die Sonne, das Licht der Welt.

eines der wichtigsten Kernländer der Kirche und der Theologie. In den Zeiten der Verfolgung im 2. und 3. Jahrhundert zogen die Menschen massenhaft aus den Städten des Deltas in die nahen Wüsten hinaus, teils um sich zu verbergen, teils um dort das Leben von Eremiten zu führen, und ein guter Teil der mönchischen Überlieferung des Altertums nahm seine Kraft aus dem Zentrum des Mönchtums in den Wüsten südlich und westlich des Kulturlandes des Deltas.

Die Beziehungen zwischen Ägypten und Rom sind eng. Irgend jemand hat einmal nachgewiesen, im Gesang der koptischen, das heißt ägyptischen Kirche sei altägyptische Tempelmusik erhalten, und sie sei noch in der gregorianischen Musik spürbar. Die Tiara des Papstes geht auf die Krone der oberägyptischen Könige zurück, der Krummstab der Bischöfe auf den Hirtenstab des Osiris. Wie der Pharao ließ sich der Papst früher in einer Sänfte tragen und wurde von Trägern begleitet, die ihm mit halbkreisförmigen Wedeln Luft zufächelten. Und wie die Pharaonen wurden die Päpste in einem dreifach ineinanderliegenden Sarg beigesetzt.

XI Eine mühsame Reise

Kleinasien-Griechenland-Rom

Knotenpunkt zwischen Ost und West

Für den Kulturaustausch zwischen dem Orient und dem Mittelmeerraum ist dies fast eine Art Grundsymbol: der antike Hafen von Seleucia und der über ihm aufragende Dschebel el Akra, der Mons Casius der Antike, der Wohnsitz des großen Baal. Tausend und mehr Jahre lang beherrschte er die Küste Syriens, Schutzherr der seefahrenden Phönizier und Herr über das weite, östlich der Küste liegende Kulturland. Von hier setzte er über nach Cypern, um dort auf dem Olymp Platz zu nehmen, nach Kreta, um in der Gestalt des kretischen Zeus den Ida als Wohnsitz zu erwählen, von Berg zu Berg weiterschreitend, bis der griechische Zeus am Ende auf dem nordgriechischen Olymp seinen Palast erbaute:

Sechs Wegstunden sind es von Antiochien hinab ans Meer, zum Hafen Seleucia, von wo Schiffe nach Cypern fuhren. Seleucia, in der Nähe des heutigen Orts Samandag gelegen, war der Hafen der Metropole. An einer blauen Bucht stehen heute noch die Trümmer der Kaimauern, an denen die Mittelmeerfahrer anzulegen pflegten. Und wie ein Wächter steht der Dschebel el Akra 1700 m hoch über dem Wasser.

Zeus, der trotz dieser Verwandtschaft mit Baal, dem sterbenden und auferstehenden Gott der Fruchtbarkeit von Mensch und Tier und Acker, den Rhythmus von Tod und Leben nicht mehr kannte. Aber mit dem Berg des syrischen Baal, dem Dschebel el Akra, steht über dieser Küste das Symbol für all die zahllosen Völkerbewegungen, die Ausfahrten und Abenteuer, durch die syrisches Geistes- und Kulturgut die Ränder des Mittelmeers besiedelte.

Dann, im 4. Jahrhundert, schwingt das Pendel zurück, und mit und nach Alexander kehrt wieder, was von dort ausgegangen war: das Abenteuer des Geistes, der die Welt erobert und den Osten, sein Ursprungsland, wieder sucht, ihm aber zugleich all das bringt, was inzwischen im Westen entstanden war, griechische

Auf der anderen, der südlichen Seite des Dschebel el Akra lag der große Handelshafen von Ugarit mit dem Tempel des Baal. Seine Reste liegen heute tief versunken im wilden Gras und erzählen von den Matrosen, die mehr als tausend Jahre vor Paulus, ausfahrend oder heimkehrend, ihre Gebete im Angesicht des Berges sprachen, um Bewahrung auf dem Wasser baten oder für die glückliche Heimkehr dankten. In der Bildmitte, im Hintergrund, steht noch der Altartisch, auf dem der Stein ruht, der die Gegenwart des Gottes darstellte, davor links einer der Ankersteine, die die Seefahrer, wenn sie aus Lebensgefahr gerettet waren, zum Dank dort niederlegten.

Der Psalm 107 fordert um die Mitte des ersten Jahrtausends v. Chr. die Abkehr von Baal und schreibt: „Die mit Schiffen auf dem Meer fuhren und ihren Handel trieben auf großen Wassern, die zum Herrn schrien in ihrer Not und er stillte das Unwetter, daß die Wellen sich legten – die sollen dem Herrn danken …" Die Pointe darin lautet: „Sie sollen dem Gott Israels danken und nicht Baal!" Und Paulus begab sich nun auf die Reise und wußte den Christus bei sich, der gesagt hatte: „Ich bin bei euch alle Tage bis an der Welt Ende" (Mattäus 28,20).

Das Theater in Palmyra (links) und der Dionysostempel in Baalbek (rechts) mögen für die Kultur stehen, die sich, aus dem Westen herkommend, im ganzen Orient ausbreitete: den Hellenismus mit seiner sensiblen Architektur, in dessen Zeichen Alexander den Osten und den Westen zu verbinden hoffte und der nach ihm drei Jahrhunderte prägte, bis er mit dem Auftreten der Römer zum Zeichen der Macht des nun überlegenen Westens wurde.

Der Dionysos-Tempel in Baalbek.

Klarheit und Gedankentiefe, und sich mit dem Osten in der großen Epoche des Hellenismus verbindet.

Und noch einmal wendet sich die Richtung um: Um 40 n. Chr. steht ein einzelner Mann mit seinem Begleiter im Hafen von Seleucia, um auszufahren. Ein Mann des Ostens. In seinem Gepäck das wichtigste Gedankengut, das der Osten dem Westen in dieser späten Phase zu bringen hatte: die Botschaft von dem Christus, der gestorben und auferstanden war. Damit ging die Zeit des großen Baal zu Ende, die Zeit der Götter überhaupt. Ein einzelner Mensch besteigt ein Schiff, am Berg des Baal vorbei, nicht im Vertrauen auf den Meergott, sondern auf den Christus, dessen machtfernes, leises und eindringliches Wort er mit sich führt: Paulus.

An der südwestlichen Seite Cyperns liegt an dem langhingezogenen einsamen Ufer die Petra tou Romiou, der legendäre Geburtsplatz der Aphrodite. Homer berichtete, hier habe sie das Ufer betreten, aus dem Schaum aufsteigend.

Cypern gehört zu den liebenswertesten Kulturländern des Mittelmeers und des Nahen Ostens. Es war vom vierten Jahrtausend v. Chr. an Brücke zwischen Ost und West, zwischen Syrien und der Ägäis, unentbehrlicher Stützpunkt in der Zeit der Küstenschiffahrt zwischen Ägypten, Kleinasien und Griechenland. Es war, seit es eine beobachtbare Geschichte gibt, ständig in alle Auseinandersetzungen dieses Raums verwickelt, und neben den Ureinwohnern haben Achäer und Phönizier, Ägypter, Hethiter, Assyrer und Perser, Griechen und Römer, Byzantiner, Araber und Kreuzfahrer, Türken und Briten einander in der Herrschaft über die Insel abgelöst. Cyperns Kunst gehört zum Schönsten der alten Welt, und seine Schönheit und sein Reichtum machten es begehrenswert für alle Eroberer der Jahrtausende.

Cypern heißt „Insel der Aphrodite". Hinter dieser scheinbar griechischen Göttin verbirgt sich die orientalische Ischtar oder Astarte. Ähnlich der Kriegsgöttin Anat, die von Tyrus aus auf dem Rücken des Stiers, der Baal und Zeus war, durch das Meer nach Kreta getragen wurde, gelangte Astarte durch das Meer nach Cypern und entstieg an seiner Küste dem Schaum einer Welle, neugeboren als die Tochter des Uranos, als die Aphrodite dieser Insel.

Bild Mitte und unten: Eleusis. Der heilige Bezirk. Siehe S. 363.

Aphroditekopf aus dem 4. Jahrhundert v. Chr., gefunden in Salamis/Cypern.
Darunter Aphrodite, Ganzfigur aus Ephesus, hellenistische Zeit.

Die Insel der Aphrodite

Die Apostelgeschichte erzählt: „Als sie nun des Herrn Gottesdienst feierten, sprach der Heilige Geist: ‚Sondert mir Barnabas und Saulus zu dem Werk aus, zu dem ich sie berufen habe.' Da fasteten sie, beteten, legten ihnen die Hände auf und verabschiedeten sie. Die beiden aber zogen nach Seleucia hinab und fuhren von da zu Schiff nach Cypern" (Apostelgeschichte 13, 2–4).

Die erste Station der ersten Reise führte Paulus und Barnabas in die Heimat des Barnabas, nach Cypern. Sie landeten in Salamis an der Ostküste der „Insel der Aphrodite", wie sie um des uralten Kults der aus dem Osten kommenden Mutter- und Liebesgöttin genannt wird. Dort beginnt das Verfahren deutlich zu werden, dessen sich Paulus immer wieder bedient hat: nämlich an jedem Ort erst einmal die Synagoge der jüdischen Diasporagemeinde aufzusuchen, sich dort mit den Schriftgelehrten auseinanderzusetzen und erst dann, wenn die Synagoge ihn ausstieß, auf die Gründung einer eigenen Gemeinde zuzugehen. Sie durchquerten die Insel und stiegen in Paphos, an der Westseite, in ein Schiff, das sie nach Antalya an der Südküste der heutigen Türkei brachte.

Paulus, der Apostel

Wer war dieser Mann, dem wir in Damaskus schon begegnet waren, dieser Urapostel all derer in zwei Jahrtausenden christlicher Geschichte, die die Unabhängigkeit des religiösen Bewußtseins von aller Bevormundung suchten, dieser Prügelknabe derer, die die Zeitgebundenheit vieler seiner praktischen Anweisungen, etwa zum Staat oder zum Verhalten der Frauen, verurteilten, Prophet der Freiheit den einen, finsterer Schriftgelehrter den anderen? Würde man seine Lebensgeschichte heute niederschreiben, so lautete sie etwa so:

In Tarsus, in der heutigen südlichen Türkei geboren. Studierte in Jerusalem jüdische Theologie und Philosophie. Trat nach seinem Examen dem jüdischen Geheimdienst bei und wurde besonders mit Untersuchungen über eine neu entstehende Sekte beauftragt. Hatte mitten in den Erhebungen, die ihn nach Damaskus, also nach Syrien, führten, ein übersinnliches Erlebnis, das ihn veranlaßte, sich jener Sekte anzuschließen, und war von da an dreißig Jahre lang als reisender Prediger für sie tätig. Seine Wanderungen führten ihn nach Kleinasien, Griechenland und Italien. Starb vermutlich durch Hinrichtung in Rom.

Genauer: Er studiert an der theologischen Schule in Jerusalem, wo die bedeutendsten Köpfe des damaligen Judentums lehren. Was er mitbringt, ist die Liebe zu den alten großen Traditionen des jüdischen Glaubens und die Weiträumigkeit des Römischen Reiches, das er aus der Perspektive einer Handelsstadt kennt und dessen Bürger er ist. Und was er noch mitbringt, das ist

Von Paphos aus fuhren Paulus und Barnabas hinüber an die Küste Kleinasiens und gingen wohl im heutigen Antalya an Land (Apostelgeschichte 13,13). Von hier aus erreichten sie Perge, die blühende Stadt in der weiten, fruchtbaren Ebene von Pamphylien.

Wer heute die noch weithin erhaltenen Reste dieser Stadt (links) durchwandert, findet eine griechische Stadt. Der Schritt von Cypern nach Perge ist der Schritt aus dem orientalischen in den griechischen Kulturraum. Seit den Zeiten des Trojanischen Krieges, also mehr als 1000 Jahre lang, war Pamphylien ein Siedlungsgebiet von Achäern und Ioniern gewesen. Zugleich ist Perge eine der besterhaltenen Stadtanlagen aus jener Zeit, und von der Toranlage aus, die sich links erhebt, wandert der Besucher eine 600 m lange Säulenstraße entlang zwischen Markthallen und Wohngebieten, Nymphäen, Tempeln und Theatern.

Am großen Theater in Perge findet er das Bildwerk, das unten abgebildet ist. Es zeigt den Gott Attis, der auf einem Lager ruht, und seine göttliche Partnerin Kybele. Sein Zeichen ist der Baum, den er senkrecht hält, ein phallisches Fruchtbarkeitssymbol. Er zeigt, wie durchmischt von Orient und Okzident auch eine rein griechische Stadt gewesen sein konnte. Denn Attis ist eine der vielen Gestalten des einen Fruchtbarkeitsgottes, der den Namen Baal oder Adonis trug, ein mit den Jahreszeiten sterbender und wieder auferstehender Gott, durch dessen Blut nicht nur Fruchtbarkeit entsteht, sondern auch das Leben dem zukommt, der ihn anbetet.

Es ist zu vermuten, daß die Worte „das Blut Jesu Christi macht uns rein von aller Sünde" oder „wir sind versöhnt durch das Blut Christi" in polemischer Abgrenzung gegen solche blutigen Kulte formuliert wurden. Nicht durch Attis, sondern durch Christus haben wir das Leben und die Versöhnung mit Gott. Wenn wir den Sinn solcher Worte verstehen wollen, müssen wir den Hintergrund kennen, vor dem sie gesprochen wurden: die antiken Mysterienreligionen.

Viele solcher uns heutigen Menschen schwer zugänglichen Worte gerade bei Paulus erschließen sich, wenn wir den Kulten und magischen Praktiken begegnen, mit denen Paulus auf seiner Reise durch die Städte und Dörfer des Mittelmeergebiets sich auseinanderzusetzen hatte. Was uns primitiv scheinen möchte, ist häufig eben die Überwindung des Primitiven in der Sprache des Symbols.

die Unbedingtheit, mit der junge Menschen da und dort nach Wahrheit fragen und die noch heute dem jungen, mit seinem Gesetzestext befaßten Juden anzumerken ist. Es ist der Wille, sich für die Wahrheit einzusetzen, die er in den alten Ordnungen seines Volkes findet.

So stellt er sich an die Front, an der ihm dieses Gültige, dieses Kostbare bedroht scheint: an die Front gegen das eben aufgekommene Christentum. Da hatte man eben jenen gefährlichen Nazarener hingerichtet, jenen Jesus von Nazaret, da treten seine Anhänger öffentlich auf und werben für sein gemeingefährliches Programm. Er stellt sich – würden wir heute sagen – dem Verfassungsschutz zur Verfügung, spürt die einzelnen Gruppen der Christen auf, nennt sie höheren Orts, sorgt für ihre Festnahme und ist beteiligt bis zur eventuellen Hinrichtung.

Auf einer jener Reisen, die ihn zum Teil über die Grenzen des Landes hinausführen, in diesem Falle nach Damaskus, geschieht etwas. Was geschieht? Eine Vision – eine überirdische Stimme. Eine Begegnung. Das Neue Testament sagt: eine Begegnung mit Jesus Christus selbst, der ihm gesagt habe, mit dieser Aktion diene er nicht Gott, sondern er verfolge ihn. Er wende sich gegen Gott, wenn er sich gegen Christus wende.

Es hat wenig Sinn, solchen Erfahrungen nachzuspüren, sie klären zu wollen. Etwa zu fragen: Wie soll man sich das vorstellen? Als ob Gott redete – wie ein Mensch womöglich? Wie soll man sich das vorstellen, daß ein Mensch Gott sieht – und womöglich in der Gestalt eines Menschen! Sinn hat es allenfalls, zu fragen, was aus dem seltsamen Ereignis geworden ist.

Ein Mensch, der die Befriedigung seines hochfliegenden Ehrgeizes in der Verfolgung von Feinden seines Glaubens gesucht hat, begibt sich freiwillig in die Reihen der Verachteten und Verfolgten und erlebt von da an durch über dreißig Jahre das Schicksal eines Verfolgten. Von Stadt zu Stadt, von Haus zu Haus, von Land zu Land. Ein Mensch, der das Heil seines Volkes und der Menschheit von der Bewahrung der Tradition erwartet hatte, geht hinüber in die Reihen derer, die – wie er selbst von sich sagt – alles Überkommene für Dreck halten.

Und dann sitzt er zwischen allen Stühlen. Er ist Jude, aber sein Volk hetzt ihn von Land zu Land. Er ist römischer Bürger, aber er wird von seinen eigenen Behörden wie ein Aufrührer und Landesfeind behandelt. Er ist Christ, aber die Angst vor ihm schwindet bei seinen Glaubensbrüdern nie ganz. Ob er wirklich Christ sei, bleibt vielen Christen über die Jahrzehnte hin fraglich. Heimatlos im äußeren wie im inneren Sinn zieht er als Wanderarbeiter, als Zeltmacher, von Stadt zu Stadt, ein Abbild des großen Meisters, der gesagt hatte: Ich habe – um mich vor denen zu verbergen, die mir nachstellen – noch nicht einmal einen Platz, um mich schlafen zu legen, wenn es Nacht wird.

Von der wunderbaren pamphylischen Küstenlandschaft aus wanderten die beiden auf den Taurus zu, in nördlicher Richtung, und durch die dunklen Waldhänge nach Pisidien, das jenseits der Paßhöhe lag, das angrenzende Land auf der anatolischen Hochebene. Wir wissen nicht, welchen Weg sie wählten, aber die Auswahl ist nicht groß. Einer der alten Reisewege, die man zu Fuß oder mit dem Eselkarren ging, führt den Eurymedon entlang, einen Gebirgsfluß, der zauberhaft schön zwischen Wäldern und Berghängen (unten) in die pamphylische Ebene hinausrauscht (S. 347 unten und 350 unten). Man kann heute die ganze erste Missionsreise des Paulus, wenn man will, nachwandern oder nachfahren, nach dem pisidischen Antiochien, nach Ikonion, das heute Konya heißt, nach Lystra und Derbe und wieder zurück in die Küstenebene nach Antalya.

Antiochien ist heute ein unbedeutendes Dorf, Konya eine von modernen Verkehrs- und Industrieanlagen überfremdete Großstadt, Lystra ein kahler Hügel, und Derbe besteht aus ein paar Häusern. Damals waren sie mittlere Städte, und wie sie ausgesehen haben mögen mit ihren Türmen und Toren und Mauern, das kann man heute noch etwa ablesen an den Stadtanlagen des südlichen Arabien, die bis zum heutigen Tag ihr antikes Aussehen bewahrt haben (oben).

In Antiochien wird noch einmal das Verfahren deutlich, nach dem Paulus vorging. Er besucht den Synagogengottesdienst, läßt sich dort zum Sprechen auffordern, wie jeder durchreisende Rabbi aufgefordert wurde, den biblischen Text des Tages auszulegen, und legt ihn auf Christus hin aus. Dabei teilt sich die jüdische Gemeinde, und es kommt entweder zu einer Spaltung der Synagoge oder zur Vertreibung des Paulus, im guten Fall zur Konstituierung einer kleinen Christengemeinde (Apostelgeschichte 13).

Paulus erzählt später einmal selbst: „Ich reise ständig, ich bin in Gefahr gewesen auf den Flüssen, in Gefahr durch die Mörder, in Gefahr in der Wüste, in Gefahr durch die Juden und in Gefahr durch falsche Brüder. Ich mühe mich und arbeite, ich durchwache die Nächte, leide Hunger, Durst und Kälte. Die Juden haben mich fünfmal geprügelt, und zwar mit der Höchststrafe, die erlaubt ist, dreimal bin ich gegeißelt worden, einmal gesteinigt. Dreimal habe ich Schiffbruch erlitten, Tag und Nacht trieb ich in den Wellen. Und das ist ja alles nur das Äußere. Täglich bringt man die Not und den Kummer, die Angst und die Schwierigkeiten aller Gemeinden zu mir und erwartet von mir, daß ich das alles durchtrage. Aber wenn ich sagen soll, was an mir erwähnenswert ist, dann ist es nicht mein Heldentum, sondern meine Schwäche" (2. Korinther 11, 23–30).

Er sagt einmal, Gott habe ihm einen Pfahl zugemutet (2. Korinther 12, 7). Man hat das oft so gedeutet, als meine er: In meinem Körper ist ein Leiden, eine Krankheit, die in mir steckt wie ein Pfahl. In Wirklichkeit meint er an jener Stelle: Gott hat meinem Leib einen Pfahl zugemutet. Dieser Ausdruck wird sonst von dem Pfahl gebraucht, an dem man Menschen hinrichtet. Auch gerade das Kreuz wird häufig als Pfahl bezeichnet.

Aber ich will weiter nichts, fügt Paulus hinzu. Ich will weiter nichts, als daß der Pfahl, an dem ich sterben soll, neben dem Kreuz meines Herrn steht. Im Schatten des Kreuzes. Unter demselben Zeltdach, sagt er einmal. Dort ist er geborgen. Dort ist Christus bei ihm. „Er hat zu mir gesagt: Laß dir an meiner Gnade genug sein, denn die Kraft kommt zur Vollendung in der Schwachheit" (2. Korinther 12,9).

Mehr braucht er nicht. Was liegt noch an seiner übrigen Lebensgeschichte? Was liegt noch an seiner Persönlichkeit oder an den Scherben seiner Persönlichkeit? Christus ist bei ihm. Damit ist er bei Gott. Und damit ist – durch Christus – alles erreicht, was der Schriftgelehrte in ihm am Anfang seines Lebens im Gesetz der Väter gesucht hatte: nämlich das Leben, das bleibt.

Ungefährlich war der Weg gewiß nicht. Heute noch ducken sich die Zelte von Waldarbeitern ins Felsgestein, und wer weiß schon, ob dies mehr Waldarbeiter oder Wegelagerer sind? Das Mädchen links jedenfalls zog einer jungen Dame, während ich danebenstand, einen Ring vom Finger, ohne daß die Betroffene es merkte, und es ist sicher der Bericht eines erfahrenen Wanderers, wenn Paulus sagt, er sei „oft genug in Gefahr durch Räuber" gewesen.

Über Brücken der Zeit des Paulus geht die Reise ins Gebirge hinauf, und immer wieder geht der Weg, wenn er zu steil wird, in eine Treppenstraße über, über die die römischen Legionen marschierten und die heute verlassen im Buschwerk liegt. Die schmale Heerstraße der Römer ist heute noch befahrbar.

Nicht weit von Lystra, in Aphrodisias im westlichen Anatolien, steht ein hellenistischer Sarkophag, auf dem die beiden Götter abgebildet sind. Zeus, der rechts thront, sendet Hermes, den Seelengeleiter, damit er zwei Verstorbene, die hier bestattet sind, in die andere Welt führe.

Zeus und Hermes: Ein Mißverständnis

Die Apostelgeschichte erzählt, in Lystra, einer Stadt südlich von Konya, habe Paulus einen Gelähmten geheilt. Daraufhin hätten die Leute gerufen: „,Die Götter sind gekommen! Die Götter in Menschengestalt!' Und sie nannten den Barnabas Zeus, den Paulus Hermes, weil er das Wort führte, und der Zeuspriester aus dem Tempel vor der Stadt brachte Stiere und Kränze an den Opferplatz vor dem Tor und wollte ein Opferfest feiern. Als die beiden Apostel das hörten, rissen sie ihre Gewänder auf zum Zeichen des Entsetzens, sprangen (von dem erhöhten Platz, von dem sie redeten) unter die Leute herab und riefen: ,Ihr Männer, was tut ihr? Wir sind Menschen wie ihr!' " (Apostelgeschichte 14).

Hermes, ein urgriechischer und nicht orientalischer Gott, war ursprünglich ein Schutzgott der Hirten, der Gott der Grenzen und der Wege. Er schützte den einsamen Reisenden vor Räubern und umgekehrt die Einwohner der Dörfer und Städte vor herumziehenden Landfremden. Sein Stab war ursprünglich ein Zauberstab, der Verwandlungen bewirkte, und wurde später in den Stab des Herolds umgedeutet, zum Zeichen des Götterboten. Die Schlangen, die sich an seinem Stab winden, sind Symbole der Wandlung.

Später, als Hermes zum Diener des Zeus degradiert wurde, war er zuständig für Handel und Gewerbe, für kluges Taktieren und wohlgesetzte Rede. Er wurde zum Künder geheimer Weisheit und ähnlich dem ägyptischen Gott Thot zum Stifter der Wissen-

Das Theater in Ephesus, in dem die köstliche Geschichte vom Aufruhr des Goldschmieds Demetrios spielte, die für Paulus um ein Haar sehr gefährlich geworden wäre. Heute finden dort keine Volksversammlungen mehr statt, wohl aber Feste,

schaft. Und am Ende, in den Jahrhunderten nach Christus, wurde er zum „Hermes Trismegistos", dem höchsten Gott, dem einen, geheimnisvollen, der alle Gottheit in sich vereint.

Auf dem Sarkophag (S. 351) ist er jener Aspekt Gottes, der dem Sterbenden begegnet und ihn in die himmlische Welt geleitet. Der Vorfall von Lystra läßt ermessen, wie fast hoffnungslos es sein mußte, was Paulus sich vornahm: nämlich nicht nur das Gottesbild des jüdischen Glaubens zu vermitteln, sondern darüber hinaus die Botschaft von Christus, von der er sagte, daß er selbst als gebildeter Jude sie kaum begriff, für diese Menschen zu formulieren, und wie staunenswert es den Gemeinden erschien, wenn dieser fremde Glaube verstanden und aufgenommen wurde, was allein möglich sein konnte durch den Geist Gottes selbst.

Spiele, Tänze. Der Blick geht weit hinaus in die Ebene des Kaystros und an die Küste des Ägäischen Meeres. Links des Bildes ist der frühere Hafen zu denken, der seit dem 4. Jahrhundert n. Chr. versumpfte und verlandete.

Links unten: Der Eingang zum Tempel des Hadrian an der „Kuretenstraße", der prächtigen Hauptachse der Stadt. Hier wurden den göttlichen Kaisern die ihnen zustehenden göttlichen Ehren erwiesen.

Metropole Ephesus

In Ephesus hielt sich Paulus zwei Jahre lang auf. Im Neuen Testament ist ein Brief „an die Epheser" überliefert. Wo liegt Ephesus? Was bedeutete es zu seiner Zeit?

Ephesus liegt im jonischen Kulturraum an der Westküste Kleinasiens. Um 1000 v. Chr. begann schon die Besiedlung durch jonische Griechen. 500 Jahre später gehörte Ephesus dem attischen Seebund an. Danach wurde es ins persische Reich einbezogen, danach ins makedonische, dann ins seleukidische, danach ins ptolemäische, ins pergamenische, schließlich ins römische. Seine politische Bedeutung blieb dabei immer in engen Grenzen, bedeutend aber war die Stadt durch ihre wirtschaftliche Macht und ihre kulturellen Leistungen.

Als Kaiser Augustus die Stadt zur Hauptstadt der Provinz Asia gemacht hatte, blühte sie zu einer der schönsten Städte des Altertums auf. Und so traf Paulus, 80 Jahre später, sie an: reich, kultiviert, glanzvoll.

Nur eine einzige hohe Säule steht noch von der verschwundenen Pracht des riesigen Artemistempels der Zeit des Paulus, einem der sieben Weltwunder des Altertums. Die ganze Anlage ist in das inzwischen versumpfte Gelände eingesunken. Im Hintergrund die byzantinische Burg über dem Ort, der heute Seldschuk heißt. Zwischen Burg und Säule die Reste der großen Kirche, die dem Apostel Johannes geweiht war. Neben der Hagia Sophia und der Grabeskirche in Jerusalem zählte sie zu den gewaltigsten Bauten der christlichen Frühzeit.

Die Apostelgeschichte erzählt: „Als Paulus einige Monate in Ephesus gelebt hatte, kam es dort zu schweren Unruhen. Ein Silberschmied namens Demetrius nämlich, der silberne Tempelchen der Artemis herstellte und den Handwerkern seines Fachs damit den Lebensunterhalt sicherte, versammelte die Meister und die Arbeiter und sprach: ‚Männer! Ihr wißt, daß wir von diesem Handwerk leben. Ihr seht und hört aber auch, daß dieser Paulus nicht nur hier in Ephesus, sondern auch im ganzen Land Asien unzählige Menschen irremacht und sagt: Was mit Händen zu greifen ist, das sind keine Götter! Aber nicht nur unser Gewerbe wird damit verächtlich gemacht, sondern auch der Tempel der großen Göttin Artemis und sie selbst dazu, die vom ganzen Lande Asien, ja von der ganzen Welt verehrt wird!‘

Als sie das hörten, gerieten sie außer sich und schrien: ‚Groß ist die Artemis von Ephesus!‘ Die ganze Stadt wurde mitgerissen, und die Masse stürmte ins Theater. Als aber Paulus selbst sich unter das Volk begeben wollte, ließ es die Gemeinde nicht zu.

Im Theater schrien indessen die einen dies, die anderen das. Die Versammlung tobte in völliger Verwirrung durcheinander, und die meisten wußten nicht, weshalb sie eigentlich zusammengekommen waren. Da schoben die Juden Alexander nach vorn. (Sie fühlten sich durch den Aufruhr gegen Paulus mitbedroht und wollten erklären, daß sie mit ihm nichts zu tun hätten.) Alexander trat auf, erbat Stille mit einem Zeichen seiner Hand und wollte eine Verteidigungsrede für die Juden halten. Als sie aber merkten, daß er ein Jude war, schrien sie alle miteinander an die zwei Stunden lang wie aus einem Munde: ‚Groß ist die Artemis der Epheser.' Da stellte der Stadtschreiber die Ruhe her und redete zum Volk: ‚Ihr Männer von Ephesus! Wem unter allen Menschen sollte unbekannt sein, daß die Stadt der Epheser die Hüterin des Tempels der großen Artemis und ihres aus dem Himmel stammenden Bildes ist? Niemand bestreitet es. So bewahrt Ruhe und tut nichts Unüberlegtes. Ihr habt diese Männer hierhergeschleppt, aber sie sind weder Tempeldiebe noch haben sie unsere Göttin beleidigt. Wenn nun Demetrius oder die Meister mit ihm irgendeinen Anspruch gegen jemand anzumelden haben, so werden ja ordentliche Gerichte gehalten. Dort mögen sie klagen. Wenn ihr aber sonst eine wichtige Frage besprechen wollt, dann gibt es die gesetzmäßige Volksversammlung. Denn es besteht Gefahr, daß wir wegen Aufruhrs angeklagt werden nach all dem, was heute geschehen ist, und wir könnten keinen Grund nennen, der diesem Aufstand ein Recht gäbe.' Dann löste er die Versammlung auf" (Apostelgeschichte 19).

Bild links oben: Am Anfang der Kuretenstraße steht noch der noble Bau der Bibliothek des Kelsos am Fuß des „Bülbüldag", des „Nachtigallenberges".

Links unten: Artemis in der Gestalt der Jagdgöttin an einer Felswand in der Stadt Philippi.

Rechts: Die Frauen jener Gegend weben noch heute mit denselben Webstühlen wie zur Zeit der Antike.

Artemis, die große Göttin von Ephesus

„Groß ist die Artemis der Epheser", schrien die Silberschmiede. Zunächst ist diese Artemis sehr anders als die großen Göttinnen jener Zeit sonst. In Philippi ist sie in einem Felsen dargestellt, so wie die Griechen sie sahen: als Göttin der Jagd mit Pfeil und Bogen. Hier aber, in Ephesus, spielen ganz andere Motive herein. Hier steht sie in der kleinasiatischen Überlieferung, der sogenannten „Großen Mutter" oder der sehr alten Göttin Kybele, die eine Versorgerin der Menschen und Tiere war, eine Göttin von Geburt und Tod, von Fruchtbarkeit und Lebenskraft.

Die Darstellung der ephesinischen Artemis aber ist etwas Eigenes. Sie ist nicht wie Aphrodite, nackt und als schöne Frau dargestellt, sondern fast wie eine Mumie, in ein enges Kleid gefaßt, eine Säule mehr als eine Menschengestalt, fast noch Stamm eines Baums, wie es die Göttinnen früherer Jahrtausende gewesen waren.

Sie trägt die Mauerkrone. Sie ist also Göttin des öffentlichen Lebens, Herrin der Stadt, Schützerin von Recht und Gerechtigkeit. Aber wie bei ihrer Vorgängerin, Kybele, spielen die Tiere eine grundlegende Rolle. Rechts und links auf der Erde stehen Bienenkörbe. Dahinter zwei größere Tiere, vermutlich Stierbilder, an ihrem Gewand wechseln Reihen von Stieren und Löwen. Der Tierkreis liegt als Kollier um ihren Hals. Rechts und links des Gesichts hängen Stiere und Löwen wie Locken herab. Sie ist deutlich als „Herrin der Tiere" verstanden und so die Urheberin von Wohlstand und Fruchtbarkeit, aber auch von Ordnung und Sitte.

Umstritten sind bis heute die runden Brüste, 18 an der Zahl, die Artemis trägt. Man vermutete bisher, die brustförmigen Gebilde zeigten an, daß Artemis als nährende Mutter von Mensch und Tier zu verstehen sei, weit hinaus über jedes menschliche Maß. Inzwischen denken manche Forscher auch an Früchte, die dem Baumpfahl in früherer Zeit angehängt wurden, oder an Eier. Das Wahrscheinlichste aber dürfte sein, daß es sich um Hodensäcke von geopferten Stieren handelte, die man ihr, um die Fruchtbarkeit der Herden zu fördern, weihte und die man an ihrer Gestalt aufhängte. Sicher ist: In der Gestalt der Artemis von Ephesus ist alles verbunden, was es an orientalischen Urmutterkulten gab, an Erd- und Himmelsgöttinnen, an Stadt- und Hausgöttinnen. Eines ist Artemis aber nicht: eine Liebesgöttin.

Artemis ist Herrin im strengsten Sinn. Auch im griechischen Mythos tötet sie jeden, der sie nicht ehrt, der ihr widersteht oder sie mißachtet. Sie ist eine der stärksten Gottheiten der Antike überhaupt. Und so ist es kein Zufall, sondern geschichtliche Notwendigkeit, daß die frühe Kirche ihr Maria entgegenstellte, die Jungfrau, und daß die Lehre von Maria, der Gottesgebärerin, in Ephesus zum Dogma erhoben wurde (451 n. Chr.).

Das Christentum kam in diese Länder mit der Forderung, alles abzutun, was an Göttinnen verehrt wurde, den weiblichen Aspekt Gottes also, und an ihre Stelle den einen Gott Himmels und der Erde, repräsentiert durch den Christus, zu setzen. Wir machen uns nicht mehr deutlich, wie hart diese Forderung war, denn gerade an der Weiblichkeit Gottes machten sich Hoffnung und Liebe der Menschen fest, gerade an ihr hingen die Menschen mit ihrem ganzen Vertrauen, und kein männlicher Gott konnte ohne weiteres an die Stelle der großen Göttin treten, in welcher Gestalt immer sie angebetet wurde.

So ist es nicht zufällig, daß die Legende erzählt, Johannes, der nach Jesu Tod die Sorge für Maria, die Mutter, übernommen hatte, sei mit ihr zusammen nach Ephesus gezogen und habe dort noch lange Jahre gelebt.

Anfang des 19. Jahrhunderts beschrieb die Nonne Katharina Emmerich aus Dülmen aufgrund einer Vision das Haus, in dem Maria gewohnt habe. Siebzig Jahre später entdeckten Mönche anhand ihrer Angaben sieben Kilometer von Ephesus am Südhang des Nachtigallenberges die Reste einer kleinen Kirche, die danach als das Haus der Maria galt. Heute steht eine hübsche Kapelle dort und eine Marienfigur, der man wohl glauben mag, daß in ihr für ungezählte Menschen wieder die „bona Dea", die hörende Mutter, Gestalt gefunden habe, an der Stelle jener verbotenen Urgestalt der mütterlichen Gottheit: Artemis.

Maria an der Marienkapelle bei Ephesus.

Diana oder Artemis von Ephesus (links oben).

Eine hellenistische Ischtar, in die die beiden Attribute eingegangen sind: die Mauerkrone und der Löwe, also Polis und Naturkraft (links).

Links unten: Eine „bona Dea" aus römischer Zeit. In einer südfranzösischen Römerstadt steht ein Altar, der zwei Ohren in einem Kranz zeigt, von einer Frau namens Loreia gestiftet, die sich eine Ministra, eine Priesterin wohl, nennt. Die beiden Ohren stehen für die „gute Göttin", die das Gebet der Ihren hört, für die hörende Gottheit.

Rechts unten: Kybele, gleichsam die Ur- und Vorform der Artemis von Ephesus, die Herrin der Tiere, als solche gekennzeichnet durch die beiden Löwen, die sie flankieren.

Denkmal in Milet für Pompejus, den römischen Feldherrn, das man rekonstruiert hat: Im Jahre 63 v. Chr., also hundert Jahre vor Paulus, beendete Pompejus seinen Kampf gegen das verbreitete Seeräuberunwesen zwischen der kleinasiatischen Küste und den griechischen Inseln und stellte die Sicherheit der Handels- und Verkehrswege wieder her. Was immer gegen die römische Weltherrschaft einzuwenden gewesen sein mag, die christliche Mission hat ihre weitausgreifenden Unternehmungen aufgrund der römischen Ordnung zu Land und zur See planen und durchführen können (oben).

Wir lesen so leichthin, Paulus sei von dieser Stadt in jene gereist. Was das aber für einen leidenden und wahrscheinlich behinderten Menschen bedeutet haben mag, davon machen wir uns kaum eine Vorstellung.

Die Schiffe, mit denen man damals die Küsten entlangfuhr, waren kleine Nußschalen, und die zweirädrigen Karren, die in Anatolien heute noch von Ort zu Ort holpern, von Ziehbrunnen zu Ziehbrunnen auch, den Wasserstellen für die Zugtiere, können keinen Komfort geboten haben.

Ein römischer Meilenstein zeigt zwei Wanderer, die sich besorgt oder ängstlich umschauen. Hinter ihnen aber, in einem Postenhäuschen, das mit dem römischen Adler geschmückt ist, steht reglos ein Soldat. Unten die römische Wölfin, Romulus und Remus säugend.

„Auf seiner Reise nach Jerusalem (wo er seine dritte Reise beenden wollte) ging Paulus in Assos an Bord eines Schiffs, und er und seine Begleiter fuhren nach Mythilene. Am folgenden Tag kamen sie an Chios vorbei, am dritten gelangten sie nach Samos, am vierten nach Milet. Denn Paulus hatte sich entschlossen, an Ephesus vorbeizufahren, um nicht zu viel Zeit zu verlieren. Denn er wollte, wenn es irgend möglich wäre, zu Pfingsten in Jerusalem sein.

Von Milet aus verständigte er die Ältesten der Gemeinde von Ephesus und bat sie, zu kommen. Als sie bei ihm waren, sprach er zu ihnen: ‚Ich fahre nach Jerusalem, gebunden von Gottes Geist, und ich weiß, dort warten Fessel und Trübsal auf mich. Aber mein Leben ist keine Worte wert. Ich will nur meinen Lauf beschließen und das Werk vollenden, das Jesus, der Herr, mir anvertraut hat...' Nach diesen und anderen Worten kniete er mit ihnen allen nieder und betete. Sie aber brachen in lautes Weinen aus, fielen Paulus um den Hals und küßten ihn, am tiefsten betrübt über das Wort, sie würden ihn nicht mehr sehen, und geleiteten ihn auf das Schiff" (Apostelgeschichte 20).

Milet, die alte Hafenstadt, liegt heute in einer verlandeten Ebene. Die Bucht, an der es gelegen hatte, ist durch den Mäander zugeschlämmt. Nur der Hafen und Teile der Stadt sind noch mit Wasser gefüllt. Der Sockel des Pompejusdenkmals (vorige Seite) steht noch, wo einst die Hafenanlagen gestanden hatten. Ein Triton, ein mythisches Meerwesen, ist noch sichtbar, Symbol der Seefahrt (oben).

Links: Die langen Säulenhallen des Marktes von Milet stehen noch zum Teil, zum anderen Teil sind sie im weichen Untergrund versunken.

Was heute noch von Philippi zu sehen ist (rechts), ist eine staunenswert großzügige Stadtanlage mit breiten Straßen, Foren, öffentlichen Gebäuden, Bibliothek, Tempeln, Sport- und Badeanlagen, auf der Hochfläche nordwestlich der heutigen Stadt Kavala.

Mitten in der damals offenbar noch großen und reichen Stadt stehen die Reste einer byzantinischen Kathedrale aus dem 6. Jahrhundert n. Chr. (unten links).

Kennzeichnend für Philippi aber sind unzählige Gedenk- oder Weihesteine, auf denen sich Offiziere der römischen Armee abbilden ließen (rechts). Dieser hier sitzt mit wehendem Mantel auf seinem Pferd. Vor ihm steht eine Säule, an der ein Siegeskranz hängt. Unter ihm zwei Wildschweine, Opfertiere offenbar, mit denen er von seiner Gottheit Hilfe im Kampf erbitten will.

Philippi, Garnison im Norden

Die Stadt Philippi im Nordosten des heutigen Griechenlands ist der erste Ort, an dem Paulus seinen Fuß auf europäischen Boden setzte. Mit einem Traum begann es: Er sah einen Mann, der an der europäischen Küste stand und rief: „Komm herüber und hilf uns!" (Apostelgeschichte 16, 9). Was er fand, war harte Realität: eine Soldatenstadt, an der schon Alexander sein Heer sammelte, ehe er gegen Persien marschierte, und in der die Römer italienische Familien ansiedelten als Bollwerk an der Übergangsstelle zwischen Europa und Asien. Der Besuch des Paulus ist nachzulesen in Apostelgeschichte 16.

Athen und der unbekannte Gott

Auf dem Wege von Philippi über Saloniki, das antike Thessalonich, gelangte Paulus nach Athen. Und da „ergrimmte sein Geist in ihm, da er sah, wie die ganze Stadt voll von Götzenbildern war" (Apostelgeschichte 17).

Es wird sonst wenig darüber gesagt, daß Paulus über irgend etwas zornig geworden wäre. Und es überrascht, daß Athen ihn in so besonderer Weise erzürnt habe, denn voll von Götzenbildern waren auch Ephesus oder Philippi. Aber vielleicht wurde er zornig, nicht weil hier Götzenbilder standen, sondern weil sie in ihrer Vollkommenheit nachzuweisen schienen, daß der Mensch einer besonderen Offenbarung nicht mehr bedürfe, als brauche er nur das Geheimnis des Menschen im Kunstwerk nachzugestalten, um dem Geheimnis Gottes auf der Spur zu sein.

Denn nirgends in der religiösen Welt sind je Tempel von der Vollkommenheit gebaut worden, die den griechischen eigen ist. Frei und leuchtend stehen sie über den Städten oder dem offenen Land. Nirgends sind Götter in strahlenderen Bildnissen dargestellt worden, und nirgends auch haben Menschen sich mit ihren Göttern vollkommener identifiziert.

Vom Areopag aus, dem Areshügel über der Stadt Athen, geht der Blick zur Akropolis hinauf, die bis heute eines der vollkommensten geistigen Zentren ist, das eine Stadt je gefunden hat.

Paulus „ergrimmte im Geist" – wie ich vermute – gerade darum, weil es nirgends eine wunderbarere Identifikation von Mensch und Gott gab als in der griechischen Architektur und bildenden Kunst. Denn Gott ist Gott, nach des Paulus Überzeugung, und der Mensch ist Mensch, zwischen beiden aber liegt der unendliche Abstand, den die Bibel mit dem Wort von der Heiligkeit Gottes kennzeichnet. Er verkündigt den Athenern in der Tat, wie er ihnen sagt, einen „unbekannten Gott".

„Es diskutierten aber auch einige der epikuräischen und stoischen Philosophen mit ihm, und etliche sagten: ‚Was will denn dieser Schwätzer sagen?' Andere aber: ‚Er scheint fremde Gottheiten zu verkündigen!' Und sie nahmen ihn in ihre Mitte, führten ihn auf den Areopag und fragten: ‚Können wir erfahren, was das für eine neue Lehre ist, die du vorträgst?' " (Apostelgeschichte 17).

Der Areopag, damals Gerichtsplatz und Ort öffentlicher Diskussionen, ist heute ein roher Felsklotz. Wer heute dort steht, sieht hinunter in den Kern des antiken Athen, auf die Agora, den Marktplatz, wo das Theseion, ein noch fast rein erhaltener Tempel, friedlich neben der Apostelkirche, einer byzantinischen Kreuzbasilika, zu sehen ist.

Im Grunde haftet allem Streit zwischen Religionen etwas Schmerzliches an. Natürlich kann man die Unterschiede zwischen den Religionen einebnen und vom Gemeinsamen reden, aber wo die Auseinandersetzung ernsthaft geschieht, geht es eben um die Wahrheit, und die Frage nach der Wahrheit stellt sich anders, unbarmherziger, als die nach dem Gemeinsamen. Ich

Es gibt eine rätselhafte Stelle in der Passionsgeschichte. Johannes 12 berichtet, es seien einige Griechen unter denen gewesen, die zum Paschafest gekommen waren, die wollten Jesus gerne sehen. Die Erzählung klingt so, als hätten diese Griechen versucht, Jesus zu sich nach Griechenland zu bitten, nachdem klar war, daß die Juden ihn ablehnten. Da antwortete Jesus mit einem urgriechischen Symbolwort, dem Gleichnis vom Weizenkorn, in dem das eleusinische Geheimnis von Leben und Tod verborgen liegt: „Wenn das Weizenkorn nicht stirbt, bleibt es unfruchtbar, wenn es stirbt, bringt es Frucht."

Jesus identifiziert sich selbst mit dem Korn, und er stellt sich damit an die Stelle von Demeter, die die Kornähre trägt und als Kore oder Persephone in die Erde hineinstirbt und wiederkehrt. Es geht nicht um den Zyklus des Jahres, scheint Jesus zu sagen, sondern um Tod und Neugeburt auf das Reich Gottes hin. Im übrigen spricht diese Stelle im Johannesevangelium sich nicht deutlicher aus.

meine aber, auch das Abgrenzen und Unterscheiden könne respektvoll geschehen, behutsam auch, so daß das Große an den Erfahrungen, Hoffnungen und Ahnungen des anderen, selbst wenn es widerlegt scheint, vor Mißachtung und Mißdeutung bewahrt bleibt.

Athen war im übrigen für Paulus nur der Ort eines kurzen Aufenthalts. Sein Ziel war Korinth. Und am Weg nach Korinth lag das uralte Heiligtum Eleusis.

Eleusis und seine Mysterien

Es ist hier nicht der Raum, die Mysterien von Eleusis zu schildern. Aber wenn wir das eigentlich Griechische in Griechenland suchen, wird es Eleusis sein, heute ein trister Ort zwischen Öltanks, Fabriken und Straßen, ein eingezäuntes Trümmerfeld mit den Resten einer Tempelanlage und, im Hintergrund, einer Höhle.

Es ist wichtig, daß wir sehen: Es gab in der Antike nicht nur die Tempel der Himmelsgötter mit ihren Opferkulten. Es gab auch von Tempeln und offiziellen Kulten unabhängige Gemeinden, die sich um ein Mysterium sammelten und unter strengstem Stillschweigen das Geheimnis ihrer Religiosität weitergaben, in denen es Taufen gab und kultische Mahlzeiten ähnlich dem aufkommenden Christentum. Und immer ging es um die Erfahrung des Todes in irgendeinem uns unbekannten Ritual und um die Erfahrung des Wiedererstehens zum Leben. Wir wissen nicht viel darüber, aber dies ist deutlich: Das Mysterium von Eleusis, das 2000 Jahre lang die Frömmigkeit der Griechen bestimmt hat, bis weit hinein in die christliche Zeit, hat auch tief eingewirkt in das Nachdenken der Christen der ersten Jahrhunderte über Jesus Christus, den Sterbenden und Auferstehenden.

Eines Tages, so erzählt der Mythus, spielte die Tochter der Göttin Demeter, Persephone, bei Eleusis an einem Ufer, da tat sich die

Links Demeter, rechts Persephone, in der Mitte Triptolemos, den Demeter segnet und aussendet. Demeter trägt die Kornähre.

Rechts: Der Kultort Eleusis. Siehe auch S. 344 Mitte und unten.

Korinth liegt am gleichnamigen, dem „korinthischen" Golf gegenüber den Bergen, in denen Delphi liegt. Vom Markt aus, an dem in einer Reihe sechs Tempel verschiedener Gottheiten standen, sehen wir zur zentralen Erhebung der Stadt, auf der der große Tempel des Apollon gestanden hatte und wo noch sieben Säulen von seiner früheren Pracht sprechen.

Dieser Tempel wurde 550 v. Chr. erbaut, also noch zu einer Zeit, ehe der griechische Tempel zu seiner vollendeten Form entwickelt war. Er hat etwas Wuchtiges mit seinen dunklen Säulen, die aus einem einzigen Stein gehauen sind. Er hatte ursprünglich an den Schmalseiten sechs solcher Säulen, an den Längsseiten fünfzehn. Als Paulus hier, in nächster Nähe dieses Tempels, eineinhalb Jahre lebte und wirkte, stand dieser Tempel inmitten eines Hofs von wunderbaren Bauwerken, und der Kult des Apollon stand in voller Blüte.

Die Stadt ist sehr alt. Zwischen 8000 und 4000 v. Chr., also in der Steinzeit, war der Platz schon bewohnt. Ihre Blüte als Handelsstadt begann um 800 v. Chr. Damals hatte sie Kolonien in Korfu und Sizilien, ihre Frachtschiffe durchfuhren das ganze Mittelmeer, und die Vasen aus Korinth mit ihrer nirgends sonst erreichten Zartheit waren im Mittelmeerraum berühmt. Als die Römer kamen, war ihnen die Macht der Korinther im Wege, so zerstörten sie Korinth 146 v. Chr. völlig und verkauften die ganze Bevölkerung in die Sklaverei. Erst kurz ehe Paulus nach Korinth kam, wurde die Stadt wieder aufgebaut und ein Zentrum der römischen Provinz Achaia. Sie war damals die reichste und größte Stadt Griechenlands.

Der ehemalige Markt von Korinth mit seiner Reihe von Tempeln. Im Hintergrund der mächtige Klotz von Akrokorinth, der Zitadelle.

Hier hat der Mythus von Sisyphus seinen Ort. Man erzählte, Sisyphus sei der Gründer der Stadt gewesen, ein kluger Mensch und sehr eigenwillig. Es sei ihm zweimal gelungen, sich dem Tod zu verweigern. Er ging, als er sterben sollte, nicht in die Unterwelt, sondern legte sich am Meeresufer in die Sonne. Als er aber endlich seinem Schicksal nicht mehr ausweichen konnte, mußte er zur Strafe einen Felsblock auf die Höhe von Akrokorinth wälzen. Aber der Stein rollte, ehe Sisyphus ihn auf dem Gipfel hatte, immer wieder zu Tal, und Sisyphus mußte wieder von vorn beginnen. So sprechen wir noch heute von einer „Sisyphusarbeit". Albert Camus schilderte in der Geschichte von Sisyphus das Schicksal des Menschen überhaupt, der weiß, wie sinnlos sein Leben ist, und der es trotzdem immer wieder neu anfaßt und zu bewältigen versucht.

Am Markt liegen die Fassaden der Markthallen mit kostbarem Schmuck, und am Orakeltempel fand man ein Medaillon mit einem typischen Korinther, einem Mann in einem Schiff.

Erde auf, und Pluto, der Gott der Unterwelt, entführte das Mädchen in die Tiefe der Erde. Da verbot Demeter der Erde, Frucht zu tragen, und die Folge war eine Hungersnot. Schließlich ordnete Zeus, der Göttervater, an, Persephone dürfe acht Monate des Jahres bei ihrer Mutter Demeter über der Erde, vier Monate aber müsse sie bei Pluto, ihrem Gatten, in der Tiefe wohnen. Da gab Demeter der Erde neue Fruchtbarkeit. Es ist deutlich: Der Hintergrund des Mythus ist der Jahreslauf, der vier trockene Sommermonate und acht fruchtbare Monate von Herbst bis Frühling bringt. Aber dieses einfache Schema war nur Hintergrund und

Gleichnis für sehr viel tiefere Erfahrungen und Einsichten, von denen wir aus den vorhandenen Quellen leider nur das wenigste wissen. Wenn Paulus in Athen von der Auferstehung Christi sprach, dann war das uralte Heiligtum von Eleusis, das Tod und Auferstehung verkündigte, nicht weit.

Korinth, Hafenstadt im Peloponnes

„Danach schied Paulus von Athen und kam nach Korinth" (Apostelgeschichte 18). Die wichtigste Stadt in Griechenland auf den Reisen des Paulus war die damals große und bedeutende Hafen- und Handelsstadt Korinth. Nirgends sonst zeigt sich uns die Entstehung einer christlichen Gemeinde so deutlich, so realistisch auch, wie hier. Die beiden Briefe, die Paulus an diese Gemeinde schrieb, sprechen von den außerordentlich dramatischen Auseinandersetzungen, die unvermeidlich waren, wenn sich aus einer jüdischen Ortsgemeinde heraus und im Umkreis eines vitalen antiken Kultbetriebs eine christliche Gemeinde bilden wollte.

„Und Paulus fand in Korinth einen Juden namens Aquila. Bei ihm wohnte er, und weil er vom gleichen Handwerk war, blieb er bei ihm und seiner Frau Priscilla. Sie waren nämlich von Beruf Zeltweber. Er redete an jedem Sabbat in der Synagoge und suchte Juden und Griechen zu überzeugen" (Apostelgeschichte 18).

Korinth galt in jener Zeit als ein Zentrum aller Unmoral. Allein der Aphroditetempel beschäftigte rund 1000 Dirnen, die den Besatzungen der aus- und einlaufenden Schiffe zur Verfügung stehen mußten. Wenn man damals sagen wollte, ein Mensch führe ein liederliches Leben, so sagte man: Er korinthert.

Wie den alten Mann an seinem Webstuhl kann ich mir Paulus vorstellen, wie er in der Werkstatt des Aquila arbeitete.

„Wenn ich mit Menschen- und mit Engelszungen redete und hätte keine Liebe, so wäre ich ein tönendes Erz oder eine klingende Schelle. Wenn ich weissagen könnte und alle Geheimnisse wüßte und mein Glaube Macht hätte, Berge zu versetzen, und hätte keine Liebe, so wäre ich nichts. Wenn ich all mein Gut den Armen gäbe und ließe meinen Leib brennen und hätte keine Liebe, es nützte mir nichts.

Die Liebe ist langmütig und freundlich. Sie kennt keine Eifersucht, sie prahlt nicht und bläht sich nicht auf. Sie achtet auf das, was sich schickt. Sie sieht nicht auf ihren Vorteil und läßt sich nicht erbittern. Sie rechnet das Böse nicht zu, sie freut sich nicht, wenn Unrecht geschieht, sie freut sich aber an der Wahrheit. Sie trägt alles, sie glaubt alles, sie hofft alles, sie duldet alles. Unvergänglich ist die Liebe. Alles Wissen um Gottes Geheimnis vergeht, ekstatische Einsicht wird aufhören, was Menschen denken, ein Ende finden. Denn was wir wissen, ist Stückwerk, was wir über Gott sagen, ist Stückwerk. Wenn das Vollkommene kommt, endet das Stückwerk.

Als ich ein Kind war, redete ich wie ein Kind, war klug wie ein Kind und hatte kindliche Pläne. Als ich ein Mann wurde, tat ich das Kindliche ab. Jetzt noch sehen wir, wer Gott sei, wie in einem Spiegel in rätselhafter Gestalt, dann schauen wir ihn von Angesicht zu Angesicht. Jetzt erkenne ich dies oder das, dann aber werde ich klar schauen, wie ich von ihm selbst geschaut bin.

Nun aber bleiben Glaube, Hoffnung und Liebe, diese drei. Die Liebe aber ist die größte unter ihnen" (1. Korinther 13).

Ein Gefangener reist nach Rom

Von Korinth aus unternahm Paulus eine Pilgerreise nach Jerusalem, wohl wissend, wie gefährlich es für ihn war, sich dort zu zeigen. Jahrelang hatten jüdische Gemeinden in Jerusalem beim Hohen Rat geklagt über die zersetzende Arbeit dieses Schriftgelehrten, und es wäre merkwürdig gewesen, hätte das geistliche Gericht in Jerusalem Paulus nicht zur Rede gestellt.

Als Paulus in Jerusalem im Tempel erschien, erregte er einen Aufruhr der Juden und wurde durch die römische Tempelwache verhaftet und festgesetzt. Man warf ihm vor, er habe einen Ausländer in den Tempel geführt.

Damit begann die Geschichte eines jahrelangen Prozesses und jahrelanger Haft. Am Ende berief sich Paulus, als von den römischen Prokuratoren in Palästina eine Freilassung nicht zu erreichen war, auf das oberste Gericht, das des Kaisers in Rom, und man transportierte ihn zu Schiff auf einer abenteuerlichen Fahrt, die durch einen Schiffbruch an der Küste von Malta unterbrochen wurde, nach Rom (Apostelgeschichte 27–28).

„In Malta", so berichtet die Apostelgeschichte, „bestiegen wir nach drei Monaten ein Schiff, blieben drei Tage in Syrakus, segelten über Rhegium und kamen unter günstigem Südwind nach zwei Tagen nach Puteoli. Dort fanden wir eine christliche Gemeinde, die uns bat, doch sieben Tage bei ihnen zu bleiben, und kamen schließlich nach Rom. Die Christen aus Rom hörten, wir seien angekommen, und gingen uns bis zum Forum Appii und bis nach ‚Drei Schenken' entgegen. Als Paulus sie sah, dankte er Gott und gewann neue Zuversicht. In Rom erlaubte man ihm, eine Wohnung nach seiner eigenen Wahl zu beziehen und dort mit einem Soldaten, der ihn bewachte, zu wohnen. Dort blieb Paulus zwei volle Jahre und nahm alle auf, die zu ihm kamen. Er verkündigte das Reich Gottes und lehrte über Jesus Christus mit allem Freimut ungehindert" (Apostelgeschichte 28).

Was nach diesen zwei Jahren geschehen ist, wissen wir nicht. Die Meinungen gehen auseinander. Die einen sagen, er sei nach dieser Zeit vor Gericht gestellt und im Zusammenhang der neronischen Christenverfolgung umgebracht worden. Die anderen, er sei noch einmal freigelassen worden und habe seine Reisetätigkeit neu aufgenommen. Für Lukas ist das Ziel seiner Erzählung damit erreicht, daß Paulus in die Hauptstadt der damaligen Welt gelangt und also das Evangelium dort Fuß faßt.

Eine Schrifttafel, die man im Umkreis des Tempels von Jerusalem fand, spricht von dem Gebot, das Paulus übertreten haben sollte: „Kein Ausländer darf den abgeschlossenen Raum und den Vorhof rund um den Tempel betreten. Jeder, der das tut, ist schuldig und wird mit dem Tode bestraft."

Auf dem Forum in Rom ist ein Gefangener gezeigt, der von einem Soldaten an seinen zusammengebundenen Händen geführt wird.

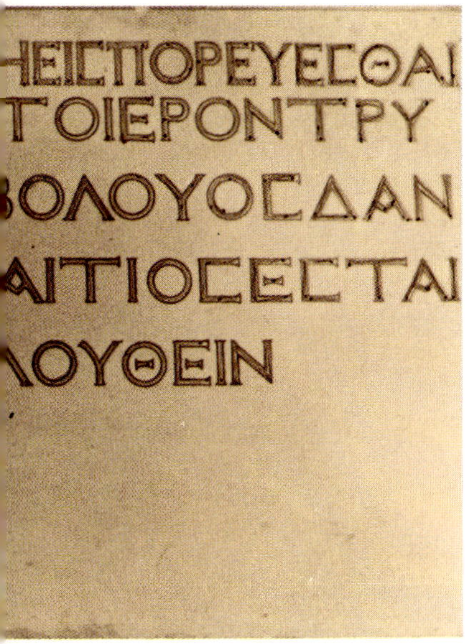

Das „Forum des Appius" und die „drei Schenken" liegen an der berühmten Via Appia, auf der Paulus vom Hafen von Puteoli aus nach Rom gebracht wurde. Diese Straße (Bild oben) wurde 400 Jahre vor Paulus gebaut und ist heute noch auf langen Strecken befahrbar. Pinien säumen sie, vor allem aber Denkmäler und Grabanlagen. Schwere Steine ruhen in der Erde, glatt geschliffen von Millionen Füßen, Hufen und Wagenrädern. Hier also schloß Paulus seine Reisen ab. Er war nun im Zentrum der Weltmacht Rom, um von Christus zu reden, dem Herrn dieser Welt.

Der Titusbogen am Ende des römischen Forums stand damals noch nicht. Zwölf Jahre später geschah, was für die Geschichte Israels so einschneidend war: Jerusalem erhob sich gegen Rom, und in einem dreijährigen blutigen Krieg schlug Rom den Aufstand nieder. Es geschah das, wovor Jesus gewarnt hatte, als er sagte: „Wenn doch du, Jerusalem, erkenntest, was zu deinem Frieden dient!" (Lukas 19, 42). In der Bogeninnenseite ist das berühmte Relief angebracht, das den Triumph des Kaisers Titus über Jerusalem anzeigt.

Im Vatikan finden wir den sogenannten „Sarkophag der zwei Brüder“: Paulus sitzt unter Bäumen in einem Garten. Zwei Soldaten bewachen ihn. Einer von ihnen hält ihm das schwere Buch, aus dem er liest, hin, und die Szene wirkt so, als lehre Paulus gerade sie, seine Bewacher. Die Legende sagt, die beiden hätten sich später taufen lassen.

Wer heute das Rom der Zeit des Paulus sucht, findet vor allem die kaiserlichen Bauten, aber kaum Zeugnisse der ersten christlichen Gemeinde. Und wer das Rom von heute durchwandert, findet die gewaltige Kuppel der Peterskirche, den Vatikanpalast und eine Fülle wunderbarer Kirchen.

Aber tief unter den alten wie den neuen Bauwerken sind doch Zeugnisse der frühen Kirche. In der Callixtus-Katakombe, über einem Wandgrab, dessen Deckplatte noch in Stücken darin liegt, finden wir eine Malerei, die rund 150 Jahre nach Paulus entstand. Jesus, der Gastgeber, sitzt in der Runde der Jünger, aber nicht zum letzten Abendmahl, sondern so, wie das Evangelium die Speisung der 5000 Menschen schildert. Die Geschichte sagt aus, trotz der geringen Menge an Brot und Fisch seien zwölf Körbe voll Brocken übriggeblieben. Das Bild will sagen: Wenn uns auf dieser Erde von den Mächtigen das Leben genommen wird, dann hält Christus uns eine Fülle von Leben bereit.

In der Zeit, als Paulus nach Rom kam, bestand dort seit Jahren eine christliche Gemeinde. Er hatte ihr schon von Korinth aus einen Brief geschrieben, den berühmten Römerbrief, und diese Gemeinde nahm Paulus, als er ankam, mit großer Verehrung auf. Sie war wohl ursprünglich von der Synagoge nicht getrennt, aber als später ein Streit zwischen den Christen und den Juden in der Synagoge ausbrach, vertrieb Kaiser Claudius alle Juden aus der Stadt, weil sie „wegen eines gewissen Christus“ Unruhe stifteten. Als sie später wieder nach Rom zurückkehren durften, entstand eine von der Synagoge unabhängige Kirche, zu der auch Nichtjuden aller Nationalitäten Zugang hatten. Die ersten Christen dürften wohl vor allem den ärmsten Schichten angehört haben und aus den Elendsvierteln, dem Sklavenstand und dem Heer gekommen sein.

Wie lebte man zur Zeit des Paulus in Rom? In Rom selbst ist nur wenig davon zu ahnen. Deutlicher liegt alles noch vor unseren Augen ausgebreitet, wenn wir nach Ostia fahren, Roms Hafenvorstadt, die durch Jahrhunderte verlassen lag und nicht überbaut wurde.

Da steht noch der Brunnen eines Wohnviertels, mitten auf der Straße. Und da finden wir ein wohlerhaltenes Wirtshaus. Links steht noch der Tisch für die Gäste, rechts die Anrichte für die Mahlzeiten, rechts vorn ein Backofen und ein Wasserbecken. Der Fußboden besteht aus einem wertvollen Mosaik.

Es war damals üblich und wurde auch in der christlichen Gemeinde so gehalten, daß religiöse Gemeinschaften, die keinen Tempel besaßen, sich in den Häusern und Gärten der reicheren Mitglieder versammelten.

Von solchen Häusern ist in Ostia eine ganze Reihe erhalten. Um einen gartenartigen Hof, in dessen Mitte ein Brunnen steht, schließt sich im Rechteck das Haus an mit den Wohnungen der Familie und der Sklaven, den Salons und den Wirtschaftsräumen. Es ist leicht möglich, in einem solchen Haus zweihundert oder mehr Gäste aufzunehmen.

Eine „Großmühle" aus jener Zeit (rechts unten). In langen Reihen stehen die Mühlsteine, und wir müssen uns vorstellen, daß die oberen, beweglichen Steine an langen Stangen im Kreis gedreht wurden, entweder von Sklaven oder von Eseln. Rom war eine Millionenstadt und bedurfte groß angelegter Versorgungseinrichtungen.

Das Kaiserstandbild im Theater von Orange in Südfrankreich. Ursprünglich stand in dieser Haltung und Geste der syrische Baal vor den Augen der Menschen: mit angewinkelt erhobenem rechten Arm zum Zeichen seiner elementaren Kraft. Um die Zeitwende standen so die Kaiser auf den Sockeln ihrer Standbilder.

Der Konflikt mit dem römischen Staat

Wenn man von den Christenverfolgungen in der Zeit nach Paulus spricht, muß man bedenken, daß der römische Staat den Religionen gegenüber von großer Toleranz war. Von Augustus stammt die Losung, alle Menschen der Welt sollten unter der Herrschaft Roms in Frieden leben, in der „Pax Romana". Freilich: Frieden hieß zuerst: Wohlergehen der Stadt Rom, dann Italiens, dann der übrigen Welt. Unter Frieden haben die Herrschenden von jeher mehr ihre Macht verstanden als den Frieden zwischen den Völkern. Pax Romana – damit war gemeint: Füge dich Rom, dann kannst du leben. Tust du es nicht, hast du die Folgen, nämlich die Vernichtung, hinzunehmen. Die römischen Legionen erreichten das

Das Kolosseum, das größte Ovaltheater der römischen Welt. Bis zu einer Höhe von 50 Metern standen die Zuschauerräume über der Bühne, 188 m lang, 156 m breit erhob sich das Riesenbauwerk in den Gärten des Nero. In der Mitte die Kampfbahn, von der heute nur noch die Mauern der unterirdischen Räume stehen. Hier waren Käfige für wilde Tiere, Zellen für Verurteilte, Wachstuben und Aufzüge, mit denen man die Kämpfer und die Opfer auf die Bühne hob. 60 000 Menschen konnten dem Geschehen folgen.

Das Diptychon des Konsuls Anastasius: Rechts und links oben blicken die Zuschauer von den Rängen. Links oben kämpft einer, dem man als Waffe ein Lasso gegeben hat. Oben sitzt einer zu Pferde, bewaffnet mit einer Art Peitsche. Rechts noch einmal einer mit einem Lasso. In der Mitte trägt einer einen Holzrost, mit dem er den Kampf gegen einen Bären bestehen soll. Rechts unten zieht einer ein Tuch hinter sich her, mit dem er einen anderen Bären einwickeln soll. Links unten kommen zwei Menschen aus einer Tür in die Arena und treffen dort ebenfalls auf einen Bären.

letzte Fleckchen der damaligen Mittelmeerwelt und richteten im letzten Dorf und Haus ihre Herrschaft auf.

Das zeigte sich in dem Augenblick, in dem die Christen die göttliche Verehrung des Herrschers verweigerten, weil sie allein Gott die Ehre gaben. Wenige Jahre nach der Ankunft des Paulus beschuldigte Kaiser Nero die renitenten Christen, den Brand Roms verschuldet zu haben. Die Bevölkerung glaubte es, und die Christen wurden zu Hunderten oder Tausenden gefoltert und getötet, und zwar zum Vergnügen der Menge. Die Theater waren der übliche Ort für Pogrome dieser Art. Die Christen wurden an langen Palisadenwänden gekreuzigt oder wilden Tieren ausgesetzt, die sie zerrissen. Das Diptychon des Anastasius, eines Konsuls, zeigt eine Tierhatz, allerdings zwischen Tieren und bewaffneten Kämpfern: Drei Bären und neun Menschen stehen sich in einer Arena gegenüber. Professionelle Gladiatoren bestritten diese Kämpfe, aber auch Kriegsgefangene oder zum Tod verurteilte Verbrecher, die waffenlos den Tieren entgegengetrieben wurden, wie dann auch Christen.

Eine Grabtafel aus einer römischen Katakombe spricht davon: Die Inschrift ist den siegreichen Lazarus, Julia und Onesimus gewidmet, die offenbar den Tod durch Bestien erlitten haben, und die Tafel zeigt links einen Bären, der einen Menschen verschlingt, rechts einen angreifenden Löwen, in der Mitte Christus, den guten Hirten, der seine Schafe auf der Schulter trägt. Über den Tieren steht das Monogramm des Christus.

Unweit des Kolosseums steht heute die Kirche San Clemente. Unter ihr ist eine Krypta, die vor der Zeit der christlichen Kirche ein Mithrasheiligtum war (unten links). Ein rechteckiger Raum mit Sitzbänken, in der Mitte ein Stein, auf dem der Sieg des Mithras über den Stier gezeigt wird. Im Hintergrund aber steht die Figur des Attis, des orientalischen Fruchtbarkeitsgottes. Denn Mithras und Attis verbanden sich in der Kaiserzeit. Im Kult des Attis feierte man die Tötung des Stiers, die eine Bedingung für die Auferstehung des Attis und die Auferstehung auch seiner Gläubigen war (unten).

Wenn heute noch wie in Arles im westlichen Mittelmeerraum der Stierkampf sich erhalten hat, so haben wir einen Rest jener alten Religion vor uns. Wer einem Stierkampf beiwohnt, wundert sich anfangs, mit welcher tosenden Begeisterung der Sieg des Stierkämpfers über den Stier von den Massen gefeiert wird. Noch immer ist der Torero der Lichtheld. Noch immer siegt er über die dunkle Erd- und Unterweltmacht, den Stier.

Das Christusmosaik auf S. 378 stammt aus der Nekropole im Petrusdom, einer Kirche des 3. Jahrhunderts.

Mithras, der Lichtgott

Eine der stärksten Religionen, mit denen das aufkommende Christentum sich auseinanderzusetzen hatte, war der Mithraskult. Mithras kommt aus Persien. Dort war er in der Zeit ab dem 6. Jahrhundert v. Chr. ein Mitstreiter Ahura Mazdas gegen die Mächte der Finsternis. Er wurde in römischer Zeit mit dem „unbesiegbaren Sonnengott" identifiziert und so der Gott vor allem auch, der in den Legionen von den Soldaten verehrt wurde.

Der Mythus erzählt: Mithras verbündete sich mit der Sonne. Die Sonne befahl ihm, den Stier, das kosmische Unterweltwesen, zu töten. Mithras tat das, tötete den Stier und trug ihn in seine Höhle. Dieser Sieg des Mithras über den Stier war das eigentliche Herzstück dieser Religion. Die kultischen Feiern fanden in unterirdischen Räumen statt, der Höhle des Mithras, und die Feier bestand unter anderem in einem heiligen Mahl ähnlich der Eucharistie der Christen. Mit Blut wurden die Gläubigen getauft und so des ewigen Lebens versichert. Für das Christentum war die Auseinandersetzung mit dem Mithraskult besonders darum schwierig, weil manche seiner Vorstellungen leicht mit dem Glauben an Christus, das Licht der Welt, zu verwechseln waren und zudem für den Mithrasgläubigen, der ein Kämpfer für Recht und Gerechtigkeit sein mußte, der römische Kaiser nicht im Gegensatz zur Autorität Gottes stand, sondern sie im Gegenteil repräsentierte. Den Mithrasgläubigen also konnte keine Verfolgung treffen.

Das Christusbild auf S. 378 nimmt Gedanken auf, die im Mithraskult ihre Heimat hatten: Christus wird geschildert als „unbesiegbarer Sonnengott", der die Pferde, die den Sonnenwagen ziehen, führt. Es ist wie ein Symbol: Über dem alten Kult erhebt sich die christliche Kirche, und diese Kirche stößt das Alte einerseits ab, andererseits verwandelt sie Gedanken und Bilder des alten Glaubens und nimmt sie selbst in ihren Dienst.

XII Schreibe dem Engel der Gemeinde

Die Orte der Apokalypse des Johannes

Ein Kampf auf Leben und Tod

Vierzig Jahre nach Paulus führt uns das letzte Buch der Bibel, die Offenbarung des Johannes, noch einmal nach Kleinasien.

„Schreibe dem Engel der Gemeinde in Ephesus" – so beginnt das zweite Kapitel dieses dramatischen Buchs. Und es folgen noch weitere sechs Briefe dieser Art: Schreibe dem Engel in Smyrna, in Pergamon, in Thyatira, in Sardes, in Philadelphia, in Laodizea.

Was steht dahinter?

Ein offenbar weithin bekannter und verehrter Lehrer und Bischof der Provinz Asia ist im Zusammenhang mit einer Christenverfolgung auf die Insel Patmos verbannt worden. Er heißt Johannes und ist mit dem Jünger Jesu aus dem Zwölferkreis wohl nicht identisch. Dieser Mann hat keine Verbindung mit seinen Gemeinden und hat auch nicht die Möglichkeit, Briefe überbringen zu lassen. So schreibt er auf dem Umweg, der auch dem fürbittenden Gebet vertraut ist: nämlich auf dem Weg über Gott, der seine Boten überallhin hat, in dem Vertrauen, daß es eine Wirkung der Bitte oder der Mahnung gibt, die auf dem Wege über die unsichtbare Welt geht. Er schreibt an eine Gemeinde und wendet

Von der Küste bei Ephesus aus geht der Blick hinüber zu den vorgelagerten Inseln des Ägäischen Meers. Und irgendwo hinter den sichtbaren Höhenzügen von Samos liegt Patmos, die Insel des Sehers der Offenbarung des Johannes.

Der erste der sieben Briefe richtet sich an die Gemeinde in Ephesus. Aus der Zeit der Verfolgungen der Christengemeinde dort hat man an der Rückseite des Stadthügels eine große Grabanlage zugänglich gemacht (rechts oben). Man fand in den Fels eingehauene Gewölbe, eine Kirche und eine große Zahl von Gräbern. Es ist die sogenannte Siebenschläfergrotte. Eine Legende erzählt, im 2. Jahrhundert n. Chr. seien sieben junge Männer im Zusammenhang mit einer Verfolgung hier eingemauert worden, aber sie seien dort nicht gestorben, sondern nur eingeschlafen. 200 Jahre später habe die Kirche die Gräber geöffnet, und die Sieben seien wieder lebendig ans Tageslicht getreten. Als sie dann wirklich starben, habe man sie in der Höhle beigesetzt und über ihren Gräbern eine Kirche errichtet. Diese Legende scheint eine Darstellung der Geschichte dieser Gemeinde zu sein: Sie habe 200 Jahre der Verfolgung überstanden, ohne an ihnen zugrunde zu gehen, und in der Zeit der beginnenden Weltkirche sei der Tod der Märtyrer als Lebenskraft dieser Gemeinde wieder ans Licht getreten.

Der zweite Brief des Johannes auf Patmos geht nach Smyrna, einer reichen Hafenstadt (unten). Säulenhallen umgaben ein weites Forum, und darunter zogen sich die langen, gewölbten Hallen mit den Lagerräumen der Handelsherren. Von der Gemeinde dieser Stadt aber sagt Johannes, sie sei arm, das heißt, sie bestehe wohl aus den Menschen der Unterschicht dieser Stadt, sei aber an Geist reich und brauche sich vor den Mächtigen nicht zu fürchten.

sich dabei an den Repräsentanten der Gemeinde, der vor Gott steht und sie vertritt, den Engel, und ist sich gewiß, daß auch eine Gemeinde, die kein Lob verdient, in dieser Verbindung zu Gott bewahrt bleibt.

Die sieben Orte, an denen die sieben Gemeinden zu diesem Kampf auf Tod und Leben gefordert sind, liegen alle im Umkreis des heutigen Ismir, des alten Smyrna, und Ephesus und bis 200 Kilometer nach Anatolien hinein.

„Der Gemeinde in Ephesus schreibe: Ich kenne deine Taten. Du hast Geduld bewiesen und hast Verfolgung erlitten um meinetwillen und bist nicht müde geworden. Aber ich habe gegen dich, daß du die erste Liebe hast erkalten lassen. Bedenke, aus welcher Höhe du gefallen bist! Ändere dich und handle wie am Anfang! Dem Überwinder will ich von dem Baum zu essen geben, der im Paradies Gottes steht.

Der Gemeinde in Smyrna schreibe: Ich kenne deine Leiden und deine Armut. Du bist aber reich. Fürchte dich vor keinem Leid, das dich treffen wird. Bleibe treu bis zum Tod, so will ich dir die Krone des Lebens geben.

Der Gemeinde in Pergamon schreibe: Ich weiß, wo du wohnst: am Thron des Satans! Du hältst dennoch an mir fest und bekennst dich zu mir und hast deinen Glauben an mich auch in

Pergamon, ein Zentrum von Bildung und Wissenschaft, lange Zeit Hauptstadt eines eigenen, des pergamenischen Reiches und Kulturmittelpunkt in Kleinasien.

Hoch über der Stadt erhob sich auf einem offenen Bergvorsprung einst der berühmte Altar von Pergamon, den wir heute im Pergamonmuseum in Ostberlin finden. Er ist kurz nach der Zeit des Johannes errichtet worden. Pergamon aber war vor allem berühmt durch das „Asklepieion“, eine große therapeutische Anlage (unten). Es war nicht eigentlich eine Klinik, sondern eine Kombination aus Badeanlagen, Theatern, musischen Instituten und vielem anderen. Asklepische Heilweise, wie sie etwa auch in Epidaurus gepflegt wurde, umfaßt das psychotherapeutische Gespräch, Traumdeutung, Naturheilkunde, hippokratische Fachmedizin, Tanz, Bewegungstherapie, Musik, Meditation, Bühnenkunst und Gottesdienst. In den Gewölben des Telesphorostempels schliefen die Kranken unter Aufsicht von Priesterärzten in den Nischen und besprachen ihre Träume mit ihnen. Hier herrschte tiefe Dunkelheit, und nur leise Musik erklang in den Gewölben. Es könnte ein Fortschritt sein,

besäßen wir heute eine ähnlich universelle Heilkunde wie die, die die Griechen schon gefunden hatten.

Philadelphia ist heute fast ganz vom Erdboden verschwunden. Ein paar Mauern stehen noch zwischen den Häusern einer Kleinstadt in den Weiten von Anatolien. Heute steht das Städtchen Alasehir an seiner Stelle. Ein weltentlegener Ort, umgeben von Feldern und Weidegebieten (oben links).

Laodizea. Wenn wir die Stadt, die immerhin im dritten Jahrtausend v. Chr. eine Hauptstadt der Hethiter war, heute suchen, gehen wir über einen kahlen Höhenrücken und begegnen dann und wann den Resten eines Theaters oder ein paar Steinblöcken mitten in den Feldern (oben rechts).

den Tagen nicht verleugnet, in denen Antipas, mein treuer Zeuge, bei euch getötet wurde am Sitz des Satans. Aber etwas habe ich doch gegen dich: Es gibt Gläubige bei dir, die einen Mittelweg suchen zwischen Wahrheit und Lüge. Tu Buße! Wenn nicht, dann werde ich bald über dich kommen und sie zerhauen mit dem Schwert meines Mundes.

Der Gemeinde in Thyatira schreibe: Ich kenne deine Werke und deine Liebe und deinen Glauben, deinen Dienst und deine Geduld. Ich weiß, daß du heute mehr wirkst, als du früher tatest. Dem Überwinder, der meinen Willen erfüllt bis ans Ende, will ich Macht geben über die Völker, wie ich sie von meinem Vater empfangen habe. Den Glanz des aufgehenden Tages will ich ihm geben!" (Offenbarung 2).

Die Christenverfolgung unter Kaiser Domitian zwischen den Jahren 90 und 100 n. Chr. war der erste wirklich umfassende Angriff des römischen Staats gegen die Christen. Er setzte zwanzig Jahre nach dem Krieg der Römer gegen die Juden in Palästina ein, zwanzig Jahre nach den unglaublichen Grausamkeiten dieses Kriegs und nach dem Untergang Jerusalems. Es gab nach diesem Krieg für Juden und Christen gleichermaßen nur noch die Wahl zwischen Selbstaufgabe und bedingungsloser Einpassung in die Staatsmacht einerseits, dem stillen oder offenen Widerstand andererseits. Auf Widerstand aber pflegte der römische Staat mit äußerster Brutalität zu reagieren. Die Sorge des gefangenen Mannes auf Patmos aber galt den Gemeinden. Waren sie, so wie er sie kannte, überhaupt fähig, eine solche Zeit durchzustehen? Was mußte ihnen gesagt werden – auf dem Umweg über ihren Engel?

„Der Gemeinde in Philadelphia schreibe: So spricht der Heilige, der die Wahrheit ist, der den Schlüssel zum Hause Davids hat, der so auftut, daß niemand zuschließt, der so zuschließt, daß niemand öffnet! Ich habe dir eine offene Tür gegeben, und niemand kann sie zuschließen, denn du hast eine geringe Kraft und hast mein Wort behalten und mich nicht verleugnet. Weil du bewahrt hast mein Gebot, geduldig zu sein, will ich auch dich bewahren

vor der Stunde der Gefahr, die über den ganzen Erdkreis kommen und die Menschen prüfen wird. Sieh! Ich komme bald. Halte, was du hast, daß niemand dir deine Krone nehme.

Der Gemeinde in Laodizea schreibe: Ich kenne deine Werke und weiß, daß du weder kalt noch warm bist. Ach, wenn du doch kalt oder warm wärest! Weil du aber lau bist, will ich dich aus meinem Mund ausspeien. Du sagst: Ich bin reich! Ich lebe gut und habe keinen Mangel, und weißt nicht, daß du arm und erbärmlich bist, elend, blind und bloß. Gib acht! Ich stehe vor der Tür und klopfe an. Wenn jemand meine Stimme hört und die Tür auftut, trete ich bei ihm ein und halte das Abendmahl mit ihm und er mit mir. Dem Überwinder will ich teilgeben an meiner Herrschaft, da ich selbst überwunden habe und mit meinem Vater auf dem Thron der Herrschaft sitze.

Der lohnendste Besuch in einer der sieben Gemeinden führt uns nach Sardes. Sardes war eine reiche und mächtige Stadt, die Hauptstadt des Reiches der Lyder, ehe Alexander hierher kam, und wieder in römischer Zeit. In einer reizvollen Berglandschaft gelegen, zeigt sie noch heute eindrucksvolle Reste ihrer einstigen Herrlichkeit. Abseits in einem Tal stand der große Artemistempel, an den im 5. Jahrhundert die Christen eine kleine byzantinische Kirche anbauten.

Sie steht auf unserem Bild an der linken Ecke des Tempelrechtecks.

In der weiten Ebene von Gediz finden wir große Teile des alten Sardes. Eine lange Straße mit unzähligen Ladengeschäften, mit einer Säulenreihe geschmückt, führt zu den Thermen, zu Tempeln und Palästen. Und im Zusammenhang von öffentlichen Gebäuden lag an einem weiten Platz die Synagoge der jüdischen Gemeinde, ein prachtvoller Bau aus Marmor, geschmückt mit Mosaiken und Skulpturen. Eine Gemeinde, die nicht verfolgt wurde, sondern allem Anschein nach in ungestörtem Einvernehmen mit den Mächtigen des Reiches und der Stadt lebte, hatte hier ihre weitläufigen Versammlungsräume mit langen Marmorbänken, die vielen hundert Menschen Platz boten.

Dem Engel der Gemeinde in Sardes schreibe: Ich kenne deine Werke. Dein Name heißt ‚lebendig', aber du bist tot. Wach auf und stärke, was an dir sterben will, denn deine Werke sind nicht vollkommen vor Gott. Wenn du aber nicht wach wirst, komme ich mitten in der Nacht über dich wie ein Dieb, und du wirst die Stunde nicht wissen, zu der ich komme" (Offenbarung 3).

Endzeit

Johannes richtet seine Frage an die verfolgten Gemeinden: In welchem Zustand trifft euch dieser Angriff? Wißt ihr wirklich, worauf es ankommt? Wißt ihr wirklich, woher ihr die Kraft zum Überstehen, zum Überwinden und Standhalten gewinnt? Den Bildern vom großen kosmischen Kampf zwischen Christus und den Weltmächten gehen darum die sieben Sendschreiben voraus, in denen der Kirche bescheinigt wird, manche seien auf diesen Kampf nur unzureichend vorbereitet.

Das Bild der Wüste wird gezeichnet. In der „Wüste" wird die Kirche ihren Weg unter die Füße nehmen müssen. Sie wird gleichsam zurückgreifen müssen auf die allerersten Anfänge der Offenbarung Gottes: auf den Weg Abrahams und die Nomadenzeit Israels. Denn in der Wüste und nicht im gesicherten Land findet die Auseinandersetzung statt, in der die Wahrheit Gottes und die Wirklichkeit dieser Welt sich enthüllen.

Offenbarung heißt soviel wie Enthüllung. Die Offenbarung ist ein Buch, in dem enthüllt wird, wie es um die Welt steht und was mit ihr ständig geschieht: daß die Geschichte eine Triumph-

ΘΕΟΙΣ ΠΑΤΡΙΟΙΣ ΚΑΙΑΥΤΟΚΡΑΤΟΡΙΚΑΙΣΑ
ΚΑΙΟΙΚΕΙΑΤΩΝΚΥΡΙΩΝΗΜΩΝΑΥΤΟΚΡΑΤΟΡΩΝΣΑΡΔΙΑΝΩΝΠΟ

In Sardes wurde ein großer Tempel für den Kaiserkult in den letzten Jahren restauriert. Hier also entschied sich, ob ein Bürger einer Stadt als loyal oder als Feind der Obrigkeit galt.

Hier, in dieser Feierhalle, fanden die Feste statt, die zu Ehren der Kaiser gefeiert wurden, und eben auch die Opferhandlungen, bei denen die herbeigeschleppten Christen sich in Zeiten der Verfolgung entscheiden mußten, ob sie dem Kaiser opfern oder zum Tode verurteilt werden wollten. „Den Göttern des Vaterlandes und dem einzig herrschenden Kaiser" lesen wir an einem der Friese über den Säulen. An anderen Stellen: „Dem Herrscher und dem Haus des göttlich Verehrungswürdigen".

Alexander war der erste Herrscher der alten Welt, der sich bewußt zum „Gott" erklärte. Überall in seinem Riesenreich mußten auf seinen Befehl Tempel und Altäre für ihn errichtet werden. Der Grund war: Es gab nichts, das den vielen Völkern seines Reiches ein gemeinsames Bewußtsein hätte geben können, so mußte es der Kult für den Herrscher sein (links unten).

Nach ihm wurde erst Caesar 42 v. Chr. als „göttlicher Julius" unter die Staatsgötter aufgenommen, und obwohl Augustus sich nicht als Gott betrachtete, war der Titel „Augustus" – „Erhabener" eben doch ein Wort, das bis dahin den Göttern vorbehalten war. Und in der danach folgenden Kaiserzeit wurde es immer selbstverständlicher, im Kaiser den Weltheiland, den Friedensbringer, den über allen anderen verehrungswürdigen Gott des Reiches zu sehen.

straße der Gewalt und des Unrechts ist, der Lüge und der Heuchelei, drapiert mit Phrasen, Gefühlen und Ideologien, und daß Gottes Reich erst entstehen kann, wenn die gegenwärtige Welt gerichtet und untergegangen sein wird. Das Bild des Christen in der Offenbarung ist der Märtyrer, der verfolgte Zeuge.

Die Bilder der Offenbarung sind stark, sie sind weitgehend rätselhaft. Sie sprechen die Sprache einer extremen Situation. Aber sie schildern, was sich mit Worten nur unzureichend sagen läßt: die Überwindung einer Welt der Gewalt und die Errichtung einer neuen Welt, die durch das Opfer der Kirche und den Tod der Märtyrer vorbereitet und durch den Christus, den Herrn des Kosmos, geschaffen werden wird.

Das Buch der Offenbarung des Johannes beginnt feierlich: „Ich, Johannes, der Bruder, der mit euch leidet, der mit euch herrschen wird und nun geduldig auf Jesus wartet wie ihr, war auf der Insel Patmos um des Wortes willen, das Gott sprach, und weil ich für Jesus Zeugnis abgelegt habe. Der Geist kam über mich an des Herrn Tag, und ich hörte hinter mir eine große Stimme, die sprach: Was du nun schaust, das schreibe in ein Buch und sende es zu den sieben Gemeinden ... Und ich schaute den Christus, der hatte sieben Sterne in seiner Hand, und sein Angesicht leuchtete, wie die Sonne leuchtet in ihrer Macht. Und er legte seine rechte Hand auf mich und sprach zu mir:

Fürchte dich nicht! Ich bin der Erste und der Letzte und der Lebendige. Ich war tot, und siehe, ich bin lebendig von Ewigkeit zu Ewigkeit und habe die Schlüssel zur Hölle und zum Tode. Schreibe, was du gesehen hast, was jetzt ist und was danach geschehen soll" (Offenbarung 1).

Das Buch der Offenbarung endet: „Danach schaute ich und sah einen neuen Himmel und eine neue Erde. Der vorige Himmel und die vorige Erde waren vergangen, und ich sah die Heilige Stadt, das neue Jerusalem, sich von Gott her in unsere Welt herabsenken, wie eine geschmückte Braut ihrem Mann entgegengeht. Und ich hörte vom Thron her eine mächtige Stimme sagen: Das ist der Ort, an dem Gott bei den Menschen wohnt. Er wird bei ihnen bleiben, und sie werden sein Volk sein. Er selbst, Gott, wird bei ihnen sein, und er wird alle Tränen von ihren Augen abwischen, der Tod wird nicht mehr sein, kein Leid, kein Geschrei, kein Schmerz wird mehr sein, denn das Alte ist vergangen. Siehe! Ich mache alles neu! Ich bin das A und das O, der Anfang und das Ende. Ich will dem Durstigen Wasser geben aus der Quelle des Lebens umsonst. Der Überwinder wird das alles gewinnen. Ich werde sein Gott sein, und er wird mein Sohn sein.

Der Herr, dessen Worte hier bezeugt werden, spricht: Ja, ich komme bald! Ja, das werde wahr! Komm, Herr Jesus!" (Offenbarung 22).

Zeittafel geschichtlicher Ereignisse, soweit sie in diesem Buch erwähnt werden

I Epochen der Frühgeschichte im Nahen Osten

(s. S. 41)

Beginn der Jungsteinzeit im Orient	**8000 v. Chr.**
Vorkeramische Jungsteinzeit Erste Städte entstehen, z. B. Jericho (S. 147) Ackerbau und Viehzucht beginnt, der Hund als Haustier	**8. u. 7. Jt.**
Keramische Jungsteinzeit Erdbevölkerung ca. 10 Mill. Menschen Erfindung der Töpferkunst Allmähliches Ende der Mutterkultur Erste vollplastische Darstellung eines Menschen (S. 56) um 4000	**6. u. 5. Jt.**
Kupfersteinzeit Beginn der Stadtkultur der Sumerer, Stufentempel Erfindung der Töpferscheibe, Pflug, Rad Erste Arbeiten in Kupfer Schmelzen von Silber und Gold Beginn des Alten Reiches in Ägypten um 3000	**4. Jt.**
Kupferzeit Beginn der ägyptischen und sumerischen Hochkultur Um 3500 Erfindung des vierrädrigen Wagens Erfindung der Leinwand, Harfe und Flöte Sumerische Bilderschrift als erste Schrift Seeverkehr zwischen Mesopotamien und Indien	**3. Jt.**
Bronzezeit Beginn der Mittelmeerseefahrt Zähmung des Pferdes ca. 1700	**2. Jt.**
Eisenzeit	**ab 1200 v. Chr.**

II Ereignisse in der alten Welt bis zur Entstehung des Staates Israel

(zwischen 3500 und 1000 v. Chr.)

Einwanderung der Sumerer in Mesopotamien	**um 3500**
Gründung des ägyptischen Reiches durch Narmer und Menes	**um 3000**
Der Labyrinthtempel in Uruk (S. 50)	**ca. 3000**
Gilgamesch König von Uruk. Große Stadtmauer (S. 58 ff.)	**2750**
Pyramiden von Gizeh	**2500**
Beginn der Stadtkultur in Kanaan Die Kanaaniter besetzen Kanaan (S. 42)	**2500**
König Sargon von Akkad (S. 43) Gründer des Reichs von Akkad in Mesopotamien	**2330–2274**
Das babylonische Epos von der Weltschöpfung	**2200**
König Gudea von Lagasch (S. 55, 62)	**um 2150**
Der Stufenturm von Ur	**2100**
Die Phönizier kommen aus der arabischen Wüste und besiedeln die syrische Küste	**ca. 2000**
Beginn der babylonischen Ära Mesopotamiens	**ca. 2000**
Beginn der mykenischen Kultur in Griechenland	**ca. 2000**
Gilgamesch-Epos	**1900**
Einwanderung der Aramäer in Mesopotamien, Syrien und Kanaan Abrahamzeit (S. 20 ff.)	**19.–14. Jh.**
Beginn des Reiches von Assur	**1800**
Gesetzgebung des Königs Hammurapi in Babylon (S. 42)	**1700**
Zähmung des Kamels	**um 1200**

Turmbau zu Babel (seine Zerstörung durch Xerxes I. ca. 480)	**1600**
Die Hethiter zerstören Babylon	**1580**
Höhepunkt der kretischen Palastkultur	**1500**
Bau des Stufenturms von Aqar Quf (S. 31)	**1450**
Amarnakultur in Ägypten, Reform des Echnaton	**1380–1360**
Josef in Ägypten	**ca. 1350**
Pharao Ramses II. Mosezeit	**1290–1224**
Trojanischer Krieg	**zwischen 1300 und 1250**
Die erste Alphabetschrift, gefunden in Ugarit (S. 170)	**13. Jh.**
Auszug der Israeliten aus Ägypten	**ca. 1230**
Wanderung der Israeliten im Sinai	**ca. 1230–1190**
Ansiedlung der Philister in Kanaan	**1220**
Landnahme der Israeliten in Kanaan	**1190–1150**
Die Phönizier gründen Städte im Mittelmeerraum zwischen der syrischen Küste und Spanien	**ab 1100**

III Ereignisse von der Entstehung des Staates Israel bis zu Jesus

(zwischen 1050 und 7 v. Chr.)

Der Prophet Samuel und König Saul, Sauls Regierungszeit	**1012–1004**
König David	**1004–965**
König Salomo	**965–926**
Teilung des Reiches in Israel und Juda	**926**

Gründung der Stadt Samaria (S. 196–197)	**887**
König Ahab von Israel, Zeit des Propheten Elia	**871–852**
Die Propheten Amos (S. 202) und Hosea (S. 203)	**um 750**
Eroberung Samarias durch die Assyrer, Ende des Staates Israel, Verschleppung der Bevölkerung des Nordreichs	**722**
Sanherib belagert Jerusalem ohne Erfolg	**701**
Größte Ausdehnung des Reiches von Assur (S. 205)	**670**
Der Prophet Jeremia	**ab 627**
Eroberung Ninives durch die Babylonier und Meder (S. 207 f.)	**612**
Nebukadnezar König von Babylon	**604–562**
Phönizische Schiffe umsegeln Afrika	**um 600**
Eroberung Jerusalems durch die Babylonier (S. 208)	**587**
Gefangenschaft der Judäer in Babylon (S. 209)	**586–539**
Kyrus König von Persien	**558**
Eroberung Babylons durch Kyrus	**539**
Edikt des Kyrus: Die Judäer werden freigelassen und kehren nach Jerusalem zurück (S. 214, 215)	**538**
Anfänge des nabatäischen Reichs	**um 400**
Alexander erobert Judäa und Jerusalem	**332**
Ende des Perserreichs, Alexander in Babylon	**331**
Palästina unter der Herrschaft der Nachfolger Alexanders	**312–64**
Pompejus erobert Syrien und bezieht auch Judäa in das römische Weltreich ein	**64**

IV Jesus und die entstehende Kirche im 1. Jahrhundert

Kaiser Augustus	**30 v. Chr.– 14 n. Chr.**
Herodes in Palästina	**40–4 v. Chr.**
Beginn der Volkszählung und Besteuerung Palästinas (S. 235)	**8 v. Chr.**
Jesus wird in Betlehem geboren	**7 v. Chr.**
Krieg in Galiläa Varus verheert das Gebiet um Nazareth (S. 233)	**4. v. Chr.**
2. Krieg in Galiläa (S. 234)	**5. n. Chr.**
Kaiser Tiberius	**14–37 n. Chr.**
Gründung der Stadt Tiberias am See Genezareth	**18**
Pontius Pilatus Statthalter in Judäa	**26–36**
Wirksamkeit Johannes des Täufers am Jordan	**ca. 28–29**
Jesus wird in Jerusalem gekreuzigt wahrscheinlich am	**7. 4. 30**
Bekehrung des Paulus in Damaskus	**ca. 32**
Erste Verfolgung der Christen in Jerusalem	**43**
Erste Missionsreise des Paulus nach Kleinasien (S. 343 ff.)	**47**
Apostelkonzil in Jerusalem	**48**
Zweite Reise des Paulus nach Kleinasien und Griechenland (S. 353 ff.)	**48–51**
Paulus in Athen und Korinth	**51**
Dritte Reise des Paulus	**52–54**

Kaiser Nero, Christenverfolgung in Rom	**54–68**
Gefangenschaft des Paulus in Jerusalem und Caesarea	**57–60**
Transport des gefangenen Paulus nach Rom	**60–61**
Beginn des Aufstands der Juden gegen Rom	**66**
Belagerung und Zerstörung Jerusalems durch die Römer, die Römer zerstören Qumran (S. 223)	**70**
Kaiser Domitian In dieser Zeit Verfolgung der Christen durch den römischen Staat. Abfassung der Offenbarung des Johannes (S. 380 ff.)	**81–96**

Bildnachweis

2	Zink
3	Zink
4	Manoug (Beyrouth) Sidon
5	Manoug (Beyrouth) Sidon
6	Mouslimanni (Damaskus), ugaritischer Elfenbeinkopf
7	Zink
8	Zink
9	Zink
10	Zink
11	Zink
12	Manoug (Beyrouth)
14	Zink
16	Manoug (Beyrouth)
18	Zink
19	Zink
20	Zink
21	Zink
22	Zink
24	Zink
25	Louvre (Paris)
26	Zink
27	Zink
28	Zink
29	Zink
30	beide Zink
31	Zink
32	beide Zink
33	Zink
34	Zink
35	beide Zink
36	Zink
37	Zink
38	Zink
39	alle Zink
40	Zink
42	beide Zink
43	Mouslimanni (Damaskus)
45	oben: Zink, unten: Louvre (Paris)
46	links: Zink, rechts: Garo Nalbadian (Jerusalem)
47	Zink
48	Zink
49	Zink
50	Zink
51	oben: Farkas (Beerschewa) unten: Zink
52	Zink
54	Zink
55	Louvre (Paris)
56	Zink
57	beide Zink
58	Mouslimanni (Damaskus)
59	beide Zink
60	Zink
61	Zink

62	oben: Zink, unten: Louvre (Paris)
64	beide Zink
66	Zink
68	Zink
69	Zink
70	beide Zink
71	beide Zink
72/73	Zink
74	Zink
75	oben: Zink, unten: Garo Nalbadian (Jerusalem)
76	beide Zink
77	beide Zink
78	Zink
81	Manoug (Beyrouth)
82	Zink
83	Zink
84	Zink
86	beide Zink
87	beide Zink
88	Zink
89	beide Zink
90	beide Zink
91	Zink
92	Zink
94	Zink
95	Zink
96	Zink
97	Zink
98	beide Zink
99	Zink
100	beide Zink
101	beide Zink
102	beide Zink
103	Zink
104	beide Zink
105	beide Zink
106	beide Zink
107	Zink
108	Zink
109	beide Zink
110	Zink
111	oben: Nasa-Zeiss, unten: Zink
112	Zink
113	Zink
114	Zink
115	beide Zink
116	beide Zink
117	Zink
118	beide Zink
119	beide Zink
120	beide Zink
121	Zink
122	beide Zink
123	Zink
124	Zink
125	beide Zink
126	beide Zink
127	alle Zink
128	Zink
129	Beno Rothenberg (Arabah Expedition), Chalkolitisch
130	Zink
131	beide Zink
132	beide Zink
133	beide Farkas (Beerschewa)
134	beide Zink
135	beide Zink
136	beide Zink
137	oben: Zink, unten: Farkas (Beerschewa)
138	alle Zink
139	Zink
140	beide Zink
141	Zink
142	Zink
143	Zink
144	beide Zink
145	Zink
146	beide Zink
147	Zink
148	Schlesinger (Jerusalem)
150	beide Zink
151	oben: Garo Nalbadian (Jerusalem), unten: beide Zink
152	Zink
153	Zink
154	beide Zink
155	Zink
156	Zink
157	Zink
158	oben: Zink, unten: Garo Nalbadian (Jerusalem)
159	oben links: Aus „2000 Jahre Jerusalem" nach Watzinger oben rechts und unten: alle Zink
160	Zink
162	Zink
163	Zink
164	Zink
165	Manoug (Beyrouth)
166	Garo Nalbadian (Jerusalem)
167	beide Zink
168	Zink
169	Louvre (Paris)
170	oben: Garo Nalbadian (Jerusalem), unten: Zink
171	beide Zink
172	Zink
173	Zink
174	Zink
176	Zink
177	Zink
178	Zink
179	beide Zink
180	Zink
181	beide Zink
182	beide Zink
183	beide Zink
184	Zink
185	alle Zink
186	Zink
187	alle Zink
188	alle Zink
189	beide Zink
190	alle Zink
191	alle Zink
192	alle Zink
193	Zink
194	Zink
196	beide Zink
197	alle Zink
198	oben: Mouslimanni (Damaskus), unten: Zink
200	oben: Zink, unten: Garo Nalbadian (Jerusalem)
201	oben: Garo Nalbadian (Jerusalem), unten: Zink
202	Zink
203	Karten vom RV-Verlag, Stuttgart

rechts: Zink
204 alle Zink
205 links: Zink, rechts: Garo Nalbadian (Jerusalem)
206 alle Zink
207 Zink
208 beide Zink
209 alle Zink
210 beide Zink
212 Zink
213 Zink
214 Zink
215 Zink
216 beide Zink
217 alle Zink
218 beide Zink
219 Zink
220 Zink
221 Zink
222 Zink
224 links: Zink, rechts: Garo Nalbadian (Jerusalem)
225 Zink
226 Zink
228 Garo Nalbadian (Jerusalem)
229 Garo Nalbadian (Jerusalem)
230 beide Zink
231 Zink
232 Garo Nalbadian (Jerusalem)
233 Garo Nalbadian (Jerusalem)
234 Zink
235 Zink
236 beide Garo Nalbadian (Jerusalem)
237 Garo Nalbadian (Jerusalem)
238 Zink
239 Garo Nalbadian (Jerusalem)
240 beide Zink
241 beide Garo Nalbadian (Jerusalem)
242 Zink
243 beide Zink
244 links: Zink, rechts: Garo Nalbadian (Jerusalem)
245 Zink
246 Zink
247 Zink
248 Zink
250 Zink
251 Zink
252 beide Zink
253 oben: Französisches Foto des Sees Genezareth aus dem Ende des 19. Jahrhunderts unten: Zink
253 Zink
254 Zink
255 beide Zink
256/257 beide Zink
258 Zink
259 Zink
260 oben: Zink, unten: Garo Nalbadian (Jerusalem)
261 Garo Nalbadian (Jerusalem)
262 oben: Stefan Moses unten: Zink
263 beide Zink
264 Zink
265 oben: Garo Nalbadian (Jerusalem), unten: Zink
266 beide Zink
267 Zink
268 oben: beide Zink, unten: Garo Nalbadian (Jerusalem)
269 beide Zink
270 Zink
271 Zink
272 beide Zink
273 Zink
274 Zink
275 Zink
276 Garo Nalbadian (Jerusalem)
278 Zink
279 Zink
280 beide Zink
281 beide Zink
282 Zink
283 Zink
284/285 unten Zink
285 oben: Zink
286 oben: L. Ritmeyer, holländischer Archäologe unten: Zink
287 Zink
288 Zink
289 oben: Zink, unten: Garo Nalbadian (Jerusalem)
290 Zink
291 Zink
292 beide Zink
293 oben: Zink, unten: Garo Nalbadian (Jerusalem)
294 alle Zink
295 Zink
296 oben: Garo Nalbadian (Jerusalem), unten: Zink
297 oben: Garo Nalbadian (Jerusalem), unten: Zink
298 Manoug (Beyrouth)
299 Zink
300 links: beide Zink, rechts: Garo Nalbadian (Jerusalem)
301 Garo Nalbadian (Jerusalem)
302 beide Zink
304 beide Zink
305 beide Zink
306 Garo Nalbadian (Jerusalem)
307 Garo Nalbadian (Jerusalem)
308 beide Garo Nalbadian (Jerusalem)
309 links: Garo Nalbadian (Jerusalem), rechts: Zink
310 Zink
312 links: Garo Nalbadian (Jerusalem), rechts: Zink
313 Zink
314 Zink
316 links: Garo Nalbadian (Jerusalem), rechts: Zink
317 beide Zink
318 Zink
320 oben links: Garo Nalbadian (Jerusalem), rechts: beide Zink

321	oben: Garo Nalbadian (Jerusalem), unten: Zink
322	Manoug (Beyrouth)
323	Zink
324	Zink
325	Zink
326	Manoug (Beyrouth)
327	oben: Louvre (Paris), unten: Zink
328	oben: Zink
328/329	Zink
329	oben: Zink
330	Zink
331	Mouslimanni (Damaskus)
332	alle Zink
333	alle Zink
334	alle Zink
335	beide Zink
336	beide Zink
337	alle Zink
338	Manoug (Beyrouth), Phönizisches Schiff
340	Zink
341	Zink
342	beide Zink
343	Zink
344	alle Georgios Anastasiades
345	beide Georgios Anastasiades
346	beide Zink
347	Zink
348	beide Zink
349	beide Zink
350	beide Zink
351	beide Zink
352	beide Zink
352/353	Zink
354	beide Zink
355	Zink
356	alle Zink
357	beide Zink
358	Zink
359	alle Zink
360	beide Zink
361	alle Zink
362	Zink
363	beide Zink
364	beide Zink
365	alle Zink
367	Manoug (Beyrouth)
368	beide Zink
369	beide Zink
370	Nils Loose
371	oben: Zink, unten: Nils Loose
372	beide Zink
373	alle Zink
374	beide Zink
375	beide Zink
376	beide Nils Loose
377	beide Zink
378	Nils Loose
380	Zink
381	alle Zink
382	alle Zink
383	alle Zink
384	Zink
385	beide Zink
386	alle Zink
388	Manoug (Beyrouth)
397	Manoug (Beyrouth)
399	Zink

Karten auf Vor- und Rücksatz:
1, 2 + 12: Kartografisches Institut Bertelsmann, Gütersloh
3, 4, 5, 6, 8 + 10: St. Benno Verlag, Leipzig

Ortsregister

Die Orte sind meist auf mehreren der Karten verzeichnet. Wir wählen hier die Karte aus, auf der sie am leichtesten zu finden sind.

Im Grenzgebiet zwischen Irak und Syrien holten zwei Jungen ihren Tieren Wasser aus einem tiefen Brunnen. An den Brunnen wuchs die Kultur. An den Brunnen sprach man Recht. Und für uns ist ein solcher Brunnen ein Bild für unsere eigene Herkunft, in die wir hinabschauen, um uns selbst im Spiegel einer Quelle zu sehen.

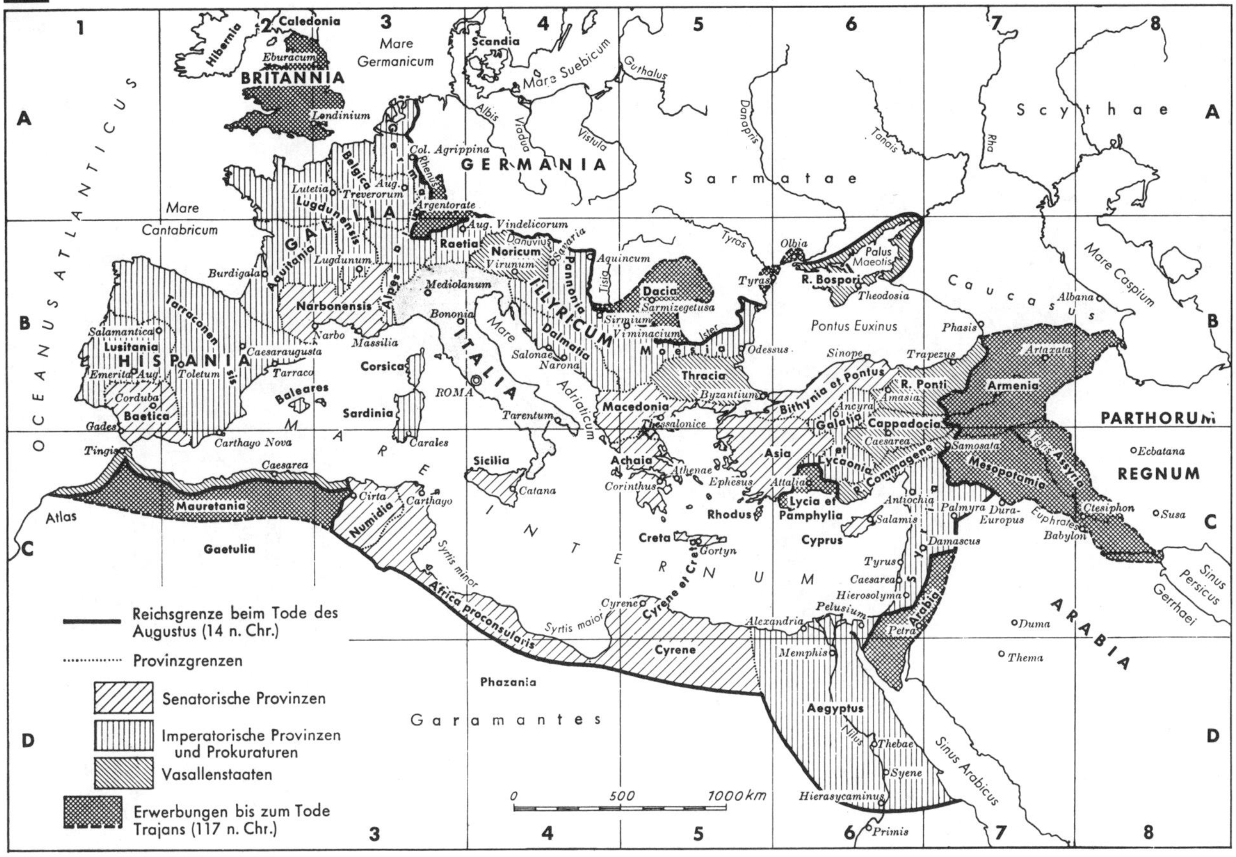

Reichsgrenze beim Tode des Augustus (14 n. Chr.)
Provinzgrenzen
Senatorische Provinzen
Imperatorische Provinzen und Prokuraturen
Vasallenstaaten
Erwerbungen bis zum Tode Trajans (117 n. Chr.)
0 500 1000 km
Caledonia
Hibernia
Eburacum
BRITANNIA
Londinium
Mare Germanicum
Scandia
Mare Suebicum
Guthalus
Albis
Viadua
Vistula
Col. Agrippina
GERMANIA
Danapris
Tanais
Rha
Scythae
Sarmatae
OCEANUS ATLANTICUS
Mare Cantabricum
Belgica
Lutetia
Aug. Treverorum
Lugdunensis
Argentorate
GALLIA
Aquitania
Burdigala
Lugdunum
Aug. Vindelicorum
Raetia
Noricum
Virunum
Danuvius
Savaria
Pannonia
Aquincum
Tisia
Dacia
Sarmizegetusa
Tyras
Olbia
Palus Maeotis
R. Bospori
Theodosia
Caucasus
Mare Caspium
Albana
Mediolanum
Alpes
Narbonensis
Narbo
Massilia
Bononia
ILLYRICUM
Sirmium
Viminacium
Ister
Moesia
Odessus
Pontus Euxinus
Sinope
Phasis
Trapezus
Artaxata
Armenia
Tarraconensis
Salamantica
Lusitania
HISPANIA
Caesaraugusta
Emerita Aug.
Toletum
Tarraco
Corduba
Baetica
Gades
Baleares
Corsica
ITALIA
Mare Adriaticum
Salonae
Dalmatia
Narona
Thracia
Byzantium
Bithynia et Pontus
R. Ponti
Amasia
Ancyra
Galatia
Cappadocia
Caesarea
ROMA
Tarentum
Sardinia
Carales
Macedonia
Thessalonice
Achaia
Athenae
Corinthus
Asia
Ephesus
Attalia
Lycaonia
Commagene
Samosata
Mesopotamia
Assyria
PARTHORUM REGNUM
Ecbatana
Tingis
Carthago Nova
Caesarea
Mauretania
Atlas
Gaetulia
Cirta
Carthago
Numidia
Sicilia
Catana
MARE INTERNUM
Rhodus
Lycia et Pamphylia
Antiochia
Salamis
Palmyra
Dura-Europus
Euphrates
Ctesiphon
Babylon
Susa
Creta
Gortyn
Cyprus
Damascus
Syria
Tyrus
Caesarea
Hierosolyma
Syrtis minor
Africa proconsularis
Cyrene
Cyrene et Creta
Syrtis maior
Alexandria
Pelusium
Petra
Arabia
Sinus Persicus
Gerrhaei
ARABIA
Duma
Thema
Memphis
Phazania
Garamantes
Aegyptus
Nilus
Thebae
Syene
Sinus Arabicus
Hierasycaminus
Primis

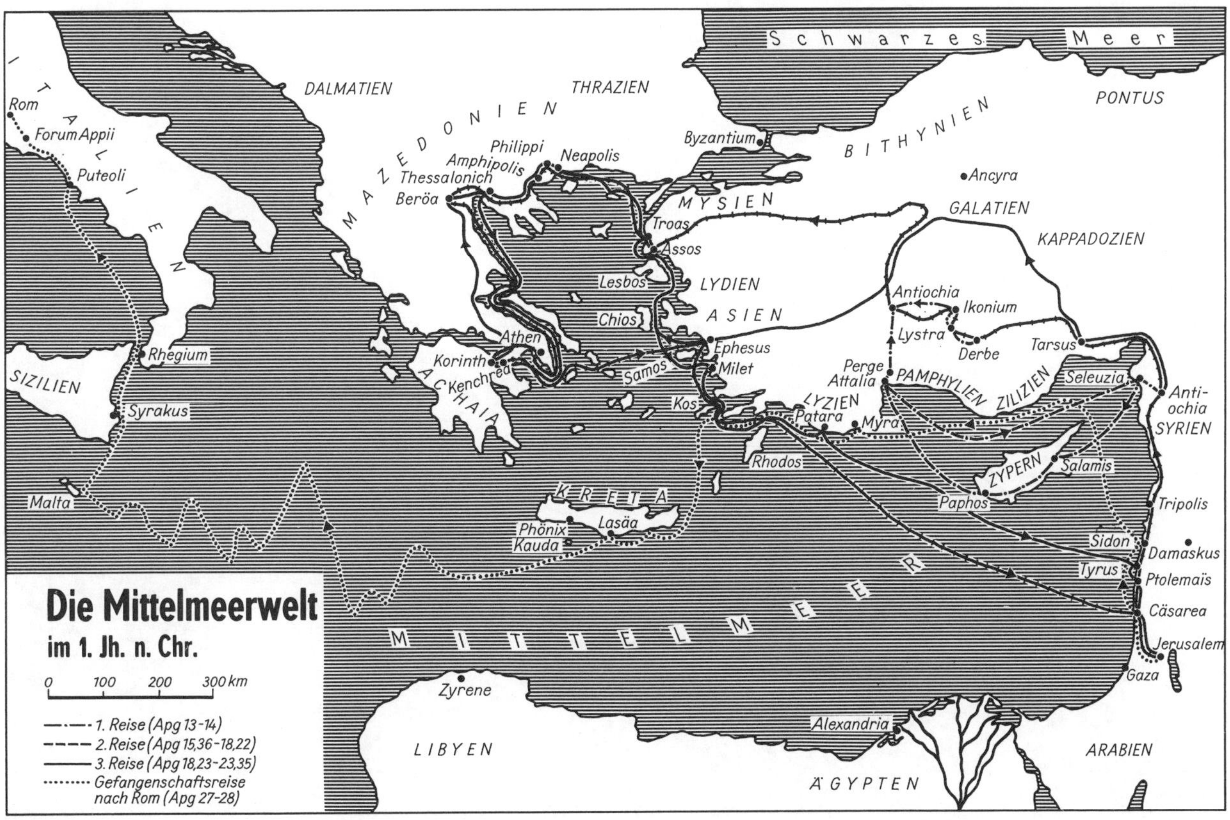

Die Mittelmeerwelt
im 1. Jh. n. Chr.
0 100 200 300 km
1. Reise (Apg 13-14)
2. Reise (Apg 15,36-18,22)
3. Reise (Apg 18,23-23,35)
Gefangenschaftsreise nach Rom (Apg 27-28)
Schwarzes Meer
ITALIEN
Rom
Forum Appii
Puteoli
DALMATIEN
THRAZIEN
MAZEDONIEN
PONTUS
BITHYNIEN
Byzantium
Philippi
Neapolis
Amphipolis
Thessalonich
Beröa
Ancyra
MYSIEN
GALATIEN
Troas
Assos
KAPPADOZIEN
Lesbos
LYDIEN
Chios
ASIEN
Antiochia
Ikonium
Lystra
Derbe
Tarsus
Athen
Ephesus
Milet
Perge
Attalia
PAMPHYLIEN
ZILIZIEN
Seleuzia
Anti-ochia
SYRIEN
Korinth
Kenchreä
ACHAIA
Samos
Kos
LYZIEN
Patara
Myra
Rhegium
SIZILIEN
Syrakus
Rhodos
ZYPERN
Salamis
Paphos
Malta
KRETA
Phönix
Lasäa
Kauda
Tripolis
Sidon
Damaskus
Tyrus
Ptolemaïs
Cäsarea
Jerusalem
Gaza
MITTELMEER
Zyrene
LIBYEN
Alexandria
ÄGYPTEN
ARABIEN

SALZBURG
BUDAPEST
ÖSTERREICH
UNGARN
SCHWEIZ
LIECHT.
ZÜRICH
BERN
INNSBRUCK
GRAZ
Klagenfurt
LJUBLJANA
ZAGREB
MARIBOR
PÉCS
Szombathely
Sopron
GYŐR
SZÉKESFEHÉRVÁR
Kecskemét
SZEGED
Subotica
ORADEA
CLUJ-NAPOCA
ARAD
TIMIŞOARA
RUMÄNIEN
Siebenbürgen
Alpi Transilvanie
BEOGRAD (BELGRAD)
NOVI SAD
Osijek
TORINO (TURIN)
MILANO (MAILAND)
BERGAMO
VERONA
VICENZA
PADOVA
VENÈZIA
TRIESTE
RIJEKA
BOLZANO (BOZEN)
Trento
Como
PIACENZA
Cremona
PARMA
MÒDENA
FERRARA
BOLOGNA
RAVENNA
GENOVA
ALESSÀNDRIA
Cuneo
LA SPÈZIA
Carrara
Lucca
PISA
LIVORNO
FIRENZE
Arezzo
Siena
PERUGIA
Assisi
Foligno
RÌMINI
S.MARINO
ANCONA
Loreto
Àscoli Piceno
PESCARA
L'Àquila
Viterbo
TERNI
ROMA (ROM)
VATIKANSTADT
LIDO DI ÒSTIA
Latina
Cassino
Gaeta
Caserta
NÀPOLI (NEAPEL)
Vesuvio
Pompeji
SALERNO
Paestum
FÒGGIA
Barletta
Trani
BARI
Castellana Grotte
Matera
Potenza
TÀRANTO
Lecce
Brìndisi
Òtranto
COSENZA
Crotone
Catanzaro
RÉGGIO
MESSINA
PALERMO
Tràpani
Marsala
Segesta
Selinunte
Caltanissetta
Agrigento
Gela
CATÀNIA
Taormina
M.Etna
Enna
SIRACUSA
Ragusa
Sicilia
MALTA
Valletta
Gozo
Sardegna
SÀSSARI
Olbia
Nuoro
Oristano
Iglèsias
CAGLIARI
Corse
Ajaccio
Bastia
Bonifacio
Elba
NICE
Monaco
Côte d'Azur
Adriatisches Meer
Tyrrhenisches Meer
Ionisches Meer
Große Syrte
MITTELLÄNDISCHES
Apennin
Kroatien
JUGOSLAWIEN
Bosnien
Dalmatien
Split
Zadar
Šibenik
Dubrovnik
SARAJEVO
Mostar
Banja Luka
Tuzla
Kragujevac
Niš
Kosovska Mitrovica
Priština
SKOPJE
Titograd
Kotor
Ulcinj
ALBANIEN
TIRANA
Durrës
Shkodër
Elbasan
Korçë
Ohrid
Bitola
SOFIJA (SOFIA)
BULGARIEN
PLEVEN
CRAIOVA
THESSALONÍKE
GRIECHENLAND
Lárisa
Vólos
Ióannina
Kérkyra (Corfu)
PÁTRAI
PEIRAIÉVS
ATHEN
Peloponnésos
Tripolis
Spárti
Kalamáta
Zákynthos
Kefallenía
Kythéra
TUNESIEN
TŪNIS
SŪSAH
SAFĀQIS
Qābis
Jazīrat Jarbah (Djerba)
TARĀBULUS AL-GHARB (TRIPOLIS)
Tripolitanien
Misrātah
Leptis magna
Sirt
BANGHĀZĪ
Cyrenaica
Darnah
Ajdābiyah
10
F
15
G
20
H

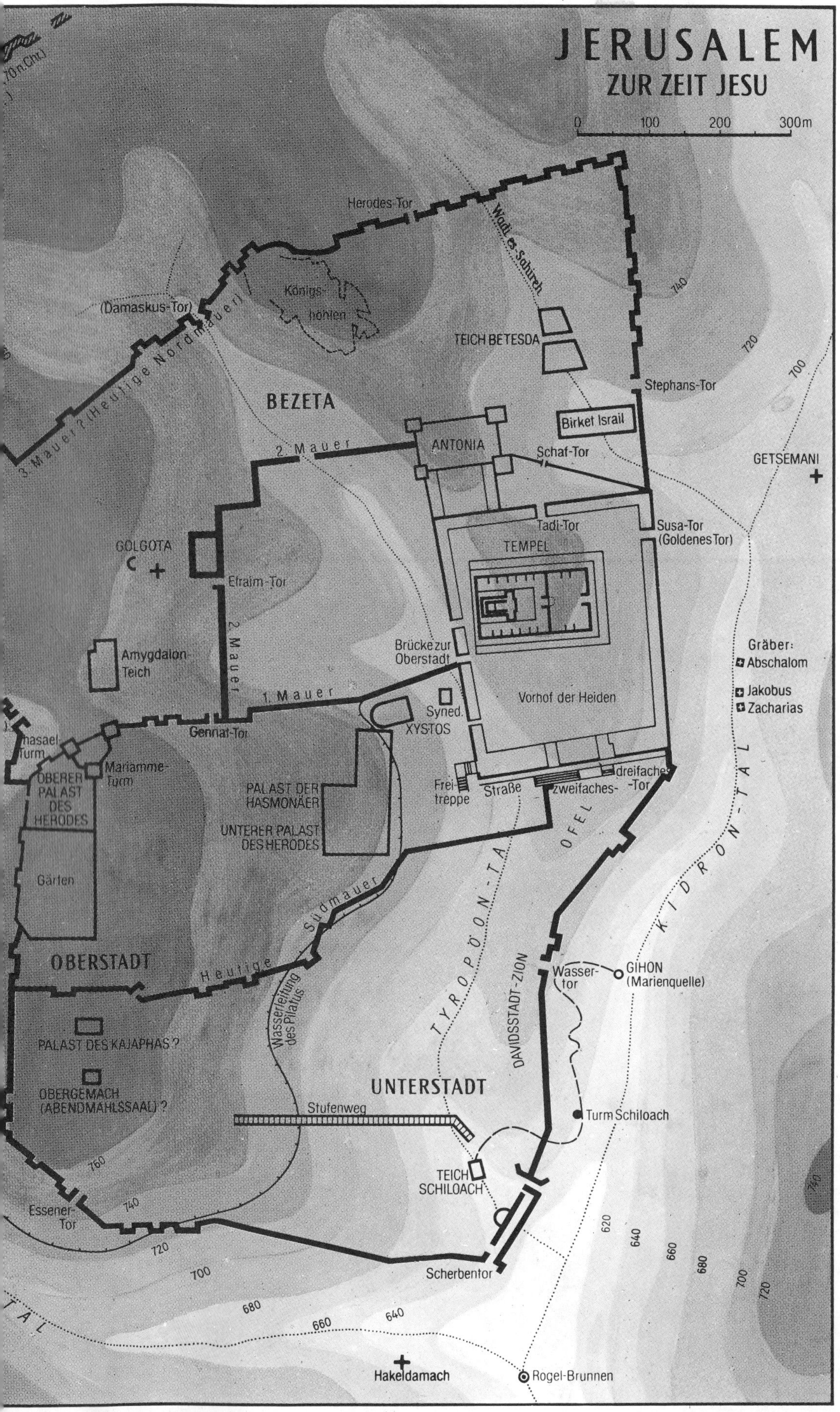
JERUSALEM
ZUR ZEIT JESU
0 100 200 300m
Herodes-Tor
Wadi es-Sahireh
Königs-
höhlen
(Damaskus-Tor)
3. Mauer ? (Heutige Nordmauer)
TEICH BETESDA
BEZETA
Stephans-Tor
Birket Israil
ANTONIA
Schaf-Tor
2. Mauer
GETSEMANI
Tadi-Tor
Susa-Tor
(Goldenes Tor)
TEMPEL
GOLGOTA
Efraim-Tor
2. Mauer
Amygdalon-
Teich
Brücke zur
Oberstadt
Gräber:
Abschalom
Jakobus
Zacharias
1. Mauer
Syned.
Vorhof der Heiden
XYSTOS
Gennat-Tor
Phasael-
Turm
Mariamme-
Turm
OBERER
PALAST
DES
HERODES
PALAST DER
HASMONÄER
Frei-
treppe
Straße
zweifaches-
dreifaches
-Tor
UNTERER PALAST
DES HERODES
OFEL
KIDRON-TAL
Gärten
Südmauer
Heutige
OBERSTADT
TYROPÖON-TAL
DAVIDSSTADT-ZION
Wasser-
tor
GIHON
(Marienquelle)
Wasserleitung
des Pilatus
PALAST DES KAJAPHAS ?
OBERGEMACH
(ABENDMAHLSSAAL) ?
UNTERSTADT
Stufenweg
Turm Schiloach
TEICH
SCHILOACH
Essener-
Tor
Scherbentor
Hakeldamach
Rogel-Brunnen

10

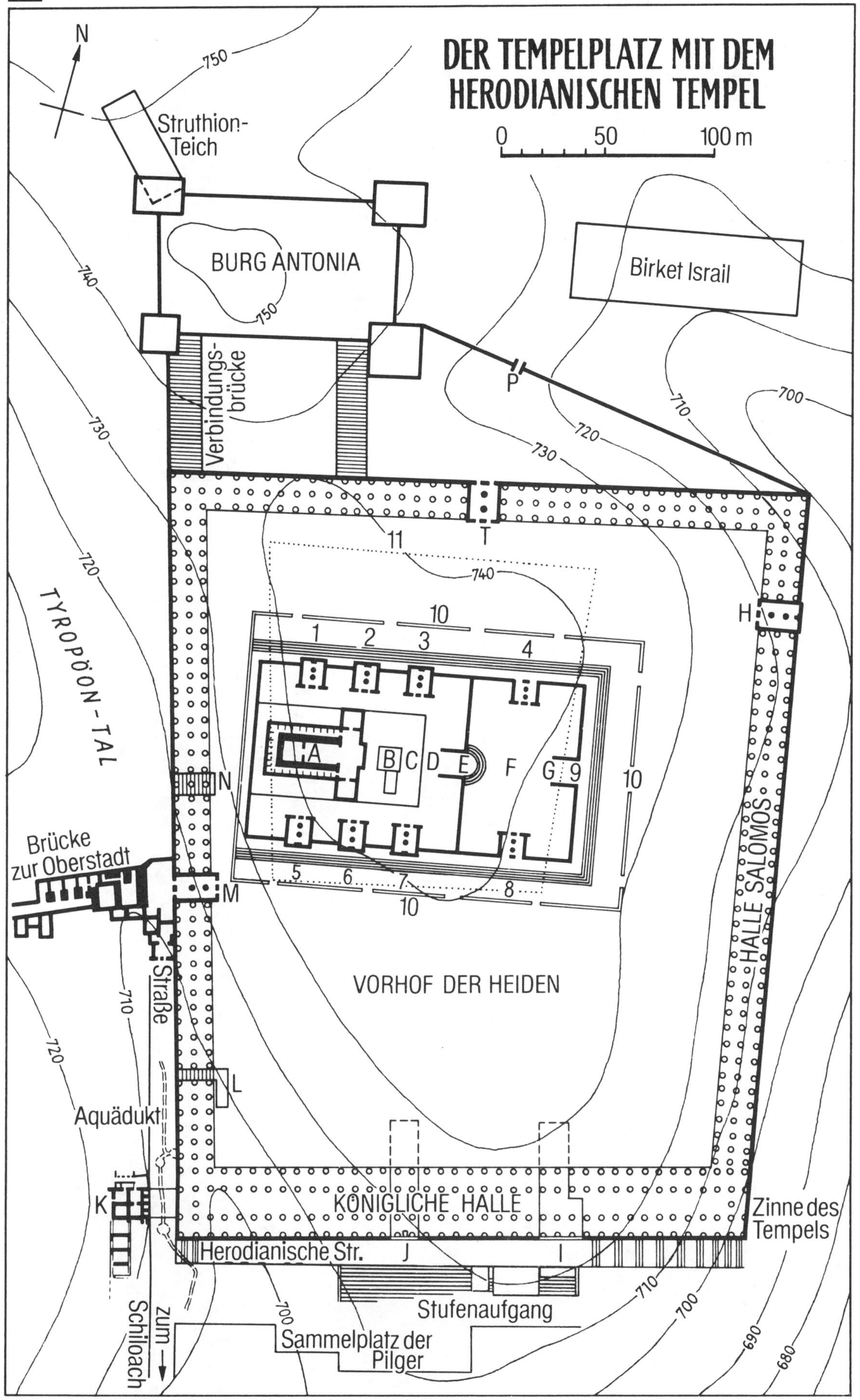
DER TEMPELPLATZ MIT DEM
HERODIANISCHEN TEMPEL
0 50 100 m
N
Struthion-
Teich
BURG ANTONIA
Birket Israil
Verbindungs-
brücke
P
T
11
H
TYROPÖON-TAL
10
1 2 3 4
A B C D E F G 9
N
10
Brücke
zur Oberstadt
5 6 7 8
M
10
HALLE SALOMOS
Straße
VORHOF DER HEIDEN
L
Aquädukt
K
KÖNIGLICHE HALLE
Zinne des
Tempels
Herodianische Str.
J
I
Stufenaufgang
zum Schiloach
Sammelplatz der
Pilger

PALÄSTINA
ZUR ZEIT JESU
0 10 20 30 40 50 km
MITTELMEER
Tyrus
Dan
Cäsarea Philippi
SYRO-PHÖNIZIEN
GAULANITIS
Hule-See -70
Hazor
GALILÄA
Ptolemaïs
Chorazin
Julias
Betsaida
Kafarnaum
Magdala
Kana
See Genne-saret -215
Tiberias
Hippos
Kischon
KARMEL
EBENE JESREEL
Sepphoris
Nazaret
Tabor 588
Jarmuk
Abila
Nain
Gadara
Megiddo
Cäsarea
DEKAPOLIS
GEBIET DER 10 STÄDTE
Skythopolis
Ginäa
Pella
Änon
SAMARIEN
EBENE SCHARON
Sebaste
Ebal 940
Gerasa
Garizim 881
Jakobsbrunnen
Jabbok
Jordan
Antipatris
Lebona
Schilo
Jafo
Arimatäa
PERÄA
Lod
Gofna
Efraim
Bet-El
el Bire
Philadelphia
Jericho
Livias
Betanien
Jamnia
Emmaus
JERUSALEM
Aschdod
Ain Karim
Betanien
Qumran
Medeba
Betlehem
SCHEFELA
JUDÄA
-392
Aschkelon
Herodium
GEBIRGE JUDA
Machärus
TOTES MEER
Hebron
WÜSTE JUDA
Gaza
En-Gedi
Arnon
Masada
Beerscheba
MOAB
IDUMÄA
Zoar
NABATÄA
900 m
600 m
400 m
100 m
0 m
-300 m
Straße
Grenze

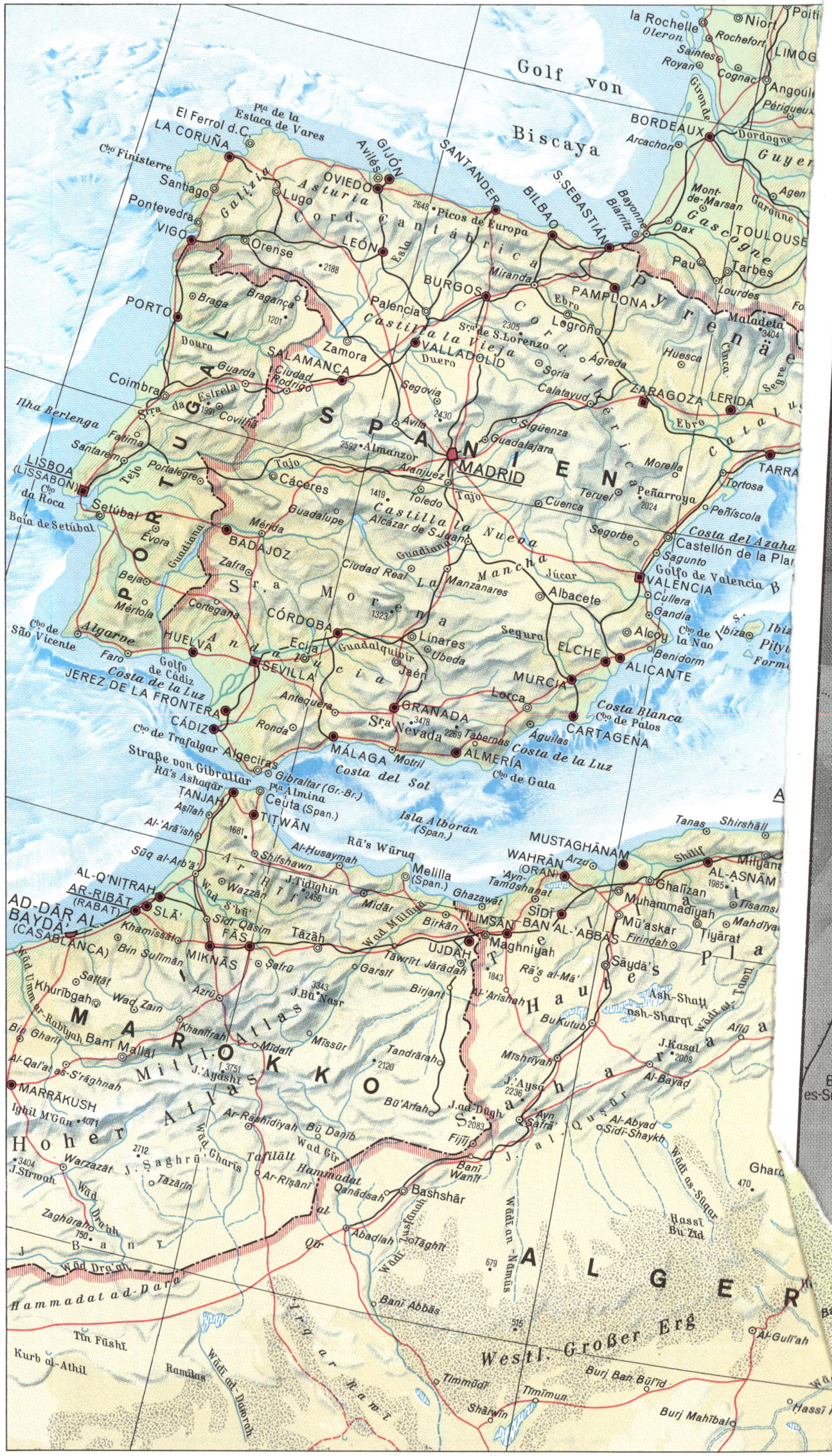

A 10 B 5 C 0
Golf von Biscaya
La Rochelle
Niort
Rochefort
Oleron
Saintes
Royan
Cognac
Angoulême
LIMOGES
BORDEAUX
Arcachon
Dordogne
Garonne
Agen
Gascogne
TOULOUSE
Tarbes
Pau
Dax
Bayonne
Biarritz
Lourdes
El Ferrol d.C.
LA CORUÑA
Pta. de la Estaca de Vares
Cbo. Finisterre
Santiago
Pontevedra
VIGO
Orense
Lugo
OVIEDO
GIJÓN
Avilés
SANTANDER
BILBAO
S.SEBASTIÁN
Picos de Europa
Cordillera Cantábrica
LEÓN
BURGOS
Miranda
PAMPLONA
Pyrenäen
Logroño
Ebro
Huesca
Maladeta
PORTO
Braga
Bragança
Palencia
VALLADOLID
Duero
Zamora
SALAMANCA
Soria
Castilla la Vieja
Coimbra
Segovia
Guarda
Ciudad Rodrigo
ZARAGOZA
LÉRIDA
Calatayud
Ilha Berlenga
PORTUGAL
SPANIEN
Ávila
Almanzor
Guadalajara
Sigüenza
Santarem
MADRID
Aranjuez
Tajo
LISBOA (LISSABON)
Cáceres
Toledo
Cuenca
Teruel
Castellón de la Plana
Setúbal
Baía de Setúbal
Mérida
Guadalupe
Castilla la Nueva
BADAJOZ
Évora
Guadiana
Ciudad Real
La Mancha
Albacete
VALENCIA
Golfo de Valencia
Beja
Sierra Morena
Manzanares
Júcar
Gandía
Alcoy
Mértola
CÓRDOBA
Linares
Úbeda
Segura
ELCHE
ALICANTE
Benidorm
Cbo. de São Vicente
Algarve
Faro
HUELVA
SEVILLA
Guadalquivir
Écija
Jaén
Andalucía
MURCIA
Golfo de Cádiz
Costa de la Luz
JEREZ DE LA FRONTERA
Antequera
Lorca
CÁDIZ
Ronda
GRANADA
Sierra Nevada
Costa Blanca
Cbo. de Palos
CARTAGENA
Cbo. de Trafalgar
Algeciras
MÁLAGA
Motril
Costa del Sol
Tabernas
Costa de la Luz
ALMERÍA
Águilas
Cbo. de Gata
Straße von Gibraltar
Gibraltar (Gr.-Br.)
TANJAH
Ceuta (Span.)
TITWAN
Isla Alborán (Span.)
Melilla (Span.)
MUSTAGHĀNAM
WAHRĀN (ORAN)
AL-ASNAM
AL-Q'NITRAH
AR-RIBĀT (RABAT)
SLĀ
AD-DĀR AL-BAYDĀ' (CASABLANCA)
MIKNĀS
FĀS
Tāzah
UJDAH
TILMSĀN
SIDI BAL-'ABBĀS
Sāida
MAROKKO
Mittlerer Atlas
Hoher Atlas
MARRĀKUSH
Hauts Plateaux
Bashshār
ALGERIEN
Westl. Großer Erg
Hammadat ad-Dara
Kurb al-Athil
Tin Fūshī
Burj Mahibalo
Baghi
B 5 C 0 D
2
40
3
35
4
30
5

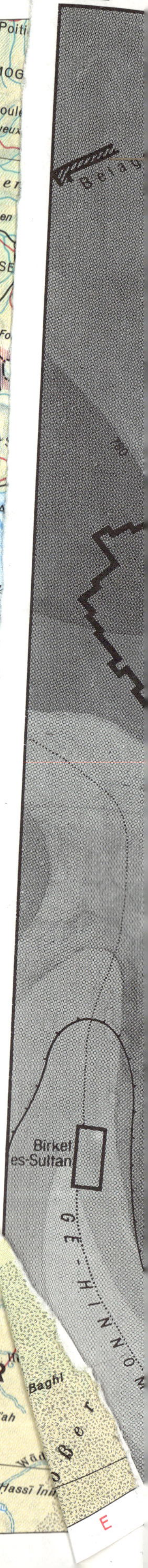

9
Birket es-Sultan